조선 선비
최부(崔溥)의 표해록(漂海錄)
현대해설판

(최부가 바라 본 풍경: 제주국립박물관 그림 제공)

초판 1쇄 인쇄 • 2017년 9월 30일
지은이 • 조성원
펴낸이 • 이승훈
펴낸곳 • 해드림출판사
주 소 • 서울 영등포구 경인로82길 3-4(문래동1가 39)
         센터플러스빌딩 1004호(우편07371)
전 화 • 02-2612-5552
팩 스 • 02-2688-5568
E-mail • jlee5059@hanmail.net

등록번호 • 제2013-000076
등록일자 • 2008년 9월 29일

* 책값은 표지에 있습니다
* 잘못된 책은 바꿔드립니다

ISBN 979-11-5634-231-1

<현대해설판>

조선 선비 최부의 표해록
崔溥　漂海錄

조성원 지음

해드림출판사

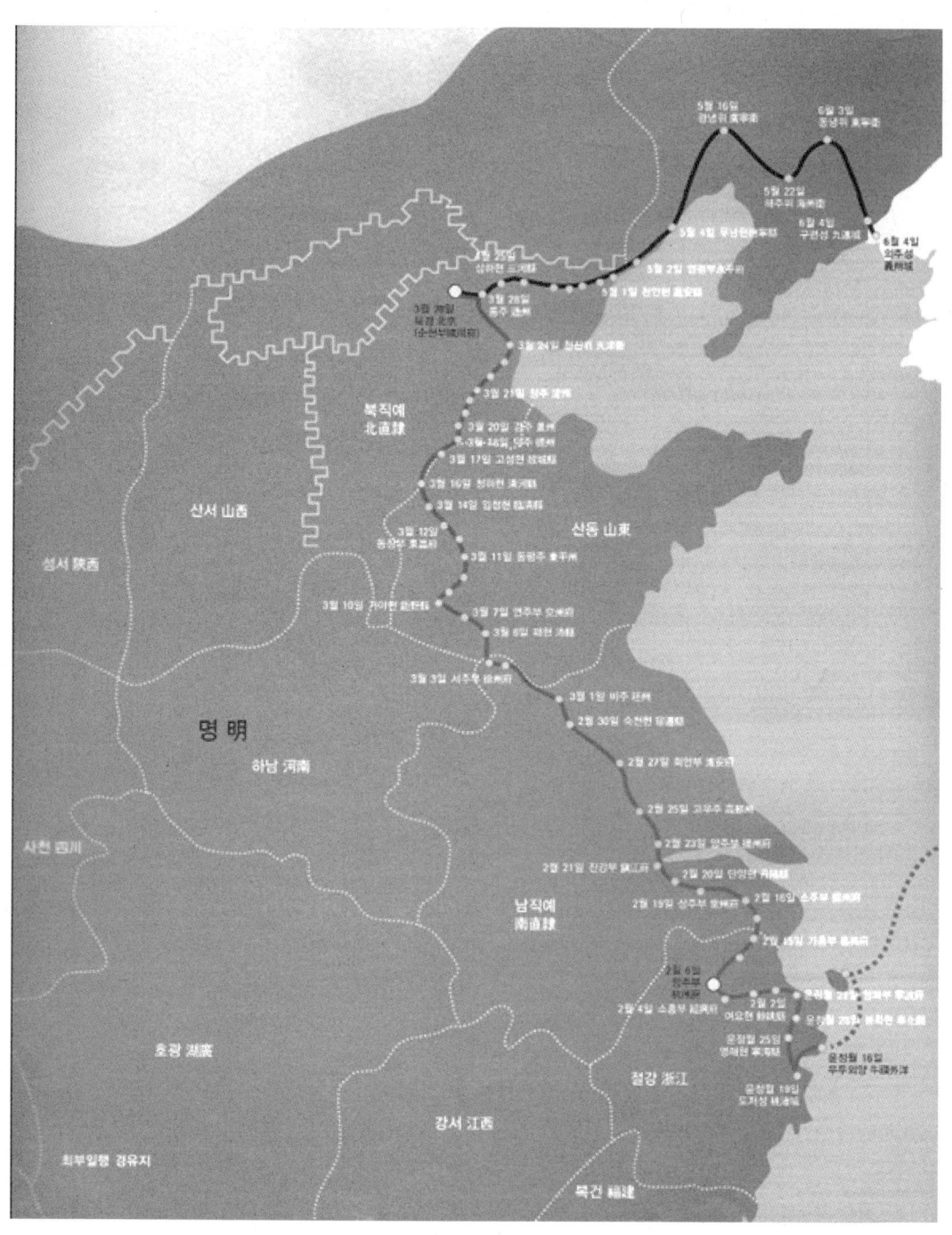

최부의 여로 (본 그림은 제주국립박물관에서 제공)

일자日 월	일	주현主縣	역驛	일자日 월	일	주현主縣	사명寺名 역驛
閏1	16	임해현臨海縣		3	16		도구역渡口驛 갑마영역甲馬營驛
	25	영해현寧海縣			17	은현恩縣 고성현故城縣	양가장역梁家莊驛
	26~27		백교역白橋驛 서점역西店驛		18	덕주德州	안덕역安德驛
	28	봉화현奉化縣	연산역連山驛		19	오교현吳橋縣	양점역良店驛 연와역連窩驛
	29		사명역泗明驛		20	동광현東光縣 남피현南皮縣 교하현交河縣	
2	1	자계현慈溪縣	차구역車廐驛		21		부하역阜河驛
	2	여요현餘姚縣	요강역姚江驛		22		건녕역乾寧驛 유하역流河驛
	3	상우현上虞縣	조아역曹娥驛 동관역東關驛		23	무청현武淸縣	봉신역奉新驛 양청역楊青驛
	4		봉내역蓬萊驛		24		양촌역楊村驛
	5		전청역錢清驛 서흥역西興驛		25		하서역河西驛
	6~12		절강역浙江驛 무림역武林驛		26		
	13		오산역吳山驛		27	곽현漷縣	화합역和合驛
	14	숭덕현崇德縣	급림역皀林驛		28~4.23		통진역通津驛 옥하관玉河館
	15		서수역西水驛 평망역平望驛	4	24		노하역潞河驛
	16~17	오강현吳江縣	송릉역松陵驛 고소역姑蘇驛		25	삼하현三河縣	하점역夏店驛
	18		석산역錫山驛		26		공락역公樂驛
2	19	무석현無錫縣	비릉역毗陵驛		27		어양역漁陽驛
	20	단양현丹陽縣	여성역呂城驛 운양역雲陽驛		28		양번역陽樊驛
	21		경구역京口驛		29		영제역永濟驛
	22		광릉역廣陵驛		30	풍윤현豊潤縣	의풍역義豊驛
	23		소백역邵伯驛	5	1	난주灤州 천안현遷安縣	진자역榛子驛 칠가령역七家嶺驛
	24		우성역盂城驛		2~3		난하역灤河驛
	25	고우주高郵州	계수역界首驛		4	무녕현撫寧縣	
	26	보응현寶應縣	안평역安平驛 회음역淮陰驛		5		유관역楡關驛
	27	청하현淸河縣	청구역淸口驛		6		천안역遷安驛
	28				7		고령역高嶺驛
	29	도원현桃源縣	도원역桃源驛 고성역古城驛		8		사하역沙河驛
	30		종오역鍾吾驛 직하역直河驛		9		동관역東關驛
3	1		하비역下邳驛 신안역新安驛		10		조장역曹莊驛
	2		방촌역房村驛		11	영원위寧遠衛	연산역連山驛
	3		팽성역彭城驛		12		행산역杏山驛
	4	소현蕭縣			13	중둔위中屯衛	능하역凌河驛
	5		협구역夾溝驛		14	좌둔위左屯衛	십삼산역十三山驛
	6	패현沛縣	사정역泗亭驛		15		어양역漁陽驛
	7		사하역沙河驛		16~19	광녕위廣寧衛	광녕역廣寧驛
	8		노교역魯橋驛		20		반산역盤山驛
3	9	제녕주濟寧州	남성역南城驛		21		고평역高平驛
	10	거야현鉅野縣 가상현嘉祥縣 문상현汶上縣	개하역開河驛		22	사하재성沙河在城	우가장역牛家莊驛 재성역在城驛
	11	동평주東平州	안산역安山驛		23~28		안산역鞍山驛 요양재성역遼陽在城驛
	12	수장현壽張縣 동하현東河縣 양곡현陽曲縣	형문역荊門驛 숭무역崇武驛		29		조선관朝鮮館
	13	청평현淸平縣	청양역淸陽驛	6	1~2		연산관連山館
	14~15	임청현臨淸縣	청원역淸源驛		3	동녕위東寧衛	
					4		의주성義州城

(최부 일행의 여로: 제주 국립박물관 제공)

명대의 행정기구*

* 기시모토 미오 · 미야지마 히로시 지음, 김현영 · 문순실 옮김 『현재를 보는 역사-조선과 명청』, 2014

(제주 국립 박물관 제공)

경항대운하*

* 오금성 外, 『명청시대 사회경제사』, 「대운하」, 2007

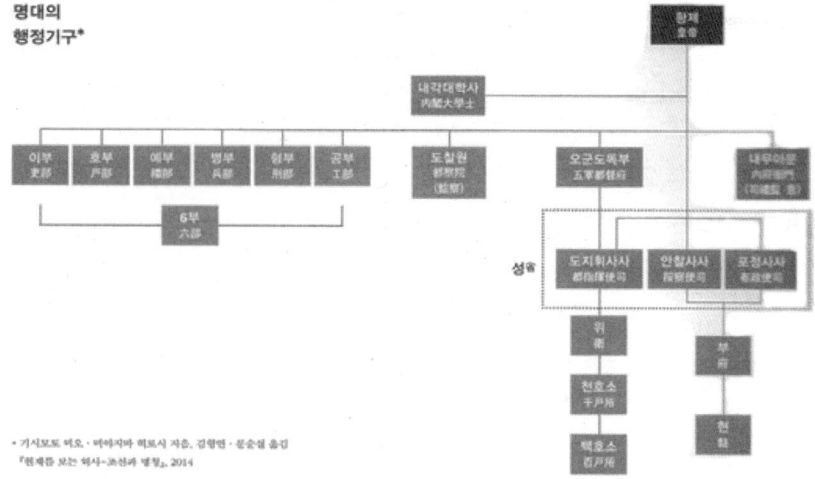

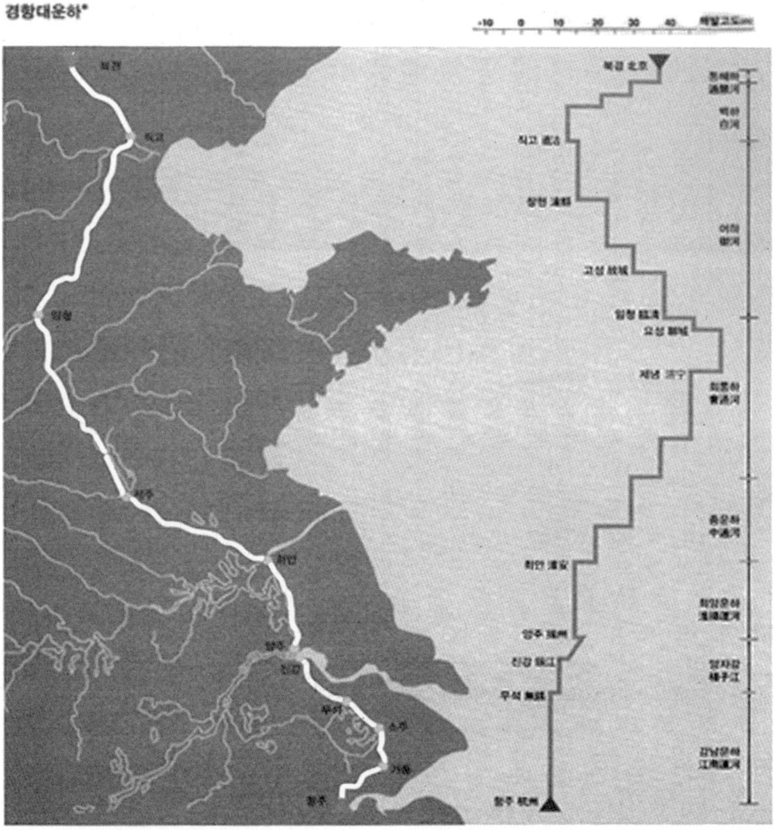

글을 펼치며

조선 선비의 굳센 절의, 밝은 예절, 높은 인격을 읽다

처음부터 최부의 표해록을 쓰자는 것은 아니었다. 그냥 그의 행적을 보고 다음 중국여행 때 어디를 갈지 참고나 해보자 하는 딱 그 정도였다. 심심풀이 눈요기라 할까. 이에는 연암 박지원의 열하일기 여파가 크다. 나는 이번 글 바로 전에 "조선의 꽃 열하일기"라는 책을 냈다. 연암도 열하를 다녀온 후 청나라풍이 들었다고 한때 곤욕을 치렀는데 나 역시 글이 끝났는데도 여진이 남아 후유증을 앓고 있었다.

열하일기에서 라마승을 만나보라는 황제 말을 거역하여 연행 사절이 자칫하다가는 본국으로의 귀환은커녕 객지에서 바로 귀양을 가는 것 아니냐 하는 우려를 나을 때 속으로 쾌재를 부르며 연암은 이왕이면 운남이나 귀주로의 귀양살이 아니면 서촉과 강남땅을 밟는 것이라면 하는 달콤한 상상을 하는데 나 역시도 그런 달보드레한 꿈결을 헤매는 노릇이었다. 최부가 강남을 돌았다는 정보는 익히 입수한 터라 혹여 연암이 소망하던 귀주(貴州:구이저우)가 껴 있는가 하는 호기심도 작용했다. 필시 술꾼 연암은 마오타이라는 귀주가 낳은 명주를 익히 알아보았던 것은 아닐까.

나로서는 어찌 표류를 하다가 어찌 구출된 것인지에 대해서보다는 '어디를 거쳐서 돌아 온 거야.'가 더 궁금했다. 그런데 그것은 정녕 아니었다. 한 페이지 한 페이지 넘기며 어느새 나는 그의 표해의 바다 속에 깊이 빠지고 말았다. 사실 그의 글은 성종의 전지를 받고 급히 쓴 글이라 최대한 감정을 억제하고 참에 근거하여 짧게 쓴 글이라 느끼기에 따라서는 재미가 없다고 할 수 있다. 그러기에 표류를 한 과정은 뭉뚱그려 쉬이 책 페이지를 넘기게도 된다. 그렇지만 그는 짧지만 명확하게 사실을 표현했고 처한 상황의 한 끄트머리도 놓치지 않았다.

절제된 글로써 격을 갖추면서도 표현이 정확하고 분명하기 때문 사태를 파악하는 데 전혀 부족함이 없었으며 오히려 글씨 한자에도 음미의 가치는 수북했다. 험난한 최부와 42인 그들의 여정, 어느 한 사람도 낙오되지 않았다. 그 시대 이는 기적과도 같은 일이다. 표류가 되면 겁에 질려서도 억울해서도 사람은 누구나 달라진다. 아닌 말, 죽는 게 더 쉬운 상황이다. 극단으로 치닫던 마구잡이식 중구난방인 42인은 일치단결하여 꿈에 그리던 조선 땅을 다시 밟았다.

글의 표해, 모음과 자음 그리고 받침이 마구 흩어져 뜻을 이루지 못하는 것과도 같이 기실 그들 42인도 아전, 곁꾼, 호송군으로 나뉘어 표류를 거듭한다. 그런 그들은 모음과 자음 그리고 받침을 채워 낱말의 의미를 찾듯 종래에는 오합지졸에서 '우리는 하나다.' 하는 의미를 얻으며 소생한다. 최부는 그런 과정을 찬찬히 있는 그대로 생생하게 나타내었다. 진실이기 때문에 과정은 눈에 바로 보이듯 선명하였고 결국은 모두 살아 돌아올 수 있었다. 그들로부터 내가 얻은 것은 인간 삶의 소중한 가치 그리고 삶의 신뢰에 대한 무한한 경이로움이었다.

조선 선비의 굳센 절의, 밝은 예절, 높은 인격은 어디서부터 발원하는 것인지 이에 대해 스스로 자득할 좋은 기회가 바로 이 책이 아닐까 싶다. 최부가 돌아와 한양 청파역 근처에 머물며 단 8일 만에 쓴 글이라는데 나는 솔직히 믿기지 않는다. 그는 조선뿐만이 아니라 중국문화에도 매우 박식하였다. 조선의 과거급제 관료가 이 정도였던가 하며 다시 또 놀랐다. 조선의 사색당파도 똑똑하니 가능한 것이었다는 엉뚱한 생각을 하게도 된다. 이 글 집에 나오는 조선 관료들의 행적을 보면 각기이지만 애국애족으로서의 맞닿는 동류의식에 또한 모두 놀랄 것이다.

그는 중국 남북의 문화적 차이, 즉 남방은 번창하고 문명적이고 북방은 가난하고 거친 시대상을 정확하게 기록했다. 마치 1488년 조선과 중국의 정중앙을 관통한 화살처럼 시대를 확연하게 드러내어 실제 모습을 눈앞에서 보는 양 실감이 나게 느낄 수 있었으며, 때가 또 명 황제가 바뀐 시기 인지라 섭렵이 가능했던 많은 것들, 특히 관료들과 중국의 실상에 대한 이해 또한 생각지도 못한 큰 수확이었다.

때마침 열하일기를 독파한 터라 강남과 강북, 명과 청, 조선 전기와 후기에 대한 대비 또한 순조로웠다. 열하일기에 나오는 피서산장에서 썼다는 '피서록' 과 장성 밖에서 들었다는 신기한 이야기를 모아 놓은 '구외이문', 동란재에서 썼다는 '동란섭필'의 일부 내용은 달필의 그답게 풍속이나 인물, 역사 가릴 것 없이 알차고 무진장이라 최부의 글을 뒷받침하기에 더할 나위 없이 유효했다. 나로선 채광의 기쁨에 더하여 글 색감이 도드라져 글 집이 한껏 출중해졌다.

그의 글을 추적하다 보니 사실 항주도 소주도 다 다녀온 곳인데 내가 본 것은 본 것이 아니라는 아득한 생각도 들었다. 사실 그의 글은 왕에게 올리는 글인 데다가 그가 상중(喪中)이라 글이 딱딱하고 나붓한 태생의 수필가가 접근하기는 쉽지는 않다. 그런데 이 의미는 껴들 소지가 있다는 역발상도 된다. 감정을 억제한 딱딱한 빈 공간을 마저 채운다는 그런 발상. 어디까지나 상상은 자유니까, 아무튼 매끄럽지는 않지만 올곧고 정확한 그의 기술 덕분에 여정의 주제 키

(key)를 바로 잡고 그가 남겨 놓은 여지를 찾고 쫓아 나름 재미도 본 셈이다.

그런데 이 글을 쓰다 보니 희한한 일도 다 있다. 그의 글을 일일이 독수리 타법으로 좌판을 구타하듯이 옮기려니 갈증이 꽤 일었다. 그의 글에 덧붙이고자 한 떠오르는 착상이 순식간에 망가지기도 하고 손도 아프고 짜증도 나고 그러다 보니 훼방꾼이 수시로 마중을 나오곤 했다. 이문이 안 남으면 거들떠보지도 않는 요즘 세상 이 늙수그레한 글을 누가 읽겠나 싶은 생각이 저절로 생겨나 포기의 유혹이 만만하지 않았으며 나의 아주 고질적인 병폐, 하나에 빠져들면 헤어나지를 못한다는 조급증이나 자폐증이 나를 끊임없이 괴롭혔다.

이것저것 다 챙겨하려니 글 내용이 어떠하든 역사를 다루는 글은 이래저래 힘이 드는 것은 사실이다. 그러던 차에 이 글을 모처에 잘 번역해 놓은 기관(한국콘텐츠진흥원)이 있어서 기대할 수는 없었지만 혹시나 하는 마음에 전화를 해서 내가 이 글(최부의 글 번역본)을 가져다 역사수필로 엮어 책을 만드는 데 이용을 하고 싶은데 복사가 안 되어 그러니 도와줄 수 없겠냐고 했더니 자기네들도 그 파일을 만든 업체가 도산을 해서 없는데 뜻이 그러하다니 이번만은 타이프를 쳐서 무료로 제공을 해주겠다고 했다.

원 세상에! 처음에는 비싼 값을 달라고 할까 봐 '그냥 보기만 되어 있는 거군요.' 하면서 끊으려 했던 것인데…. 믿을 수 없는 일이 벌어졌다. 그것도 2~3일 내 해 준다니. 와우! 그들은 타이프가 밥 먹는 것보다 쉬운가 보다 했다. 그런데 단 이용을 한 결과물을 내야 한다는 조건을 달기에 그런다고 했다. 그 바람에 어쩔 수 없이 '1488년 명과 조선을 관통한 최부의 표해'란 의미를 담은 책을 내지 않으면 안 되는 족쇄가 채워지고 말았다. 결국, 일이 커졌다.

아무튼, 그때부터 한숨 돌려 2016년 2월 4일 시작한 글이 다섯 달도 채 안 되어 초안을 만들 수 있었다. 지금 생각해보니 최부 선생이 내게 마술을 부린 것만 같다. 우연히 들여다보다 우여곡절 끝 어느 참 필연이 되었고, 이제는 운명처럼 그의 글에 매달려 미소를 짓는다. 좋은 글을 여태 몰랐다는 미안함도 곁에 있다. 여러분도 어느 날 우연히 이 책을 마주하기 바란다. 그러다 보면 삶은 왜 성실하여야 하고 공자의 인과 예가 우리의 삶 속에서 어찌 진득하니 살아서 번성하며 삶의 신뢰는 어디서 발원하여 또 어떻게 꽃을 피우는지 자연히 알게 될 것이다. 와우! 고전 책이 밥 먹는 것보다 훨씬 쉽네 하면서 말이다.

** 최부의 표해록 번역본은 한국 콘텐츠 진흥원이 제공한 파일을 이용하였지만 글의 바탕은 어디까지나 고려대학교 명예교수이신 박원호 교수가 발간한 책을 활용한 것임을 밝혀둔다. 나는 간곡히 청하여 박원호 교수의 번역본 사용을 득하였다. **

2017년 9월
대덕연구단지에서 조성원 씀

목차

글을 펴*l며_ 조선 선비의 굳센 절의, 밝은 예절, 높은 인격을 읽다 | 7

권 1

1. 표해록을 알알이 챙겨서 읽는다 | 17
2. 군신의 예 이전 부자간의 의리 | 21
3. 표류하다 도착한 곳이 | 26
4. 동방불패 영화는 허구만은 아니다 | 29
5. 제주도 해역 표류자들 | 36
6. 추쇄 경차관 | 42
7. 추쇄 경차관이라는 직함은 | 47
8. 당시 조선과 명과의 관계 | 53
9. 배 타기 전 그가 한 마지막 업무 | 58
10. 위기에 봉착한 최부 일행 | 64
11. 윤1월 4일, 큰 바다로 거침없이 빠져든다 | 70
12. 바다 한가운데서 | 75
13. 표류 5일째 | 80
14. 처음 섬에 닿았다 | 86
15. 대당 영파부 하산에서 만난 해적 | 92
16. 선비는 표리부동하지 않는다 | 98
17. 승선자에 대한 인사고과 | 104
18. 올바르지 않으면 행하지 않는다 | 111
19. 후추를 달라는 말에 최부는 | 119
20. 43인의 대 탈주 | 124
21. 도저소라는 곳까지 강제로 끌려간 43인 | 133
22. 도저소라는 곳에서 심문을 받다 | 139
23. 도저소에서 5일 | 144
24. 장보와 최부의 인연 | 151
25. 현재는 닝보, 명나라 때는 영파부, 송나라 때는 명주라 불린 곳(1) | 159
26. 현재는 닝보, 명나라 때는 영파부, 송나라 때는 명주라 불린 곳(2) | 164
27. 왕희지의 고향 소흥에서 | 170
28. 항주의 전당강과 진주태감 | 179
29. 항주에서 머무는 동안 1 | 186
30. '당토행정기 담론'이라는 잡설에 대하여 | 193

권2

31. 항주 소주 그리고 경항대운하 | 206
32. 태평스러운 운하를 보며 | 212
33. 남송의 수도 항주 그리고 금나라 | 216
34. 항주에서 머무는 동안 2(항주의 오산과 용정차) | 223
35 항주에서 머무는 동안 3(서호의 백제와 소제) | 230
36. 항주에서 머무는 동안 4(서호 십경) | 238
37. 항주에서 가흥(嘉興)으로 | 247
38. 태호석과 수호지 | 255
39. 소주의 아름다운 풍광 | 264
40. 소주(蘇州)에서 소주(燒酒)에 취하듯 | 271
41. 누에라는 벌레 | 282
42. 진강 지나 장강을 건너서며 | 286
43. 과주에 배를 대고 왕안석은 세상을 둘로 갈랐다 | 297
44. 자금성에 한규란이라는 여인 | 306
45. 샹그릴라 꿈의 도시, 양주에서 | 313
46. 회수의 회와 황하의 하가 합쳐져 회하라 하는 물길 | 323
47. 서주는 빛 좋은 개살구 | 331
48. 환관학교가 있었던 명나라 | 339
49. 임청에 서문경과 반금련 | 350
50. 귤화위지(橘化爲枳)라는 사자성어 | 361
51. 명 9대 황제 홍치제의 서정쇄신 | 370
52. 통주에서 조선 문인 이주(李冑)를 생각하며 | 380

권3

53. 빨리 좀 보내주오 | 392
54. 성종실록과 최부 표해록 대조필 | 398
55. 기다림의 나날 | 404
56. 조선의 선비는 남다르다 | 412
57. 어양역에서 사은사신을 만나다 | 422
58. 최부가 天使(황제가 파견한 사신)를 만난 날 | 430
59. 산해관을 지나며 | 438
60. 성절사신 채수 이야기 | 447
61. 요동은 우리 땅이다 | 454
62. 드디어 압록강이다 | 461
63. 성종실록에 나오는 최부의 역사적 사실 모음 | 466
64. 최부를 닮은 외손자 나덕헌과 유희춘 | 474
65. 글에서 많이 나오는 그래서 알고 싶었던 것에 대하여 | 482

EPILOGUE (애국 애족) | 487

참고문헌

*권 1 (금남이라는 그의 호가 선명하다.)

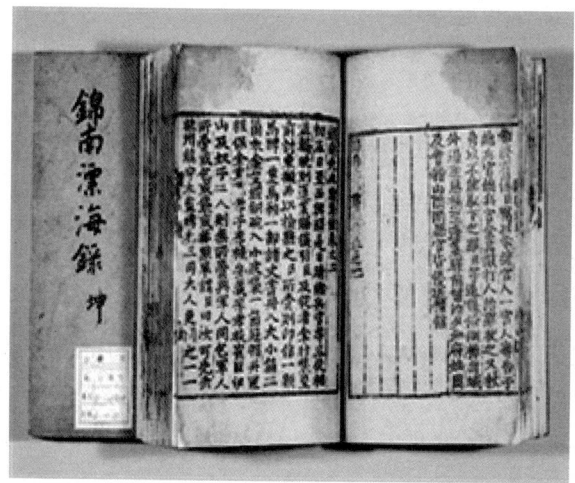

최부의 '표해록'

1
표해록을 알알이 챙겨서 읽는다

〈상인(喪人)인 신(臣) 최부(崔溥)는 제주로부터 표류해서 구동(甌東)에 배를 대고, 월남(越南)을 지나 연북(燕北)을 거쳐, 올 6월 14일에 청파역(靑坡驛)에 도착하여 삼가 전지(傳旨)를 받들어 이번 길의 일지를 편집하여 바치나이다〉

그의 글은 그렇게 시작한다. 글 제목이 그의 첫 글에 이미 노견되어 있다. 최부의 표해록. 말인즉슨 '제주에서 표류를 하여 어딘가를 거쳐 청파에 도착하였고 지시대로 그 내용을 일지로 써 제출합니다.'라는 내용이다. 하지만 쓰인 말들이 생소하기 때문 되풀이해 읽어도 더는 귀에 들어오지 않는다. 글의 의미를 잘 파악하려면 낱말에 부여된 뜻을 제대로 이해하여야 한다. 각기 낱말들은 뜻을 함유하고 그 낱말들은 또 모여 글의 흐름으로 이어져 사고를 전달한다. 낱말은 사유를 잘게 부순 실마리이고 이것들이 모여 어느 형색을 갖추는 게 아닌가. 특히 과거 시대를 말하는 글에 있어서 낱말은 그 자체가 유물과도 같다.

그 시대에선 짤막한 표현만으로도 충분히 이해가 될 것이지만 지금으로서는 주석을 달아야 비로소 읽히게도 된다. 물론 시대 흐름에 따라 가치 상실하는 낱말도 태반이다. 하지만 쉽게 못 알아먹는다고 글이 지닌 본래의 의미가 달라지는 것은 아니다. 그 시대의 시츄에이션을 정조준하고 내가 그가 되어 쓰인 글대로 호흡한다면 영락없는 그 시대의 나로서 그를 만끽할 수 있다. 인문학은 바로 거기에 묘미가 있다. 세상이 아무리 변모를 해도 인간의 본성은 그 틀을 유지하고 변함없이 되풀이하기 때문이다. 고

전 역시 지금과 다를 바 없는 인간의 생존과 행복, 아름다운 삶의 파생으로 엮인 낱말들의 향연이다.

　굳이 나는 이 글집에서 그의 행로를 일일이 찾지는 않겠다. 이는 글의 객체로서 바탕을 이루고 형체를 만들지만 어쩌면 거죽에 불과한 노릇이고 정작 글의 주체는 별다른 곳에 있다 여겨지기 때문이다. 솔직히 그가 거쳐 간 중국 땅 어디 어디라는 곳들은 알지도 못 할뿐더러 설사 안다 하여도 기실 그다지 중요한 것도 아니다. 산천도 의구하지 않으며 인걸 또한 간 곳이 없음이다. 하지만 인문의 자취는 흔적 그대로 남아 오늘에 전하고 있지 않은가. 그의 글의 표해를 건져 그를 알아보고 그 시대를 탐하는 것이 보다 더 가치 있으며 오늘의 형체로써 인간의 삶의 굴레, 인문학적 가치를 일깨울 수 있다고 보기 때문이다. 그의 눈물과 땀이 서린 표해는 정작 그의 글에 녹아 새로움을 기다리고 있다.

　그런데 참 누구도 모를 묘한 게 인생살이다. 그가 말 한 것과 같이 상인(喪人)이면서 신(臣)인 자로서 꿋꿋이 쓴 이 보고서는 아이러니하게도 죽을 때까지 그를 따라다니면서 괴롭히더니만 정작 육지에 올라서 더 힘든 표류를 겪게 된다. 생동감 넘치는 '표해록' 느낌과는 달리 이어진 그의 안타까운 운명이 내 마음을 짓누른다. 이는 표류 기록에도 그대로 드러나듯이 아마도 그의 올곧은 성격에 기인할 것이다. 그래서인지 그는 결코 바다 속에 수장되지는 않을 것이라고 전적으로 믿었던 사람이 있다. 성희안(1461~1513:형조판서/ 우의정)이 바로 그인데 그 믿음의 연유는 과연 어디에서 비롯하였던 것일까. 이 믿음 또한 글 속에서 자연히 유추가 가능할 것이다. 한마디로 최부는 치밀하고 다부졌다.

　본문에서 그의 첫마디 말은 상인(喪人)이었다. 왕 앞에 조아리며 내미는 보고서인데도 그는 분명 상인(喪人)이란 말을 먼저 꺼냈다. 그는 '신하로서 상인인 최부는'이라고 하지 않았다. 그는 그의 글에 여실히 나타나지만, 낱말 하나 선택함에도 진중하고 행동거지 또한 신중했다. 왕보다도 상제로서의 '효'가 우선한다는 의미이고 왕 또한 이를 자연스레 받아들이고 있다. 그런데 우리는 흔히 충효 사상이라고 말을 하지 효충 사상이라고 하지는 않는다. 묘한 어감의 차이다. 혹여 잘못 쓴 것은 아닐까. 이는 시대 흐름과 유관할 것이다. 가만 보면 우리의 말은 특색이 있다. 절도도 있지만 순서에도 흐트러짐이 없으며 의식이나 사물에 대해 확실함을 견지하고 있다. 그러면서 받아들이는 방법이 우리는 우리 나름의 방식이 있다. 이어령 선생이 한 말은 오늘만의 이야기는 아닌 듯싶다. 말이 우리만의 오늘의 의지가 아니듯 글 또한 자연스레 우리의 전통으로서 의식으로서 낱낱이 살아 오늘을 말한다. 나는 이에 전적으로 동감한다.

〈한반도인 한국은 언제나 대륙인 중국과 섬나라 일본의 중간에 끼는 일이 많다. 남의 문화를 받아들이는 데 있어서도 한국은 그 두 나라의 중간쯤에 위치해 있음을 알 수 있다. 외국어를 받아들이는 태도 하나만 봐도 그렇다. 일본이 현재 일상생활에서 사용하고 있는 외래어(서양 언어)는 무려 4천 단어가 넘는다. 이와는 극단적인 대조를 이루고 있는 것이 중국이다. 아무리 서양의 신발명품들이 밀려와도, 일단 중국에 들어오면 중국식 이름으로 창씨 개명되게 마련이다. 에스컬레이터가 '전기 사다리(電梯)'가 되고 세계 어디에서나 통하는 텔레비전도 '전기로 보는 것(電視)'이라고 해야 비로소 고개를 끄덕이는 나라가 바로 중국이다. 심지어 고유명사도 중국식 의미로 둔갑한다. 미국 식민주의라는 이름이 붙을 정도로 세계를 휩쓰는 그 당당한 코카콜라도 중국 땅에 들어서면 별수 없이 '가구가락(可口可樂)'으로 통성명을 하게 되는 것이다.

한국은 어떤가? '엉거주춤'이라는 말을 가진 나라답게 그 수용 태도도 어중간한데가 없지 않다. 외국어를 받아들이는 한국적 특징은 일본식도 중국식도 아닌 그 중간 노선에서 독자성을 지니고 있다. 대표적인 예가 '역 전 앞'이라는 말이다. 역전이라는 한자말에는 이미 앞이라는 말이 들어 있는데도 거기에 다시 순수한 우리말을 덧붙여 쓴다. 초가집도 그렇고 양옥집도 그렇다. 한자를 그렇게 천년을 써왔어도, 말하자면 거의 일방적으로 받아들인 것 같으면서도, 맹장처럼 붙어 있을망정 제 나라 말을 함께 쓰려고 한 무의식을 엿볼 수 있다. 일본말이 이 땅에 휩쓸 때에도 '모치'라는 일본어는 한국을 완전히 제패하지 못했다. 모치라는 말을 받아들이면서도 역시 떡이라는 우리말을 붙여 모치떡이라고 불렀기 때문이다.

서양 말이 들어와도 '역 전 앞'식 표현은 살아 있었다. 깡통이라는 말이 그 전형적인 예다. 깡은 영어의 캔(can)에서 온 것으로 금속의 통을 의미하는 것이었지만, 우리는 거기에 다시 통이라는 한국말을 붙여 깡통이라는 새말을 만들어 썼던 것이다. 야구 중계 때 이따금 우리는 "파울 라인 선상으로"라는 말을 들을 수 있는 것도 마찬가지가 아니겠는가.〉

일부러 이 글을 옮겨 적은 것은 우리가 갖는 확실성이나 분명함은 어제오늘의 단순한 의식이 아니라고 여겨지기 때문이다. '곧이곧대로'라고 하는 말, 나는 최부의 글에서 이러한 의식의 저변을 이루는 밑그림을 확실히 느끼고 또 보았다. 조선의 선비는 절대 섣부르지 않으며 확고부동하였다. 똑 부러진다는 표현이 비단 최부에게만 해당될까. 다 먹힌 것 같은 데도 통째로 삼켜버릴 수 없는 것이 한국 문화요, 확실성을 가져야 비로소 만족하는 한국인이라는 이 말. 그의 글은 그런 점에 있어서 아주 좋은 본보기다. 하물며 제도가 엄격하던 조선 시대, 어느 안전이라고 허튼 글을 지어 올릴까. 그런 측면에서 최부의 글은 감정을 극도로 자제하고 숨 막힐 정도로 논리로서 대처하기에 딱딱하고 재미가 덜한 측면이 있다. 나는 그런 글의 재질로 반감될 것 같은 글의 향배를 구출하고자 애를 쓴 것은 사실이다. 하지만 어느 면 꼭꼭 숨은 그의 감정으로 술래잡기하듯 오히려 글쓰기는 전 작품인 열하일기보다 더 편하고 자유로웠다. 이제 그 시대의 진면을 살펴 본격적으로 그에게 다가가 보련다.

2
군신의 예 이전 부자간의 의리

군신의 예 이전 부자간의 의리. 사실 이 말은 지극히 당연한 말인지 모른다. 한자 공부하면 떠오르는 천자문. 천자문은 먼 옛날 양(梁)나라 때 주흥사(周興師, 470~521)가 지었다고 전해진다. 유래에 따르면 주흥사는 머리가 똑똑한데 술을 좋아했다고 한다. 어느 날, 주흥사는 술 때문에 그만 황제한테 실수를 했다. 당장 처형 깜인데 그의 머리가 똑똑한 것을 아쉬워한 황제는 특명을 내렸다. "하나도 중복되지 않는 천 글자로 된 시를 지으면 살려주겠노라." 주흥사는 명에 따라 하룻밤 사이에 만들어야 했으나 마지막 4자를 짓지 못하여 고심하고 있는데, 홀연히 귀신이 나타나서 어조사 '언재호야'의 마무리를 알려주었으며, 완성한 후에 보니 머리털이 하얗게 세었다고 하여 '백수문(白首文)'이라는 별명이 붙었다. 알다시피 천자문은 '천지현황(天地玄黃)'에서 시작하여 '언재호야(焉哉乎也)'로 끝난다.

그 천자문에 나오는 '資父事君(자부사군)'이니 曰嚴與敬(왈엄

여경)'이라, 즉 "부모 섬기는 도리를 의지하여 임금을 섬길 것이니, 엄숙함과 공경함이니라."라고 하는 이 구절에서 보듯이 우선 부모가 나오고 부모 섬기듯 임금을 공경하라고 하는 말로 이어진다. 이는 헤아릴 수 없는 긴 세월 한자를 쓰는 사람들이라면 귀에 못이 박히도록 들은 말이다. 이에 덧붙여 천자문에서는 '孝當竭力(효당갈력)하고 忠則盡命(충즉진명)'이라. "효(孝)에는 마땅히 힘을 다해야 하고, 충(忠)에는 목숨을 다하도록 해야 한다."고 했으며 '臨深履薄(임심리박)하고 夙興溫淸(숙흥온청)'하라. 즉 "깊은 못 가에 임한 듯이 하고 살얼음을 밟는 듯이 하며, 일찍 일어나 부모의 덥고 추움을 살펴라."라 하며 부모에 대한 효심을 매우 강조했으니 그 시대 효심은 무엇보다 강조되는 지극히 보편타당한 진리였다.

시대에 따라 바뀔 도리는 정녕 아니다. 아무튼 그가 글에서 올 6월 14일이라고 했는데 올은 과연 어느 때를 말하는지 아는 게 급선무다. 시기가 정확해야 글 표출의 정밀 감식도 가능하다. 마침 이어진 그의 글에는 다음과 같이 적혀 있다.

〈성화 23년 정미년 9월 17일에 신은 제주 삼읍의 추쇄 경차관(推刷敬差官)으로서 하직 인사를 올리고 길을 떠났습니다. 전라도에 이르러 감사(監司)가 사목에 의거하여 뽑은…….〉

성화 23년이라고 했다. 안타까운 말이지만 이는 우리가 아닌 명나라 연호를 말한다. 열하일기에서 보면 연암은 첫 기록에서 '후삼경자(後三庚子)'란 표현을 썼다. "왜 '후(後)'라 칭했는가? '숭정기원후(崇禎紀元後)', 즉 숭정(崇禎)이라는 명나라 마지막 황제의 연호가 시작된 후라는 뜻이었다. 그런데 왜 '삼(三)'이라 했는가? 연호로 삼은 후 세 번째 돌아온 경자년(庚子年·1780년)'이라는 뜻이었다.

그는 명나라가 망했음에도 존명배청(尊明排淸)이 여전한 시대 흐름에 휘말려 열하일기를 쓴 후 많은 시달림을 받아야만 했다. 기실 그는 겉으로는 따르면서도 궁색한 현실을 비꼰 격이었다. 글에서 그는 항변했다. "반드시 '오랑캐 황제'라 배척해야만 비로소 춘추 의리를 엄수하는 것이 된단 말인가?"

아무튼, 성화 23년은 19살 연하 황제를 휘어잡았던 명나라 후궁 만귀비로 유명하던 때로서 헌종 성화제는 중국 명나라의 제8대 황제이다. 이름은 주견심(朱見深). 초명은 견준(見濬)이며 정통제의 맏아들로 토목의 변으로 경태제가 즉위한 이후 잠시 황태자에서 폐위되었다가 아버지인 영종이 다시 즉위하여 무사히 황위에 오른 인물인데 만귀비가 성화 23년 그 해(1487년 성종 18년에 해당한다.) 죽자 성화제 또한 시름시름 앓다가 죽고 만다.

1487년이라 한다면 조선에서는 삼강행실이 주름을 잡고 있던 때다. 조선왕조실록에 따르면 태조 임신년(1392년) 개국 초 이성계는 지금으로 치면 취임사에서 종묘사직을 말하고 과거 시험제도를 말하고 네 번째 서열에 관혼상제를 언급하며 "이는 나라의 큰 법이니, 예조에 부탁하여 경전(經典)을 세밀히 구명하고 고금(古今)을 참작하여 일정한 법령으로 정하여 인륜(人倫)을 후하게 하고 풍속을 바로잡을 것이다."라고 하였다.

세종 12년 경술(1430)에 왕 세종은 "복(喪服)을 입는 제도는 일찍이 덜고 보탬이 없었고, 당(唐)나라에 이르러 약간 그 예를 변하였는데 오히려 선유(先儒)들이 이를 비난하였으니, 모름지기 정례(正禮)에 따를 것이지 권도(權道)에 따를 수는 없다." 하였다. 이에 한성부 윤 고약해(高若海)가 아뢰기를 "예(禮)는 관혼상제(冠婚喪祭)보다 큰 것이 없는데 음(陰)으로써 양(陽)을 따르는 것은 예의 떳떳한….'이라는 구절로 강조를 하더니만 급기야 1431년(세종 13)에 〈삼강행실도 三綱行實圖〉를 간행하여, 삼강의 윤리가 일반 백성들에게까지 확대되도록 힘썼다. 그리고 삼강에 위배되는 행위에 대해서는 강상죄라 하여 특히 무거운 벌을 내려 그 실천에 철저히 했다.

(오륜행실도 제주국립박물관 그림 제공)

당시 시국을 말하자면 충절의 사표로 잘 알려진 길재(吉再, 1353~1419) 선생 이야기를 빼놓을 수 없다. 그는 고려 우왕의 흉보를 듣게 되자 3년 복을 입고 채과혜장(菜果醢漿)을 먹지 아니하였으며, 어머니를 극진히 봉양하여 혼정신성(昏定晨省: 아침저녁으로 부모를 보살피는 것)을 폐하지 아니하고 반드시 맛있는 음식을 장만해 올렸다. 집안에 양식이 자주 떨어져도 늘 흔연하여 조금도 염려하는 기색이 없었으며 학도를 가르치되 효제충신(孝悌忠信) 예의염치(禮義廉恥)를 먼저 하였다.

상왕이 세자가 되자 불러들여 봉상박사(奉常博士)의 직을 제수하니, 길재는 전문(箋文)을 올려 진정하기를 "충신은 두 임금을 섬기지 아니한다 하였는데 신은 초래(草萊)의 태생으로 위조(僞朝)에 신하되어 벼슬까지 받았으니 다시 또 거룩한 조정에 출사하여, 풍교(風敎:교육이나 정치를 잘하여 세상의 풍속을 잘 교화시킴)에 누를 끼칠 수 없습니다." 하므로 상왕이 그 절의를 가상히 여겨 후한 예로 대접해 보내고 그 집 호 세를 면제하도록 조치하였다. (『세종실록』 권3 세종 원년 4월 병술조의 길재 卒記)

그의 나이 50세에 모친상을 당했고 장자 사문이 죽어 참최(斬衰)의 복을 입었다. 그리고 57세 때 스승 권근과 박분도 세상을 떠났다. 심상(心喪) 3년을 행하였다. 이렇게 길재의 주자가례는 그 누구도 따를 수가 없었다. 이후 그는 본격적인 교육 활동을 전개했다. 학생들과 경전 토론, 성리 심학에 모든 열정을 쏟았다. 그의 서제에는 양반, 미천한 자제까지 하루에 100명이 넘었다. 조선왕조실록에는 그의 충절 기사가 60여 차례가 넘었고, 행실은 만인의 교과서「삼강행실도」,「오륜행실도」에도 올랐다. 야은의 충절과 항절이 어떠했는가를 말해주고 있다.

이쯤 되니 세종대왕인들 그가 아쉽지 않았을까. 충신이 필요한 세종은 즉위하자 길재의 절의를 포상하기 위해 그의 자손을 등용하게 되었다. 길재는 "군왕이 신하를 먼저 부른 것은 3대 이래 드문 일이다. 네가 초야에 있는 데도 군주가 먼저 불렀으나 비록 관록을 얻기 이전이지만 그 은혜와 의리는 다른 보통 신하와 비할 바가 아니다. 그러니 너는 항상 내가 고려를 생각하는 마음을 본받아서 너의 조선의 임금을 섬긴다면 이 아비의 마음은 다시 더 바랄 것이 없다."라고 하였다(박성봉,「길재 야은의 전통 삼은론」,『길야은연구논총』(서문문화사, 1996), 28쪽).

최부의 표해록은 1431년 삼강행실도가 나오고 불과 오십여 년 지난 때이고 더욱이 주자가례를 국가적으로 등장시킨 성종 때이니 부자간의 의리는 한층 더 고무된 때였을 것이다. 당연히 그의 글 표해록의 서두 '상인(喪人)인 신(臣) 최부(崔溥)는 제주로부터 표류해서…'는 시대의 조류에 부합하는 마땅한 표현이다. 그런데 그는 분명히 그해 가을 9월 17일에 제주 삼읍의 추쇄 경차관(推刷敬差官)으로서 하직 인사를 올리고 길을 떠났던 그인데 왜 제주도에서 표류를 하게 된 것일까. 짐작하건대 상을 당하여 돌아오다가 사고가 난 것 같은데 어디 그다음을 읽어 보자.

3
표류하다 도착한 곳이

지금까지 글에 주어진 단서로서는 최부는 상을 당하여 뭍으로 돌아오는 중 제주에서 표류하여 구동에 도착하고 월남을 지나 연북을 지나 돌아오자마자 청파역에서 전지를 받들어 그간의 경위를 적어 제출하였다는 것이고 그가 제주에 간 목적은 추쇄 경차관(推刷敬差官)의 소임을 다하기 위해서였다는 것이다. 짧지만 이 두 대목만으로도 많은 이야기것리가 속출한다.

그가 표류하다 도착한 곳은 구동이다. 구동이 어딜까. 구는 절강 남부에 있는 동구국을 말하는데 역사를 들춰보면 재미있다. 3세기에서 4세기에 걸쳐 화북의 혼란을 피한 한민족은 계속하여 양자강 유역으로 유입되어 화중은 점점 개발되어 갔다. 3세기의 강남에는 강소성 남부의 산악지대에서 안휘·강서·절강·복건·광동의 각성에 걸쳐 산월(山越)이라고 불리는 민족이 넓게 분포하고 있었다. 한말의 혼란기에 한인인 손책(孫策) 손권(孫權) 형제는 지금의 남경을 수도로 하고 이 지방에 오나라를 세웠지만, 그들은 이 '산월'의 진압에 애를 먹었다. 흔히 삼국지에서 보는 오나라가 바로 그곳이며 우리가 또 아는 말 오월동주가 바로 여기서 유래한다.

손권은 "만약 산월이 모두 구제되면 북방의 위를 크게 쳐들어갈 수 있는데" 하고 탄식하기도 하였다. 그것은 산월이 손씨가 세운 오나라 정권의 행동을 안쪽에서 크게 제약하고 있었기 때문이었다. 이 산월은 춘추전국시대에 이 지방에 나라를 세운 '월'족의 후예라고 하는 것이 학계에서는 대체로 정설이다. 이 월족은 그 후 절강성 남부 일대에 동구(東甌)왕국을, 복건성의 일대에 민월(閩越)왕국을 세우고, 광동성에서는 한인(漢人)인 조타(趙佗)라고 하는 자가 월족을 주체로 하는 남월(南越)왕국을 세웠다. 그들은 그 이전 한 무제에 의하여 기원전 2세기까지 차례차례로 독립을 빼앗겼는데 그들이 지금의 베트남의 선조로 보고들 있다. 기원전 214년 진시황은 그곳을 점령하고 3군을 설치했었다.

그러니까 최부는 절강 동남부 연해 어딘가에 도착을 하고 월남이라는 월국의 남부를 지나서는 춘추전국시대에 북경 일대를 중심으로 하는 연나라 북쪽을 지났다는 것이다. 우리가 북경을 흔히 연경이라고도 하고 아직도 북경에는 연경맥주가 있다. 그리고는 우여곡절 끝에 청파역에 도착한다. 청파는 다행히 낯익은 지명이다. 오늘날의 서울 용산구 청파동을 말한다. 단순히 청파역 하여도 그 시대 다 알아차린 것으로 보아 당시로는 대단한 지명성을 가진 것이 분명하다. 맞는 말이다.

청파역은 한양을 출입할 때 우리가 잘 아는 삼남대로를 향하려면 반드시 거쳐야 하는 첫 번째 역으로 역에는 말 50필이 배정되어 전명을 받으면 즉시 달릴 수 있도록 준비되어 있었다.『신증동국여지승람(新增東國輿地勝覽)』(한성부 역원)에는 "노원역은 흥

인문(興仁門) 밖 4리 지점에 있고, 청파역은 숭례문(崇禮門) 밖 3리에 있다. 이상의 두 역은 바로 병조(兵曹)에 예속되었다."라고 적혀 있고 우리가 잘 아는 천안삼거리가 바로 삼남대로가 다시 만나는 합류점이다.

아무튼, 청파역이 당시의 일상적인 낱말인 것은 이해가 쉽게 가는 데 나라 밖 구동이나 월남 연북이 일상적인 지명처럼 나오는 데도 아무렇지 않은 것이 이채롭다. 알다시피 그 지명들은 명나라 시대 이전의 먼 시대의 나라이고 그 지명들이 아닌가. 가만 보면 춘추전국시대라든지 삼국지 시대를 그들은 지명의 기초로 주로 삼고 있다. 여기서 바로 느껴지는 것이 춘추라는 역사서와 삼국지. 열하일기에서도 보면 심양에서 중국 골동품 상인이 '예속재'란 곳에서 자신을 소개할 때 '저는 촉나라 누구의 몇 대손입니다.'하는 대목이 거침없이 나온다.

엄청난 시대가 지났음에도 상관없이 당연지사로 그들은 월나라니, 구동이니, 촉이니 하며 나라로 위치를 말하고 기억을 하고 있다. 지금 세상 우리는 어디 하면 도시 이름으로 곳의 위치를 가늠하지만, 그곳의 역사에 대해서는 아는 게 거의 없는데 그 시대 사람들은 깊은 역사의 내막을 일상처럼 알고 위치 비정까지 스스럼없이 하고 있다. 우리와 중국이 같은 유교 문화권으로 한자를 쓰기에 그럴 것이지만 박식한 그 시대 사람들이다. 그런데 가만 생각해보면 그들이 그런 식으로 파악한 것이 아주 현명하지 싶다.

최부가 4월 2일 연경에서 표류한 후 동행을 같이하여 친하게 지냈던 부영이라는 사람을 다시 만났는데 만나자마자 묻는 것이 아리송한 지명에 대한 것이었다. 절강에도 통주가 있고 북경에도 통주가 있으며 서주부에도 청하현이 있고 광평부에도 청하현이 있는데 한 해내에서 이름이 같은 주현이 있는 것은 무슨 까닭이냐고 물었다. 이에 대해 부영은 명칭은 비록 우연히 같지만 관할하는 포정사가 달라 아무 문제가 없다고 답변을 한다. 이방인으로서는 당연한 의문일 것인데 그런 면에서 중국의 땅덩어리는 너무 넓고 세상은 또 자주 바뀌어 매번 바뀐 시대를 기준 삼기도 뭐하다 보니 태곳적 변함없는 사실이 아주 적절한 비유가 된다 싶기도 하다.

그나저나 제주도는 물론 해양기술이 지금만 못하니 그럴 것이다 싶기는 한데 그 시대 표류가 그토록 잦았는지 모르겠다. 그 시대 이전에도 장보고는 아무 탈 없이 지금의 산동성 위해를 수백 번 오가지 않았던가. 거기에는 또 다 그럴만한 이유가 있다. 이는 명나라와 연관이 깊다. 다음은 그 이야기를 해야 할까 보다.

4
동방불패 영화는 허구만은 아니다

1992년 공전의 히트를 기록한 영화 '동방불패(東方不敗)'. 표해록을 말하다 뜬금없이 웬 동방불패. 이 한 작품으로 완전 스타반열에 합류했던 그녀, 린 칭샤(임청하). 나는 당시 그녀한테 홀딱 반했었다. 그녀가 벌써 나이 60이 넘었다고 하니…. 분명 세월은 유수와 같다. 하지만 인걸은 떠나도 역사는 남는 법, 나는 이 영화를 배경 삼은 역사를 들추어 보려 한다.

이 영화는 한족의 명(明)나라에 대항해 먀오족의 나라를 세우려는 동방불패를 주인공으로 한 홍콩 무협 영화다. 먀오족의 새로운 리더 동방불패는 '일월신교(日月神敎)'라는 종교집단을 장악하고 외세인 일본 낭인들까지 끌어들여 한족에 대한 반란을 일으킨다. 하지만 먀오족끼리 내분을 거듭하다 결국 몰락한다는 영화의 줄거리다. 영화 속에서 동방불패는 "너희 한족은 금(만주), 요(거란), 묘(묘족), 장(티베트), 몽(몽골), 회(회족) 6족 가운데 수가 가장 적은 먀오족(묘족)을 제일 괴롭혔다."고 일성을 내뱉는다. 허구적 사실에 근거한 영화라지만 나는 이 대목에서 묘한 느낌을 갖는다.

왜일까.「1,300년 디아스포라 고구려 유민」이란 책을 쓴 김인희 선생의 글에 따르면 "역사상 최초의 '코리안 디아스포라(Diaspora)가 먀오족"이라고 주장한다. 디아스포라는 이산(離散), 흔히 국가 소멸 뒤 세계 각지로 흩어진 유대인을 뜻하는데 코리안 디아스포라는 재일교포나 중앙아시아의 고려인, 카레이스키 등을 지칭한다. 그의 주장은 구당서, 신당서, 자치통감 등 중국 측 기록에 근거를 두고 있다. 기록에 따르면 당나라 장수 이적은 평양성을 함락한 뒤 668년 보장왕과 함께 20만 명의 유민들을 끌고 귀국했고, 이듬해인 669년 이들을 남쪽 공한지(空閑地)에 배치했다고 했다. 고구려 핵심 지배층을 고구려 본토와 머나먼 곳에 살게 해서 재기 의욕을 끊고, 포로들을 투입해 변경 지역을 개발하려는 의도였다는 것이다.

중국 문헌에 먀오족에 대한 기록이 일절 없다가 10세기 이후 송나라 시대 때부터 갑자기 "고구려와 풍속이 닮았다."면서 언급되는 까닭은 무엇을 의미할까. 저자는 먀오족이 고구려 유민이라는 증거로 우선 전통 바지 '궁고'를 든다. 고대 복식을 보면 중국

남방 지역은 무덥고 습하기 때문에 대개 엉덩이와 허벅다리 뒤쪽을 그대로 노출하는 개방형 바지가 일반적이다. 그러나 먀오족만 유일하게 바지 위에다 또 한 번 큰 천을 덧대는 방식의 바지, 궁고를 입고 있다. 이는 고대 흉노족 복식이나 고구려 벽화에서 발견되는 복식과 비슷하다. 종아리 부근은 바짝 조이고, 엉덩이와 허벅지 부분은 통을 크게 넓힌 뒤 그 위에다 바지 천 하나를 덧씌워 두르다 보니 엉덩이 부분은 뾰족하게 솟아나도록 한 모양새다.

이는 추운 곳에서 말을 타야 하는 북방 유목민의 전형적인 복장이라는 것이다. 이외에도 형이 죽으면 동생이 형수와 결혼하는 형사취수(兄死娶嫂) 문화, 장례 전에 집안에 시신을 모셔 두는 풍습, 동명왕 신화처럼 아시아 동북부의 대표적 설화인 난생신화를 가지고 있다는 점 등 다양한 근거를 든다. 결정적으로 먀오족은 옷에다 조상에 대한 옛 기억을 그려뒀다는 것이다. 이들은 여자들의 주름치마에 두 개의 강을, 웃옷 뒤편에는 큰 성을 그려뒀다. 구전설화에 따르면 이들은 추운 곳에서 적에게 패배해 노란 물과 맑은 물을 건너 남쪽으로 왔다. 이게 바로 황하와 장강을 뜻한다는 것이다.

또 조상들이 머물렀던 곳을 잊지 않기 위해 고향에 두고 온 옛 성을 그려뒀다. 이 성의 문양은 장방형인데, 고대 성곽에서 장방형으로 지었던 성은 고구려 성이 가장 대표적이다. 재미있는 점은 서부 먀오족과 달리 동부 먀오족에게서는 '큰 강'에 대한 얘기 대신 '동쪽의 해 뜨는 바닷가' 얘기가 등장한다는 사실이다. 저자는 이를 고구려 패망 뒤 만주 일대에서 남쪽으로 끌려온 이들은 서부 먀오족, 고구려 평양성에서 바다 건너 끌려왔던 이들은 동부 먀오족이라고 해석한다.

동부 먀오족이 서부 먀오족보다 더 반항적이고 남방문화와 비교적 덜 섞여 든 이유와도 연결된다. 한마디로 평양성에 거주했던 고구려의 핵심 지배층이었던 까닭에 서부 먀오족에 비해 문화 자존심이 유달리 강했다는 것이다. 먀오족은 쌀을 쌀이라 하며 고구려처럼 10월에 축제를 열며 다른 민족은 북을 맞이하는 축제가 없는데 둥둥둥 그들은 북을 치며 축제를 벌인다. 새 날개형 관식을 꽂으며 고구려인같이 절풍 모자를 쓴다.

실제 명나라 말기에 먀오족은 줄곧 한족에 대항해 반란을 일으켰다. 먀오족은 명나라 말기까지만 해도 지방의 실력자라고 할 수 있는 '토사(土司)'가 전권을 쥐는 반(半)독립 상태에 놓여 있었다. 구이저우성 일대에는 과거 먀오족이 한족에게 저항했던 성터 등 유적들이 고스란히 남아 있다. 그 이후에도 먀오족은 청나라 말기 구이저우, 윈난 등지에서 재차 대규모 반란을 일으켜 만주 정권을 무너뜨리는 실마리를 제공하기도 했다.

중국 명나라(1368~1644)를 세운 주원장은 왕조 수립 4년 뒤인 1371년 해상활동을 막는 해금(海禁)정책을 발표했다. 바로 중국의 동남쪽 골치 아픈 해상세력을 견제하고 탄압하기 위해 해금정책을 폈다. 동방불패 영화가 근거 없다고 말할 수 없으며 고구려 후손으로 보이는 먀오족의 호기 찬 자존심이 단순한 추정으로 나는 보이지 않는다.

이 때문에 송·원나라 때 '바다의 실크로드'를 장악했던 중국의 해상시대는 사실상 막을 내렸다. 송·원나라가 대외교역으로 실리를 중시하며 개방정책을 폈다면 명나라는 농업 위주의 폐쇄적 정책을 썼다. 명나라는 조공무역만 제한적으로 허용했다. 이는 조선이 바다를 금하는 해금정책을 펴는 데 결정적인 영향을 미쳤다. 하지만 해금정책이 강화되던 15세기 초, 세계 항해사에 중요한 일이 일어났다. 3대 황제였던 영락제가 환관 출신의 원정대장

정화(鄭和, 1371~1433)에게 대규모 해상원정을 감행토록 한 것이다. 그는 1405년부터 1433년까지 7회에 걸쳐 대선단을 이끌고 동남아시아에서 아프리카 케냐에 이르는 30여 개국을 원정했다.

중국에서 생산되는 비단과 도자기를 주고 열대지방의 보석, 동물, 광물 등을 교환해 이익을 얻었다. 정화가 지휘한 명나라 세력이 인도양에 진출한 것은 바스쿠 다가마의 인도양 도달보다 80~90년이나 앞섰다. 함대 규모도 비교되지 않을 만큼 큰 차이를 보였다. 하지만 이뿐이었다.

정화의 대항해는 영락제와 홍희제에 이어 선덕제가 즉위하면서 막을 내렸다. 그리고 명나라는 본격적인 쇄국정책으로 돌아서면서 쇠락의 길을 걸었다. 1567년 명나라는 민간무역을 인정해 해금정책을 완화하는 듯 보였으나 1644년 청나라가 들어서며 또다시 바다를 막았다. '해금(海禁)은 바다로 나아가 외국과 통교하는 것을 금지한다는 '하해통번지금(下海通番之禁)'의 약칭이다. 해상무역·해상교통뿐 아니라 어업까지도 규제하는 해양 통제정책이다. 조선 초기 태종은 "사사로이 바다로 나가 이익을 도모하는 자를 금지하라"는 명을 내렸다. 세종도 1426년 '사사로이 국경 근처에서 무역하거나 바다로 나간 자는 장(杖·곤장) 100대에 처한다.'고 했다. 태종 때는 바다에 나가 무역하는 것을 규제했지만, 세종 때는 아예 바다에 나가는 것을 금지한 것이다.

신라 시대에는 사신과 상인이 주로 해로를 통해 중국에 건너갔다. 하지만 조선 시대에 이르러서는 사신과 상인은 육로를 고집했다. 신라 시대에 장보고는 바다를 이용해 세력을 확장했고 동북아시아의 국제무역을 장악했다. 그러나 조선 시대 500년간 한반도에 '바다'는 없었다. 조선은 고려 말 삼별초 세력에 호되게 당했던 탓도 있지만 이웃한 명나라의 영향으로 해금정책을 썼다는 학자들의 주장이 많다. 명 태조가 정권 위협 요인으로 간주한 강남의 해상 세력을 견제·탄압하기 위해 해금정책을 편 것처럼 조선도 고려 말부터 기승을 부렸던 왜구 등을 물리치고 강력한 중앙집권체제를 갖추기 위해 고려 말의 '공도정책(空島政策)'을 계승하고 명의 해금정책을 받아들였다는 것이다.

섬을 비워둔다는 뜻의 '공도'는 섬에 사람을 살지 못하게 하는 정부 규제다. 도적들이 섬에 숨는 것을 막는다는 이유도 있었다. 조선은 정기적으로 '수토관'을 각 섬에 파견해 섬에 사는 주민이 있으면 육지로 데려왔다. 이 때문에 조선의 통상은 중국과 일본에 한정돼 있었다. 반면 당시 일본은 북해도와 네덜란드, 중국은 동남아시아와 서양 각국과도 접촉하고 있었다. 신라 시대에 장보고가 동남아뿐 아니라 이슬람 상인과 거래한 것과 비교하면 해양무역 측면에서 커다란 후퇴가 아닐 수 없다.

조선의 이 해금정책은 약간의 기복이 있었지만 19세기 말 서구 열강과 근대적 통상조약을 체결할 때까지 500년간 지속됐다. 안정을 원한 조선은 통제하기 어려운 해양 세력의 불안정성을 싫어했다. 해양 세력은 다국적 성향과 자율성·독자성이 있었기 때문이다. 그 결과 해양을 통해 문화의 다양성을 얻을 수 있는 기회도 잃었다.

그런 탓에 조선 초기의 지도에서는 섬을 거의 볼 수 없다. '조선방역지도'에 표기된 섬은 제주도·대마도·진도뿐이다. 또 '동람도'에 나온 섬은 제주도·군산도·흑산도·남해·거제도·대마도에 불과했다. 조선 시대에 바다에 나가는 것을 금지하다 보니 많은 사람이 바다를 꺼리게 되고 바다를 장애물로 여기게 됐다. 바다를 막은 조선은 경제·문화적 자폐주의에 깊이 빠져들었다.

신라 시대엔 '개방'이 코드였다면, 조선 시대는 '폐쇄'가 코드가 된 것이다. 임진왜란(1592~1598)은 조선에 해양 문제를 일깨웠다. 일방적인 열세에서 벗어나 승리를 이끌어낼 수 있었던 것은 수군의 승리 덕이었기 때문이다. 하지만 조선은 이후에도 해양 문화를 발전시키지 않았다. 우리가 잘 아는 흑산도 홍어. 홍어 하면 단연 삭힌 맛이다. 하지만 원래 흑산도에서는 홍어를 싱싱한 회로 먹었다. 산지니까 항상 싱싱한 홍어가 많았기 때문이다. 하지만 왜구 침입이 잦자 아예 섬을 비우는 때가 많았다. 그 바람에 흑산도에서 잡은 홍어는 영산강을 따라 나주에 오르며 어느 새 삭혀지고 말았다. 그런데 소금에 절이지도 않았는데 시간이 꽤 지났음에도 물러지지 않는 것이 신기해 한번 맛을 보았더니 오히려 살점은 더욱 차지고 톡 쏘는 삭힌 맛이 오묘했다. 그 뒤 삭힌 홍어의 맛은 전라도 전역으로 퍼져나갔고, 흑산도에서도 점차 홍어를 삭혀 먹게 되었다는 것이다.

홍어 장수는 매년 11월 말이나 12월쯤 흑산도로 향했다. 참 홍어가 쏟아지기 때문이다. 또 한 사람의 표류자 문순득, 그는 1801년 12월 조선조 유배의 섬 흑산도에 홍어를 사러 출항했다가 풍랑을 만나 제주도 남방 유구국(오키나와)을 거쳐 여송국(呂宋國, 필리핀)에 다시 표류 기착했다가 마카오, 북경을 거쳐 3년 2개월 만에 귀국한 사람이다. 다음은 최부와 같은 처지였던 제주 앞바다에서 표류한 사람들 이야기를 해야 할까 보다.

5
제주도 해역 표류자들

　홍어 장수 문순득의 이야기를 하자면 먼저 정약전을 말하여야 한다. 정약전은 다 알다시피 정약용의 중형(仲兄)이다. 1790년 증광문과 급제. 일찍이 이벽(李檗)과 매형인 이승훈(李承薰) 등과 교유하여 서양의 학문과 사상을 접하고 가톨릭에 입교, 벼슬을 버리고 전교에 힘썼다. 1801년 신유박해(또는 신유교난)가 일어나자 배교(背敎)를 선언하면 귀양을 가고, 주동자들은 참수형을 받게 되었는데, 이승훈, 정약종, 홍낙인, 홍교만, 최필공 등이 서울 서소문 밖 네거리에서 목을 잘렸고, 배교를 선언한 정약전, 약용 형제는 전라도의 흑산도, 강진으로 각각 귀양을 가게 되었다.

　최초의 천주교 신자인 이승훈과는 처남 매부 관계로 정치적인 관계로 유배 생활을 하였다고 말할 수 있다. 안타깝게도 정약전은 우이도(소흑산도)에서 다산 정약용은 강진에서 각각 유배 생활을 하고 있었는데 풀려나던 중 황사영 백사 사건으로 다시 유배되는 불운을 겪게 된다. 황사영은 정약전 사촌 형의 사위로 중국 천진의 프랑스 함대에 편지를 보내 조선 정부에 압력을 넣어 천주교의 박해를 저지해 달라는 편지를 보내려다 발각되어 능지처참을 당하고 이로 인하여 천주교 신자인 정약용, 약전 형제는 또다시 유배되어 귀양살이를 하게 된 것이다.

그런 그는 동네에서 이상한 청년이 몇 년 만에 돌아와서 헛소리만 하고 다닌다는 소리를 듣게 된다. 그가 바로 문순득이다. 그는 1801년 12월 홍어 사러 출항했다가 풍랑을 만나 제주도 남방 유구국(오키나와)을 거쳐 여송국(呂宋國, 필리핀)에 다시 표류 기착했다가 마카오, 베이징을 거쳐 3년 2개월 만에 귀국했다. 그가 장장 3년 넘게 표류해온 이야기는 정약전에 의해 '표해시말'(漂海始末)로 기록되어 전해오는 것으로 당시 포르투갈 식민지이던 마카오에도 청나라 관리가 조사한 문순득의 기록이 보존되어 있다. 문순득은 류구국에 기착하여 필담(筆談)과 몸짓 등으로 대화하고 필리핀에서는 현지 토속어를 익혀 현지인과 소통하고 청나라 표류인과도 대화를 했다.

이 무렵 전라감사 이면응이 부임 길에 친구 정약용을 만나 그의 형님 정약전에게서 들은 문순득 이야기를 들려주었다. 이 감사는 마침 제주도에 여송국 표류객이 6년째 머물고 있다면서 문순득이 통역해 주면 본국으로 송환할 수 있다고 했다. 문순득이 제주도로 가보니 여송국 표류객이 목장에 거주하고 있지만 '막가외(莫可外)'라는 말뿐 어느 나라 사람인지 전혀 소통이 되지 않은 채 울고 있었다. 이보다 앞서 제주목사가 그들을 청나라로 보냈지만, 다시 제주도로 되돌아와 기약 없는 세월을 보내고 있다는 사연이었다.

당초 표류 여송국인은 5명이었으나 청나라 갔다가 한 명 죽고 제주도로 되돌아와 한 명이 또 죽고 3명만 살아 있었다. 문순득이 여송국 말로 그들과 대화를 시작하니 표류한 지 9년 만에 처음으로 말문이 열린 감격에 엉엉 울어댔다. 제주목사가 조정에 고하고 중국을 거쳐 본국으로 송환했으니 문순득이 '조선을 깨웠다'라는 역사의 평가를 받게 된 것이다. 당시 조정에서 문순득에게 내린 가선대부(嘉善大夫) 종2품 공명첩은 직계 후손 문채옥 씨가 소장하고 있다고 한다. 문순득의 묘는 전남 해남군 화산면 봉리리에 위치하며 음력 10월 15일에 후손들이 지금도 시제를 받들고 있다고 한다.

나는 최근에 문순득의 여정을 추적하는 다큐멘터리를 본 적이 있다. 문순득이 정약전에게 구술하였던 지역, 언어 등은 대부분 일치하였으며 마카오에서는 문순득의 송환 사실이 외교문서에 기록된 것도 확인할 수 있었다. 그와 정약전의 만남, 자산어보는 실학자 정약전이 흑산도 유배 생활 중 흑산도 지역 바다에서 많이 나는 어류, 해조류를 총망라하여 지은 생물 도감과도 같은 저서인데 이에는 문순득을 통하여 알게 되고 조사한 것들이 다수 포함되어 편찬하였다고 한다. 그것 말고도 문순득은 상인으로서 화폐 통화 부문에도 관심이 많았으며 유심히 관찰하였던 것인데 이 또한 정약전은 동생 정약용에게 편지로 이 사실을 알려 결국 정약용이 '경세유표' 저술에 기여한 것으로 보고 있다.

지금 제주도 한담 해안 산책로에 서 있는 비석 장한철. 장한철(張漢哲)은 제주도 향시에서 장원을 해 관가의 후원까지 받으며 1770년(영조 46) 12월 25일에 과거를 보기 위하여 배를 탔다가 표류하여 유구 열도인 호산도에 닿았다. 이듬해 1월 2일 안남 상선에 의하여 구조되었으나 안남세자가 제주에서 죽은 일 때문에 작은 배로 옮겨 타서 청산도를 지나 강진의 남당포(南塘浦)를 지나 2월 3일 한양에 도착하여 과거에 낙방하고, 5월 8일 고향에 귀환한다.

반년 만에 고향에 귀환한 후 장한철은 표해록을 지었다. 이후 그는 1774년(영조 50)에 문과에 급제하여 대정 현감 등을 역임한다. 그의 글은 제주도 유형문화재 제27호로 지정되어 있으며 문헌적으로나 문학적으로 그 가치를 높이 평가받고 있다. 제주도에서는 그를 기려 '장한철 백일장' 등 관련 행사도 개최하고 있다.

제주도 표류가 그만 있었던가. 헤아릴 수 없이 숱하게 많을 것인데 글로 남겨진 사람들 몇몇이 있을 뿐이다. 사실 최부의 표해록을 따져보면 성종은 그가 천신만고 끝에 살아온 것이 갸륵해서라기보다는 바깥세상의 풍경이 더 궁금하여 지나간 과정을 써 보라고 하였을지 모른다. 우리는 어찌 연명하며 생을 이어 살아났는지가 보다 관건일 것인데 그 시대는 그가 표류하며 보고 느낀 것들에 더한 관심이 있었을 것으로 보인다. 바로 조선 시대는 꽉 막힌 폐쇄사회이었기 때문에 바깥세상이 무엇보다도 흥밋거리였다.

하멜의 표류기는 또 어떠한가. 이를 '난선제주도난파기'라고도 한다. 하멜은 포수 출신 선원으로 이 배의 서기(書記)였다. 원래는 인도총독과 평의원에게 올리는 보고서로, 1668년 암스테르담에서 출판되었다. 출판 시 여러 장의 삽화도 곁들였으나 조선의 풍경과는 전혀 맞지 않는다. 하멜 일행은 타이완[臺灣]에서 일본으로 가던 도중 폭풍우를 만나 36명이 제주도에 난파했는데 이후 서울로 압송되었다.

조선은 이들의 표류 사실을 비밀에 부치고 훈련도감의 포수로 임명하여 살도록 했다. 이들은 앞서 표류하여 조선에 거주하고 있던 네덜란드인 벨테브레(한국명은 朴燕)을 만났는데, 그가 이들의 대장이 되었다. 이들은 훈련도감의 봉급으로 생활했으나 경제적으로 매우 어려워 배에 있던 녹피[鹿皮] 일부를 환급받아 이것으로 오두막과 의복 등을 마련했다고 한다. 1655년 이들은 청나라 사신의 행렬에 뛰어들어 자신들의 존재를 알리고 구원을 호소했으나 실패했으며, 이 일로 하멜 일행은 서울에서 추방되어 전라도 병영으로 이속되었다. 이곳에서의 생활은 서울에서보다 더욱 고통스러웠던 것 같은데, 부임하는 병사에 따라 대우가 달라졌다. 자상하게 보살펴준 사람도 있지만, 가혹한 경우는 쌀만 지급하고 일체의 외출을 금지하기도 했다. 때로는 군사훈련을 받거나 풀뽑기 같은 병영의 막일에 시달리며 생활했는데, 흉년에는 구걸을 하거나 승려들의 도움을 받아 살기도 했다. 특히 승려들은 이들의 이야기를 듣는 것을 즐겼는데, 이들을 통해 민간에 서양 세계가 상당히 소개된 것으로 생각된다. 그 뒤 여수의 전라좌수영과 순천·남원 등지에 분산·배치되었다.

1666년 생존자 16명 중 8명이 그동안 사귀어온 한 조선인에게서 배를 사 일본으로 탈출했다. 이들로부터 조선에 잔류자가 있음을 알게 된 네덜란드의 요청으로 2년 후에 남은 일행도 일본으로 송환되었다. 처음과 끝부분이 자세하다. 중간에 조선의 군사·형제(刑制)·관료제·가옥·교육·산물·상업 등에 관한 간단한 기술이 있으며, 맨 마지막에 조선으로 가는 항로가 기술되어 있는데 한국을 서방에 소개한 최초의 책으로 유명하며 유럽 각국어로 번역되었다.

본 글에 나오는 김배회, 이섬 등을 제외하고 또 소개할 분이 한 분 더 계시다. 한국 최초의 천주교 신부인 김대건(1822~1846) 신부. 그가 1845년 중국 상하이에서 사제서품을 받은 뒤 귀국하다 풍랑을 만나 해안에 닿은 곳이 바로 또 제주도이다. 그것을 기리는 기념관이 제주시 한경면 용수리 성지에 있다. 그곳 박물관 외부에는 김대건 신부가 타고 왔던 '라파엘호'를 고증·복원해 전시하고 있다. 부제 때 일시 귀국했던 김대건은 선박을 구매하여 '라파엘호'라 명명하고 1845년 4월 30일 이 배를 타고 제물포항(현 인천항)을 떠나 상해로 가게 된다. 그리고 동년 8월 17일 금가항 성당에서 페레올 주교로부터 사제 사품을 받는다. 8월 31일 조선 입국을 위하여 페레올 주교, 다블뤼 신부, 김대건 신부, 교우 및 선원 등 14명이 승선한 라파엘호는 상해항을 출항하였다. 출항한 지 3일 만에 서해에서 풍랑으로 표류하다가 9월 28일, 제주도 용수리 포구에 닿게 되었던 것이다.

서두옥 제주대 교수는 성 김대건 안드레아 신부의 제주도 표착 지점이 중국 상해와 제주도 사이의 해류 방향, 지리적 시정거리, 제주도 서쪽 고산 주변 해역의 해안 형태를 종합 분석한 결과 한경면 용수리 포구로 추정된다고 밝혔다. 이창억 울산대 교수는 '라파엘호 고증에 대한 연구'에서 김대건 신부가 탔던 라파엘호는 한선(韓船) 특유의 해선(Sea ship)인 재래형 어선으로 추정되며 배 길이(13.5M, 폭 4.8M)의 구체적인 치수까지 제시했다. 제주도는 그야말로 당시로써는 험난한 여정임을 말한다. 그러기에 죄인들을 곳에 두어 뭍으로 향하지 못하게 하는 신세로 그야말로 안성맞춤이었을 것이다. 최부의 직책을 보면 또 그 내면을 자연 알 수 있다. 그의 직함은 추쇄 경차관(推刷敬差官), 과연 이는 무엇을 하는 관료던가.

6
추쇄 경차관

2010년이던가. KBS 2TV에서 방송된 24부작 특별기획드라마인 '추노(推奴)'라는 드라마가 대박을 터트렸다. 추노는 조선 시대 주인집에서 따로 떨어져 독립적인 생활을 하는 외거노비를 찾아가 몸값을 받는 일이나, 주인집 등에서 무단이탈을 하거나 도망친 노비를 수색하여 체포하는 것을 뜻한다. 아주 색다른 드라마로 지금도 생각이 난다. 실제 추노가 역사상 존재하는 걸까. 도망노비를 잡는 행위인 '추노'는 조선 시대에 실제 존재했다.

하지만 역사적으로 '추노(推奴)'라는 단어는 기록돼 있지 않다. 당시 추노를 나타내는 단어는 '추쇄(推刷)' 한국역사연구회에 정두영 씨는 "당시 추쇄는 두 가지 의미로 쓰였는데, 첫째는 드라마와 마찬가지로 추노 행위 자체를 뜻하고, 둘째는 노비를 쫓는 행위자를 나타냈다"고 전했다. 추쇄의 두 번째 의미로 미루어 짐작컨대 추노꾼 역시 실제 존재했다고 추측할 수 있다.

그는 "역사적으로 추노꾼은 지금의 파파라치 비슷한 형태를 띠고 있었을 것"이라고 말했다. 그는 "당시 추노꾼은 '노비 전문 사냥꾼'이라기보다, 도망간 노비를 잡기 위해 동원된 다른 노비였을 수도 있다."고 밝혔다. 이어 "도망 사실이 발각되면 주인에게 신고해 보상을 받는 사람들도 추노꾼의 일종이다. 한 차원 더 나아가 이들은 도망 노비들로부터 입막음 차원의 돈을 뜯어내기도 했다."고 덧붙였다. 실제 추노꾼이 돈을 번 방식이 파파라치의 수법과 꽤 비슷했던 셈이다.

그렇다면 드라마에서 보면 도망치다 잡혀 온 업복이 얼굴에 남자 노비를 뜻하는 노(奴)자 낙인을 찍는 장면과 여자 노비에게 비

(婢)라는 낙인을 찍는 장면이 나오던데 이 또한 사실일까. 역사적으로 범죄자의 얼굴에 글씨를 새기는 일은 있었으나, 대상이 노비라면 이야기는 달라진다. 그는 "얼굴이나 팔뚝에 죄명을 새기던 자자(刺字)라는 형벌은 실제 있었다. 주로 이마와 볼에 글씨를 새겼다"라면서도 "자자는 중죄를 저지른 흉악범을 대상으로 행해지던 악형이므로 도망간 노비에게 쓰일 일은 없었다."고 밝혔다. 이 끔찍한 형벌은 '추노' 시대(인조)보다 후세인 영조 때 법적으로 금지됐다는 것이다.

실제 최근 들어 추노에 대한 고문서가 발견되어 화제가 되고 있다. 한국학중앙연구원(한중연)은 최근 들어 전북 남원시 금지면 택내리에 세거(世居)하는 순흥 안씨 안처순 종가에 보관된 이 집안 고문서를 정리하는 과정에서 조선 세조 6년(1460)에 작성한 노비 추쇄(追刷, 추적해 원래 주인에게 돌려줌) 문서를 찾아냈다고 밝혔다. 이를 분석한 안승준 한중연 책임연구원은 "이 고문서는 서울에 거주하는 양반이 지방으로 도망간 노비를 어떤 방식으로 찾아내려 했는지를 생생히 보여주는 희귀한 문건"이라고 말했다.

관에 제출한 탄원서 일종인 소지(所志)에 속하는 이 고문서는 서울에 사는 순흥 안씨 집안의 안호(1439~1503)가 전남도지사 정도에 해당하는 전라도 관찰출척사에게 24년 전에 영광으로 도망친 자신의 농장 마름(舍音)이자 노비인 몰개(毛乙介) 일가족 4명을 찾아달라는 내용을 담고 있다.

안 연구원은 "그동안 권세 있는 양반가에서 도망간 노비를 찾으려 했다는 사실은 분재기(分財記, 재산상속문서) 등의 자료를 통해 간접적으로 알 수는 있었지만 이번처럼 전적으로 추노에만 관련된 오래된 문건은 처음"이라고 말했다. 그는 또 "이 추노 문서는 조선 시대 힘 있는 양반 가문이 사적인 이해관계를 해결하려는 과정에서 관의 힘을 빌렸다는 사실을 단적으로 보여주고 있다."고 덧붙였다.

역사적으로 밝혀진 증거로 봐서 추노는 확실한 데 실은 마음은 편하지가 않다. 사실 아니라고 말하고 싶지만, 대부분의 백성들 그러니까 대략 60% 정도는 신분이 노비에 가까웠다. 조선 숙종 16년(1690년) 대구부의 신분 구성에서 양반은 9.2%, 양인(良人·평민) 53.7%, 노비 37%였다. 임진왜란과 병자호란을 거치면서 양반 숫자가 많이 증가했음에도 양반 비율이 10%를 넘지 못했다. 선조 39년(1606년)에 단성(丹城·경남 산청) 지역에서는 64%가 노비였고, 광해군 1년(1609년) 울산 지역에선 47%가 노비였다는 연구 결과도 있다.

드라마는 병자호란이 끝난 직후 인조시대를 배경으로 삼고 있지만 조선왕조실록 인조실록엔 추노에 관한 기사를 찾기 힘들고 실제 '추노'가 조선 시대 사회적 문제로 대두된 때는 숙종, 영조 때다. 이에는 크게 두 가지 이유가 있다고 보인다. 임진왜란이 일어나자 노비들은 일본군에 적극적으로 가담했다. 선조 25년(1592년) 5월 4일 개성까지 도주한 선조는 윤두수에게 "적병의 숫자가 얼마나 되는가? 절반은 우리나라 사람이라는데 사실인가?(〈선조실록〉 25년 5월 4일)"라고 물었다. 노비들이 대거 일본군에 가담한 것이었다. 그래서 선조는 조선은 망했다는 생각에 압록강을 건너 요동으로 도주하려 한 것이다. 실제로 이 문제를 해결하지 않으면 조선은 망한 것이나 마찬가지였다. 그래서 영의정 겸 도체찰사 류성룡은 노비들이 군공(軍功)을 세우면 양인으로 신분 상승을 시켜주고, 공이 클 경우 양반 벼슬까지 주는 면천법(免賤法)을 제정했다. 공사 노비가 일본군의 머리 1급을 베어오면 면천(免賤·천인에서 벗어남)시키고, 2급이면 우림위(羽林

衛·국왕 호위무사)에 제수하고, 3급이면 허통(許通·벼슬 시키는 것)시키고, 4급이면 수문장(守門將)에 제수하는 것이었다.(〈선조실록〉 27년 5월 8일)

류성룡이 "이와 같이 하면 비록 끓는 물에 들어가고 불길을 밟더라도 전력을 다해 적을 무찔러 열흘도 채 못 가서 적의 수급이 쌓여 경관(京觀·적의 시신을 쌓아놓은 탑)이 될 것입니다"('명군이 퇴각해 평양에 주둔한 뒤 군중(軍中)의 할 일에 대해 아뢴 서장', 〈진사록〉)라고 예견한 것처럼 노비들이 의병으로 몰려들기 시작했다. 이렇게 조선은 신분제를 완화시키는 면천법을 제정해 국망(國亡)의 위기에서 벗어났다. 그러나 일본에서 도요토미 히데요시(豊臣秀吉)가 죽고 전쟁이 끝날 때가 되자 선조와 사대부들의 생각은 달라졌다. 면천법을 비롯해 류성룡이 전시에 시행했던 각종 개혁 정책들을 무효로 돌리고 전쟁 전의 사회로 되돌아가려 한 것이다. 그러한 혼란한 시기 오히려 족보에 대한 관심은 드높았고 노비는 또다시 늘어났으며 숙종 경종 영조 시대, 돈이 많은 상민이 늘어나면서 그들은 돈으로 양반이 되기도 했으며 몰락한 양반은 그 반대의 처지에 놓이기도 했다.

경제적 부를 축적하지 못한 일반 백성의 많은 수가 노비가 됐을 정도로 신분 사회가 요동을 치던 시기다. '추노'가 가장 많이 언급된 숙종, 경종, 영조실록엔 추노의 폐해가 고스란히 적혀 있다.

"흉년에 노비를 추쇄(추노)하고 빚을 독촉하는 것을 금했는데도 해미 현감 강필건이 가족을 위해 병자년 도망간 노비 족속을 끝까지 추쇄하면서 혹독하게 형장으로 신문해 한 마을이 텅 비게 됐다(숙종 17권 12년)."

"온성 부사 노흡은 일찍이 영남의 영장을 맡았을 때 도적을 잡는다고 빙자하고 추노를 겸하여 행했는데 부민을 마구 침탈해 받은 뇌물이 셀

수가 없을 정도입니다(경종 13권 3년)."

"추노를 엄하게 금하기를 거듭 밝히지 않은 것이 아닌데, 자신이 영장으로 있으면서 공무를 빙자하여 사욕을 채우고 도둑을 잡는다는 핑계로 추노하고 있으니, 뒷날의 폐단을 이루 말할 수가 없다(영조 1권 즉위년)."

이 기록들에 따르면 '추노'는 일부 관료들의 비리와 크게 관여돼 있다. '추노'로 돈을 벌어 사리사욕을 채웠고 이를 징벌해야 한다는 목소리가 높았다. 또 노비가 아닌 일반 백성을 노비로 만들어 사고파는 행위도 있었음을 간접적으로 보여주는 일들이다. 아무튼, 당시 최부의 직함은 노비를 관할하는 추쇄 경차관이었다. 유독 제주에 노비나 죄지은 사람들을 많이 모았던 모양이다. 하기야 섬에서 빠져나오려면 목숨을 건 항해를 감수해야 하는데 도망을 갈 것인가. 세계적으로 외딴 섬은 유배지로 역할을 다하였다. 나폴레옹이 유배되었었다는 엘바섬이 그렇고 당, 송나라 때 유배지였다던 하이난섬은 소동파를 비롯한 이덕유, 이강, 이광, 조정 등 헤아릴 수 없이 많으며, 호주의 섬 테즈매이니아 또한 유배의 섬이었다. 1840년대 죄수 1,100여 명이 머물렀던 마을 포트아서는 유적지로 남아 있으며 에게해의 작은 섬 밧모섬은 로마제국시대 유배지였다. 예수의 제자 요한은 도미티아누스 황제 때 밧모섬에서 18개월 동안 유배 생활을 하며 요한계시록을 집필하지 않았던가.

아무튼, 그 시대 제주목사 오식(1370~1426)은 제주도의 관아가 북쪽에만 있어 한라산 남쪽에 사는 백성들이 왕래하는 데 불편을 겪음에 따라 산남지역에도 관아를 설치해 달라고 상소했으며 그의 상소가 받아들여져 1416년(태종 16년) 제주에 3읍(제주목·대정현·정의현) 체제가 탄생했는데 바로 최부는 그 제주 3읍

전체를 관할하였던 것이다. 천혜의 경관을 자랑하고 누구든 한번 쯤은 가보고 또 가보기를 원하는 곳이 천추의 한이 되는 지옥과 도 같은 유배지이었다니 아이러니 그 자체다. 제주에서는 게으름뱅이를 제주어로 간세다리라 불렀던 것처럼 유배인을 가리켜 '귀양다리'라 하였다고 한다. '귀양다리'는 조선 시대, 귀양살이하는 사람을 업신여겨 이르는 말이었다.

7
추쇄 경차관 직함은

경차관의 직위는 어느 위치쯤 될까. 기껏 노비들 감사나 한다하여 얕보았는데 알고 보면 상당한 직위다. 각도의 지방행정을 감찰하기 위해 지방에 파견하는 감시관으로 문관 가운데 당하관이 임명된 자리다. 문관이니 과거 급제한 자로서 경차관이 파견된 것은 1396년(태조 8) 8월 신유정(辛有定)을 전라·경상·충청 지방의 왜구 소탕을 목적으로 파견한 것이 처음이라 하는데 그 직함의 위력을 하나 이참 공개한다.

조선 전기의 명 경차관으로 박원형(朴元亨, 1411~1469)이라는 인물이 있다. 그가 충청도를 한번 돌고 오면 관내 수령들의 비행이 고구마 줄기를 뽑아 들듯이 걸려 나왔다. 특히 기생과 관련된 기행이 가장 많았다. 충청도 경차관 박원형이 돌아와 아뢰기를, "충주 목사 임효충과 판관 임계중이 비석(碑石)을 끌어 나른다고 핑계하고 숙마(熟麻)를 백성들에게 중하게 거두었고, (…) 충주에 갔다가 국상(國喪)의 기년(期年) 안에 여기(女妓)와 간통하여 잤습니다."-〈문종실록〉

인용문에 등장하는 숙마는 잿물에 삶아 희고 부드럽게 만든 삼

껍질을 말한다. 권간이라는 인물도 거의 같은 유형의 비행을 저질렀다. 이번에는 청주의 기생이 황음의 대상이 됐다. 게다가 그는 전과까지 있던 터였다. '황음'(荒淫)은 함부로 음탕한 짓을 하는 것을 말하는 것으로, 보다 직설적으로 표현하면 난봉꾼이 된다. '전 직장(直長) 권간(權揀)은 황음(荒淫)하여 풍속을 어지럽혔으므로, 이미 서용(敍用)되지 못하였는데, 이제 국상(國喪)을 당하여 또 청주(淸州)의 기생을 사랑하여 본역(本役)을 면제시켜 집에다 두었습니다.'
-〈문종실록〉

경차관 박원형이 보고한 내용의 압권에는 김보지(金保之)라는 인물이 자리하고 있다. 그는 국상 때 행하는 의례의 하나인 회장(會葬)에 참여하지 않고 기생을 끼고 놀아나다 충청도 경차관으로 파견된 박원형에게 적발됐다. '전 사직(司直) 김보지(金保之)가 충청도 도사(忠淸道都事)가 되었을 때 청주의 기생을 몹시 사랑하여 병이라 핑계하고 회장(會葬)에 이르지도 않았고, 체임(遞任)할 때에 이르러 또한 데리고 와서 서울 집에 두었습니다.'-〈문종실록〉

조선 전기 시대를 대표할 경차관이 또 있다. 1538년(중종 33년) 실록을 보관하던 경상도 성주 사고에 화재가 나 《태조실록》부터 《연산군일기》가 모두 전소되었다. 성주사고에 화재가 일어난 일주일 후 경상감사 강현(姜顯)은 사건의 전말을 중종에게 보고했다. 기관 여환(呂還)과 감고(監考) 배귀손(裵貴孫)이 불을 때고 잤는데 담장 밖에 불씨를 끄지 못해 성주사고가 전부 불타 버렸다는 것이다. 당시 중앙의 고위관리들은 경상감사의 보고를 액면 그대로 받아들이지 않았다. 이에 조정에서는 성주사고가 불타게 된 경위를 조사하기 위해 성주의 유력인사들을 서울로 압송하는 한편, 경차관을 파견해 관련자들을 조사했다. 이때 경차관으로 파견된 사람이 바로 조사수이다.

성주로 내려간 조사수는 고지식한 그의 성격대로 주민 100여 명을 감옥에 구류한 채 조사를 하여 추위에 백성들만 고생시킨다는 비난을 받기도 했다. 하지만 40일간의 조사와 세 차례의 심문 끝에 관노 종말(從末)과 아들 말이(末伊)의 실토로 사건은 수령을 무함하려는 음모가 아닌, 사고 처마 끝에 모여 있는 산비둘기를 잡기 위해 휘두른 횃불의 불씨가 사고 창문 안으로 들어가 일어난 사고였음을 밝혀내며 사건을 마무리 지었다. 물론 현지 성주 수령은 사고 소실의 책임을 물어 파면되었으며, 소실된 실록은 곧바로 춘추관 본을 토대로 다시 제작되어 성주사고에 보관케 하였다.

1540년(중종 35년) 조사수는 제주목사에 발령이 났다. 당시 제주 목사로의 발령은 유배와 같은 좌천으로 여겼다. 더욱이 성품이 깨끗하고 문장으로도 명성이 있는 조사수가 이곳으로 발령 나자 모두가 의아해했다. 하지만 조사수는 아랑곳하지 않고 바다 건너 멀리 떨어져 있는 오지에서 발생하는 관리들의 전횡과 왜인들이 자주 드나들어 국가 방어에 문제가 있음을 자세히 보고하였다. 덕분에 제주도 방어문제로 노심초사하던 임금을 안심시키고 청백리로 인정받는 계기가 된다.

청백리 하면 당 시대 이 분을 빼놓을 수는 없다. 성현은《용재총화》와《악학궤범》을 지어 국문학사와 음악사에서의 업적이 크기 때문에 그가 청백리였다는 사실에 대해서는 별 주목을 받지는 못하고 있다. 하지만 성현은 "세상에 태어나 살아가는 것은 물에 떠도는 것 같고[浮], 세상을 떠나는 것은 잠시 쉬는 것[休]과 같다."며 자신의 호를 '부휴자'로 하였다. 청렴한 그는 사사로운 일로 손님을 접견하지 않았으며, 뇌물도 주고받지 않았다. 그는 1488년 당시 평안도 관찰사였는데 허구헌 날 들이닥치는 연행 길 접대의 폐단이 심각하다고 여겨 상소를 올려 중앙관리들의 미움을 샀던 유명한 청백리다.

그런 그는 조서를 가지고 온 명나라 사신 동월(董越)과 왕창(王敞)의 접대연에서 시를 서로 주고받음으로써 그들을 탄복하게 하였다. 이 해에 동지중추부사(同知中樞府事)로 사은사가 되어 다시 명나라에 다녀왔다. 그 뒤에 대사헌이 되었다. 글에는 없지만 평안도 관찰사인 그를 최부가 돌아오는 길에 만나지 않았을까. 북경을 향하든 돌아오든 간에 조선의 관리라면 누구든 당시 그를 만났다.

아무튼, 이런 경차관이니 최부의 권위 또한 막강하지 않았을까. 추쇄 경차관은 죄인의 압송·추국(推鞫)과 범죄 수사, 강도 및 노비 추고(奴婢推考)의 임무는 말할 것도 없고 수령의 검핵, 원악향리(元惡鄕吏)의 추국·문폐(問弊) 등의 임무를 띠고 파견되었으니 서슬이 퍼렇다는 말이 이때 하는 말이지 싶다. 그야말로 암행어사 출도다. 당시 각도의 장관인 관찰사가 외교관 문관 종2품 벼슬로 13도에 하나씩 두었고 목은 도 즉 관찰사 소관의 지방행정 구역의 하나로 전국에 20명의 목사를 두었다. 목사만 해도 대단한데 그들이 굽실거리는 정도이니 위세는 가히 알아줄 만한 것이다. 그 정도 위세이니 그가 대궐에서 하직하고 떠나 광주목에 다다르자 바로 조사를 할 팀의 일원들이 줄지어 대기를 한다. 그의 글을 읽어 본다.

〈전라도에 이르러 감사(관찰사(監司))가 사목(공사의 처리 규칙)에 의거하여 뽑은 광주목리(光州牧吏) 정보(程普), 화순현리(和順縣吏) 김중(金重), 승사랑(承仕郎) 이정(李楨), 나주에서 수행한 배리(陪吏: 수

행하여 시중을 드는 아전) 손효자(孫孝子), 청암역리(靑巖驛吏) 최거이산(崔巨伊山), 호노(戶奴:사노) 만산(萬山) 등 6명 및 사복시(조선 시대의 궁중 승마 목장 등을 관장) 안기(安驥: 말의 조련이나 치료를 총괄하는 임무)인 최근(崔根) 등을 거느리고 해남현에 도착하여 순풍을 기다렸습니다. 11월 11일 아침, 제주에 새로 부임해 온 목사 허희(許熙)와 관두량(館頭梁: 전라남도 해남현에서 40리에 있는 관두산 기슭의 포구를 말한다)에서 함께 배를 타고 12일 저녁에 제주의 조천관(朝天館: 제주에서 육지로 나가는 배는 모두 이곳에서 순풍을 기다렸음)에 도착하여 정박하였습니다.〉

　최부가 출항한 해남 관두량은 고려 때의 중국과의 무역항이었으며 이후에도 먼 바다로 나가는 포구의 역할을 지속했다고 한다. 신증동국여지승람에 보면 제주로 떠나기에 앞서 순풍을 기다리던 곳으로 해남의 관두량, 고어란포(古於蘭浦), 입암포(笠巖浦 화산면 가좌리 선들개), 영암의 해월루(海月樓: 북평면 남창) 등이 있다고 기록돼 있다. 이곳 관두포에는 제주를 드나들던 사람들을 위한 숙박관소인 해진성관(海珍城館)이 있었다고 한다. 1429년(세종 11) 고득종(高得宗)의 건의로 개설된 것으로 알려진 이 관소는 완도의 대안(對岸)인 어란 강변으로부터 10리 정도 떨어진 구산성(狗山城) 안에 있었던 것으로 기록돼 있다. 이곳은 제주와 육지와의 출입 관문인 어란강에서의 출장관리의 숙박, 제주 공마(貢馬)에 대한 사료의 보급 등을 위해 설치됐다고 기록돼 있다.(세종실록 11권)
　그가 제주에 도착한 조천관, 조선 성종 시기 제주에 들어오던 관선들은 모두 조천포구로 들어왔다. 조천진에 있는 연북정은 제주 유배인이나 향리의 인사들이 한양의 임금에게 망궐례를 행하던 곳이다. 연모할 연(戀)에 북녘 북(北)이다. 이곳은 또한 조천진의 수군들을 단련시키던 장대이다. 현재 조천진 인근 사거리에 과거 조천현감과 제주목사의 선정 불망비군이 있고, 조천읍 방향으로 100m가량 올라가면 조천관 옛터가 남아있다.

제주목사로 새롭게 부임하던 허희와 경차관 최부. 그들은 배에 동승을 했다. 요즘 같지 않고 하루 넘어 며칠이 걸렸는지도 모른다. 추자도를 필시 들리지 않았을까. 뱃멀미 내색도 못 하고 겨우 위엄을 갖춘 그들은 조천포구에 도착하여 부임지인 제주 목 관아로 가기 전에 이곳 조천관 객사에 들러 해로길 여독을 푸느라 잠시 머물렀을 것이다. 눈도장이라도 받아두자는 심산인지 제주를 대표하는 현감부터 작은 벼슬아치들은 모두 나와 머리를 조아렸다. 소홀함이 있어서는 안 된다고 현감은 동분서주했을 것이고 육지에서 도망 온 하인, 범죄자들은 오금이 저려 벌써 한라산 심곡으로 숨어들었을지도 모른다.

풍악과 잔칫상이 펼쳐진 북적거리는 와중에 그들은 실눈으로 겨우 그들을 살펴보았을 터다. 하루 조천관에서 유숙을 하고 최부는 멀찌감치 선 한라산을 우러러 치켜 보며 '과연 말로만 듣던 제주도에 드디어 내가 왔다. 어명대로 순탄히 일을 마치겠노라.' 하며 옷매무시를 고쳐 잡고 임금을 향하여 북향하여 절하고 길을 나서지 않았을까. 그렇게 최부가 마음을 다독이며 출장 온 지 두 달 반 꼭 지난 1488년 1월 30일, 고향 나주에서 집안에 종 막쇠가 상복을 가지고 들이닥쳤다. 아버지가 돌아가셨다는 소식을 듣게 된다. 글을 읽어 보자.

〈홍치(弘治) 원년 무신년(1488) 정월 30일 흐렸습니다. 해 질 무렵에 신의 종 막금이 나주로부터 제주에 도착하였는데 상복을 가지고 와서

신의 아비 죽음을 알렸습니다.〉

그런데 글을 보면 해가 바뀐 사이 명나라 연호가 또한 바뀌어 있다. 명나라 황제가 그사이 바뀐 것이다. 초상을 당한 마당 경황이 없는 노릇이지만 우선 그것부터 다음 편에서 살펴보기로 한다.

8
당시 조선과 명과의 관계

최부가 제주도를 향할 때는 앞서 밝힌 대로 성화 23년으로 19살 연하 황제를 휘어잡았던 명나라 후궁 만귀비가 유명하던 때로 헌종 성화제인 중국 명나라의 제8대 황제를 말한다. 이듬해 그런데 홍치(弘治) 원년 무신년(1488)으로 연호가 바뀌었다. 지금은 누구나 가 봤을 북경 여행, 만리장성(萬里長城)을 관광한 후에 '명 13황제 릉, 이화원'을 보고 '북경서커스', '발 마사지' 순으로 진행된다. 그다음 날은 당연 자금성을 찾는다. 명나라는 총 16명의 황제가 있었는데, 이중 13명의 황제 무덤이 북경 인근에 있는 천수산(天壽山) 주변에 지하궁전을 차렸다. 코끼리, 말, 낙타 등 동물을 돌로 조각하여 길 양쪽에 세워놓은 신도(神道)라 불리는 2.6Km의 진입로를 지나면, 13개의 황릉이 산기슭 곳곳에 자리 잡고 있는데, 그중 3개의 묘만 개방하고 있다.

북경으로 1430년 천도를 하는 통에 명나라 시조인 주원장의 무덤은 남경에 있으며 주원장의 장손인 건문제는 황위를 찬탈 당하여 무덤이 없고 마지막 황제인 숭정제는 자금성 바로 뒤 경산공원에서 자결을 하는 바람에 13개의 묘만 북경에 있다. 홍치제는 명나라에서는 중흥 군주로 평가받는 드문 황제다. 그는 태아 때부터 부친 성화제의 후궁인 만귀비에 의해 낙태약으로 독살될 뻔했으나 무사히 태어난 인물이다. 그러나 만귀비의 끊이지 않는 핍박 때문에 어머니가 결국 만귀비에게 독살당하고 민가에서 몰래 양육되었다는 이야기가 있을 정도로 숱한 고난을 겪어야만 했다.

그럼에도 불구하고 황태자가 된 후 황제 수업에 충실했으며 1487년 성화제가 죽자 명나라의 10대 황제가 되었다. 황제가 된 후 신하들이 만귀비의 전횡을 징계해야 한다고 상소했으나 홍치제는 이를 그냥 없던 일로 했다. 만귀비는 1487년에 명을 다하고 61세로 사망했다. 그는 명나라의 법인 대명률을 재정비하여 문형조례를 반포했고 외정 적으로는 건주여진과 타타르족과의 관계를 개선하여 명나라를 안정적으로 이끌어 나갔다. 이런 주목할 만한 치적으로 그의 치세를 '홍치 중흥(弘治中興)'이라 부르며 혼란에 빠졌던 명나라가 다시 부흥한 시기로 평가받고 있다. 최부도 그 덕을 조금은 봤다고 할 수 있지 않을까.

또한, 특이한 기록을 가지고 있는데 바로 수많은 후궁을 거느리기 마련이었던 여러 중국 황제들 속에서 정실 황후에게만 충실한 황제였다는 엄연한 사실이다. 그는 정실 황후인 효강경 황후 장씨에게만 충실했으며 후궁을 두지 않았다. 이렇듯 업적과 인간성 딱히 흠잡을 만한 곳이 없는 군주였지만 어린 시절부터 고생을 많이 했기 때문인지 오래 살지는 못했다. 1505년 감기를 앓다가 어의가 가져온 약을 마시고 코피를 쏟으며 쓰러졌다. 결국, 병상에서 재상들에게 태자를 부탁한다는 유언을 남기고 눈을 감았다. 재위 기간은 18년이었지만 향년 36세였으며 홍치제의 시기는 조선 성종 말년과 연산군 전반에 걸친다.

명나라 하면 황제들보다 먼저 떠오르는 것이 자금성이다. 영락제가 북경으로 천도한 이래 명과 조선은 무척 친하게 지냈다. 자금성에는 후궁으로 조선의 여인이 들어갔다. 그 일등 공신은 한확이다. 이 이야기는 태조 이성계로부터 시작되는 긴 이야기다. 지금의 덕수궁인 '정릉동 행궁', 정릉동은 정릉(貞陵)이 있었던 곳이다. 태조 이성계가 사랑하던 신덕왕후 강(康) 씨의 무덤을 경복궁에서 잘 보이는 언덕 위에 만들어 놓고 정릉이라고 불렀다. 지금의 영국 대사관 근처이다.

그러나 태조 이성계가 죽은 후 태종 이방원은 눈엣가시처럼 보인 정릉을 한양 밖으로 내보낸다. 그로부터 50여 년 후 임금 세조는 정릉의 남쪽 과거 정릉의 원찰(願刹) 흥천사가 있던 곳에 혼자 된 며느리 수빈 한 씨를 위해 사저(私邸)를 마련해 주었다. 사저라고 하지만 왕족이 살아도 좋은 정도로 규모가 크고 웅장했다. 수빈 한 씨는 20세에 요절한 세조의 큰아들 도원군(후에 의경세자)의 부인으로 월산대군과 자을산군의 어머니였다. 결혼 5년 후 세조가 왕이 되면서 세자빈이 되어 입궐하였다가 2년 후에는 남편을 잃고 퇴궐해야 했다. 세조로서는 며느리 수빈 한 씨가 일찍 남편을 잃은 안쓰러움도 있었겠지만, 며느리의 친정아버지 한확(韓確, 1400~1456)을 생각하면 뭐든지 해주어야 할 처지였다.

사돈인 한확은 한명회, 신숙주와 함께 계유정난(1453)을 성공시켜 자신이 왕이 되는 데 일등 공을 세운 사람이다. 더구나 명(明)나라에서 조카의 왕위를 찬탈하였다 하여 왕으로 책봉하지 않겠다는 것을 한확이 직접 책봉사로 북경(연경)에 가서 세조의 즉위를 양위하라고 설득하여 황제의 고명을 받아냈다. 그러나 애석하게도 귀국 도중 병을 얻어 객사한 공신 중의 공신이 바로 한확이다. 서울에서 양평을 가다 보면 남양주시 조안면(鳥安面)이 나온다. 새도 쉬어간다는 조안면은 V자형의 모양이다. 이 꼭짓점에서 북한강과 남한강이 만나 팔당호를 만든다. 꼭짓점의 동편이 조안리이고 서편이 능내리이다. 능내리에 가면 온통 다산 정약용 이야기뿐이다. 능내리가 다산리처럼 불러도 좋을 만큼 다산의 생가와 그와 관련된 기념관이 즐비하다. 다산은 서울 관직과 지방의 유배 생활을 빼면 이곳에서 태어나서 노년을 보냈기 때문이다.

능내리에 임금도 아닌 한확의 묘가 있다는 것을 아는 사람은 많지 않다. 한확이 어렵사리 책봉 고명을 받고 돌아오는 길에 과로로 병을 얻어 세상을 떠났다는 소식을 듣자 세조는 급히 사람을 보내 시신을 국내로 운구케 하였다. 그리고 왕실에서 준비해둔 왕릉을 한학의 묘소로 하사하였다. '능내리'라는 마을 이름은 왕릉 같은 한확의 묘소에서 유래된다.

한확의 아버지 한영정은 딸이 많았다. 그런데 딸들의 미모가 모두 특출하여 멀리 명나라 조정에까지 소문이 나 있었다. 당시 명나라는 미모가 빼어난 조선의 처녀들을 공녀라는 이름으로 북경으로 데리고 갔다. 한확의 누님도 공녀로 북경에 끌려갔다가 영락제의 마음에 들어 후궁(麗妃)으로 간택된다. 누님을 호송하여 북경에 간 한확은 여비가 된 누님 덕에 명의 벼슬을 받고 귀국한다. 이러한 인연으로 한확은 세종의 즉위와 함께 세종의 책봉 고명을 받아 왔다. '장자승계의 원칙'을 깨고 장남이 아닌 세종은 책봉 고명을 받아 온 한확의 은혜를 잊지 아니하였다. 한확의 잘못이 있어도 '나는 그를 벌할 수 없는 처지'라고 솔직히 털어놓은 적도 있다.

세종 2년(1420) 흉작으로 명에 바칠 공물의 부담이 컸다. 한확은 다시 명에 가서 공물 면제를 요청하여 허락을 받고 돌아왔다. 한확은 조명(朝明)외교의 두툼한 파이프로 골치 아픈 외교 문제를 척척 해결하였다. 1424년 영락제가 북경 북쪽에서 몽골의 침입을 막기 위한 북정(北征)중 과로로 진중에서 세상을 떠났다. 자금성에서 영락제의 사망소식을 들은 여비한씨는 영락제의 죽음을 슬퍼하다 못해 목을 매 자살을 했으며, 지아비와 함께 순장되었다. 북경 교외 명십삼릉(明十三陵)의 장릉(長陵)에는 여비한씨가 영락제와 함께 묻혀 있다.

영락제의 손자인 선종 선덕제가 여비 한 씨의 절개를 높이 사서 그녀의 여동생이며 한확의 누이를 후궁으로 맞이한다. 공신부인(恭愼夫人) 한 씨이다. 선덕제는 영락제가 총애하는 손자로 아버지 홍희제가 영락제의 눈 밖에 났는데도 황태자의 지위를 지킨 것도 손자를 총애했기 때문이라고 한다. 선덕제는 할아버지 영락제의 원정에 항상 동행하였고 영락제를 임종한 유일한 혈육이었다. 공신부인 한 씨는 한확보다 10세 아래 동생으로 17세 때 베이징으로 와서 명의 4대 조정을 지키면서 74세까지 장수하여 명과 조선의 관계를 돈독하게 하였다. 한확이 대명 외교 채널이 된 것도 황제의 후궁이 된 그의 누나와 누이동생 덕이라고 볼 수 있다.

공신부인 한 씨는 생전에 아름다우면서 온화 유순하고 말을 삼가며 자금성 내의 여사(女師)로 존경받았다고 한다. 향산에 있는 비문에는 그녀의 행적이 기록되어 있다는데 묘하게 최부의 표해록 여정에 그녀의 장례를 책임졌다는 사람이 직접 등장하니 그 대목에서 세세하게 당시의 자금성의 정황을 살펴보기로 한다. 아무튼 공신부인 한 씨의 질녀인 수빈 한 씨가 정릉동에서 두 아들을 키우면서 12년의 세월을 보냈다. 그 사이 둘째 아들 자을산군은 한명회의 딸과 결혼을 하였다. 1468년 세조가 병이 위중해 둘째 아들 예종에게 양위한 후 다음날 승하한다. 그러나 예종도 재위 14개월 만에 승하하였다. 다음 왕위는 의경세자의 두 아들 중에 장남인 월산대군에게 갈 것으로 보였다. 그러나 한명회는 자신의 딸을 왕비로 만들기 위해 수빈 한 씨의 양해를 얻어 자을산군을 왕이 되도록 한다. 그가 바로 성종이다(이 글은 중앙일보 백가쟁명 덕수궁에서 만난 선조대왕과 고종황제라는 글에서 일부 발췌하였다).

명나라 황실과 조선과 그런 내면이 있는 터라 양국의 관계는 견고했다. 그 무렵 명나라 효종의 스승인 동월(董越)이 마침 한양 입성을 한다. 성종 19년(1488) 3월이었다. 멀고 먼 조선 사행 길은 공(公)으로는 국가 간, 사(私)로는 개인 관광이다. 두 관광은 대의냐 소의냐의 차이일 뿐 정보 습득의 목적에서 초록은 동색이다. 동월은 보고 들은 조선의 모든 정보를 기록해 '조선부(朝鮮府)'라는 개인 관광 수필집을 출간한다. 이후 명나라 사신들의 조선 사행 전문 필독서가 돼 정치 목적 이용에 힘을 싣는 도구로 사용됐다. 본문 후반부에 최부와 동월은 우연히 만나게 되니 그때 다시 자세히 알아보도록 한다. 아무튼, 그런 돈독한 시국에 최부가 명나라를 찾았으니 정말 천만다행이 아닌가. 다시 본론으로 들어가서 최부는 상을 당한 소식에 허겁지겁 행장을 꾸려야만 했을 것이다. 하지만 뭍으로 나간다는 게 마음만으로 되는 것이 아니다. 어디 그의 향방을 지켜보도록 하자.

9
배타기 전 그가 한 마지막 업무

상을 당하니 조문객들이 몰려든다. 제주에서 제일 지체가 높은 목사가 먼저 당도를 했다. 제주로 들어올 때 부임을 해 같이 들어온 인연도 있는 처지다. 이른 시일 내 뭍으로 나가려면 무엇보다도 그의 배려가 필요하다. 빈손으로 오지는 않았을 터 어찌 뭍으로 귀환할 것인지 그의 방안이 자못 궁금하다. 해당 글을 읽어 본다.

〈윤1월 1일, 비. 제주 목사(濟州牧使)가 아침저녁으로 와서 조문(弔問)하였습니다. 이어 수정사(水精寺)의 승려[僧] 지자(智慈)의 배가 튼튼하고 빨리 가므로 관가의 배가 따르지 못한다고 하면서, 병방 진무(兵房鎭撫) 고익견(高益堅)과 오순(吳純) 등에게 명령하여 별도포(別刀浦)로 그 배를 돌려 대게 하여 신이 바다를 건널 준비를 시켰습니다. 판관(判官) 정전(鄭詮)이 군관(軍官) 변석산(邊石山)을 보내어 조문했습니다.〉

목사는 관선보다 튼튼한 수정사의 배를 이용하라고 하며 아예 수하들을 시켜 별도포에 배를 돌려 대라고 한다. 사실 나는 처음 이글을 마주하고서는 의아했다. 어찌 절의 배가 관선보다 좋단 말인가. 더욱이 조선은 불교를 억제한 나라로 절 사정이 여의치 않았을 것 같은데, 의문을 갖던 중 옛 문헌 중에 묘한 글을 발견했다. 태종 15권, 8년(1408 무자 / 명 영락(永樂) 6년) 2월 28일 정미 2번째 기사에 따르면 '의정부에서 제주도 비보사찰인 법화사와 수정사의 노비수를 정하다.'라는 제목 하에 다음 글이 실려 있다.

〈의정부(議政府)에서 제주(濟州)의 법화(法華)·수정(修正) 두 절[寺]의 노비(奴婢)의 수를 아뢰어 정하였다. 의정부에서 아뢰기를, "제주 목사(濟州牧使)의 정문(呈文)에 의거하면 주경(州境)에 비보사찰(裨補寺刹)이 두 곳인데, 수정사(修正寺)에는 현재 노비 1백 30구가 있고, 법화사(法華寺)에는 현재 노비 2백 80구가 있으니, 비옵건대, 두 절의 노비를 다른 사사(寺社)의 예(例)에 의하여 각각 30구를 주고, 그 나머지

3백 82구는 전농(典農)에 붙이소서" 하니 그대로 따랐다.〉

절이 얼마나 크면 국가에서 노비 수까지 정하여 통보를 하는지 놀랍기만 하다. 그리고 비보사찰이라고 했다. 비보사찰은 고려 시대, 이름난 곳이나 명산(名山)에 절을 세우면 국운(國運)을 돕는 다는 도참설(圖讖說)과 불교 신앙에 따라 세운 절로 시대가 바뀌면서 대부분 국가에 귀속됐다. 조선 초기부터 전국적으로 많은 사찰이 폐쇄되고, 사찰 소속 토지와 노비가 국가로 넘어갔다.

남아 있는 기록을 보면, 조선 전기에는 존자암(尊者庵)을 뺀 다른 절에는 대처승들이 있었으며, 절에서 처자와 함께 생활하였다고 한다. 세조는 제주에서도 존자암의 중만 남기고 다른 중들은 모두 군역을 지게 했다. 명종 23년(1568)에는 곽흘(郭屹) 목사가 절을 부수고 불상을 불살랐다고 한다. 이때 상당수의 절이 파괴되었을 것이고, 승려들의 위상도 더욱 떨어졌을 것이다. 명종 때, 즉 조선 중기가 되면서 제주도의 승려들은 더 이상 성직자로서의 특별한 대접을 받지 못하게 되었을 뿐만 아니라, 농사를 짓다가, 신자가 찾아오면 건성으로 불공을 드리는 매우 낮은 수준의 승려들로 바뀌면서 서서히 줄어들었다. 그렇게 사찰의 수도 점점 줄어들다가 조선 후기에는 거의 사라져 버렸다. 그나마 남아 있던 사찰이 1701년 이형상 목사가 신당을 철폐할 때 같이 파괴되었다고 한다. 그는 임금의 은혜를 갚는다는 뜻으로 당시로써는 대대적인 '새마을운동'을 일으켜 '절 500, 당 500'을 불태우고, 중들과 무격(巫覡 : 박수무당)들을 다시 농사짓게 하였다는 기록이 있는 것을 보면 수정사도 이 무렵에 해를 입었을 가능성이 큰 것으로 보인다.

그런데 수정사 배를 별도포(別刀浦)에 대라고 한다. 절망속의 유배인들이 제주에 유배 올 때에는 앞서 설명한 대로 전라남도 해남(해창포, 관두포), 강진, 영암 등지에서 출발한 후 바람의 강약이나 조류의 영향으로 남해군도의 보길도나 소안도, 진도 등을 지그재그로 항해하며 제주도 화북포구에 도착하는 것이 대부분이었다. 이는 화북포구가 제주도 북단의 중심지에 있으며, 당시 제주목 관청이 있던 관덕정에서 동쪽 5km 지점으로 유배인이 제주도에 도착한 후 제주목으로 인계되는 가장 가까운 곳에 있었기 때문이다. 그래서 제주도에 유배된 송시열, 김정희 등 대부분이 이 포구를 거쳐 들어올 만큼 조선 시대까지 조천포구와 함께 제주도의 가장 대표적인 관문이었다.

이렇듯 이곳은 내륙지방을 출입하는 제주의 관문이었기에 이곳을 드나드는 이들의 안전과 보호 및 왜구의 침입을 방어하기 위한 성(城)인 화북진성(1678년 목사 최관이 만듦)과 그 안에 배가 출항할 때까지 바람을 기다리던 객사(客舍)인 환풍정(喚風亭, 1699년 목사 남지훈), 북성 위에는 바다를 감시하던 망루인 망양정(望洋亭), 그리고 부두에는 공사선(公私船)을 점검하던 관리소인 영송정(迎送亭, 1737년 목사 김정)이 있었다고 한다. '화북(禾北)'은 마을 이름 자체가 '별도(別刀)'로 부르다가 지금의 화북으로 정착되었다고 하기도 하고 그밖에도 별도 칭호에 대한 많은 설들이 있다.

아무튼, 지금 화북포구를 지키고 있는 것은 등대가 아니고 엉뚱하게도 해신사라는 절이다. 물론 등대가 없는 것은 아니지만 해신사는 화북포구와 나누어 볼 수 없는 곳으로 화북포구가 조선 시대에도 제주도의 주요 관문이었음을 증명하는 유물이기도 하다. 물론 최부의 시대에는 없던 절로 아이러니하게 예전에 절이 모두 소각한 이후 1820년 제주 목사 한상묵이 해신사를 세웠다.

숱한 어민이 실종되자 성난 파도를 잠재우려는 민간신앙에 한발짝 다가서 제주 사람들의 정서를 적극적으로 수용하면서 관의 통제 아래 신앙을 묶어두겠다는 민심 포섭책으로 세웠을 것이란 생각이 든다.

정월 2일, 조문객이 끊이지를 않는다. 정의현도(조선 시대 정9품 관직, 향교회 선생), 내수사진희(궁중에서 쓰는 미곡, 포목, 잡화 및 노비 등에 관한 일과 왕실 사유 토지 관리를 맡은 정5품 아문) 등이 다녀갔는데 3일에도 행렬이 끊이지 않는다. 대정현감이 다녀가고 정사서와 훈도도 일본어 통역을 맡은 왜학훈도도 다녀갔으며 그 밖에도 군관, 진무 등등…. 많은 조문객이 다녀갔다.

그런 와중에도 최부는 일 마무리를 깔끔하게 처리했다. 어느 안전이라고 섣부른 말을 하겠냐마는 상중임에도 충에는 변함이 없었음을 은연중 그는 나타내 보이고 있다. 이 글 내용과는 상관없지만 사실 우리 선조들은 어찌 처신해야 하는지 잘 알고 있으며 요량이 뛰어나고 변통도 능한 재간꾼들로 이에 걸맞게 일 처리도 상당히 야무졌다. 원본과 다른 흔적이 있는지 일일이 조사를 하고 또 조사한 결과를 봉입하여 훗날 또 수시감사를 할 때 어긋남 자체를 용인치 않겠다는 의도가 있음을 그의 글에서 확인할 수 있다.

그런데 원본은 고칠 수도 없게 광주목도 아니고 전주부에서 가져왔다. 성종(成宗) 14년에 전주(全州)·영주(瀛州)·순주(淳州)·마주(馬州) 등의 주현을 강남도(江南道)라 하고, 나주(羅州)·광주(光州)·정주(靜州)·승주(昇州)·패주(貝州)·담주(潭州)·낭주(郞州)를 해양도(海陽道)라 하였다. 현종(顯宗) 9년에 이르러서야 이것을 합쳐 전라도라 하였다는 데 이와 같지 않은 게 조금은 수상쩍다. 혹여 광주와 제주 내통 소지를 없애기 위한 원거리 보관형식은 아닌지 모르겠다. 아무튼, 그가 마무리한 일 내용을 살펴보자.

〈윤1월 2일 이날 신이 데리고 간 아전 정보(程保)와 김중(金重) 등이 그 관내에서 어승(御乘, 임금이 탈 말)을 뽑고 목장(牧場)을 감독하고 공천(公賤)과 사천(私賤)을 변별하고 유이(流移)한 사람을 돌려보낸 것과 반당(伴倘)을 함부로 차지하거나 양민(良民)으로 오인케 하는 것을 적발한 문적(文籍) 그리고 전주부(全州府)에서 올린 제주(濟州) 세 고을의 장적(帳籍) 17책과 또 제주 세 고을에서 올린 각년장(各年帳)인 호적(戶籍)·군적(軍籍) 등의 문서 1책을 봉하여 목사에게 보내서 영청(營廳)에 보관하도록 하고 그 서목(書目)을 받아서 가지고 왔습니다.〉

＊ 참고로 제주도는 원당사와 함께 고려 시대의 큰 절로 서귀포시 하원동의 법화사(法華寺)와 제주시 외도동의 수정사(水精寺)가 있다. 몇 년 전에 발굴이 이뤄져 복원된 존자암(尊者庵)과 묘련사(妙蓮寺) 등도 고려 시대의 절이다. 수정사는 법화사 다음으로 큰 절로 알려져 있는데 오현(五賢)의 한 사람이었던 충암(沖庵) 김정(金淨)의 '都近川水精寺重修勤文'에 따르면 이 절은 조선조 중종 16년(1521)에 중수되었다는 사실을 기록하고 있다. 발굴 조사 결과 건물지 12동과 탑지, 석등지와 수막새, 특히 금동제품과 청석 다층석탑 면석에 음각된 인왕상(仁王像)은 고려 시대 최고의 걸작품으로 꼽힌다. ＊

10
위기에 봉착한 최부 일행

최부는 당시 어느 차림이었을까. 당연히 상복을 입었다. 세종은 사대부들에게 주자가례를 장려하였고, '국조오례의'가 확립되면서 국가 행사를 오례에 따라 거행하였다.

〈*『국조오례의』는 신숙주(申叔舟)·정척(鄭陟)·강희맹(姜希孟) 등이 왕명을 받아 오례(五禮)의 예법과 절차 등을 그림을 곁들여 성종 5년 (1474)에 편찬한 책이다. 국가의 기본예식인 오례 즉, 길례(吉禮)·가례 (嘉禮)·빈례(賓禮)·군례(軍禮)·흉례(凶禮)를 규정하고 있으며,『경국대전』과 더불어 국가의 기본 예전(禮典)이 되었다. 이에 규정된 각종 의례는 대부분 궁중에서 사용하기 위한 것이어서 사대부나 서인(庶人)들을 위한 규정이 많지 않으며, 또 그 내용도 형식적인 것이 많아서 민간에서는 널리 시행되지 못하였다는 한계점도 지니고 있다. 그렇지만『국조오례의』는 조선 시대에 유교적 정치이념을 바탕으로, 예교(禮敎) 질서가 정립되어 갔음을 잘 보여주는 자료로써 그 가치가 크다. 강희맹이 쓴 서문에는『국조오례의』가 편찬된 과정과 함께 오례를 유교 이념의 중심으로 삼아 국가체제를 정비하고자 한 조선사회의 국정 방향이 잘 나타나 있다.〉

그리고 문무관의 상복에 흉배가 제정된 것은 단종(1454) 이후였다. 당시 흉배의 문양은 대군은 기린, 왕자, 군은 백택, 도통사는 사자, 문관 1품은 공작, 2품은 운안, 대사헌은 해치, 무관 1, 2품은 호표, 무관 3품은 웅비였다고 한다. 사실 민간에 상제례가 보급된 것은 고려 말 주희(朱熹)의『가례(家禮)』가 전래한 이후이다. 조선 시대 초기 정부에서는 『주자가례』를 통한 유교식 상장의례를 시행하고자 하였으나, 그때까지만 해도 일반에서는 잘 시행되지 않았다고 한다. 이후 성종((成宗)재위 1469~1494) 대에 『경국대전(經國大典)』에서 오복제도를 규정하였고, 중종((中宗)재위 1506~1544) 대 이후 상제에 대한 예법이 사대부에게 철저히 시행되기에 이르렀다. 조선 중기의 상제는 예론 화되어 정착되었으며, 상복 제도는 국가적 차원에서 사회적 문제로 제기되기에 이르렀다. 이 과정에서 서민들에게도 삼년상이 점차 일반적인 장례가 된 것이다. 상례 절차와 복식제도가 다양하게 분화되었는데, 지금도 가가례(家家禮)라고 불릴 정도로 지방별·집안별로 상장제례가 서로 다른 것은 조선 중기의 예론에 기인하는 것이다.

여러분들은 예송논쟁이란 말을 들어 보았는지 모르겠다. 경국대전에 실린 상복을 두고 시작된 싸움으로 현종(顯宗) 때 인조(仁祖)의 계비(繼妃)인 조대비(趙大妃)의 복상 문제를 둘러싸고 서인(西人)과 남인(南人) 사이에 크게 논란이 된 두 차례의 예법에 관한 논쟁을 말하는데 그 시대는 상복을 몇 년 입어야 하는지가 엄청 중요하였다. 역사에서 보듯이 지켜야 한다는 예도가 너무 예속화되고 지나치면 폐단을 낳고 종래는 싸움이 되고 스스로 빠져나오지를 못하고 함몰하고 만다.

그나저나 훈장이나 부모의 말씀은 예나 지금이나 하나도 틀리지 않는다. 최부를 위로하러 찾아온 학장(조선 시대 향교에서 교육을 담당한 교원으로 500호 이하 군현에서는 학장을 임명했다) 김존려와 김득례의 말이 사뭇 논리적이며 이치에 맞다. 그대로 따랐다면 그런 변고는 없었을지 모른다. 어디 그들의 조언을 들어본다.

〈늙은 저들[老僕]은 섬 지방[海國]에서 자라났기 때문에 수로는 잘 알고 있습니다. 한라산(漢拏山)에 구름이 끼거나 비가 내려 날씨가 고르지 못하면 반드시 바람이 일어나는 변고(變故)가 있으니 배를 타서는 안 됩니다. 또《가례(家禮) 주자가례(朱子家禮))》에, '처음 친상(親喪)을 듣고 길을 떠난다.'는 조목의 주(註)에도, '하루에 100리를 가고 밤길은 가지 않으며, 비록 슬프더라도 해로운 곳은 피해야 한다.'고 하였으니, 밤길을 가는 것도 오히려 불가한데, 하물며 이 같은 큰 바다를 건너가면서 조심하지 않을 수가 있겠습니까?"〉

그 말을 듣고 최부 역시 결정을 선뜻 하지 못하였던 모양이다. 글에 이렇게 적혀 있다.
〈한자리에 있던 사람들이 어떤 이는 권하기도 하고 어떤 이는 말리기도 하여, 해가 중천에 높이 솟아오를 때까지 결정하지 못했습니다.〉
그런 그가 윤1월 3일 떠나기로 결정을 한 데는 이 사람들의 권유가 있었기 때문이다. 글 내용을 보자.

〈진무(鎭撫) 안의(安義)가 와서 알리기를, "동풍이 아주 좋으니 떠날 만합니다." 했습니다. 박중간(朴重幹)과 최중중(崔仲衆)도 또한 떠나기를 권하므로, 신은 마침내 작별을 고하고 배를 탔습니다. 노를 저어 5리쯤 가니 군인(軍人) 권산(權山)과 허상리(許尙理) 등이 모두 말하기를, "오늘은 바람 기세가 일어났다가 그치기도 하고, 구름과 흙비가 걷혔다가 개이기도 하니 이같이 바람이 순조롭지 못한 날씨를 만나서 이같이 파도가 험악한 바다를 건넌다면 아마 후회가 있을 듯합니다. 청컨대, 별도포로 돌아가서 순풍을 기다렸다가 다시 떠나도 늦지는 않을 것입니다."〉

나는 이 대목에 주목을 한다. 진무인 안의가 재촉을 하고 내수사진회인 박중알과 군관인 최중중도 권을 하는데 최부가 마음이 흔들렸다. 그런데 나중 승선한 명단을 보면 진무인 안의만이 동승을 했고 박중알이나 최중중은 명단에는 없는 사람이다. 누구보다도 바다를 잘 아는 사람들 말을 들어야 했는데 최부는 아쉽게 그러지를 못했다. 아니 그런 기회가 있기는 있었다. 어디 다음 글을 읽어 보자.

〈노를 저어 5리쯤 가니 군인(軍人) 권산(權山)과 허상리(許尙理) 등이 모두 말하기를 "오늘은 바람 기세가 일어났다가 그치기도 하고, 구름과 흙비가 걷혔다가 개이기도 하니 이같이 바람이 순조롭지 못한 날씨를 만나서 이같이 파도가 험악한 바다를 건넌다면 아마 후회가 있을 듯 합니다. 청컨대, 별도포로 돌아가서 순풍을 기다렸다가 다시 떠나도 늦지는 않을 것입니다."〉

되돌아가기를 말하는 권산과 허상리. 나중 좌초한다고 여길 즈음 글에 나오지만 그들의 직무를 보니 허상리는 총패로 여말선초 시대 중앙군에 기간을 이룬 병종인 시위패의 통솔자를 말하고 권산은 영선이라 하여 선박 내의 장인 조군을 말한다. 나이는 잘 모르지만 항해가 전문 직종으로 경험이 많은 그들의 말을 경청하고 따랐어야 했다. 그런데 최부는 그러지 못하였다. 이 작자가 또 나섰기 때문인데 어디 그 말을 들어보자.

〈안의(安義)는 말하기를, "하늘의 기후는 사람이 미리 짐작할 수 없는 것이니, 잠깐 동안에 구름이 걷히고 하늘을 볼 수 있을는지 압니까? 그리고 이 바다를 건넌 사람으로서 개인의 배는 뒤집혀 침몰당하는 일이 잇달아 일어났지만, 왕명을 받든 조신(朝臣)으로서는 전 정의 현감(旌義縣監) 이섬(李暹) 이외에 배가 표류하여 침몰당한 사람이 없었던 것은, 모두 임금의 덕망이 지극히 무거움을 실제로 하늘이 알고 있기 때문입니다. 하물며 여러 사람에게 의논하면 일이 성취되지 않는 것인데, 어찌 길을 떠났다가 다시 돌아감으로써 시일을 지체시킬 수 있겠습니까?" 하고는, 큰소리로 호령하여 돛을 달고 가도록 했습니다.〉

진무인 안의는 해남에서 갈 때 데리고 간 아전도 아니고 나중 글에 나오지만, 목사가 챙겨준 사람이다. 짐작하건대 제주에서는 관록에 따른 지체도 있으며 입담이 센 경험자로 고집도 보통이 아닌 것 같다. 아마도 목사가 신임을 하기에 최부도 따라 그를 믿었던 것 같은데 항해에 문제없다는 말에 난데없는 임금을 끌어들여 설복하려는 것이 영 합리적이지가 않다. 그가 나중 표류 중에는 어떠했는지 지켜보기 바란다. 그리고 상황은 어찌 되었을까, 다음 대목을 읽어 본다.

〈겨우 대화탈도(大火脫島: 제주도와 추자도 사이에 있는 무인도)를 지나자마자 배 안의 사람들이 모두 말하기를, "배가 거요량(巨要梁)을 향하여 바다를 가로질러 올라가고 있으니, 바람을 따라 추자도(楸子島)에 정박하면 매우 빠르게 갈 것입니다." 하였으나, 권산(權山)은 그 말을 듣지 않고 키[舵]를 잡고서 바람 부는 대로 따라 수덕도(愁德島:추자도 남쪽에 있는 섬)를 지나서 서쪽으로 갔는데, 날씨가 어두컴컴해지면서 바람이 약하게 불더니 비가 내리기 시작했습니다. 추자도의 배 정박할 곳에 가까이 갈 즈음에 썰물의 흐르는 기세가 매우 급하고 하늘은 또한 캄캄하였으므로, 결꾼(格軍)을 독려하여 노를 젓도록 했더니, 군인들이 모두 말하기를, "이 같은 날씨에 배를 출발시킨 것은 누구의 허물입니까?" 하고는 모두가 다 거역하는 마음을 품고 따르지 않았습니다. 힘써 노를 저어 뒤로 흘러 내려와서 초란도(草蘭島)에 이르러 서쪽 해안에 의지하여 닻을 내리고 정박했습니다. 밤이 3경(更)이 되자, 허상리(許尙理)가 말하기를 "이 섬은 비록 동풍은 막혔지마는 3면(面)이 탁 트여서 배를 정박하기에는 적합하지 못합니다. 또 북풍이 일어날 조짐이 있으므로 앞으로 나아가고 뒤로 물러나는데 의거할 곳이 없게 될 것이니 장차 어떻게 하겠습니까? 또한, 배는 처음 정박한 곳에 있지 않고 점점 도리어 바다 가운데로 들어가고 있으니 내린 닻줄이 혹시 벌써 끊어졌는지도 모릅니다. 지금의 계책으로서는 닻을 올리고 조금 앞으로 나아가서 해안에 매어 두고 날이 밝기를 기다려 추자도로 노를 저어 들어가는 것만 같지 못합니다.">

　바다는 아무나 상대하는 것이 아니다. 험악한 상황이 되니 안의는 쑥 들어가고 입이 퉁퉁 부은 권산은 휘젓고 나가다가는 결국 아니다 싶으니 이제야 제일 노련한 전문가가 나서고 있다. 허상리가 말한 대로 과연 닻이 온전하지 못할까. 글에 닻을 올리니 끊어진 상태로 노를 저어도 해안에 가까이 가기 전에 북풍이 내달려서 의지할 때 없는 곳으로 몰려나오게 되었다고 적고 있다. 진즉 허상리 말을 들었어야 했다. 우왕좌왕하지만 전문가 의견은 아주 적중하지 않는가. 우리도 평소 좌충우돌하다가 가끔 배가 산으로 올라가지 않던가. 비는 그치지도 않는데 바람과 물결이 모두 사나우니 배는 물결을 따라 오르내리면서 갈 곳을 알지 못했다. 처음으로 위기가 닥쳤다고 느끼는 상황이다. 과연 그들의 운명은 어찌 될까.

＊ 본문에 나오는 최부의 주요 일행들의 직함. 곁꾼: 노를 젓는 군인. 승사랑: 빙고, 절, 창고 등에 배치된 봉사. 수배리: 수행하여 시중을 드는 아전. 사복시:

궁중의 마필, 목장 등을 관장하는 관청. 청암역리: 역사에 딸린 소속원으로 수송, 서신왕래 담당. 진무: 군영에 두었던 군사 실무 관직. *

11
윤1월 4일, 큰 바다로 거침없이 빠져들다

안타까운 상황이지만 글로서는 이제 막 시련이 시작되는 전개 과정으로 그것도 초기 단계에 불과하다. 어쩔 도리 없는 기막힌 상황인데 개중에는 어처구니없는 일이라고 대번 말을 할 사람들도 있다. 내가 왜 이런 경우를 당하여야 하느냐 하는 억울하고 분한 마음이 자리하기 때문이다. 대개 스스로 선택한 일이 좌초되어 벌어진 상황이라 한다면 수긍을 하는 쪽으로 기울지만 자기 의지와 무관하게 타의에 의해 나락으로 떨어졌다 싶으면 마음 한 구석 회유가 되지 않아 속에서부터 반란이 일어난다. 보통사람들이 대개 다 그러하다. 분명히 남이 초상이 나서 가는 길에 내가 왜 억울하게 같이 죽어야 하느냐는 심중이 들어 있을 터다. 저주스러운 날씨, 윤1월 4일, 글에 적힌 상황은 이러했다.

〈이날은 비와 우박이 오고 큰바람이 불었으며, 놀란 물결과 무서운 물결이 하늘을 뒤흔들고 바다를 쳐서 소리를 내니 돗자리로 만든 돛이 모두 부서져 버렸습니다. 배는 두 돛대가 높고 크기 때문에 더욱 기울어지기가 쉽고, 형세는 곧 뒤집혀 가라앉을 것 같으므로, 소근보(肖斤寶)에게 명령하여 도끼를 가지고 돛대를 찍어 없애게 하고 고이복(高以福)을 시켜서 초둔(草芚:거적)을 얽어 배의 뒤쪽[船尾]에 붙여 파도를 막게 했습니다.

〈정오가 되어 비는 점차 갰으나, 동풍이 또 크게 일어나 배는 기울어졌다 떠올랐다 하였는데, 그 가는 대로 맡겨 두었더니 별안간에 이미 서해(西海)로 들어가게 되었습니다. 뱃사공이 동북쪽을 가리키기에 바라보니, 마치 한 점 탄환만 한 섬이 아득한 사이에 있었습니다. 뱃사공은 말하기를, "저것이 아마 흑산도(黑山島)일 것입니다. 이곳을 지나서 앞으로 간다면 사방에 섬이라고는 없고 바다와 하늘이 서로 닿아서 끝없이 넓은 바다뿐입니다." 하니, 사람들이 모두 어찌할 바를 알지 못하고 배 안에 쓰러졌습니다.〉

한겨울 비와 우박이 쏟아지며 파도까지 넘쳐 대니 살을 에는 추위가 극에 달할 것인데 그것이 문제가 아니었다. 돛대를 찍어 없애지 않으면 넘실대는 파도를 이겨내지 못하여 배가 뒤집혀 물은 자꾸 배 안으로 밀려들어 와 자신도 가라앉게 되는 상황이 촉발한다. 임시로 대처를 하긴 했는데 저 멀리 보이는 섬이 흑산도라 하니 그렇다면 조선의 서쪽 끝으로 곳을 벗어난다면 망망대해로 빠져 살 길은 막연하다는 사실에 모두들 기겁을 한 것이다. 이쯤이면 자포자기하는 사람이 속출하고 탓을 하며 원성을 하는 사람이 생기기 마련이다. 내가 왜 여기에 껴야 하느냐 하는 신세 한탄에 억울함이다. 어디 그들의 이야기를 들어보자.

〈신이 안의(安義)를 시켜서 취로(取露) 1하는 일, 배를 수리하는 일로 군인들을 독려케 하니, 군인 중에 고회(高廻)란 사람이 소리를 질러 말하기를 "제주는 바닷길이 매우 험악하므로 무릇 왕래하는 자는 다 순풍을 여러 달씩 기다립니다. 전 경차관(敬差官) 같은 분으로 말하면 조천관(朝天館)에 있기도 하고, 수정사(水精寺)에 있기도 하면서 무릇 3개월이나 기다린 뒤에야 길을 떠났던 것입니다. 지금 이 행차는 바람과 비가 일정하지 않을 때를 당하여 하루 동안의 날씨도 점쳐 보지 않고서 이러한 극단의 지경에 이르게 되었으니, 이것은 모두 스스로 취한 것입니다."하니, 나머지 군인들은 모두 말하기를 "형세가 이미 이같이 되었으니 취로를 하고 배를 수리하며, 비록 심력을 다하더라도 끝내는 또한 반드시 죽고 말 것이니, 우리는 힘을 써가면서 죽는 것보다는 차라리 편안히 누워서 죽는 편이 나을 것이다."하고, 모두 귀를 가리고 명령에 따르지 않았으며, 혹은 때려도 또한 일어나지 않았습니다. 송진(宋眞)은 참으로 용렬한 자라 구타를 당하고는 성을 내며 말하기를 "수명이 길구나, 이 배여! 부서질 만도 한데, 어찌 속히 부서지지 않는가?" 하니 정보가 말하기를, "제주도 사람들의 마음은 겉으로는 어리석어 보이지마는 속으로는 독하며 완만(頑慢)하고 여한(戾悍)하여 죽음을 가벼이 여기니, 그런 까닭으로 그들의 말이 대부분 이와 같습니다." 하였습니다. 신 또한 물에 빠져 죽는 것은 이미 결정이 되었지마는, 혹시 하늘의 도움을 입어 다행히 빠져 죽는 데 이르지 않더라도, 정처 없이 표류하다가 죽는 날에 이르게 될 것이니 어찌할 수 없다고 생각했습니다.〉

출항에 대해 신중하지 못했다는 말이 필시 최부를 두고 하는 말이다. 최부 자신도 어디서 죽느냐는 것이지 죽는 것은 기정사실화하고 있다. 군인들이 '에라! 모르겠다. 어차피 죽을걸' 하는 태도에 대해 광주 목의 아전인 정보가 하는 말을 가만히 음미해 보면 저 녀석들이 은근히 최부 때문에 이 지경이 됐다고 하는 투가 역력한지라 최부가 속이 상할까 봐 나름 걸러 들으라고 한 말이다. 그런데 이야기 중에 '취로'라는 말이 나온다.
취로란 커다란 가마솥을 걸고 바닷물을 부은 다음 불을 지펴 수증기가 올라오면 대롱 속으로 지나가게 하고 증기가 지나가는 대롱을 차디찬 헝겊으로 감아 온도를 내려주면 안에 물방울이 작은 방울 토마토 열매 맺듯 방울지며 달라붙고 이를 약간 기울이면 아래로 흘러내려 모이도록 하는 순수한 증류수를 만드는 것인데 이 상황에 그게 가능이나 할까. 아마 분주하게 움직였지만 만사 별무였을 것이다. 선실의 바닥에 앉아있기도 힘들 것인데 솥을 고정시키고 취로(取露) 장치를 설치가 가능이나 했겠나.

나자빠진 그들 행위가 괘씸한 노릇으로 비록 정보가 달래는 말을 한다고 하였지만 최부는 원성 섞인 그들의 낙심에 내심 마음이 편치 않았던 모양이다. 그때야 바로 호구 조사를 한다. 도대체 몇 명이나 탄 거야.

〈낱낱이 조사해 보니, 종자(從者)인 정보(程保)·김중(金重)·이정(李楨)·손효자(孫孝子)·최거이산(崔巨伊山)·막금(莫金)·만산(萬山)과 제주 목사가 정해 보낸 진무(鎭撫) 안의(安義), 기관(記官) 이효지(李孝枝), 총패(總牌) 허상리(許尙理), 영선(領船) 권산(權山), 사공[梢工] 김고면(金高面), 곁꾼(格軍) 김괴산(金怪山)·초근보(肖斤寶)·김구질회(金仇叱廻)·현산(玄山)·김석귀(金石貴)·고이복(高以福)·김조회(金朝回)·문회(文回)·이효태(李孝台)·강유(姜有)·부명동(夫沒)·고내을동(高內乙同)·고복(高福)·송진(宋眞)·김도종(金都終)·한매산(韓每山)·정실(鄭實), 호송군(護送軍) 김속(金粟)·김진(金眞)·음산(音山)·고회(高廻)·김송(金松)·고보종(高保終)·양달해(梁達海)·박종회(朴終回)·김득시(金得時)·임산해(任山海), 관노(官奴) 권송(權松)·강내(姜內)·이산(李山)·오산(吳山) 등과 자신까지 합해서 모두 43명이다.〉

최부로서는 '놀랠 노 자(물론 이런 한자는 없다)'에 경악을 금치 못했다. 정말로 놀래고 놀라다 보니 턱이 빠질 정도였다. 그런데 이들을 쭉 살펴보니 행운아들도 있다. 청암역리(역사에 딸린 소속원)로 해남서 같이 간 사람 중에 최거이산이나 만산은 있는데 호노는 빠져 있으며 사복시(궁중의 승마 등 관리)의 안기(종6품 관직명으로 말의 조련 담당)인 최근이 빠져 있다. 최근은 복무를 하기 위해 그럴 것이다 싶은데 호노는 그야말로 행운아다. 가끔 뉴스에서나 보는 그런 경우가 그가 해당되는 게 아닐까.

혹시 1985년 8월 12일에 일어난 역사상 최악의 단일 항공 사고였던 JAL 123기 추락 사고를 기억하는지 모르겠다. 보잉 747-100SR기는 수송 인원 많기로 유명한 747기를 개조해 한 번에 500명 이상을 수송할 수 있도록 개조한 것인데, 일본 국내선 용으로 제작된 것이기 때문에 항속 거리는 짧았다. 8월 13일 즉, 다음 날이 오본절(한국의 추석)이었기 때문에 총 528석 가운데 509명의 승객이 탑승 했다. 승무원은 15명으로 총 524명이 탑승을 했는데 최종 생존자는 4명이었던 엄청난 사고였다. 그런데 탑승을 안 하여 기적적으로 살아난 사람들이 있다. 아사미 레이(다카라즈카 가극단) : 차가 늦어서 놓침/ 아카시야 산마(코미디언. 비트 다케시와 함께 일본 3대 코미디언으로 꼽힘) : 앞 비행기 탑승/ 이즈미 마사타카(배우. 당시 후지TV 아나운서) : 예약 취소하고 신칸센을 탐/ 미야자와 야스유키(전 아역 배우) : 시간이 안 맞아서 탑승 취소/ 이시다 아유미, 아사노 유코(둘 다 여배우) : 늦게 도착해서 놓침.

마침 같은 시각에 오사카행 ANA편도 있어서, 결국 ANA를 탄 사람들과 JAL을 탄 사람이 생사가 갈려버렸고 그 날 당시 도쿄 모노레일 하네다 선이 10분 지연한 덕에 화를 면한 사람들도 있었다.

진짜 운명이란 그 누구도 알지 못한다. 그런데 다급할 때 최부는 꼭 안의를 부른다. 앞서 말 한대로 안의는 목사가 아끼는 사람으로 제주 사람이라면 대충 말을 들어 먹는 서열에 위인이 아니었나 싶다. 최부가 동승한 사람 수에 놀라 답답함에 안의를 불렀다. 막중한 책임감을 느꼈을 최부다. 이 이야기는 한숨 돌리고 다음에 이어진다.

12
바다 한가운데서

최부가 안의(安義)를 불러 물었다.

〈"나는 한 상인(喪人)이므로 관원의 예(例)가 아닌데, 종자(從者)가 지극히 많으니 매우 온편치 못하다. 제주도 사람으로서 배를 탄 사람이 35명이나 되는 것은 무슨 이유인가?"〉

이에 안의가 답했다.

〈"우리 목사(牧使)께서 마음을 다한 까닭은 경차관(敬差官)에 대한 예(禮)로써 대우한 것이며, 또 배를 운전하는 데는 반드시 여러 사람의 힘을 써야만 갈 수 있기 때문입니다. 하물며 바닷길이 아득하게 멀 뿐 아니라 울도(蔚島) 등지와 같은 곳은 해적이 많이 다니고 있어 호송을 엄하게 하지 않을 수가 없습니다."〉

알아서 목사가 챙겨주었다는 데 쓸데없는 짓이었다고 말을 할 수도 없고 최부는 직분의 위엄으로서 전체를 단숨에 휘어잡는다.

〈"바다를 건널 때는 마땅히 배를 운전하는 사람과 수로를 익히 아는 사람만 정선(精選)한다면 인원수가 비록 적더라도 될 것인데, 지금 이 배를 같이 탄 사람은 모두 게으르고 사나운 자들로서 인원수만 떠벌려 있을 뿐, 그 실속이 없으므로, 배를 표류시켜 사지(死地)에 이르게 했으니 통곡할 일만 더할 뿐이다."〉

그간 우왕좌왕하며 나자빠진 놈 원망하는 놈 모두 정신이 번쩍 들었을 테다. 한마디로 너희 같은 놈들은 아무짝에도 쓸모가 없다 하는 소리다. 그러면서 어디까지나 이 배의 우두머리는 바로 나다. 내 말을 잘 들으라고 하는 소리다. 일시에 조용해진 순간, 의식 전환을 꾀하며 바로 설복이 이어진다.

〈"나는 친상(親喪)에 달려가는 몸이라 사정이 조금도 머무를 수 없는데, 사람 중에는 더러 떠나기를 권하는 이도 있었거니와 자식 된 자로서 잠깐이라도 지체할 수가 있었겠는가? 너희들이 나와 함께 표류를 당한 것은 실로 나 때문이겠지마는 형세가 또한 그렇게 만든 것이다. 하물며 살기를 좋아하고 죽기를 싫어함은 세상 사람의 마음이 똑같은 것인데 너희들도 어찌 살고 싶어 하는 마음이 없겠는가? 배가 혹시 부서졌거나 뒤엎어졌다면 그만이겠지마는 배를 살펴보건대, 지금 튼튼하여 쉽사리 부서질 지경에 이르지는 않았으니 만약 돌섬[石嶼]에만 부딪히지 않는다면 능히 수리해서 물을 퍼낼 수가 있을 것이고 다행히 혹시 바람이 자고 물결이 조용해진다면 비록 표류해서 다른 나라에 도착하더라도 살아날 수가 있을 것이다.

지금 너희들도 부모와 처자가 있고 형제와 친척도 있어서 모두가 살기를 바라고 오래 살지 못할까를 두려워하는데, 너희들은 그 정리도 생각하지 않고 그 몸도 아끼지 않고서 한갓 나를 탓하는 마음으로써 모두가 서로 마음이 흩어져서 스스로 사지로 돌아가려고 하니 미혹(迷惑)됨이 심하도다.")

　요즘 말로 나를 원망하는 거 다 안다. 하지만 어쩔 수 없지 않느냐. 그러면서 뱃사람이 아니지만 저간의 사정을 정확히 꿰뚫고 있음을 말한다. 나만 탓할 것이 아니라 마음을 한데 모아 최선을 다해야 하지 않겠느냐 하며 그들을 설득하고 있다. 조선의 선비로서 논리 정연하며 이치에 닿으니 야속하고 두렵지만 따르지 않을 수 없을 것이다. 이에 허상리(許尙理) 등 10여 인이 반응을 보인다.

〈"군인들은 모두가 고루하고 우둔하며 무식한 무리이므로 그들의 마음 쓰는 것이 사리에 통하지 않음이 이와 같아서 각기 본심을 가진 사람이 없으나 우리는 각각 있는 힘을 다하여 일에 종사하다가 죽은 후에야 그만두겠습니다."〉

　역시 바다에서 죽을 고비를 넘겨본 사람들은 뭔가 다르다. 군인들과 자기들과는 다르다고 말을 하지 않는가. 내가 보기에는 객쩍게 죽게 되었다고 생각하는 부류는 목사가 따로 챙겨준 14인이 아니겠는가 싶다. 나는 이 표해를 쫓으며 그들의 동태를 유심히 살펴보고자 한다. 의지를 가진 자와 어쩔 수 없이 동참한 자의 마음은 절대 같지 않을 것이라는 생각이 들어서다. 그 말이 효과가 있었을까. 밤에도 바람과 비는 그치지 않고 큰 물결은 더욱 심하여 선수(船首)와 선미(船尾)에 부딪쳐 들어왔으나 물이 들어오는 대로 곧 퍼냈다.
　밤 2경(更)쯤 되어 놀란 물결이 출렁대면서 위로 넘나들어 봉옥(篷屋: 뜸집. 거적으로 만든 집)도 또한 반쯤 침몰당하고 의복과 행장[行李]이 모두 물에 젖어서 추위는 뼈를 깎아 내는 것 같 았고 목숨이 경각에 달려 있었다고 했다. 아무리 애써도 인력으 로는 안 된다 싶었는지 최부는 이정(李楨)의 손을 잡고 정보(程 保)의 무릎을 베고 누웠고 김중(金重)과 손효자(孫孝子) 또한 최 부 곁에 있었고, 좌우에서는 여기저기 흩어져 어지럽게 있으면서 죽기만 기다리고 있었는데, 정말 갑자기 곁에서 한 사람이 목을 매어 장차 목숨을 끊으려 하였다.

이정(李楨)이 그 목맨 것을 풀어 보니 바로 오산(吳山)이었다. 오산은 관노 중 한 사람이다. 뱃사람이 아니다 보니 뱃멀미가 심 하여 정신 못 차리고 심약해진 것은 아닐까. 의외로 뱃멀미가 심 한 사람들이 많다. 이에 반해 최거이산(崔巨伊山)과 막금(莫金) 등은 힘을 다하여 물을 퍼내었다. 그렇다고 줄어들 물이 아니다. 최부 주변에는 해남서 같이 간 사람들이 모여 있음을 알겠는데 일을 하며 나름 정도 들고 의지도 하여 아마 그러했을 것이다. 최 부는 이러다가는 작파하겠다고 생각했을 것이다. 그가 또 일어서 진두지휘를 한다.

〈'배가 아직 완전하므로, 위에서 세차게 쏟아지는 물과 틈에서 새어드 는 물을 퍼내지 않는다면 앉아서 배가 침몰하기를 기다리게 될 것이고, 물을 퍼낸다면 아마 살아날 도리가 있겠다.'고 여겨, 억지로 일어나서 권 송(權松)을 큰소리로 불러 부싯돌을 쳐서 불을 얻어 짚자리를 걷어서 불을 때게 하고, 또 소근보(肖斤寶)·고복(高福)·김고면(金高面) 등을 큰소리로 불러 직접 단속해서 물이 새는 곳을 막도록 하고, 또 옷을 벗 어서 권산(權山)·김고면·최거이산·김괴산(金怪山)·허상리(許尙理) 등 에게 나누어 주어서 맡은 일을 힘쓰게 하였습니다.

정보·김중·손효자 등도 의복을 나누어 군인들에게 주니 군인들 중에 김구질회(金仇叱廻)·문회(文廻)·김도종(金都終)·한매산(韓每山)·현산(玄山)과 같은 사람은 감격하여 서로 다투어 죽을 힘을 다 내어 물을 퍼내어 거의 없어지니 배가 겨우 안전하게 되었습니다. 얼마 안 되어 배가 또 돌섬[石嶼]으로 들어가서 뒤엉키게 되자 권산은 배를 운전하면서 어디로 향할 바를 모르고, 허상리와 김구질회 등은 상앗대[篙]를 잡고 어찌할 수가 없었으나, 다행히 바람에 힘입어 몰려 나와서 배가 부서지는 것을 면할 수 있었습니다.〉

아주 중요한 대목이다. 심각한 국면에 흐트러진 정신을 가누고 일행들을 일깨우기 위해 적절히 그는 대응했다. 일도 그들 임무 특성에 맞게 배당을 잘했다. 관노인 권송에게는 늘 해왔을 불을 지피라 하고 배에 물이 스며드는 곳을 잘 알 뱃사람들 곁꾼인 근보 고복과 사공인 고면에게는 물이 새는 곳을 막으라고 했다. 그리고 그다음이 중요하다. 제주에 근거를 둔 사람들은 행장이 아마도 간단했을 터 이를 잘 아는 최부는 자신의 출장 기간 내 입은 옷들을 갖고 있었으므로 표류상황에서 가장 중요하다 싶은 선원들, 영선 권산, 사공 고면, 곁꾼 괴산, 총패 상리, 사실 거이산이 거기에 낀 것은 의아하지만 청암역리 거이산에게 나누어 주었다.

그러면 그런 것이지 이것이 뭐가 중요하다는 것인가. 물론 글에는 없지만, 그 상황을 연상하여 하는 말인데 같이 출장을 간 처지인 사람들은 옷가지가 제법 된다. 최부가 행동의 모범을 보이자 바로 출장을 같이 간 아전들이 이제는 나선다. 정보, 김중, 손효자가 바로 자기 옷들을 가져다가 군인들에게 나누어 준 것이다. 그러자 상황이 어찌 되었는가. 글에 있는 대로 군인 중에 김구질회(金仇叱廻)·문회(文廻)·김도종(金都終)·한매산(韓每山)·현산(玄山)과 같은 사람은 감격하여 서로 다투어 죽을 힘을 다 내어 물을 퍼내어 거의 없어지니 배가 겨우 안전하게 되었다. 결꾼 17명 중에 적어도 5명은 최부가 이끄는 대로 마음이 돌아선 것이다.

13
표류 5일째

표류한 지 3일째, 이제는 성난 파도가 잠잠해질 때도 됐으련만 짙은 안개가 사방에 꽉 끼어 지척을 분별할 수도 없는데 저녁때가 되면서 빗발은 삼대 같았다고 최부는 표현했다. 굵은 빗발이 거침이 없으며 희멀건 모습이 하염없다는 실감이 나는 표현이다. 이 '삼대'라는 말은 이순신의 난중일기 갑오년(1594년) 5월 편에서도 "비바람이 크게 일었다. 지붕이 세 겹이나 걷혀 조각조각 높이 날아가고, 빗발은 삼대같이 내려 몸을 가리지 못하니 우습다."라 하며 나온다. 최부가 이순신보다는 앞선 시대 인물이지만, 하지만 이 말은 최부가 처음 쓴 표현이 아니다.

당나라 시성 두보의 '모옥위추풍소파가(茅屋爲秋風所破歌)'는 꽤 의미심장한 시다. 한시는 잘 모르지만, 이 시는 내 마음에도 쏙 들어 기억한 시다. 오십 줄에 간신히 어렵게 장만한 초당(草堂)이 가을바람에 부서지고 비는 내려 밤새도록 온몸이 생쥐처럼 젖는 그야말로 궁색하기 이를 데 없다는 내용의 시이다. 그 구절 중에 '牀頭屋漏無乾處(상두옥루무건처 : 지붕 새어 참상에 마른 곳 하나 없고) 雨脚如麻未斷絶(우각여마미단절 : 빗발은 삼대 같아 아직 끊어지지 않는다). 自經喪亂少睡眠(자경상란소수면: 몸소 난리를 겪어 잠마저 줄어) 長夜沾濕何由徹(장야첨습하유철: 긴 밤을 흠뻑 젖어 어떻게 밤을 지낼까).'라 하며 삼대를 묘사했다.

아무튼, 난중일기니 표해록이니 두보의 시의 설정 성황은 각기 다르지만 참혹한 상황으로서 억수같이 퍼붓는 빗발이 삼대 같다는 느낌은 매우 잘 들어맞는다 싶고 모르긴 해도 최부는 두보의 시를 꿰고 있었을 것 같다. 그런 박식함으로 그가 만약 중국에 도착이라도 한다면 궁색한 처지에서 벗어나지 않겠나 하는 생각을 나는 이 대목으로부터 처음 했다. 그런데 삼대 같은 비가 문제가 아니다. 성난 파도, 그의 표현이 또한 절박하고 실감이 난다. 어디 그의 글을 읽어 보자.

　　〈성난 파도가 산더미와 같아서, 높게 일 때는 푸른 하늘에 솟는 듯했고, 내려갈 때는 깊은 못에 들어가는 듯하여, 부딪치는 소리가 천지를 찢는 듯하니 모두 물에 빠져 썩어 문드러질 것은 경각에 달려 있었습니다.〉

　　명이 경각에 처한 이런 상황이니 살 희망은 없었다. 그래도 포기하기에는 이르다. 맞선 죽음 앞에서 마지막으로 간절히 기도를 한다. 절망적이지만 살게 해달라는 희망의 끈을 놓은 것은 아니다. 그의 간절함은 배에 우두머리로서 지극히 포용적이며 또한 필사적이다.

　　〈막금(莫金)과 권송(權松) 등은 눈물을 씻으면서 신에게 말하기를 "형세가 이미 급박해졌으니 다시 바랄 것이 없습니다. 청컨대 의복을 갈아입고 대명(大命 죽음)이 이르기를 기다리십시오." 하므로, 신도 그 말과 같이 인장(印章)과 마패(馬牌)를 품 안에 넣고 상관(喪冠)과 상복(喪服)을 갖추고는 근심스럽고 두려워하는 태도로 손을 비비고 하늘에 축원하기를 "신이 세상에 살면서 오직 충효와 우애를 마음먹었으며, 마음에는 기망(欺罔)함이 없고 몸에는 원수진 일이 없었으며, 손으론 살해함이 없었으니, 하느님이 비록 높고 높지마는 실제로 굽어살피시는 바입니다. 지금 또 임금의 명령을 받들고 갔다가 먼 곳에서 친상(親喪)을 당하여 급히 돌아가는 길인데 신에게 무슨 죄와 과실이 있는지 알지 못하겠습니다.

혹시 신에게 죄가 있으면 신의 몸에만 벌이 미치게 하면 될 것입니다. 배를 같이 탄 40여 인은 죄도 없으면서 물에 빠져 죽게 되었으니 하느님께서는 어찌 가엾지 않습니까? 하느님께서 만약 이 궁지에 빠진 사람들을 민망히 여기신다면, 바람을 거두고 파도를 그치게 하여, 신으로 하여금 세상에 다시 살아나서 신의 갓 죽은 아비를 장사지내게 하고, 노인이 된 신의 어미를 봉양하게 하십시오. 다행히 또 궁궐의 뜰 아래에 국궁(鞠躬)하게 한다면 그 후에는 비록 만 번 죽어 살지 못하더라도 신은 실로 마음에 만족하겠습니다."〉

최부가 애절하면서도 결곡하게 기도를 하니 이를 본 사람들이 가만있을 리 없다. 말을 미처 마치지 않았는데, 막금이 갑자기 최부의 몸을 안으면서 통곡을 했다.

〈"한집안의 사람들이 평생의 고락을 모두 이 몸에 의뢰하기를, 마치 열 명 장님이 1개의 지팡이에 의뢰하듯 하였는데, 지금 이 지경에 이르렀으니 한집안 사람들을 다시는 볼 수가 없습니다." 하고는, 마침내 가슴을 치고 뛰면서 슬피 통곡하니, 배리(陪吏) 이하 또한 모두 소리를 내어 슬피 울면서 손을 모아 하늘의 도움을 빌었다.〉

죽음 앞에서 간절히 기도를 올린 덕일까, 바다 표류 4일째인 윤정월 6일, 풍랑이 조금은 수그러들었다. 그 틈을 놓칠 수는 없었다. 곁꾼인 김구질회 등을 독려하여 조각이 난 돗자리를 기워서 돛을 만들고, 장대[椳竿]를 세워서 돛대를 만들고, 그전 돛대의 밑동을 잘라서 닻을 만들어 바람을 따라 서쪽을 향하여 떠내려갔다. 그런데 돌아다보니 파도 사이에 큰 물건이 눈에 띄었다. 그게 무얼까.

〈크기는 알 수가 없었지만, 그것이 물 위에 나타난 것은 기다란 행랑(行廊) 집과 같고, 거품을 뿜어 하늘을 쏘는데 물결이 뒤집히고 놀라서 움직였습니다. 사공이 배 안의 사람들에게 경계하여 손을 흔들어 말하지 못하게 하고, 배가 이미 멀리 지나간 후에 사공이 큰소리로 말하기를, "저것이 바로 고래[鯨]입니다. 큰 것은 배를 삼키고 작은 것도 배를 뒤엎을 수 있습니다. 지금 다행히 서로 만나지 않아서 우리가 다시 살아났습니다." 하였습니다. 밤이 되자 풍랑이 다시 강해지므로 배가 가는 것이 매우 빨라졌습니다.〉

이도 저도 안 된다 싶은 상황, 하느님도 믿을 수 없다 싶으면 자연스럽게 미신을 떠올리게 된다. 용왕이 보살핀다는 등 논리적이지 않으면서도 제주 사람들을 이끌던 사람이라면 이런 말을 하기는 제격이다. 바로 안의다.

〈"일찍이 들은대, 바다에 용신(龍神)이 있어 매우 욕심이 많다고 하오니, 청컨대 행장에 있는 물건을 던져서 무사하기를 빕시다."〉

유학자로서 이는 말도 안 되는 소리다. 당연 최부는 응하지 않았다. 하지만 배 안의 사람들은 동요하고 이에 동조했다.

〈"사람은 자기 몸이 있은 뒤에야 이런 물건이 있게 되는 것이니, 이런 물건들은 모두 자기 몸 밖의 물건이다." 하고 서로 다투어 염색한 의복과 군기(軍器)·철기(鐵器)·구량(口糧 사람 수효대로 내어 주는 양식) 등 물건을 찾아내어 바다에 던졌으나, 신 역시 능히 금하지 못했습니다.〉

그리고 표류 5일째 지칠 대로 지친 최부 일행인데 날은 전혀 도와 줄 기미가 없다. 쥐어짜듯 별 생각을 다하는 최부, 어쨌든 살아야 하고 그러기 위해서는 희망의 끈을 놓아서는 안 된다는 것을 그는 누구보다 잘 알았다. 막 다른 절박함에서는 경험도 소용없고 지식과 지혜로 비로소 돌파구를 얻는다는 엄연한 사실, 생각하는 인간이기 때문이다. 그는 물결은 용솟음쳤지만 바다빛깔이 흰 것을 보고는 희망의 불씨를 살리려고 안간힘이다.

〈정의 현감(旌義縣監) 채윤혜(蔡允惠)가 전에 말하기를, "제주의 부로(父老)들 말에, '갠 날 한라산 꼭대기에 오르면 서남쪽 멀리 떨어진 지역의 바다 밖에 백사정(白沙汀) 일대가 있는 것처럼 멀리 바라보인다.'고 합니다." 하였는데, 지금 보건대 흰 모래가 아니라 이 흰 바다를 바라보고 한 말이었습니다. 신은 권산(權山) 등에게 말하기를,

"고려 때 너희 제주(濟州)가 원(元) 나라에 조공(朝貢)할 적에는 명월포(明月浦)에서 순풍을 만나 바른길[直路]을 얻어서 7주야(晝夜) 동안에 흰 바다를 지나 큰 바다를 건넜었는데, 지금 우리는 바다에 표류하고 있으니 바른길과 둘러 가는 길[散路]을 알 수가 없다. 다행히 흰 바다 가운데 들어갈 수만 있다면 아마 중국의 지경도 반드시 가까울 것이다. 만약 중국에 정박할 수 있다면 중국은 우리 부모의 나라다.

이런 때를 당하여 우리를 살리고 우리를 죽이는 것도 모두 하늘이 하는 일이며, 바람이 순조롭게 불고 거슬러 부는 것은 하늘이 실제 주장하고 있는데, 지금 동풍이 변함없이 이미 여러 날을 지나고 있으니, 아마도 하늘이 반드시 우리를 살릴 마음이 있는 듯하다. 그대들은 각기 사람이 당연히 해야 할 일을 힘써서 하늘의 명령을 들어야 한다."〉

벌써 이러기를 몇 번이던가. 권산은 키를 그대로 잡고 배가 서쪽으로 향하였지만 아무리 애써도 사나운 물결이 부딪쳐 솟구치

고 또 봉옥으로 밀려들어 사람의 얼굴을 덮쳐버리니 모두 눈을 뜰 수도 없었다. 나아지지 않고 거푸 목전에 죽음을 반복하니 만신창이가 된 처지로 이제는 할 만큼 버텼다고 다들 생각을 했던 것 같다. 이제는 온순히 죽음을 받아들이자는 심정으로 최부마저도 홑이불을 찢어서 몸에 몇 겹을 감아 배 가운데 빗장나무에 묶어 매어 죽은 후에 시체와 배[舟]가 오래도록 서로 떨어지지 않도록 하였다.

이를 보자 막금(莫金)과 최거이산(崔巨伊山)도 모두 큰소리를 내어 울면서 최부의 몸뚱이를 나란히 안고는 "죽더라도 함께 죽읍시다." 하였고 급기야 안의(安義)는 큰소리로 울면서 짠 바닷물을 마시고 죽기보다는 차라리 스스로 목숨을 끊는 편이 낫겠다고 하면서 활시위로 자기의 목을 매어 죽으려고 하였다. 그러자 호송군인 김속(金粟)이 이를 구원하여 죽지 않았다.

나는 이 대목을 읽으면서 비록 한 올의 희망의 실마리도 보이지 않지만, 결코 쉬이 포기하지는 않을 것이라고 생각했다. 사선을 넘은 사람들은 그야말로 독밖에 남은 것이 없으며 그들은 무엇보다도 그사이 혼연일체 하나가 되었다. 죽어도 같이 죽겠다며 모두를 서로 아끼는데 신인들 감복을 안 하랴. 내가 그 생각이 들었듯 최부 또한 그런 생각이 들었는지 홑이불까지 끌어당긴 사람의 그다음 행동이 놀랍도록 생경하다. 그들의 표류 일지는 이제 사선을 넘어 진 행군 한다. 사선을 넘나드는 시련은 계속되지만 사뭇 살가워진 그들의 여정을 어디 기대해 보자.

14
표류 후 처음으로 섬에 닿았다

최부는 마치 신이라도 들린 듯 홀연히 일어서 영선과 사공 등을 큰소리로 불렀다. 이는 단순히 묻는 표현이 아니다. 생사의 갈림길에서 생을 향한 몸부림이며 의도적인 안간힘을 다한 의지의 외침이다.

〈"배가 부서졌는가?" 하니, 대답하기를 "아닙니다." "키를 잃었는가?" "아닙니다." 하므로 즉시 최거이산을 돌아보고 말하기를 "파도가 비록 험악하고 사세가 비록 급박하지마는 배는 실로 튼튼하여 쉽사리 부서지지는 않을 것이니, 만약 능히 물을 퍼내어 거의 없앤다면 살아날 수가 있을 것이다. 너는 실로 신체가 건강하니 네가 또 가서 맨 먼저 물을 퍼내도록 하라."〉

그러자 그들의 행동 또한 종전과는 다르다. 최거이산이 곧 명령하여 물을 퍼내려고 하였으나 물 푸는 그릇이 이미 모두 부서졌으므로 큰소리로 물 푸는 그릇이 없다고 했다. 그러자 활로 죽겠다는 안의(安義)가 즉시 칼로 소고(小鼓)의 면(面)을 찢어 버리고는 이를 그릇으로 만들어 최거이산에게 주었다. 그러자 최거이산은 진무인 이효지(李孝枝)·관노 권송(權松)·곁꾼 김도종(金都終)·곁꾼 현산(玄山) 등과 함께 힘을 다하여 물을 퍼내었다. 그렇게 퍼냈는데도 물이 얼마나 들이찼는지 한 무릎길이의 물이 남았다.
그러자 이번에는 일이 서툴다 할 아전 출신들인 정보(程保)·이정(李楨)·김중(金重) 등이 물을 퍼내기도 하고, 혹은 군인 김구질회(金仇叱廻) 등 7~8명을 서서 독려하여 서로 잇달아 물을 퍼내어 드디어 배가 부서져 침몰당하지 않았다. 처음은 남의 탓하기가 바쁘고 뭍에서 온 사람과 신분이 차별하여 합심은커녕 막판 막가자며 이전투구가 될까 걱정도 되었는데 죽어도 같이 죽자하더니 이렇게 달라진 것이다. 모두가 발가벗겨진 천연의 상황에서 리더의 역할이 어떤 것인지 새삼 달리 느끼게 된다. 그렇다 해도 6일째 표류는 계속되었다. 배는 뒤로 떠밀려 동남쪽으로 한없이 밀려드는 상황, 영선 권산과 사공 고면, 곁꾼 이복에게 최부가 말을 했다.

〈"너희들은 키를 잡아 배를 바로잡고 있으니 방향을 몰라서는 안 된다. 내가 일찍이 지도를 열람해 보니, 우리나라 흑산도에서 동북쪽을 향하여 가면 곧 우리나라 충청도와 황해도의 경계이며 정북방은 곧 평안도와 중국의 요동(遼東) 등처요, 서북방은 곧 옛 우공(禹貢:《서경》의 편명)에 나타나는 청주(靑州)와 연주(兗州)의 경계며, 정서방은 곧 서주(徐州)와 양주(揚州)의 지역이다.

송나라 때 고려와 교통할 적에 명주(明州)에서 바다를 건너왔으니, 명주는 곧 대강(大江: 양자강) 이남의 땅이며, 그 서남방은 곧 옛날의 민(閩) 지방으로서 지금의 복건로(福建路)요, 서남방을 향하여 조금 남쪽으로 가다가 서쪽으로 가면 곧 섬라(暹羅)1·점성(占城)2·만라가(滿剌加)3 등의 나라요, 정남방은 곧 대유구국(大琉球國)·소유구국(小琉球國)이요, 정남방으로 가다가 동쪽으로 가면 곧 여인국(女人國)4과 일기도(一岐島)요, 정동방은 곧 일본국과 대마주(對馬州)다. 지금 배가 풍랑에 표류된 지 5주야(晝夜)에 서쪽을 향하여 가는데, 생각에는 거의 중국의 땅에 도착되었을 것이라 여겨지는데, 불행하게도 또 이 서북풍을 만나서 동남방으로 거슬러 가게 되니, 만약 유구(琉球 류큐: 현재 일본의 최남단에 있는 오키나와의 옛 이름)국과 여인국에 도착하지 않는다면 반드시 천해(天海) 밖으로 흘러나가서, 위로 은하수에 닿게 되어 가이 없는 곳에 이르게 될 것이니 어떻게 되겠는가? 너희들은 내 말을 기억하고서 키를 바로잡고 가야만 한다."〉

최부는 그들의 마음의 키를 잡기도 잘 잡고 다스렸지만, 항로에 대한 식견도 놀랍기 그지없다. 뱃사람들에게 전문적인 지식을 말하며 가야 할 지표를 말하고 있다. 어차피 동남쪽으로 가는 길 그렇다면 어딘지 모를 천해(태평양)로는 가지 말고 중국의 땅에 거의 온 것 같으니 키를 잘 잡으라는 말이 아닌가. 표류 7일째, 배도 이제는 지쳤는지 배의 꼬리인 양두, 키의 꼬리 부분인 풍초, 뱃전의 널빤지 비우의 세 판자가 흔들거리며 부러지려 하고 저절로 파선이 되려는 조짐이 나타났다. 그러자 곁꾼 근보, 사공 고면, 영선 상리가 닻줄을 끊어 뱃머리와 선미를 얽어매고 나무를 깎아 보수를 하였다. 그러면서 그들은 하염없이 울음을 흘렸다. 배에 정성을 다하지만은 굶주림과 목마름이 열흘에 가까우니 눈에는 보이는 것이 없고 손발은 마비되어 몸을 가누지 못해 힘을 다 쓸 수가 없다는 것이다. 그렇기도 할 것인데 때마침 갈매기가 떼를 지어 날아갔다. 뱃사람들이 이를 바라보고는 기뻐하면서 곧 섬 모래톱이 멀지 않을 것이라고 말들을 했다. 사실일지 모른다. 하지만 최부는 달리 말을 했다.

〈바다 갈매기는 바다 가운데 떼를 지었다가 항상 3월에 바람이 불어야 모래톱으로 날아온다. 지금은 정월이니 오히려 큰 바다 한가운데 있을 때를 말하는 것이다.〉

나는 이 말은 최부의 의도된 표현으로 보고 있다. 너무도 지친 나머지 이를 철석같이 믿다가 낭패를 보면 지금까지 공들여 마음을 추스른 것이 허사가 되기 때문이다. 그의 그다음 말이 이를 짐작하게 해준다. 그 말이 끝나기가 무섭게 바다 가마우지 몇 쌍이 날아가는 것이 보였으므로 최부 또한 어쩌면 섬이 가까이 있을지도 모른다는 생각이 들기는 들었다고 했다.

그리고 정오에 남쪽을 바라보니 구름이 진을 치듯 퍼져있다. 어렴풋이 산 모양 같은 것이 보였으며 또 인가에서 불 때는 연기 같은 것이 있었으므로 유구국 땅으로 여겨 정박하려 하였지만 배는 바람 탓에 서쪽으로 밀려가기만 했다. 표류 8일째, 이제는 굶주림과 목마름에 더는 버티지를 못하였다. 식수를 출발할 때 거룻배에 싣고 꽁무니에 따르게 했는데 모조리 사라지고 만 것이 원인이다. 밥은커녕 물 한 모금이 아쉬울 때 관노인 권송이 아이디어를 냈다.

〈배 안의 사람들 가운데는 황감(밀감의 종류)과 청주를 가져오기도 했는데 마구 먹어서 남은 것이 별로 없습니다. 청컨대 이를 한데 모아 배 위의 창고에 운반하여 저장했다가 목마름을 풀도록 하시기 바랍니다.〉

이를 따라 최부는 바로 거이산에게 명하여 황감 50여 개와 술 두 동이를 얻었다. 그리고 손효자에게 명을 내렸다.
〈배를 함께 탔으면 호인(북쪽 사람)과 월인(남쪽 사람)도 한마음일 터인데 하물며 우리는 모두가 한나라 사람으로서 정은 골육지친(부모와 자식처럼 지극히 가까운 사이)과 같으니 살아도 같이 살고 죽어도 같이 죽어야 한다. 이 감과 술은 한 방울이 천금과 같다. 네가 이를 맡아서 함부로 쓰지 말고 배에 탄 사람의 절박한 목마름을 풀어주는 것이 좋겠다.〉

최부가 독차지나 관리 하는 것도 아니고 자율적으로 서로들 상황을 보며 챙겨주라는 말이었고 또 그들은 아무 군소리 없이 잘 따랐다. 하지만 며칠이 지나자 황감과 술이 모두 없어져 버렸다. 그러자 어떤 사람은 마른 쌀을 잘게 씹고 제 오줌을 받아 마셨다. 하지만 오줌마저 없어지고 가슴속이 건조해져 목소리가 나오지 않아 거의 죽을 지경에 이르고 말았다. 그런데 때마침 비가 내리니 손으로 봉옥의 처마를 들고 거기에 떨어지는 물방울을 받기도 하고 모자를 그릇 삼아 모으기도 하고 돗자리를 구부려 뿌려지는 빗물을 받기도 하면서 한 잔 물이라도 기어코 얻어서 혀로 핥았다. 그러자 안의가 모처럼 제대로 된 아이디어를 냈다.

〈옷에 비를 적셔 이를 짜서 마신다면 얻는 바가 실로 많을 터이지만 뱃사람의 옷은 모두 바닷물에 젖어 비록 비에 적셔 짜내더라도 마실 수가 없으니 어쩌하겠습니까.〉

그 말을 듣자 최부는 옳다 싶어 자기 옷을 모조리 끄집어내어 최거이산에게 비에 적신 뒤 이를 짜게 하니 거의 몇 병이 나왔다. 요즘 플라스틱이 너무 흔해 그릇 취급도 안 하는데 새삼 그 쓰임이 귀하다 싶어지는 대목이다. 비록 곤경에 처한 그들이지만 그들의 혼연일체로 나누는 모습이 눈에 삼삼하게 보이는 듯 향기롭고 따사롭게만 느껴진다. 최부는 김중으로 하여금 숟가락으로 이를 나누어 마시게 하였는데 김중이 숟가락을 집어 들면 배 안 사람들이 입을 벌리기를 마치 제비 새끼가 먹이를 먹여주기를 바라는 듯하였다고 최부는 적고 있다. 이때부터 비로소 혀를 움직이고 숨을 쉴 수가 있어 조금 살고자 하는 마음이 생겼다고 하니 기아에 갈증으로 거의 아사 상태였을 테다.

표류 9일째, 드디어 새벽에 한 섬에 도착한다. 하지만 석벽이 우뚝 솟아 배를 댈 수가 없었을 뿐 아니라 곤두박질쳐 하마터면 배가 부서질 뻔하였다. 겨우 영선인 권선이 죽을힘을 다하여 배를 빼내어 화는 면했다. 그날 저녁에 또 다른 섬에 다다랐는데 이 또한 바위가 깎아지른 듯하여 배를 댈 수가 없었다. 곁꾼인 이복이 옷을 벗고는 물속으로 들어가 배를 끌고 헤엄을 쳐 섬 기슭에 붙들어 매었다. 그러자 누구라 할 것 없이 발을 구르고 환호성을 지르며 기뻐하였다. 나도 그 광경을 목도하는 듯 기쁨이 차오른다. 그들은 시냇물을 찾아 손으로 움켜 달콤한 물을 마시고는 물을 지고 와서 밥을 짓고자 했다. 그러자 최부는 밥을 갑자기 먹으면 반드시 죽게 된다고 말하여 미음을 지어 죽을 먹도록 했다.

　인간은 본능처럼 삶을 안다. 하멜 일행이 제주도에 불시착하여 처음으로 그들이 조선인으로부터 얻은 것은 불이었다. 나중 조선인들이 알아서 처음으로 챙겨준 것은 다름 아닌 죽이었다. 하멜은 그들이 왜 죽을 준 것인지 바로 감지하였다. 아마 그들은 조선의 따뜻한 정을 느꼈을 것이다. 속이 비면 죽을 먹어야 한다는 것은 조선인들에게는 상식과도 같은 일이었다. 드디어 살 구멍이 생겨난 모양이다. 그런데 그들은 나로서는 이해가 안 가는 이야기인데 섬에는 바람을 피할 곳이 없었으므로 밤에 배를 풀어 떠났다고 적고 있다. 원기를 회복하고 떠나면 좋으련만 그들은 이내 출발을 했다. 과연 또 그들의 행방은 어쩌려나. 나름 자신감을 어느 정도 회복하였는지도 모를 일이다.

15
대당 영파부에서 만난 해적

그들은 윤1월 12일 외딴 섬에서 잠시 쉬다가 떠났는데 해질 무렵 큰 섬에 이르렀다. 내심 뭍에 가까워졌다 여겨 한시름 놓은 상태였을 것이다. 지긋지긋한 표류로부터 해방이라는 단꿈이 연상되자 바람도 막지 못하는 곳에서 더 이상은 지체할 수 없었으며 한시도 늦출 수는 없었을 것이다. 섬에 다다르자 중선(中船) 두 척이 최부의 배 쪽으로 다가왔다. 환호와 두려움이 교차하는 순간, 정보는 상황이 심상치 않음을 직감하고 최부에게 사모(紗帽)와 단령(團領)을 착용해 낯선 이들에게 관인의 위의(威儀)를 보이라고 말을 했다. 그러나 최부는 천리를 어기고 거짓을 행할 수 없다며 상복 벗기를 거부했다. 그곳에서 만난 낯선 이들의 모습을 최부는 다음과 같이 묘사하였다.

〈한배에 약 10명이 타고 있었는데 사람마다 모두 검은 솜바지를 입고 짚신을 신었으며 수건으로 머리를 동여맨 사람이 있었고 대나무 잎으로 만든 삿갓과 종려 껍질로 만든 도롱이를 입은 사람도 있었는데 요란스럽게 떠드는 소리가 모두 중국말이었습니다. 신은 그들이 중국사람인 줄 짐작하고.(윤1월 12일)〉

생김새만으로 추측하기엔 이르지만, 그들이 수상한 사람임은 틀림없었다. 최부는 종이에 글을 써 자신의 신분을 밝혔고 "이곳이 어느 나라 고을의 땅인지 모르겠소." 하고 물었다. 그 사람은 "이곳은 대당국 절강성 영파부 지방이오."라고 하고 또 말하기를 "본국으로 돌아가려면 대당으로 가는 곳이 좋소."라고 하였다. 정보가 손으로 먹을 것을 의미하는 행동을 하자 그 사람들은 먹을 물 두 통을 가지고 와서 주고는 특별한 해를 끼치지 않고 일단은 물러갔다.

배를 안쪽으로 더 몰고 가니 또 다른 배 한 척이 나타났다. 그들의 의복과 말소리도 앞서 보았던 자들과 같았다. 최부가 그들 중 한 명에게 또다시 지명을 묻자 "이곳은 대당 영파부의 하산이오." 하여 성명을 물으니 "대당의 임대"라고 대답하였다. 그리고 임대는 "만약 당신들이 대당으로 간다면 데리고 갈 터이니 보화가 있으면 내게 주시오."라고 말하며 물질을 요구했다. 최부는 "나는 봉명사신(임금의 명을 받고 파견된 사신)이지 장사하는 무리가 아니며 또 바다에 표류하여 물에 떴다 가라앉았다 한 뒤인데 어떻게 보화가 있겠소."라고 말하며 쌀만 덜어주었다. 그들은 고맙게도 배를 댈만한 곳을 알려주었다. 그것이 깊숙이 그들이 의도하는 대로 이끌려가는 것이라는 사실을 최부 일행은 그때까지만 해도 전혀 의식을 못했다. 그러나 임대 일행은 밤이 되자 무리를 거느리고 들이닥쳤다. 바로 해적이었다.

내가 해적이라고 말하였지만 어쩌면 다들 무감하거나 그리 놀라지 않을 것만 같다. 우리는 평소 특히 젊은 층들은 판타지 물을 너무 좋아한다. 각박한 삶에서 벗어나는 일탈의 효과로서 이를 따를 장르는 없기 때문이다. 말 그대로 판타스틱하다. 마법을 부리고 시공을 넘고 초월하다 보니 자신이 평범한 존재가 아니었다는 출생의 비밀 등등 누구나 한 번쯤은 꿈꿔볼 만한 환상이 아닌가. 그런데 판타지물 말고도 우리가 좋아하는 장르가 또 있다. 바로 해적물이다. 심심할 만하면 나타나 우리를 즐겁게 한다.

해적은 말 그대로 나쁜 녀석들이다. 남의 물건을 가로채고 무고한 사람들을 인질로 잡고 흉악한 짓은 도맡아 하는. 그런데 영 그러한 생각이 들지 않는 것은 영상에 중독이 되어서다. 캐리비언 해적인가가 워낙 유쾌한 모습으로 등장하여 가볍게 웃어버리는 잔상을 너무 짙게 남겨 놓았다. 얼마 전에 등장한 우리나라 영화도 한몫을 더 했다. 영화 제목이 '해적-바다로 간 산적'인데 그 밑에 '나쁜 놈은 죽는다.'라는 말까지 매달았음에도 히죽히죽 웃고 즐길 뿐 거의 안 죽었다. 거기에 우리나라 조폭들은 또 어떤가. 정다운 한 인간으로서 의리의 형제로 둔갑을 시켜 여전히 그 중독에서 빠져나오지 못하게 하였다. 우리가 잘 아는 하록 애꾸눈 선장을 그린 만화영화. 그는 독재에 맞서고 부패한 부자들을 증오하고 지구를 위해 싸운 정의의 사도였으니 정녕 해적은 아니다.

내가 굳이 판타지를 들먹이는 것은 최부의 사실성에 대해 말하고 싶어서다. 그의 세밀한 관찰력과 기억에서 나오는 당시의 상황은 살벌하기 이를 데 없다. 분명 말하지만, 조폭이나 해적은 잔인하고 극악무도한 놈들이다. 결코, 캐리비언의 해적을 연상해서는 안 된다. 나는 그래서 허무맹랑한 판타지보다는 사실적인 수필이 그저 좋다. 사실을 말하고 밝히기도 힘든데 무슨 애꿎은 환상인가.

도적들은 최부 일행의 배를 샅샅이 뒤져 의류와 양식을 모두 빼앗아갔고 최부가 가지고 있던 인신과 마패까지 빼앗으려 했다. 해적의 괴수는 글로 써 보이기를 "나는 관음불이라 네 마음을 뚫어본다. 네가 금은을 가지고 있으니 찾아보겠다."라 하며 때아닌 관심법까지 선보이며 샅샅이 훑어 보자기 속에 있는 의류와 양식을 거두어 그들이 남긴 것은 바닷물에 흠뻑 젖은 옷과 여러 종류의 서책뿐이었다. 최부는 훗날 착각하여 망각할 것 같아서인지 글에 이 말을 남겨두었다. 해적 가운데 애꾸눈인 자가 특히 악독하였다. 듣고 보니 해적들은 애꾸눈이 많기도 하다. 그러니 앞으로는 판타지나 동화에서 등장했던 애꾸눈 선장에 대한 괜한 연정을 갖지 않기를 바란다. 정보가 그들의 행태를 보고 최부에게 그들이 처음에는 얌전했는데 형세가 약한 것을 보고 날강도로 변하였으니 사생결단을 내자고 하였다. 그때 최부는 이렇게 말했다.

〈"우리 일행이 굶주리고 목말라 거의 죽게 된 것이라 그들이 이러한 형세를 이용해서 마음대로 하는 것이다. 우리가 그들과 싸운다면 모두 죽게 될 것이다. 행장을 모조리 주고 목숨만 살려달라고 비는 것만 못하다."〉

이는 비굴한 것이 아니다. 현명한 처사로 중심을 잘 잡고 참고 견디는 그다. 심지어 그들은 배 안으로 들어와 최부와 일행들을 묶어놓고 매질을 하기 시작했다. 먼저 정보의 웃옷과 바지를 벗기어 묶어놓고 매질을 하였다. 그다음 칼로 최부의 옷고름을 끊고 옷을 벗겨서 알몸을 만든 뒤 손을 뒤로 젖히고 무릎을 굽혀 결박하더니 몽둥이를 가지고 왼팔을 일고여덟 차례 때리고 난 뒤에 말하기를 "네가 만약 목숨이 아깝다면 얼른 금을 내놓아라"라고 하였다. 최부는 큰소리로 부르짖으며 "몸뚱이가 문드러지고 뼈가 가루가 될지라도 어디에서 금은을 가져온단 말인가"라고 하였다.
해적은 신의 말을 알아듣지 못하였으므로 최부의 결박을 풀어주고는 그 의미를 글로 쓰게 하였다. 즉시 썼더니 해적의 괴수는 노하여 눈을 부릅뜨고 입을 벌린 채 정보를 가리키면서 큰소리를 지르고 최부를 가리키면서 큰소리를 지르고 나서 곧 머리채를 끌어당겨 도로 묶어 거꾸로 매달고는 칼을 메고 목을 베려고 하였다. 하지만 칼을 마침 오른쪽 어깨로 잘못 내렸고 칼날이 뒤집혀져 있었다. 다시 칼을 메고 목을 베려고 할 때 한 해적이 와서 칼을 멘 자의 팔을 잡아 이를 저지시켰다. 해적의 무리가 한꺼번에 소리를 질러 크게 떠들어댔지만 뭐라고 하는지 알지 못할 정도로 아득하기만 했다. 실로 목숨이 경각에 달려 있는 상황, 이렇게 위급할 때 누가 진정한 친구인지 자연 알게 된다.

이때에 뱃사람들은 두려워 제정신을 잃고 쥐새끼처럼 구석구석 숨어버렸는데 김중과 최거이산 등만은 손을 모아 절하고 꿇어앉아서 최부의 목숨을 살려주기를 청하였다. 조금 후에 해적의 괴수가 최부의 몸뚱이를 짓밟고 뱃사람들을 공갈·협박하고는 그 무리를 이끌고 나가면서 배의 닻, 노 등 여러 가지 기구를 끊어 바다에 던져버렸다. 바다 한가운데 떠밀려 표류를 하다가 생을 마감하라는 잔인한 행위를 끝까지 서슴치 않는 해적이다. 이것이 바로 해적의 본성이고 극악무도한 자들의 행태다.

살살 꼬드겨 섬 안으로 끌어들여서는 친절한 척하더니만 졸지에 칼로 옷고름을 끊고 옷을 벗겨서 알몸을 만든 뒤 손을 뒤로 젖히고 무릎을 굽혀 결박하고 몽둥이로 왼팔을 일고여덟 차례 때렸다'는 최부의 상세한 서술은 당시 최부의 상황이 급작스럽고 얼마나 굴욕적이었는지 긴장감만큼 쉽게 떠올려진다. 그런데 정작 앞으로 문제는 해적이 아니다. 다시 바다 한가운데 떠 있으니 생사를 또 가늠해야 하는 상황이 아닌가.

문제는 그들의 마음이다. 나는 어렵게 정갈해진 그들의 마음이 흐트러질까 봐 실로 염려된다. 절대적인 빈곤에서는 모두 합심일체로 난관을 극복하였지만, 해적을 만나 목숨만을 부지한 채 모든 것을 다 상실했으니 원점으로 회귀하는 허망함에 상대적인 회의감은 극심한 지경에 이를 공산이 크다. 누구든 어렵게 얻은 희망이 다시 좌초될 때는 보다 큰 상실감이 자리하여 전보다도 헤쳐 나가기가 더 힘들다.

무릇 인간들이 다 그렇지 않은가. 이럴 때 우리는 '수포로 돌아가다.'라는 표현을 쓴다. 수포(水泡)'는 '물거품'이라는 뜻이다. 소나기가 내리거나 파도가 칠 때 물거품이 생겼다가 이내 사라지고 다시 생겼다 사라지기를 반복한다. 덧없고 실체가 없는 존재를 물거품에 비유하는 까닭이 여기에 있다. '수포로 돌아가다.'란 의미의 사자성어로 전공진기(前功盡棄:지금까지의 공로가 수포로 돌아감)을 뜻하는 말이 있다. 유사한 표현으로 공휴일궤(功虧一簣: 거의 다된 일을 막판의 실수(失手)로 그르침) 이라는 말도 쓴다.

음미해보면 이 경우는 전공진기가 더 적합한 표현이다. 하지만 최부의 입장에서는 수포로 돌아간다 하여도 부제동류(付諸東流: 동쪽의 흐름에 던진다) 의 표현이었으면 할 것이다.

송(宋) 왕조가 들어설 무렵 지금의 중국 남쪽에서 남당(南唐)의 왕실을 끌어갔던 이욱(李煜)은 천재적인 문인에 가까운 사람이었다. 그가 송 태조 조광윤에게 잡혀 포로로 북녘에 끌려왔을 때 지은 사(詞)의 말미도 그렇게 맺어진다. "묻노니, 시름은 얼마나 되오? 마치 온 강 봄물이 동으로 흐르는 듯 하오(問君能有幾多愁, 恰似一江春水向東流)(지영재 편역 『중국시가선』)"

불어난 봄물이 강을 가득 채운 채 동쪽으로 흐른다. 슬픔과 회한이 가늠할 수 없을 정도로 크다는 표현이다. 그 비유가 크면서도 아름다워 사람들은 무릎을 치는 명구로 받아들이고 있다. 비록 수포로 돌아갔지만 그동안의 노력은 헛된 것이 아니기에 그야말로 마음에 기억될 추억이었다는 의미로서 최부는 말하고 싶을 것이다. 최부의 표해록은 벌거벗은 상태에서의 인간들의 심리상태를 적나라하게 그대로 보여주고 있다. 어디 그 안으로 들어가 보자.

* 그들은 관습적으로 우리가 우리를 '고려'라고 하듯이 명나라를 옛 이름을 그대로 유지하여 대당이라고 불렀다. *

16
선비는 표리부동하지 않는다

윤1월 13일, 이날은 흐리고 서북풍이 크게 일어 다시 끝없는 바다에 흘러 들어갔다. 배는 바다 한가운데 있는데 최악의 상태로 치닫고 있다. 소장하였던 유의(襦衣: 동옷, 종이를 넣어 만든 것으로 병사들이 입는 옷)는 모두 도적에게 잃었고, 구멍 난 옷은 오래도록 바닷물에 절었는데 하늘이 항상 흐려서 말릴 수 없었기 때문에 거의 동사(凍死)할 지경이었다. 배에는 식량을 실었으나 도적에게 모두 빼앗기게 되어 굶어 죽을 때도 다가왔다. 배의 닻과 노는 도적들이 바다에 던졌고 임시로 만든 돛은 바람에 파손되어, 다만 바람 따라 동서로 왔다 갔다 하고 물결 따라 흘러 다녔기에 초공은 힘을 쓸 수 없어 침몰의 시간 또한 다가왔다. 배의 사람들은 모두 목이 메어 목소리를 낼 수 없었고 앉아서 죽음을 기다렸다. (이)효지가 최부에게 말했다.

〈"우리들의 죽음은 당연한 일이지만, 경차관의 죽음은 애통할 뿐입니다"〉

이에 최부는 "어찌 죽음을 당연한 일이라고 말을 하는 것이냐." 하며 말도 안 되는 소리라고 했다. 그러자 이효지가 말을 또 받았다.

〈"우리 제주는 멀리 큰 바다 가운데 있으며 수로가 900여 리입니다. 파도를 다른 바다와 비교하면 매우 험악하여, 공선(貢船)과 상선의 왕래가 끊어지지 않지만, 표류 침몰하는 것이 열 중에 다섯 여섯이어서, 제주 사람들은 먼저 죽지 않으면 반드시 나중에 죽습니다. 그러므로 제주에서 남자의 무덤은 아주 적고, 민간에서는 여자가 남자보다 3배가 많습니다. 부모가 딸을 낳으면 반드시 "이 아이는 나에게 효도할 놈이다."라고 말하고, 아들을 낳으면 모두가 말하기를 "이 아이는 내 아이가 아니라 생각하며 곧 고래와 악어의 먹이이다"라고 합니다. 여다남소(女多男少), 우리들이 죽는 것은 하루살이의 목숨과 같아서 비록 평상시에 살아있더라도 또한 어떻게 (자신들의) 방안에서 죽겠다는 마음을 갖겠습니까? 다만 조신(朝臣)의 왕래에는 바람을 기다리도록 권유하고, 선박은 빠르고 튼튼한 까닭으로 풍파에 죽는 자가 예로부터 적습니다. 우연히도 지금 경차관의 몸인데도 하늘이 돕지 않아서 (앞으로를) 알 수 없는 지경에 이르렀으니, 이에 통곡할 따름입니다."〉

우리가 잘 아는 제주도의 삼다, 그중 둘이 이효지 말에서 나왔다. 바람, 여자. 남은 하나는 당연히 돌이다. 제주도는 다 알다시피 화산섬이다 보니 용암이 굳어져 생긴 돌들이 많고 오랜 세월 풍우에 깎여 아름다운 모습으로 변한 돌, 바위가 많다. 한라산의 500장군상, 적게는 1m에서 크게는 40m에 이르는 커다란 기둥들을 깎아 세운 듯한 지삿개(주상절리), 용두암 등의 해안 기암절벽, 거대한 동굴, 집마다 바람막이로 쌓은 돌담, 가는 곳마다 장식된 돌하르방, 또 길거리에 나뒹그는 돌까지도 아름다움을 자랑한다.

바다에 나가면 죽는 확률이 높은 아픈 사연으로 제주도는 오랜 세월 여자들이 생활의 중심에 있었다. 제주도 여인 중에서도 해녀라고 불리는 이분들은 젊은 날부터 바다에 나가 생활하면서 강한 생활력을 길러 왔다. 그런 제주도에는 요즘도 그런지는 모르겠지만 세 가지가 없다고 했다. 도둑이 없고 그러다 보니 대문이 필요 없고 거지가 없다.

"감수광 감수광, 나 어떡할렝 감수광 설릉사랑(가십니까 가십니까 나는 어떡하라고 가십니까 서러운 사람이…)"

혜은이가 부른 감수광 노래 첫머리인데 바다에 나가 죽는 사람들 이야기를 생각하며 읽으니 느낌이 다르다. 제주도에는 말끝이 생략되고 'ㅇ'으로 끝나는 말들이 많다. 제주도에 바람이 많아, 조금 떨어진 곳에서 상대방의 말이 잘 안 들려 큰 목소리로 간단하게 말하는 습관이 오랜 세월을 지나다 보니 그렇게 굳어진 제주도 사투리라고 한다. 그리고 보면 환경은 인간에게 지대한 영향을 미치며 이에 또 인간들은 적응하고 순응하며 산다. 제주도의 삼다가 바로 그 산 증거다. 그런데 앞서 말했지만 흐트러진 마음이 더 큰 문제다. 겨우 마음을 다잡고 이곳에 이르렀는데 도로 아미타불이 되고 말았다. 환경이 삶에 영향을 미친다지만 그보다 더 한 것은 무엇보다 받아들이는 사람의 마음의 상태다. 실제 도로 아미타불의 어원이 만들어진 상황과도 똑같은 상황이 연출된 것이다.

윤1월 14일 신시(申時, 오후 4시) 경, 한 섬으로 흘러 들어갔는데, 동서 남쪽의 삼면이 트여 끝이 보이지 않았지만, 다만 북풍만은 피할 수 있었다. 그러나 살펴보니 닻이 없는 것이 근심이 되었다. 처음에 제주에서 출발할 때에 배가 매우 컸지만 실은 물건이 없어 돌덩이를 배에 실어 흔들리지 않게 하였다. 이에 상리 등이 새끼를 꼬아 그 돌 4개를 같이 묶어서 임시 닻으로 삼아 정박할 수 있었다. 그때 안의와 군인들이 서로 말을 하는데 아예 최부가 들으라고 큰 소리로 말을 했다.

〈"이번 행차가 표류하여 죽음에 이르게 될 이유를 나는 안다. 자고로 무릇 제주에 가고자 하는 자는 모두 광주 무등산사(無等山祠)와 나주 금성산사(金城山祠)에서 항해안녕기원제사(航海安寧祈願祭祀)를 올리고, 제주에서 육지로 나아가는 자는 또한 광양(廣壤)·차귀(遮歸)·천외(川外)·초춘(楚春) 등의 신사(神祠)에서 제사를 지낸 후에 주행한다. 그로 인해 신의 도움을 받아서 큰 바다를 쉽게 건넌다. 지금 이 경차관은 특히 큰 소리로 제사 지내는 것을 그릇되었다고 하고, 올 때에 무등·금성산의 신사에서, 갈 때에도 광양 등의 여러 신사에서 제사를 지내지 않았으니, 신을 업신여겨 공경하지 않아서 신도 불쌍히 여기지 않고 이 지경에 이르게 하였다. 그러니 누구의 잘못인가?"〉

몇 명이 벌써 마음이 흔들리는 조짐을 보인다. 보이는 정도가 아니라 아예 선동을 한다. 이에 군인들이 화답하여 모두 최부의 허물이라고 하였다. 사태가 심상치가 않다. 그래도 관노인 권송이 편을 든다.

〈"그렇지 않다. 전에 이곳의 정의 현감 이 섬은 사흘 동안 치재하여 광양 등의 신에게 정성으로 제사하였으나, 또한 표류하여 거의 죽을 뻔하였다가 다시 살아날 수 있었다. 그리고 경차관 권경우(權景祐)는 제사를 드리지 않았는데도 오히려 또한 왕래가 순조로워 조그만 근심도 없었다. 그렇다면 바다를 건널 것인가 하는 것은 바람을 기다릴 것인가 하는 문제에 있을 뿐이다. 어찌 신에 제사를 지내고 지내지 않는 것에 관계가 있겠는가?"〉

최부가 여기서 밀리면 안 된다. 최부가 그들을 깨우치게 하며 말을 했다고 글에 적었다.

〈"천지는 사사로움이 없으며, 귀신은 은밀히 움직여서 복선화음(福善禍淫)은 오로지 공정할 뿐이다. 사람 중에 악한 자가 있어 거짓으로 섬겨서 복을 구한다면, 그것으로 복되다고 할 수 있겠는가? 사람 중에 선한 자가 있어서 사설(邪說)에 미혹되지 않고 거짓으로 제사를 지내는 것이 아니라면, 그것이 화가 될 수 있겠는가? 일찍이 말하기를 천지귀신에게 음식으로써 아첨을 한다고, 사람에게 화복을 내리겠는가? 만세에 이런 이치는 없다. 하물며 제사를 지내는 데에도 항상 등급이 정해져 있는데, 사(士)와 서인(庶人)이 산천에 제사를 지낸 것은 예가 아니고, 예에 해당되지 않는 제사를 지내는 것은 곧 음사(淫祀)다.

음사로서 복을 얻은 자를 나는 아직 보지 못하였다. 너희 제주 사람들은 귀신을 아주 좋아하여 산택천수(山澤川藪)에 모두 신사를 만들었다. 광양당에서는 아침저녁으로 공경히 제사를 지내어 지극하지 않은 바가 없으며, 그것으로 바다를 건널 때에도 마땅히 표침(漂沈)의 우환이 없도록 한다. 그러나 오늘 어떤 배가 표류하고 내일 어떤 배가 침몰하여, 표류하고 침몰하는 배가 서로 끊이지 않으니, 이것으로 과연 신에게 영험함이 있다고 하겠는가? 제사로 복을 받을 수 있다고 하겠는가? 하물며 지금 나와 같은 배를 탄 사람들 가운데 제사하지 않은 사람은 오로지 나 한 사람뿐이다. 너희 군인들은 모두 성심껏 제사하고 왔다. 신이 만약 영험하다면, 어찌 나 한 사람이 제사하지 않은 까닭으로 너희 40여 인이 제사 지낸 정성을 폐하려 하겠느냐? 이 배의 표류는 오로지 행장이 뒤바뀐 것과 바람을 기다리지 않았기 때문이지, 도리어 제사를 폐하였다고 나를 탓하는 것은 또한 미혹되지 아니한가?"〉

지극히 합리적인 사고다. 선비는 불합리한 것에 절대 표리부동하지 않는다. 최부는 전형적인 조선의 선비였다. 사람의 됨됨을 일러 말할 때 저 사람은 인격이 고매하고 참 선비라고 말할 때가 더러 있다. 즉 "저 사람은 진짜 선비 같다."라던지, "저 사람은 선비 정신이 투철한 사람이다."라고 흔히 말하곤 한다. "옛말에 선비 논 데 용 나고, 학이 논 데 비늘이 쏟아진다."는 말이 있다. 즉 훌륭한 행적이나 착한 행실은 반드시 사회나 사람들에 좋은 영향을 끼친다는 말이다. 사회가 아무리 변하고 바뀌며 세월이 흐른다고 해도 이렇게 선비나 선비 정신을 우리는 흠모해 왔고 지금도 동경하고 있다. 그렇다면 선비란 어떤 사람을 일컫고 어떤 뜻을 새긴 말일까?

이 선비란 용어는 순수 우리말이고, 옛날에 학식이 있되 덕이 높으며 벼슬하지 아니한 사람, 학문을 깊이 닦은 사람, 마음이 어질고 정직하며 믿음이 있고, 사회에 덕망이 높고 나름의 이상을 지니며, 상호 간에는 신의(信義)를 철저히 지키는 사람으로서 예스럽게 일컫는 말이었다. 이처럼 선비와 선비정신이란 조선 시대의 지식인으로서 뿐 아니라 이 시대를 지배하고 지탱해 온 정신적 지주였고, 따라서 '선비'란 어원은 '학식이 많고 학문을 연마하며, 어질고 지식 있는 사람으로서 벼슬을 하지 않는 덕이 높은 사람'을 뜻하는 말이고 사회의 지배계급에 속한 사람들이었으며 따라서 이런 사람을 가리켜 선비라 했다.

논어(論語) 헌문(憲問)에서는 군자가 힘쓸 것으로서 "수기함으로써 공경하고, 수기함으로써 사람을 편안히 하고, 수기함으로써 백성을 편안하게 한다(修己以敬 修己以安人 修己以安百姓)"라는 세 조목을 얘기하고 있는데 수기치인의 개념은 여기서 비롯되었다고 볼 수 있고 또한 유학은 선비의 학문이란 뜻이며 '유학적 지식'이란 선비의 학문을 공부하고 익힌 지식을 갖춘 사람을 뜻한다.

'예(禮)가 아니면 보지 말고, 예가 아니면 듣지 말며, 예가 아니면 말하지 말고, 예가 아니면 움직이지 말거라.' 공자 말 그대로 최부는 옳고 그른 것을 판단해서 그른 것은 아예 쳐다보지 않았다. 믿음이 분명하였기 때문이다. 하지만 안의 등은 오히려 최부의 말이 사정에 어둡다고 하여, 옳다고 생각하지 않았다. 마음이 약해지면 요즘도 찾는 게 미신이 아닌가. 비단 그 시대만의 이야기는 아닌 듯싶다. 바다의 표류보다 마음의 표류가 더 걱정되는 최부 일행이다.

17
승선자에 대한 인사고과

윤1월 15일, 바람 부는 대로 키를 잡아 서쪽으로 향했다. 박종회, 만산, 이산은 병이 나고 말았다. 사람들이 살아야 하겠다는 믿음이 사라져버렸는지 전과는 다르게 될 대로 되라 식으로 대처하는 사람들이 늘어났다. 최부는 목숨이 경각에 닥친 상황에서도 조선의 고시 출신(과거시험) 엘리트답게 치밀하게도 사람들의 동태를 면밀히 파악하여 세세히 구분을 했다. 관료는 솔선수범도 그렇지만 분석도 명확하고 어떠한 경우에도 판단이 흐트러져서는 안 된다 싶다. 빈틈없는 그의 의식에 나는 여러모로 놀라고 있다. 그는 생사를 넘나드는 와중에도 42인의 분석을 철저히 해 분류를 해놓았다. 그가 분류한 대로 나는 현대식 인사고과를 매겨보았다.

이를테면 표류가 시작된 뒤로 여태까지 드러누워 움직이려 하지 않고 취로 등의 일로 이들을 독려하여도 귀담아듣지 않은 자(인사고과 D에 해당), 열 번 부르면 한 번 대답하고 마지못해 일을 하는 자(인사고과 C에 해당), 낮에는 부지런하여도 밤에는 게으름을 피우거나 처음에는 부지런하다가도 나중에는 나태하여 버린 자(인사고과 B에 해당), 밤낮으로 부지런히 배를 운행하는 일을 자기 책임으로 삼은 자(인사고과 A에 해당), 배를 수리하는 일을 점검하고 독려하기도 하며 일 끝내기를 가한 자(인사고과 S에 해당)로 최부는 그렇게 한 사람도 빠짐없이 구분하여 놓았다.

  그가 조사한 사실에 근거하고 글에 나온 자료를 종합하여 수정호 승선자에 대한 신상 조사서를 만들었다. 표 작성 내용을 설명하자면 우선 직무를 구분하고 이름에 따른 지금까지 표류 시에 일을 도왔다는 말이 나온 사람들의 횟수를 표시하였으며 최부가 밝힌 인사고과 평가를 그대로 적용하여 적시하였으며 이 글 표해록 전체에 나오는 이름 해당자의 횟수를 모아서 표시를 했다. 그리고 병이 난 사람이나 표류 중에 특이한 행위를 한 사람에 대해서도 표기를 했다. 표를 만들어 구분하여 보니 결과가 아주 흥미로웠다. 아래 표를 참고하고 나의 부연설명을 들으면 고개가 끄덕여질 것이라 생각이 든다. 표를 일부러 3종류로 나눈 것은 직무와 배움의 차이, 일의 전문성에 따른 차이를 파악해보려는 의도였다.

수정호 승선자 신상조사서(최부 제외)

1. 종자와 제주목사가 보낸 진무

직급	이름	인사고과	도운 횟수	글 등장(회)	특이사항
종자(7인)	정보	S등급	1회	33	광주 아전
	김중	S등급	1회	17	화순 아전
	이정	S등급	1회	14	승사랑
	손효자	S등급	1회	13	수배리
	최거이산	A등급	1회	13	청암역리
	막금	A등급		9	최부 종자
	만산	병 발생		4	청암역리
제주목사가 보낸 진무등 (5인)	안의	S등급		8	진무/선동/자살
	이효지	S등급	1회	10	기관
	허상리	A등급	1회	14	총패(선원)
	권산	A등급	1회	9	영선(선원)
	김고면	A등급	3회	5	사공(선원)

2. 곁꾼

직급	이름	인사곡과	도운 횟수	글 등장(회)	특이사항
곁꾼(17) (격군)	김괴산	B등급		3	
	소금보	B등급	3회	5	
	김구질회	A등급	2회	5	
	현산	A등급	2회	5	
	김석귀	B등급		2	
	고이복	A등급	3회	7	수영하여 섬에 배를 댐
	김조회	D등급		3	
	문회	A등급	1회	2	
	이효태	B등급		2	
	강유	C등급		2	
	부명동	C등급		2	
	고내을동	C등급		2	
	고복	B등급	1회	4	
	송진	C등급		3	선동시도
	김도종	A등급	2회	5	
	한매산	A등급	1회	3	
	정실	C등급		2	

3. 호송군과 관노

직급	이름	인사고과	도운 횟수	글 등장 (회)	특이사항
호송군(9)	김속	C등급		5	
	김진음산	B등급		2	
	고희	D등급		3	선동시도
	김송	B등급		2	
	고보종	D등급		2	
	양달해	D등급		3	
	박종희	병 발생		2	
	김득시	C등급		2	
	임산해	D등급		2	
관노(4)	권송	A등급	2회	8	
	강내	C등급		2	
	이산	병 발생		2	
	오산	C등급		1	자살시도

표에서 보듯이 우선 선원이라는 전문성을 가진 사람 중에서는 병이 난 사람이 한 명도 없다. 환자는 관노, 호송군, 그리고 종자가 각 한 명으로 인사고과 평가에서도 제외됐다. 대부분 이름이 자주 거론된 사람들은 인사평가 결과도 좋았고 표류과정 중 도와준 횟수와도 연관이 깊음을 알 수 있다. 전체적으로 관노의 이름 등장이 제일 적고 그다음은 호송군이고 이어서 곁꾼이었으며 총패나 영선 사공으로서 배의 책임성이 있는 사람들은 등장 횟수도 많고 인사고과도 좋았다. 인사고과가 좋았다는 것은 적극 살려는 의지가 강한 것으로 이는 곧 성실함이라 여겨진다.

아울러 표류 중에 선동을 시도한 사람은 역시 전혀 표류 중에 도움을 주지 않았는데 안의 만이 예외라고 할 수 있다. 인사고과가 제일 저조한 직속은 호송군들로 그들은 '남의 상을 당한 데 왜 껴야만 하는가.' 라는 회의감이 많이 작용한 것도 같고 전문분야가 뱃일이 아니다 보니 어중간한 태도를 취한 것 같기도 하다. 그들 중에는 S(SUPER)는커녕 A등급은 한 명도 없다. 비교적 그런 대로 곁꾼들이 뱃사람들이라 그런지 평가결과는 나쁘지 않다. 몇 명은 아주 성실하여 자기 할 몫은 다하였다 싶은 사람들도 있는데 그래서 글 전체에 5회 이상 이름을 올린 사람이 소근보, 김구질회, 현산, 고이복과 김도종 5명이나 있는데 의외로 글에 올린 이름도 없으면서도 착실히 일한 사람도 2명이나 있다. 한매산과 문회가 바로 그들인데 나는 그들을 알 것도 같다. 묵묵히 자기 일에 충실하면서도 나서지 않는 사람들, 의외로 지금 시대에도 그들을 닮은 보통으로 사는 성실한 사람들이 많다.

  선원으로서 자기 책임이 막중한 총패나 영선 사공은 모두 A등급을 받았다. 관직에 몸을 담은 사람들은 병이 난 만산을 제외하고는 인사평가 결과가 A등급 아래는 한 명도 없으며 뭍 출신들로 추정되며 최부와 임무를 수행하러 같이 간 사람들이 제주 목사가 보낸 사람들에 비해 적극적으로 일에 임했음을 또한 알 수가 있다. 역시 사람은 자율적으로 나선 사람과 떠밀려 할 수 없이 따라온 사람과는 일의 능률에서도 차이가 있음을 추정해 볼 수 있다.

  글 전체에 제일 많이 등장하는 사람들은 관직에 든 사람들로 아무래도 글을 알기 때문이라 여겨진다. 대개 곁꾼이나 호송군들은 표해록 글 전체에서 표류하는 동안 대부분 2~3회 정도 이름이 등장하고 마는 데 이는 뭍에 올라서는 글을 모르는 까막눈인 탓이라고 보아 진다. 그런데 허상리나 권산 김고면은 후반부에도 이름이 나온다. 그들은 어딘가에 이르러 나중 상을 받는데 그 고마움으로 최부를 따로 찾아와 감사 인사를 하는 대목에서 다시 등장을 한다. 역시 의지가 강한 사람들은 신념과도 같이 성실하며 삶의 도리를 또한 잘 알고 있다.

그런데 최부는 글의 시작점에서는 안의를 제일 많이 찾았는데 전체 나오는 그의 이름은 8회에 그치는 것이 갈수록 최부는 그를 신임하지 않았다는 이야기도 된다 싶다. 단연 신임으로서는 정보가 으뜸이고 그다음 생각지 않은 김중이 두각을 나타낸다. 안의는 그래도 인사고과는 S등급을 받았다. 이는 그가 최부가 신령을 모시는 제를 안 지내 이런 사달이 났다고 하는 그의 주장이 반기를 들고자 함이 아니고 그의 평소 지론임을 추정해 볼 수 있으며 사람은 나름 성실한 것도 같다. 다만 그는 자살을 하려 한 사실로 비추어 볼 때 대가 약한 면도 있다 싶다.

　나는 이 표를 보고 제일 걱정이 되는 사람이 관노인 이산과 오산이라 생각한다. 오산은 자살을 시도한 사람으로 C등급을 받았고 이산은 배에 승선한 것인지 조차 모를 정도로 거론도 안 되는데다 병이 나 있는 상태의 사람이다. 그들은 관노라는 직분이 말해주듯 마치 살아도 그만 죽어도 괜찮다 하는 사람들로 시대 인물상이 그대로 느껴진다. 과연 그들이 긴 여정 의지를 갖고 버텨낼 수 있을까 싶다. 하지만 나중 상황이 달라질 수도 있으니 본 글을 끝까지 지켜보기 바란다.

　내가 만약 왕이라 한다면 이 평가서를 기초하여 상과 상금을 차등하여 줄 것이고 상을 제일 후하게 내릴 사람은 관노인 권송이란 사람이다. 관노 신분이지만 그는 착실했으며 삶에 충실했다. 그리고 한 명을 더 준다면 과감히 수영을 하여 배를 무인도에 댄 곁꾼 고이복에게 줄 것이다. 승선한 사람 모두가 환성을 지르는 장면이 눈에 보이는 듯 선하다. 표는 객관적으로도 많은 알림과 도움을 이끌어 냈다. 하지만 이 표를 보고 설명하지 못할 것이 하나가 있다. 자살을 하려던 관노 오산은 글 전체에서 딱 한 번 바로 자살이란 사항 때문에 등장하는데 그처럼 그들 일행은 신분에 따른 삶의 의지가 다르고 인사고과 즉 삶의 성실성이 또 차이가 난다. 이를 어찌 설명을 해야 하나 싶은 것이다. 사람의 됨됨이와 배움이 상관관계라도 존재한다는 말인가. 나는 배움과는 상관 없는 자연적인 인성의 순수함을 내심 기대했었다. 아무튼, 최부는 그날 글에 이렇게 적었다. 지금까지 공들인 것이 수포로 돌아갔음을 말한다.

〈도적을 만나 다시 표류한 이후부터 사람들은 모두 살 생각이 없었고, 점점 전과 같지 않았습니다.〉

배는 거친 파도에 부딪치고, 시간이 많이 지나서 백공천창(百孔千瘡, 백의 구멍과 천의 상처란 뜻으로 '상처투성이'를 이르는 말)하고, 사이가 벌어진 곳은 막는 대로 곧 뚫리고, 갈라진 틈으로 물이 스며들어 물을 다 퍼낼 수가 없었다. 최부는 속이 타들어 가는 안타까움에 이렇게 말했다.
〈"물이 새는 것이 이와 같고, 뱃사람들이 해이해진 것 또한 이와 같다. 나는 허망하게도 스스로 교만하게 뽐내었기에 앉아서 익사 당하는구나! 무턱대고 높은 사람이라고 점잖만 빼다가 앉아서 익사를 당해야 하겠는가. 어찌 이럴 수 있는가?"〉

최선을 다하여 임했음에도 여실히 부족한 현실에 자신의 교만을 책망하는 최부의 성품, 그가 바로 조선 선비의 전형적인 성품이다. 하지만 여기서 좌절할 최부가 아니다. 솔선수범하여 최부는 마침내 정보 등 6인(인사고과 S등급 해당자)과 함께 물을 거의 다 퍼냈다. 허상리 이하 10여 인도 조금 더 분발하여 일어났다. 밤에 바람은 없었는데 비가 내렸다. 한 큰 섬에 이르렀으나, 썰물의 힘에 의하여 밀려 나가게 되어 정박하고자 하였으나 뜻을 이루지 못하고 바다로 흘러 나아갔다. 나름 그들을 추슬러 내일을 겨우 맞기는 맞는 모양이다.

18
올바르지 않으면 행하지 않는다

윤1월 16일, 그의 글은 이렇게 시작한다.
〈이날은 흐리고 바다는 검붉은 색이고 바다 속은 아주 탁하였습니다. 서쪽을 바라보니 이어지는 봉우리가 중첩하여 (산봉우리가) 하늘을 버티고 바다를 감싸고 있었는데 인가에서 나는 연기인 듯하였습니다. 동풍을 타고 가서 도착하니 바로 산 위에 봉수대(烽燧臺)가 나란히 우뚝 솟은 것이 많이 있어 보여 다시 중국의 경계에 도착한 것이 기뻤습니다. 오후에 풍랑이 더욱 위태해지고 비가 내려 어둑어둑해져서 배는 바람을 따라 내쳐졌으며, 갑자기 표류하여 두 섬 사이에 이르러 해안을 지나니 곧 중선 6척이 나란히 정박해 있는 것이 보였습니다.〉

이 글을 언뜻 보면 그날 도착한 곳을 단순히 표현한 형식적인 글인 듯하여 그냥 지나치기 쉽다. 실제 대부분의 사람들은 건너뛰고 뒤에 쓰인 글을 중요 대목으로 인식하고 이를 중점적으로 취급할 것이다. 그런데 가만 보면 자신의 감정을 잘 표현하지 않는 그의 스타일에 비추어 볼 때 그의 작은 감정 표출은 미미하지만 예사로운 것이 아니다. 열하일기에 연암 선생은 가는 곳곳 오감을 잔뜩 풀어 이야기를 내내 이끌었지만, 그는 조선의 관료답게 아주 신중하게 글을 써 내려갔다. 더욱이 그는 연암과는 입장이 전혀 다르다. 그는 사경을 헤매며 쫓기는 신세이고 연암은 자청하여 유람을 떠난 사람이 아닌가. 보고 느끼는 시야가 다른 것이다. 오감이 열려 있으되 최부는 이를 활용하여 최대한 육감을 얻어내야 했다. 그런 와중에 그가 밝힌 이 대목 '산 위에 봉수대(烽燧臺)가 나란히 우뚝 솟은 것이 많이 있어 보여 다시 중국의 경계에 도착한 것이 기뻤습니다.' 이는 그에게는 앞으로의 향방에 대한 강한 신념 내지 의미를 부여한다.

봉수대와 중국, 최부는 이를 보고 바로 공자의 나라에 제대로 된 국가를 떠올렸을 것이다. 공자의 군군신신 부부자자 (君君臣臣 父父子子). 임금이 임금다우면 그 아래의 신하도 신하답지만, 임금이 임금답지 못하면 신하도 비슷한 신하만 모인다. 강한 장수 아래에는 약한 병졸이 없다는 말이 있다. 즉 '강장지하(强將之下) 무약졸(無弱卒)'이다. 군주와 신하, 부모와 자식은 모두 각각의 위상과 본분과 책무를 갖고 있으므로 이에 걸맞은 능력을 발휘하고 처신과 행동을 적절하게 해야 한다는 인식이 철저히 배어 있는 나라는 조선과 중국이라는 명확한 확신이 그에게는 있었다.

질서정연하게 늘어선 봉수대, 그는 이를 보자 떠받칠 강한 국가가 있으며 국가의 안녕질서가 번성함을 한눈에 알아본 것이다. 하나를 보면 열을 안다는 말이 이런 데 소용되는 말이다. 공공으로서 분명 납득 가능한 사회임을 그는 추호도 의심치 않았다. 그러기에 향후 벌어질 것에 대해 그가 택할 길은 이미 정해져 있었다. 불교에서 나온 말이지만 흔히 쓰는 '대도무문(大道無門)'이라 할까. 그러기에 그는 기뻤다. 이후 무슨 일이 벌어지는지 어디 지켜보자. 정보 등이 최부에게 청하여 말하였다.

〈"전에 하산에 도착하여 관인의 의례를 보이지 않아 도적을 불러들여 거의 죽음을 면하지 못할 뻔 하였습니다. 지금은 마땅히 권도를 따라 관복을 갖추어 저들의 배에 보이십시오."〉

이에 최부가 말했다.

〈"너는 어찌 도리를 해치는 일로 나를 이끄는가?"〉

정보 등이 다시 말했다.

〈"이런 때를 당하여 죽음에 직면하였는데 어찌 예의를 지킬 겨를이 있겠습니까? 잠시 권도를 행함으로 곧 살길을 취하신 연후에 예로써 상을 치르시더라도 의(義)를 해치는 것이 아닐 것입니다."〉

최부는 단호히 거절하며 이렇게 말했다.

〈"상복을 벗는다는 것이 길(吉)이라 한다면 효도가 아니고, 거짓으로 사람을 속이는 것은 신(信)이 아니다. 차라리 죽을지라도 효(孝)와 신(信)이 아닌 지경에 이르는 일은 차마 할 수 없으니, 나는 마땅히 정도를 받아드리겠다."〉

그러자 안의가 와서 청하였다.

〈"제가 잠시 이 관대를 착용하고 관인인 것 같이 보이겠습니다."〉

최부가 이에 말을 이었다.

〈"아니다. 저 배가 만약 혹 전에 만난 적이 있는 도적과 같다면 오히려 괜찮겠지만, 만약 이것이 좋은 배라면 반드시 우리는 관부로 몰고 가 그 사정을 진술받을 것인데, 너는 장차 어떤 말로써 대답하겠는가? 조금이라도 옳지 못하다면 저들이 반드시 의심할 것이다. 정도를 지키는 것보다 더 낫지 못하다."〉

그들은 최부에게 그때그때 대처하는 임기응변을 거의 강요하다 시피하며 떠미는데 최부는 아랑곳하지 않으며 소신을 굽히지 않는다. 그런 그의 정도가 제대로 실현될까. 최부의 배를 보자 갑자기 6척의 배가 노를 저어 둘러쌓는데 한 배에 사람이 8~9명 정도 있었다. 그들의 의복과 말소리가 또한 하산에서 만난 적이 있는 해적의 무리와 서로 같았다. 그들과 떨리는 대면이 이어진다.

〈"보아하니 그대들은 다른 나라 사람인데, 어디에서 왔는가?"〉
최부는 정보에게 명하여 글로 써서 답하였다.
〈"나는 조선국의 조정 신하로 왕명을 받들어 해도를 순검하였다. 상을 당하여 급히 바다를 건너다가 풍랑을 만나 이곳에 오게 되었다. 이 해역이 어느 나라의 경계인지 알지 못한다."〉
그러자 그들이 답했다.
〈"이 바다는 곧 우두의 외양으로 지금은 대당국 태주부 임해현(臨海縣)의 경계에 속해있다."〉
정보는 손으로 자신의 입을 가리키니 그 사람은 물통을 보내 왔다. 또 북쪽에 있는 산을 가리키며 말하기를
〈"이 산은 샘이 있으니 그대들은 물을 길어 밥을 지어 먹을 수 있소. 그대들은 후추가 있으면 나에게 2~3냥을 보내시오!"〉
최부는 다시 답하였다.
〈"본국에는 후추가 생산되지 않으며 애초부터 가져오지도 않았다."〉
그들은 엉뚱하게도 후추를 달라고 한다. 뜬금없이 후추라니? 이에 대해서는 따로 나중에 이야기하기로 하고 그다음 상황을 이어가기로 한다. 그들이 물러나자 최부는 바로 안의, 최거이산, 허상리 등에게 배에서 내려 산에 올라가 인가의 기척을 두루 살펴보도록 한다. 살펴보니 곧 과연 육지와 잇닿는 곳이었다. 제대로 된 육지다 싶으니 그간 표류를 제공한 매서운 바람에 대해 정리를 하듯 최부는 적어 놓았다.

〈대개 매년 정월은 바로 매서운 추위가 극에 달하는 시기로서 거센 바

람이 불고 거대한 파도가 내리치니 배에 타는 것을 꺼립니다. 2월이 되면 점차 바람은 순조로워지는데, 제주의 풍속에서 연등절(燃燈節)이라 하여 바다를 건너지 못하게 합니다. 또 강남의 조주(潮州)사람들도 역시 정월에 바다에 나가지 못하게 합니다. 4월이 되면 장마(매우,梅雨)가 이미 지나고 시원하고 맑은 바람이 불면 바다에서 항해하는 큰 배가 비로소 (제주로) 돌아오니 이를 박초풍(舶趠風)이라 합니다.

신의 표류는 때때로 풍파가 험악한 때를 당하여 해상의 하늘이 흙비로 인하여 날마다 더욱 흐려졌으며, 돛과 돛대, 배를 메는 줄과 노가 혹은 꺾이고 혹은 잃어버리기도 하였으며, 기갈로 인하여 매우 고생한 것이 열흘이나 지나게 되었는데도, 하루 사이에도 물에 빠져 낭패를 볼 조짐이 한두 번이 아니었습니다. 그러나 다행히 겨우 생명을 보전하여 해안에 정박할 수 있었던 것은 다만 비에 젖은 옷을 짜서 물을 받음으로써 타는 창자를 적셨을 뿐 아니라 배가 실히 견고하고 빨라서 바람과 파도를 견딜 수 있었기 때문이었습니다.〉

그가 험한 파도를 견뎌낼 수 있었던 것은 바로 배가 견고하였기 때문이라고 적은 이 말은 나중에 아주 좋은 결과를 가져다준다. 사실 상황을 소상히 밝히면서 진술한 것이기 때문에 그 누구에게는 아주 좋은 호재가 될 수 있었다. 과연 그 혜택을 본 사람이 누굴까. 생각들 해보시라. 그다음 날인 윤1월 17, 날이 채 밝기도 전에 전날의 배 6척이 에워싸며 와서 다시 와 말을 거는데 말이 수상쩍다.

〈그대들을 보니 좋은 사람인 듯하오. 나를 따라갑시다. 너희가 진귀한 물건을 가졌거든 조금만 보내어 나에게 주시오.〉

보자마자 물건부터 달라니, 최부는 있는 그대로 답을 한다. 표류한 지 이미 오래되어 가져온 물건은 바다 속에 다 흩어 사라졌고 만약 살길을 알려 준다면 타고 있는 배와 노는 당신들의 소유가 될 것이다. 그러면서 그들에게 사람 사는 곳이 멀리 있는지 가까이 있는지를 물었다. 그러자 그 무리 중의 하나가 말하기를,

〈이곳은 관부가 가깝소. 당신들이 떠나려고 한다면 막지 않겠소" 하였다. 또 다른 사람이 말하기를 "앞으로 1리를 가면 곧 인가가 있을 것이오"라 하였다. 또 다른 사람은 "이곳에서 인가는 멀리 있으니, 여기에 머물 수 없소"고 하였다. (내가) 또 "관부(官府)로 가는 길이 먼가?"라고 물으니 한 명이 "태주부는 여기서 180리 떨어져 있소"고 하였고, 또 다른 사람이 말하기를 "150리 떨어져 있소" 하였다. 다른 사람은 "240리 떨어져 있소" 하였다.〉

최부는 그 말을 듣고 말에 서로 차이가 있어 믿을 수 없었다. 그들은 시끄럽게 떠들며, 서로 배에 다투어 올라타고 눈에 드는 것은 비록 작은 물건이라도 빼앗아 가졌다. 그러면서 같이 가지 않는다면 화를 낼 것이라는 말을 했다. 분위기가 험악한 게 심상치가 않다. 그들 또한 해적이란 말인가. 이에 대해 안의는 배를 버리고 그들의 배에 올라 그들이 가는 곳을 따라가자고 청하였고, 이정은 한 사람을 때려죽여서 그들을 물리치자고 정반대의 의견을 내놓았다. 과연 그들은 어느 길을 택할 것인가. 최부가 이에 대해 다음과 같이 말을 했다.

〈너희들의 계책은 모두 옳지 않다. 저들을 보건대 그들의 말이 신실하지 못하며 겁탈함이 또 심하니, 진위의 정도를 알 수 없다. 저들이 만약 예전 하산의 해적과 같은 무리라면, 안의의 계책을 따라 (그들을) 쫓아간다면 저들은 반드시 외딴섬으로 배를 몰아가서 우리들 물속에 빠뜨려 죽여서 흔적을 없앨 것이다. 그들이 만약 혹 어선이거나 (해안을) 방어

하는 배라면, 이정의 계책에 따라 (그들을) 때려죽인다면 저들은 반드시 그들이 한 행위를 감추고 도리어 우리를 이국인이 와서 사람을 죽인다고 말할 것이다. 그렇게 된다면 대국의 변경이 시끄럽게 되어 우리는 도적으로 모함받을 것이다. 더욱이 말 또한 통하지 않아 변명하기 어려우니 반드시 모두 변장(邊將)에게 죽게 될 것이다. 너희들의 계책은 모두 스스로 죽음의 길을 택하는 것이니, 임시방편으로 저들의 형세를 보는 것만 같지 못하다.〉

과연 최부 다운 말이다. 길이 아니면 가지를 말고 말 같지도 않으면 듣지를 말라고 했다. 그의 말을 듣자면 조선 선비의 정도가 자연히 떠오르고 인간 행실의 바름이 무엇인지를 새삼 생각해 보게 된다. 떠오르는 것이 이이의 『격몽요결(擊蒙要訣)』에 나오는 한 대목이다. 그는 자기의 글 서언에서 이렇게 말했다.

〈사람이 이 세상을 살아가는 데 있어 학문이 아니면 올바른 삶이 될 수가 없다. 그런데 여기에 말하는 학문이란 것은 또한 절대로 이상한 다른 물건이 아니다. 그러면 이 학문이란 무엇이냐? 이것은 다만 남의 아비가 된 자는 그 아들을 사랑할 것, 자식 된 자는 부모에게 효도할 것, 남의 신하가 된 자는 그 임금에게 충성을 다할 것, 부부간에는 마땅히 분별이 있어야 할 것, 형제간에는 의당 우애가 있어야 할 것, 나이 젊은 사람은 어른에게 공손히 해야 할 것, 친구 사이에는 믿음이 있어야 할 것 등이다. 이런 일들을 날마다 행하는 행동 사이에서 모두 마땅한 것을 얻어서 행해야 할 것이고, 공연히 마음을 현묘한 것으로 달려서 무슨 이상한 효과가 나타나기를 넘겨다보지 말 것이다.

어쨌든 이 학문을 하지 않은 사람은 마음이 막히고 소견이 어둡게 마련이다. 그런 때문에 사람은 반드시 글을 읽고, 이치를 궁리해서 자기 자신이 마땅히 행해야 할 길을 밝혀야 한다. 그런 뒤에야 조예가 정당해지고 행동도 올바르게 된다. 그런데 지금 사람들은 이런 학문이 사람들의 날마다 행동하는 데에 있음을 알지 못하고 공연히 이것은 까마득히 높고 멀어서 보통 사람으로서는 행하지 못 하는 일이라고 생각한다. 그리하여 이 학문을 자기는 하지 못하고 남에게 밀어 맡겨 버리고서 자신은 스스로 이것을 만족하게 여기고 있으니 어찌 슬픈 일이 아니겠는가?

처음 학문을 하는 사람은 반드시 맨 먼저 뜻부터 세워야 한다. 그리해서 자기도 성인이 되리라고 마음먹어야 한다. 만일 조금이라도 자기 스스로 하지 못한다고 미루려는 생각을 가져서는 안 된다. 대개 보통 사람과 성인을 비교해 보면 그 근본 성품은 한가지요 둘이 아니다. 비록 그들이 가진바 기질에는 맑은 것과 흐린 것, 또는 순수한 것과 잡박한 것의 차이는 있다고 하겠다. 하지만 진실로 몸소 실천해서 자기가 가졌던 타성에 젖은 옛날 풍습을 버리고 자기가 타고난 본래의 성품을 회복하고 본다면 여기에 터럭만큼도 보태지 않아도 만 가지나 착한 일을 다 구비할 수가 있다. 그런데도 여러 사람은 왜 성인이 되려고 애쓰지 않는가?〉

예전에는 단지 고전이고 늘 지당하신 말씀이라고만 여기며 도외시 하기까지 했는데 제대로 된 배움이란 과연 그렇고 그 배움의 덕으로 얻은 올바른 행실을 최부에서 보는 듯싶어진다. 내가 존경하는 성웅 이순신은 또 아니 그런가. 오이밭 옆에서는 짚신끈을 고쳐 매지 말고 배나무 밑에서는 갓끈을 고쳐 매지 말라(瓜田不納履 李下不整冠). 악부시집의 말씀처럼 이순신은 의심받을 일은 하지 않았고 신뢰를 무너뜨릴 일은 하지 않았다. 직속 상관의 인사 청탁을 거절했고 공물사용(公物私用)을 저지했으며 부당한 언행도 제지했다. 조정 대신의 뇌물 요구를 거부했고 청혼도 거절했으며 만남조차도 외면했다. 심지어 임금의 부당한 출전 명령도 거부했다. 오로지 법과 원칙에 따라 옳은 것은 옳다 하고 그른 것은 그르다고 직언과 충언을 서슴지 않았다. 길이 아니면 가지 않는 바른 생활 사나이, 정도를 걷는 올바른 조선 선비들은 어딘가 모르게 서로 닮았다. 그나저나 과연 그들은 어찌 될 것인가.

19
후추를 달라는 말에 최부는

 분명 그들은 후추가 있으면 두세 냥 달라고 했다. 지난번 영파부 하산에서 만난 해적들은 돌변하여 금은을 달라 했는데 태주부 사람들은 물을 가져다주고는 후추를 달라는 것이다. 당연 최부는 가진 게 없으니 그것도 우리나라에서 산출조차 되지 않으니 산출이 안 된다 하며 없다고 할 수밖에. 그런데 웬 후추. 어쩌면 독자들은 기껏 달라는 게 후추야 하며 대수롭지 않게 생각할지 모른다. 최부는 거의 감정 노출은 안 하며 있는 대로 글을 적고 있다. 그러기에 그다음 행위, 그들 배가 배를 포위한 채 노를 저어 뒤로 물러서 닻을 내릴 때 최부의 배 또한 오갈 데 없이 산 쪽을 배경으로 뒤로 몰렸는데 최부는 안의와 거이산, 상리 등을 시켜 배에서 내려 산으로 올라 인가가 있는지 육지가 연이어 잇닿아 있는지 그것부터 살피게 한 것에 대해 이유를 설명하지 않았다.

 하지만 이는 단순한 사주경계만은 아니었다. 나는 확신한다. 그는 그들이 심상치 않다는 것을 바로 알아차렸을 것이다. 그가 그들을 그렇게 인식하였듯 그들 또한 최부 일행을 왜구로 보거나 남방계 후추 밀수업자로 보든지 하여간 상호 정상적으로 보지 않앉을 것이다. 바로 후추 때문이다. 그 시대 후추를 지금과 똑같이 생각하면 안 된다. 당시 후추는 산지 가격이 유럽으로 가서는 거의 600배가 넘게 팔렸던 검은 금이라 불렸던 향신료다. 후각을 자극하고 입맛을 돋우는데 탁월하며, 시간이 지나도 향이 사라지거나 퇴색하지 않아서 더욱 사랑받는 향신료 후추.

고대에 후추는 너무도 귀한 향신료로 여겨졌기 때문에 세금, 공물, 결혼 지참금 등으로 사용되었고, 금과 똑같이 무게를 달아 가치를 매겼다고 했다. 서기 410년 로마가 정복당했을 때, 배상금으로 후추 3,000파운드가 요구되었다는 기록이 있을 정도다. 향신료는 아주 오랫동안 아랍 상인들이 들여와 중개 무역에 뛰어난 베네치아 상인들을 통해 거래되었는데, 아랍은 이 시기에 거대한 이슬람 왕국을 세웠다. 오스만튀르크로 인해 유럽인들은 직접 향신료를 찾아 항해를 떠나야 했고, 바스코 다 가마의 포르투갈 탐험대가 새로운 인도 항로를 발견하면서 세력 지형에 변화가 생겼다. 소금에 절인 생선은 중세 유럽인들의 식탁에 빠질 수 없는 먹을거리였다. 네덜란드는 14세기 이후 청어잡이로 해양 경제 강국이 되었고, 17세기에는 인도에 진출하여 포르투갈에 이어 향신료 무역을 장악했다. 대구 또한 청어 못지않게 인기가 있었으며 새로 발견된 대구 황금 어장을 차지하기 위해 바다 위에서 '대구 전쟁'이 일어나기도 했다. 먹을거리는 단순히 배를 채우기 위한 수단이 아니라 나라에 부를 가져다주는 국제 무역 상품이었다.

중세시대 유럽 귀족은 얼마나 향신료를 음식에 듬뿍 뿌렸느냐로 부자의 판가름을 냈다. 향신료가 없었다면 콜럼버스의 신대륙 발견도 없었을 테고, 토마토소스 피자와 고춧가루 양념이 들어간 김치는 탄생하지 않았을지 모른다. 향신료를 구하기 위해 콜럼버스가 항해를 떠났다가 신대륙을 발견했다. 스페인 점령자들이 신대륙에서 감자, 토마토, 초콜릿, 고추 같은 새로운 먹을거리를 들여왔기 때문이다. 처음에 유럽 사람들은 낯선 세계에서 온 낯선 식품을 쉽게 먹으려 하지 않았다. 그러나 감자는 구호 작물로 수많은 유럽인의 목숨을 살렸다. 옥수수는 신대륙에 이주한 백인들을 기아에서 구해 주었다. 감자, 토마토, 옥수수, 초콜릿, 고추는 이제 어디를 가든 쉽게 볼 수 있는 주 음식이 되었다.

그렇다고 그것으로 최부가 그들의 수상함을 바로 감지했다고 보는 것은 억지 추리가 아닌가. 후추가 조선과 무슨 상관이 있다고 심하게 오버한다고 하시는 말씀(?). 하지만 내 이야기를 들으면 바로 수긍하리라. 인도가 원산인 후추는 기원전 120년경 서역을 거쳐 중국으로 전해졌다. 후추는 기원 전후 시기에 우리나라에도 전해졌고, 호초(胡椒)라 불렸다. 후추는 통일신라 시대까지도 귀한 식품으로 불교의 차 공양을 위한 후추 차의 재료로 사용되기도 했다. 고려 시대에 와서 후추 수입은 늘어났는데, 조미료로도 널리 사용되었다고 볼 수 있다. '고려사'에는 1389년 유구국(琉球國)에서 후추 300근을 바쳤다는 기록이 등장한다. 1323년 원나라에서 고려를 거쳐 일본으로 항해하던 배가 신안 앞바다에 난파되는 일이 있었다. 이 배는 1970년대 중반부터 발굴되기 시작했는데, 배 안에서 후추가 다량으로 발견되기도 했다.

후추는 동아시아에서도 중요한 교역품이었다. 후추는 특히 중국에서 많이 소비되었는데, 14세기 중국의 연간 후추 수입량은 유럽 전체보다 많았을 정도였다고 한다. 그런데 최부가 살던 그 시절의 왕 성종은 후추에 대한 연민이 대단했다. 성종(成宗, 재위: 1470~1494)은 후추를 구하기 위해 많은 노력을 기울인 것으로 유명하다. 당시 조선은 일본 상인으로부터 후추를 수입하고 있었다. 1482년 성종은 후추의 씨앗을 구하라고 예조에 명을 내렸다. 성종은 대마도주, 일본 사신, 상인에게 부탁해 후추의 씨앗을 얻고자 했다. 일본 상인들은 조선에서 후추를 구하려는 것을 알고, 비싼 대가를 요구하기도 했다고 한다. 그러나 후추 씨앗을 구해오라는 성종의 계속된 어명에도 불구하고 일본 역시 후추를 직접 생산하는 나라가 아닌 만큼, 씨앗을 구해오지는 못했다. 잠시 기록을 보자면,

〈임금이 일본 사신에게 후추 씨를 구해 보내라고 요구했지만 "후추는 남만(南蠻, 자바)에서 생산되기 때문에, 유구국(琉球國, 오키나와)에서 항상 남만에 청하고 본국에서 또 유구국에 청하는 것으로 종자를 얻기가 어려울 것 같다."라고 변명하였다. 이를 예조가 전하자 임금은 "그들이 비록 생산되지 않는다고 말하나, 일본이 유구국에 청하여 보낼 수 있을 것이다."고 답하였다. - 성종실록 13년 4월 17일

관반으로 하여금 중국 사신에게 후추 씨를 얻도록 하였다. - 성종실록 14년 9월 23일

소이전 정상의 사자가 후추 1천 근을 바치니, 후추 씨를 구하도록 전교하였다.- 성종실록 16년 3월 26일

사인 원숙의 서간을 보고 후추의 종자를 구하는 일에 대해 의논하도록 전교하였다. - 성종실록 16년 19월 7일〉

이외에도 성종실록에는 임금이 후추에 대해 언급했던 기록이 42개가 남아있다는데 그야말로, 후추의 씨를 구하려고 백방으로 수소문을 했다고 해도 과언이 아니다. 일본과 중국도 인도로부터 당시만 해도 모두 수입을 하는 형편이었기 때문에 후추의 씨를 구하기 어려운 것은 그들도 마찬가지였다. 게다가 인도에서는 후추 무역으로 벌어들이는 자국의 이익을 지키기 위해 후추를 종자

상태로 팔지 않고 모두 삶아서 팔았기 때문에, 삶지 않은 후추의 씨앗은 구할 재간이 없었다. 또한, 후추의 재배조건이 우리 나라의 풍토에는 맞지 않기 때문에 설령 후추 씨앗을 구했다고 해도 조선에서 재배하기는 불가능했을 것이다.

결국, 성종은 그토록 구하려던 후추의 씨앗은 구하지 못했는데, 성종이 사신과 상인들에게 하도 후추를 구해달라는 부탁을 했던 까닭에 주변 국가들에서는 "조선의 임금이 후추를 좋아한다."는 소문이 파다해졌다. 이 때문에 주변국에서 후추 선물이 엄청나게 들어왔다고 하는데 성종이 원한 것은 정확히는 우리 힘으로 재배할 수 있는 후추의 씨앗이었는데, 엉뚱하게도 이미 삶은 상태의 후추 열매만 엄청나게 선물을 받는 웃지 못할 상황이 벌어진 것이다. 이 때문에 성종은 그 많은 후추를 예쁜 주머니에 담아 신하들에게 선물하고 공을 세운 자에게 상으로 후추를 내리는 등, 후추를 소모하려고 애쓰는 우스꽝스러운 상황이 되었다고 한다. 이후에도 유성룡(柳成龍, 1542~1607)이 쓴 [징비록(懲毖錄)]에는 후추와 관련된 다음의 일화가 적혀있다.

〈(1586년) 일본 사신 다치바나야스히로(橘廉廣)란 자가 조선에 오자, 예조판서가 그를 맞이해 잔치를 베풀었다. 이때 그는 후추를 한 주먹을 꺼내서 자리에 뿌렸다. 그러자 기생, 악사들이 달려들어 후추를 줍느라고 잔칫상이 금세 아수라장이 되었다. 야스히로는 이를 보고 아랫사람들의 기강(紀綱)이 이 모양이니 조선은 곧 망할 것이라고 했다.〉

유성룡은 당시 조선의 기강의 문제를 지적하고 있지만, 후추가 워낙 값이 비싸고 귀한 물건이기 때문에 이런 소동이 벌어졌던 것이다. 요즘처럼 세상이 좁게 느껴지는 때가 있을까. 하지만 그 시대에 통신도 없고 교역도 그리 흔치 않았음에도 알 것은 다 알고 살았다. 생각해 보자. 비잔틴 제국이 몰락한 때는 1454년쯤 인데 기존 공급책인 베네치아(베니스의 상인으로 유명한 도시국 가)가 난데없는 뒤통수를 맞았고 그 덕분에 지구촌이 난리가 났 다. 오스만튀르크(지금의 터어키)는 유럽 가는 길목을 딱 버텨 서 서는 무역의 중심에 서서 유럽뿐 아니라 전 지구촌을 통제하려 들었다. 그 바람에 콜럼버스(그는 이탈리아 사람)가 스페인의 여 왕 이사벨을 꼬드겨 향신료를 찾아 나선 끝에 신대륙 미국을 발 견했는데 그때가 1492년이다. 콜럼버스는 죽을 때까지 그 땅이 인도라고 믿었다.

아무튼, 최부가 표류하던 때가 1488년인데 그 무렵 조선 왕 성 종도 후추를 찾아 난리를 쳤던 것이고 지구촌은 어디서든 후추를 찾아 삼만리를 외쳤다. 이런 정도 후추에 열광한 왕을 두고 난리 가 났었는데 조선의 엘리트인 최부가 이를 몰랐을 리 없다. 영파 부 하산에서 만난 해적들은 세상 물정을 정말 모르는 녀석들이고 후추를 대뜸 달라고 한 태주부 녀석들은 약삭빠른 종자로 어디에 줄을 댄 뭔가 심상치 않은 보다 교활한 놈들이 분명하고 이를 최 부는 간파했다고 나는 보는 것이다.

20
43인의 대 탈출

수상쩍은 그들은 비 때문에 모두 배의 창고 안에 들어가서 감시 하는 자가 없었다. 드디어 최부는 마음의 결정을 한다. 그가 사람 들을 모아 놓고 한 말이다.

〈"저들의 말과 행동거지를 보건대 매우 황당하다. 저 산이 이미 육로와 연결되어 있는 것으로 보아 반드시 사람 사는 곳과 통하고 있을 것이다. 이때에 잘 처신하지 못한다면 우리들의 목숨은 그들의 수중에 놓여 끝내는 반드시 바다 속의 원귀가 될 것이다"〉

마침내 그가 부리(部吏) 등을 이끌고 먼저 배에서 내리자 여러 군인들이 잇달아서 배에서 내렸다. 비를 무릅쓰고 수풀을 헤치며 달아나 고개 두 개를 넘었다. 고개에는 모두 해안이 내려다 보이고 바위가 마치 담장처럼 쌓여 있었다. 6~7리쯤 가자 한 마을의 사(社)가 나타났다. 최부는 부사와 군인들을 다시 불러서는 앞으로 임할 태도를 말했다.

〈"(우리는) 생사고락을 같이하여 골육지친과 다름없으니 지금부터 서로 돕는다면 몸을 보전하여 돌아갈 수 있을 것이다. 너희들이 어려움을 당한다면 같이 그를 구하고, 한 그릇의 밥을 얻는다면 같이 나누어 먹는다. 병이 생기면 같이 그를 돌보아 한 사람이라도 죽는 사람이 없어야 할 것이다"라고 하자 "모두 말씀대로 하겠습니다"라고 대답하였으며 "우리나라는 본래 예의지국이니 비록 표류하고 쫓겨 다니는 궁색한 지경이라도 또한 마땅히 예의 바른 모습을 보여야 할 것이다. (그리하여) 이곳 사람들이 우리나라의 예절이 이와 같음을 알도록 하라. 무릇 이르는 곳마다 부리는 나에게 무릎을 굽혀 절하고, 군인은 부리에게 무릎을 굽혀 절하여 예의에 어긋남이 없게 하라. 또한, 혹 마을 앞에서, 혹 성 안에서 무리 지어 와서 보는 자가 있으면 반드시 손을 모아 예를 표하여 감히 제멋대로 행동함이 없게 하라"〉

그러자 모두 "말씀대로 하겠습니다."라고 하였다. 그는 앞서 말한대로 조선의 선비로서 중국이라면 어찌해야 할지를 잘 가늠하고 있었다. 중국은 공자의 나라다. 세상은 뒤바뀌어도 공자의 인과 예로서 말하는 국가관은 다름이 없음을 그는 누구보다도 자신하고 또 잘 알았다. 공자는 군주가 쥐고 흔드는 모든 것을 다 갖는 것으로서 행하지 못하도록 군주와 백성의 도리를 각각 부여했다. 일국의 조선만 해도 창업 당시 정도전은 군주에게 권한 대신 명예를 보다 강조하였던 것인데 이를 못마땅하게 여긴 것이 바로 태종 이방원이 아닌가. 아무튼, 한 국가의 법과 질서는 지엄한 것이고 공공으로서 비로소 가하다는 것을 누구보다 잘 아는 최부였기에 그는 기를 쓰고 사람이 많은 공공의 곳을 향하고 관을 향하여 나가려 한 것이다. 최부가 마을에 도착하자 마을의 남녀노소가 다투어 괴이하게 여기며 쳐다보는 자가 빙 둘러싸고 있었다. 바로 그 순간 최부는 종자와 더불어 예로서 빠른 걸음으로 나아가 읍(揖)을 하였다.

그런 최부 일행의 행위에 대하여 과연 그들은 어떤 태도를 취했을까. 마을 사람들은 모두가 소매를 모아 몸을 굽히며 답하였다고 글은 적고 있다. 아마 최부는 그 상황에 마음속 기쁨의 눈물을 흘렸을지 모른다. 이제 우리는 살았다 하면서. 힘을 얻은 최부가 조선에서 오게 된 연고를 고하였다. 두 사람이 있었는데, 그 용모가 범인처럼 보이지 않았는데 그들이 말을 했다.

〈"그대들이 조선국 사람들이라면 어찌 된 연유로 우리나라 경계로 들어오게 된 것인지, 도적인지, 혹 조공을 바치러 온 사람들인지, 혹 풍랑을 만나 정처 없이 떠도는 사람들인지 하나도 빼놓지 말고 낱낱이 써서 가져온다면 여러 곳을 거쳐서 환국토록 하겠습니다."〉

이에 힘을 얻은 최부는 조선국 사람으로 왕명을 받들어 제주도에 갔다가 부친상을 당하여 바다를 건널 때 폭풍을 만나 표류를 당하여 해안가에 이르게 되어 배를 버리고 육지에 올라 인가를 찾아서 여기까지 오게 되었다고 말을 하며 관부에 알려 거의 죽음에 처한 목숨을 구해달라고 힘주어 말을 했다. 그리고는 즉시 가지고 온 인신과 관대, 문서를 보여 주었다. 두 사람이 그것들을 살펴보기를 마치고 앞에 진무 부리 등이 이어서 무릎을 꿇은 것과 끝에 군인 등도 이어서 부복한 것을 가리키며 다시 말을 했다.

〈"귀국이 예의지국임을 들은 지 오래되었습니다. 과연 듣던 대로입니다."〉

그리고는 곧 큰 소리로 가동(家僮)을 불러 미장(米漿. 미음)과 차와 술을 가지고 와서 권하였다. 군인들에게도 모두 돌아가게 하여 양껏 마시도록 하였다. 마을 앞의 불당을 가리키며 이 불당에서 머물며 편히 쉴 수 있다고 했다. 불당에 이르러 풍랑에 젖은 옷을 벗어 바람에 말린 지 얼마 지나지 않아 그 두 사람이 또 밥을 지어 보내 왔다. 과연 모두 충후한 사람이었다. 잠시 후에는 그 두 사람이 와서 몸을 움직일 수 있다면 좋은 곳으로 보내도록 하겠다고 했다. 그러기에 최부가 좋은 곳이 얼마나 되는지 물었다. 그러자 그 두 사람이 당황한 목소리로 또다시 2리쯤 가면 된다고 하였고 그곳의 지명을 묻자 '서리당(西里堂)'이라고 했다.

이쯤에서 또다시 최부의 감정표현이 나온다. 그 두 사람은 당황했다고 했다. 그러면서 그 두 사람은 최부가 비가 심하여 길이 질척이고 게다가 날이 또 저물어가니 괜찮겠느냐고 물으니 갈 곳은 멀지 않으니 근심할 필요는 없다고 말을 했다. 그들의 말을 따라 종자를 거느리고 길을 최부가 나서게 되자 마을 사람들이 몽둥이와 검을 들고, 혹은 징과 북을 치며 앞에서 이끄니, 징과 북소리를 듣는 자들이 구름처럼 모여들며, 큰소리를 질러대고 이리저리 날

뛰며 전후좌우를 에워싸며 몰아붙여 차례로 번갈아 호송하였다. 앞마을에서 이와 같이 호송하였고, 뒷마을에서도 또 이와 같이 하여 오십여 리를 지나니 밤이 이미 깊었다. 역시 두 사람이 당황했다는 최부의 표현대로 갈 곳은 2리가 아니었다. 마을마다 그들을 반기지 않고 떠미는 것으로 왜 그들은 혹독하게 취급했던 것일까.

아무튼, 오늘로써 최부 일행의 표류는 끝이 났다. 표류 13일(뭍에 오른 것은 14일)만의 일이다. 이쯤 표류에 관련된 사항을 점검해 볼 필요가 있다. 조선 시대 선박의 선원조직에 대해서는 이를테면 천호는 조운선 30척을 통솔하고 통령(統領)은 조운선 10척 통솔, 영선(領船)은 조운선 1척 지휘하고, 격군(곁꾼)은 노를 젓고 사공은 배를 지휘하는 책임자 정도라고 알려진 것 외에는 별다른 것이 없다. 다행히 최부의 『표해록』에는 선인들이 항해 도중 구체적으로 어떠한 일을 했는지에 대해 기록되어 있으므로 이를 정리해 보면 조선 시대 선원들의 역할과 임무를 파악할 수 있지 않을까. 『표해록』에 나타난 선박 운항 관련 기사들을 정리해 보면 다음과 같다.

- 진무(鎭撫) 안의가 "동풍이 알맞으니 떠날 만하다."라고 하였다(윤1월 3일).
- 5리쯤 노 저어가니 군인 권산과 허상리 등이…"별도포로 몰아가 순풍을 기다렸다가 다시 떠나도 늦지는 않을 것"이라고 말했습니다(윤1월 3일).
- 안의가…"돛을 펼치고 가도록 소리쳐 명했습니다"(윤1월 3일).
- 권산은 키를 잡고 바람 부는 대로 수덕도를 지나 서쪽으로 갔습니다(윤1월 3일).

- 권산은 배를 움직이며 어느 방향으로 향하는지 알지 못했고 총패 상리와 격군 구질회 등은 상앗대를 잡고도 어찌해 볼 수가 없었습니다(윤1월 4일).
- 신은 영선 권산, 사공 고면, 격군 이복 등에게 말하기를 "너희들은 키를 잡아 배를 바로 잡고 있으니 방향을 몰라서는 안 된다"(윤1월 8일).
- 권산은 있는 힘을 다해 배를 몰았습니다. 효자와 정보 등도 또한 한 가장자리의 밧줄을 직접 잡고 풍랑을 보아가며 놓아주기도 하고 당기기도 하였습니다(윤1월 11일).
- 상리 등이 새끼줄로 그 돌 네 개를 얽어매어 합쳐서 임시 닻을 만들어 배를 머물게 하였습니다(윤1월 14일).
- 허상리, 권산, 김고면 등은 밤낮으로 부지런히 배를 운행하는 일을 자기의 책임으로 삼았다(윤1월 15일).

이상이 최부의 『표해록』에서 선박 운항과 관련한 기사들을 모은 것인데 이를 근거로 하면 조선 시대 선인들의 역할은 다음과 같이 정리할 수 있다. 격(결)군은 배를 움직이는 데 필수적인 노를 젓거나 얕은 곳에서는 삿대질을 하거나 돛을 폈을 때는 돛 줄을 조정하는 역할을 했으며 사공은 일상적인 경우 키를 잡아 배의 항로를 조종하는 역할을 하면서 배의 운항 실무를 책임졌다. 영선은 사공을 역임한 경력 있는 선원으로서 배의 운항 실무를 총책임지는 지위에 있었던 듯하다. 총패는 군역에 종사하는 선인들의 영솔자에 해당하나 그 또한 사공과 영선을 역임한 경력 있는 선원이었음을 알 수 있다. 다만 본 글에 영선이 키를 잡아 배를 몰았다는 기사가 많은 것은 당시는 악천후에서의 항해로서 사공보다는 경험이 많은 영선이 직접 키를 잡아 배를 조종할 수밖에 없었던 상황이었기 때문으로 해석된다.

이렇듯 최부가 탄 배 선원들의 계층구조는 4단계로 짜여 있었다. 1775년 표류한 장한철의 『표해록』에는 사공 1인과 선부(船夫) 9인만으로 선원이 구성되어 있었다. 따라서 최부의 배에 격군 17인, 사공 1인, 영선 1인, 총패 1인 등 총 20인이라는 대인원이 승선하였던 것은 경차관(敬差官)이라는 최부의 지위에 대한 예우와 조운선의 선원조직을 그대로 따랐기 때문으로 보인다. 이 글에서 흥미로운 사실은 배의 출항을 무관직(武官職)의 진무 안의가 명령하였다는 점이다. 나아가 진무 안의는 "민간의 배가 뒤집혀 침몰당하는 일은 잇달아 일어났지만, 왕명을 받는 조신으로서는 배가 표류하거나 침몰한 것이 드물었다"면서 돛을 펼치고 가도록 명령했다.

안의는 전문적인 뱃사람은 아니었을 것이나 경차관을 호송해야 하는 관리의 우두머리로서 그와 같은 명령을 내렸을 것이다. 행정 관료가 해상 길을 논한다는 것이 요즘 세상과는 전혀 맞지 않다. 아무튼, 이 글집에서는 단연 최부가 돋보인다. 그는 비록 바다나 배에 익숙한 사람은 아니었으나 세밀한 관찰력으로 조선 시대의 항해술을 엿볼 수 있는 많은 기록을 남기고 있다. 먼저 최부의 배는 관선이 아니라 민간용 선박이었는데 경차관인 최부가 민간 선박을 이용한 것은 '수정사 승려의 배가 튼튼하고 빨라 관선도 미치지 못하였기 때문'이다.

최부가 승선한 배에는 삿대, 노, 돛, 닻, 키 등의 항해 도구가 갖추어져 있었다. 기본적으로 수심이 얕은 바다에서는 삿대를 사용하여 배를 밀고 나간 뒤 수심이 깊은 해역과 연안 가까운 바다에서는 노를 저었고, 대양에서는 돛을 사용했다. 배의 방향은 키를 사용하여 조종하였고 풍향에 따라 돛을 묶은 아딧줄을 잡아당기거나 풀어 주어 바람의 양과 방향을 조종하였다. 배를 정박시킬 때는 닻을 사용하게 되는데 최부의 배가 초란도에 처음으로 정박할 때 사용한 도구는 정(矴)이었으나 닻줄이 끊어져 정을 잃어버려 중국 연안에 도착해서는 싣고 있던 돌 4개를 새끼줄로 묶어 정(碇)을 만들어 정박하였다. 矴 또는 碇은 서로 혼용되는 한자어로 돌의 무게를 이용하여 배를 정박시키는 도구로써 우리말로는 돌맞이라고 한다.

여기에서 흥미로운 사실은 배에 실을 짐이 없자 배에 돌덩이를 실었다는 점이다. 무게중심을 아래로 낮추어 안정성을 갖춘다는 과학적 논리로 발라스트 항해'(ballast sailing)를 했음을 의미한다. 배가 바다에서 항해할 때 가장 중요한 것은 방위를 파악하는 것이다. 따라서 최부는 권산, 고변, 이복 등에게 말하기를 "너희들은 키를 잡아 배를 바로 잡고 있으니 방향을 몰라서는 안 된다."고 당부하였다. 하지만 정작 자신은 배가 바다에서 폭풍을 만나 표류하는 동안 바람이 변하는 방향을 정확하게 기술하고 있다. 제주도를 출항한 윤1월 3일부터 17일까지 15일 중 윤1월 14일의 맑은 날 하루를 제외한 나머지 날들은 모두 흐리거나 비가 왔음에도 불구하고 최부는 바람의 방향을 정확하게 기술하고 있다.

장한철의 『표해록』에는 지남철을 사용하여 방위를 파악했음이 기술되어 있지만 최부의 『표해록』에는 지남철을 사용한 기록은 없다. 그런데 최부는 지남철 없이 바람의 방향을 동풍이나 북서풍, 북풍 등으로 정확하게 기술하고 있다. 그렇게 할 수 있었던 것은 기본적으로는 해와 달이나 별 등을 통해 방위를 어느 정도 가늠할 수 있었기 때문이 아니었을까. 최부는 완전히 흐린 날인 경우에도 풍향을 정확히 기술하고 있는데 이는 당시의 뱃사람들이 현대의 문명인이 소지하지 못한 지각능력을 소유하고 있었기 때문이라고밖에는 달리 판단할 수도 없다. 실제로 오늘날에도 전문

요트인들은 바람의 기온과 느낌, 세기 등으로 풍향을 가늠할 수 있다고 한다.

그들의 증언에 따르면 윤1월은 동절기로서 한반도 남해안해역에는 기본적으로 북풍계열의 바람이 탁월풍으로 불고 기압의 형성에 따라 북동풍, 북서풍, 북풍이 불기도 한다. 동절기 북동풍은 서늘한 느낌을 주지 않지만, 북서풍은 시릴 정도로 차갑게 느껴진다고 하며 북풍은 약간 차갑게 느껴진다는 것이다. 따라서 방향을 몰라서는 안 된다는 최부의 당부에 영선 권산은 "날이 개어 해와 달 그리고 별자리로 헤아린다 해도 해상에서는 사방을 가리기 힘든데 지금은 구름과 안개가 짙게 드리운 것이 여러 날 계속되어 새벽인지 저녁인지 밤인지 낮인지도 알 수 없습니다. 단지 바람의 변화만으로 사방을 미루어 짐작할 뿐이오니 어찌 바른 방향을 가려내어 알 수 있겠습니까"라고 답변한 내용이 새삼 다시 떠오른다. 이글의 항해에 대해서는 (출처 : 김성준, 표해록에 나타난 조선 시대 선원조직과 항해술, 한국항만학회지 제30권 제10호, p.787~791, 2006.)을 참조했다.

그것은 그렇다 치고 현행의 시대로서 파악해보자면 배 출항은 물론 돛을 펼치라고 명령까지 내린 안의는 거의 기소 깜이다. 그리고 최부의 배에 격군 17인, 사공 1인, 영선 1인, 총패 1인 등 총 20인이라는 대 인원이 승선하였던 것은 경차관이라는 최부의 지위에 대한 예우와 조운선의 선원조직을 그대로 따랐기 때문이라고 전문가들이 파악을 하였듯 목사 허휘는 공권력을 무단으로 사용한 자로 처벌을 받아야 할 것인데 그의 프로필을 살펴보니 군관 출신으로 오히려 이 일로 상을 받았다. 그 내용은 다음과 같다.

〈성종 19년 무신(1488, 홍치 1) 7월 6일(정묘)

제주 목사(濟州牧使) 허희(許熙)에게 하서(下書)하기를, "지난번에 최부(崔溥)가 분상(奔喪)하려고 바다를 건널 때에 그대가 튼튼한 배를 구해 주었기 때문에 비록 표류(漂流)를 당하기는 했어도 같이 탄 43인이 모두 살아서 돌아올 수 있었으니, 그대가 어찌 도운 것이 없겠는가? 내가 매우 가상하게 여겨서 특별히 표리(表裏)를 내려서 상을 주니, 이르거든 영수하라." 하였다.【원전】11집 355면〉

말인즉슨 튼튼한 배를 구해주어 43인 전원이 모두 살 수 있도록 하여 상을 준다고 성종실록에 당당히 적을 올리고 있다. 앞서 최부는 육지에 닿으며 튼튼한 배 때문에 난파하지 않았다고 적었는데 그것이 크게 작용한 것이 아니겠는가 싶다. 그리고 상훈 내용으로 보아 43인은 모두 무사 귀환한 모양인데 참 지금도 아닌 옛적 참 기적과도 같은 일이 벌어진 것이다. 최부는 그 시대 조선의 엘리트로서 분명 대단한 리더였다. 뭍에 올라온 43인, 앞으로 그들의 행적이 궁금하기만 하다.

21
도저소라는 곳까지 강제로 끌려간 43인

윤1월 18일, 비는 죽창 내리는데 마을 사람들에 쫓겨서 하염없이 가는 길, 왜 그들은 한사코 밀어만 내는가. 그래도 가는 도중 은사(은거한 유학자) 왕을원이란 사람을 만나는데 자초지종을 말하자 술을 주고 차도 내주며 조선에 불법이 있느냐고 묻기도 하였다. 최부는 불법은 숭상하지 않고 유술만을 숭상하여 효제 충신을 업으로 삼고 있다고 말했다. 마을 사람들이 연이어 나타나 몰아세워 다리는 누에고치처럼 퉁퉁 부었는데 가지 않을 수 없었다.

고치처럼 퉁퉁 부었다는 말이 생경하지만 실감이 난다. 그렇게 20리를 가자 각진 몽둥이를 들고나와 휘둘러 대는 통에 최부의 말안장을 짊어지고 가던 오산은 얻어맞고 말안장을 빼앗기고 말았다. 배에서는 오산은 맥을 못 추고 자살까지 하려 했는데 뭍에서는 그래도 제 몫을 하는 것 같다. 나중 본문 끝부분에서 중국관리 수발을 잘 들었다는 내용이 나오는 것으로 보아 뱃멀미가 극히 심했을 뿐이지 당초 추정한 반동은 아니었다. 그로 인사고과 C등급은 철회되어야 한다. 선암리라는 마을에서는 목을 가리키며 머리를 베는 시늉을 지어 보였는데 최부는 그 의미를 알지 못하겠다고 적고 있다. 왜 죽는다는 것일까.

포봉리라는 곳에서 군리를 거느린 관인이 나타나 어느 나라 사람이며 어떻게 도착했는지를 물었다. 최부는 또 자초지종을 설명했다. 그러자 그는 죽을 주고 밥 지을 그릇을 주어 밥을 먹도록 해 주었다. 물으니 그는 해문위 천호 허청이라고 하는데 왜적이 침범했다는 소식을 듣고 잡기 위해 온 것이라고 했다. 그런데 그것도 잠깐 다시 그들은 최부 일행을 내몰기 시작했다. 최부는 절룩거리며 걷다 이러다가 죽고 말겠구나 하고 넘어지고 말았다. 그래도 군리들은 독촉을 하여 잠시도 머무를 수가 없었다. 할 수 없이 이정 효지 상리 현산이 번갈아 최부를 업었다. 종자들이 거들었는데 곁꾼인 현산이 끼어 있다. 역시 인사고과 A등급답다. 두 고개를 지나 30여 리를 가니 인가도 많고 불사도 눈에 띄었는데 비는 그치지를 않아 허청이 불사에 머물게 하려 했는데 마을 사람들이 들고 일어나는 바람에 그러지도 못하고 또 걸어야 했다

밤 2시경 어느 한 냇가에 이르자 이정들도 모두 힘이 다하여 자기 몸도 가누지 못하였다. 보다 못한 허청이 최부의 손을 끌으려 했으나 한 걸음도 옮길 수가 없었다. 고이복이 힘들면 고꾸라지

면 될 것을 이제는 "미쳐 버린 거야, 미쳐 버린 거야." 하던 차에 더는 못 버티고 최부는 쓰러지고 말았다. 그러자 모두 다 드러누워 버렸다. 그러자 허청이 군리들을 시켜 독려도 하고 구타도 하였지만 몰아갈 수는 없었다. 여기서 느껴지는 게 있다. 최부가 가면 가고 서면 버티는 그들, 똘똘 뭉친 수하들이다. 그런데 한참 후 또 다른 관인이 횃불을 든 군사를 거느리고 나타났다. 그들은 갑옷, 창검, 방패의 위세와 쇄납(태평소 일종의 악기), 징, 북, 총통의 소리와 함께 겹겹이 둘러싸더니 칼을 빼고 창을 써서 치고 찌르는 동작을 해 보였다. 최부 일행은 넋이 나갈 정도로 어찌할 바를 몰랐다. 그 관인은 허청과 함께 군사의 위요를 정돈하고 또 최부 일행을 몰았다.

그리고 4리쯤 더 가서 도지소라는 곳에 이르니 큰 옥사가 있었다. 성안에 안성사라는 절이 있었는데 그 절에 유숙을 하라고 했다. 그곳에 중은 또 다른 관인은 도저소 천호라고 했으며 이 역시 왜군들이 나타났다는 보고를 받고 달려온 것이라고 했다. 내일 도저소에 이르면 심문을 해서 최부가 말한 것이 거짓인지 진실인지 가려낼 것이라고 했다.

그다음 날인 윤1월 19일, 이날도 큰비가 왔다. 천호 두 명이 함께 말을 타고 내몰아서 비를 무릅쓰고 갔다. 허청은 어려움을 겪는 것을 불쌍히 여기지만 국법에 구애되기 때문에 도울 수 없다고 하였다. 이정·이효기·허상리 등이 서로 최부를 교대로 업고 고개를 하나 지나서 약 20여 리 즈음에 한 성(城)에 도착하였는데 바로 해문위(海門衛)의 도저소(桃渚所)였다. 성으로 가는 7~8리 사이에 군졸이 갑옷을 입고 창을 갖췄으며, 총통(銃㷁)과 방패가 길 좌우에 가득 찼다. 그 성에 도착하니 성은 중문(重門)이 었는데, 성문에는 철 빗장이 있었으며, 성의 위에는 망루(望樓, 警

戍樓)가 줄지어 있었고, 성 중에 있는 물건을 사고파는 가게들이 연이어 이어져 있으며, 사람이 많고 물산이 풍부하였다.

어떤 공관에 이르러 유숙하는 것을 허락받았을 때는 최부의 몰골은 야위고 생기가 없었고, 의관도 진흙투성이이었기에 보는 사람들이 웃었다. 이름이 왕벽(王碧)이라는 사람은 글로 물었다.

〈"어제 이미 상사(上司)에 '왜선(倭船) 14척이 변경을 침범하여 사람들을 약탈하였다'고 보고하였는데, 너희가 정말 왜인이냐?"〉

이에 최부는 우리는 왜적이 아니고 바로 조선국의 문사(文士)라고 하였다. 또 노부용(盧夫容)이라는 자가 있어 자칭 서생(書生)이라 하면서 말했다.

〈수레는 바퀴가 같고 글은 문자가 같은데(車同軌 書同文), 유독 너희 말소리는 중국과 다르니 어떤 이유인가?"〉

이에 최부가 말했다.

〈"천 리에도 풍속은 다르고, 백 리에도 습속은 같지 않은데, 족하(足下)는 우리말이 괴이하게 들린다고 하는데, 나 또한 족하의 말이 괴이하게 들리니, 습속은 다 그런 것입니다. 그러니 똑같은 하늘이 내려준 성품을 지녔음 즉 나의 성품 또한 요(堯)·순(舜)과 공자(孔子. BC552~BC479)·안회(顔回. BC513~BC482)의 성품과 같은데 어찌 말소리가 다르다고 하여 꺼리겠습니까?"〉

그 말을 듣더니 그 사람이 손바닥을 치면서 말했다.

〈"그대들도 상을 당하면 『주문공가례』를 따르는가?"〉

최부가 또 대답했다.

〈"우리나라 사람도 상을 당하면 모두 한결같이 가례를 준행합니다. 나도 당연히 이를 따라야 하는데, 다만 풍파 때문에 거스르게 되어 지금에 이르기까지 관 앞에서 곡을 할 수 없음을 통곡할 따름입니다."〉

호기심 많은 그 사람이 또 묻는다.

〈"그대는 시를 짓는가?"〉

최부가 마저 대답했다.

〈"시사(詩詞)는 곧 경박한 자가 풍월을 조롱하는 밑천으로 도(道)를 배우는 독실한 군자가 행할 바는 아닙니다. 우리는 격물(格物)·치지(致知)·성의(誠意)·정심(正心)으로서 학문을 삼고 있으며, 그 시사를 배우는 것에 뜻을 두지 않습니다. 혹시 어떤 사람이 먼저 창(倡)한다면 화답하지 않을 수 없을 뿐입니다."〉

그런데 또 한 사람이 최부의 손바닥에 글을 써서 말하는 데 바로 그가 건넨 말로부터 최부는 그토록 끌고 다니고 몰아낸 이유를 확실하게 알게 된다. 그 이야기를 들어 보자.

〈"너희를 보건대, 호인(互人, 사람의 얼굴에 물고기의 몸을 가진 사람)이 아닌데 다만 언어가 달라서 실로 장님과 벙어리 같게 되니, 진실로 가련하다. 내가 그대에게 한마디 하겠는데, 너희는 그것을 기억하여 스스로 신중하게 행하여 가볍게 다른 사람과 말하지 말라. 예로부터 왜적이 여러 차례 우리 변경을 약탈하였기 때문에 국가에서는 비왜도지휘(備倭都指揮)·비왜파총관(備倭把總官)을 두어 방비하였다. 만약 왜적을 잡는다면 모두 먼저 죽이고 나중에 보고한다. 지금 너희가 처음 배를 정박한 곳은 사자채(獅子寨)의 관할로서, 수채관(守寨官)이 너희를 왜인이라 무고하여 머리를 베어 현상하여 공을 얻고자 하였다. 그러한 까닭으로 먼저 보고하기를, '왜선 14척이 변경을 침범하여 백성을 약탈한다.'라고 하여, 바로 군사를 거느리고 가서 너희를 붙잡아 너희를 참수하고자 할 때에 너희가 먼저 배를 버리고 사람이 많은 마을로 들어왔기에 그 계획을 행할 수 없었다. 내일 파총관이 와서 너희를 심문할 것인데, 너희는 상세하게 말하라, 조금의 거짓이 있으면 (앞으로의)일을 예측할 수 없게 될 것이다"〉

최부는 깜짝 놀라 그 작당한 사람 이름을 물으니 그가 말하였다.

〈"내가 말한 것은 그대를 소중히 여기고 위태롭다고 여겼기 때문이다."〉

최부는 그 말을 듣고 머리가 쭈뼛이 서서 바로 정보 등에 말하였다. 그러자 정보 등이 말한다.

〈"길가의 사람이 우리를 가리켜 참수의 형상을 했던 것은 모두 이러한 음모에 현혹되어서 그러하였던 거군요."〉

참 기가 막힌 노릇이다. 최부 일행이 두 번째로 표착하였던 우두 앞바다에서 만난 6척의 배에 나누어 탄 무리들은 사자채를 지키는 군인들이었다. 만약 상륙을 하여 마을로 들어가지 않았더라면 최부 일행은 모두 몰살을 당한 후 왜구로 조작되어 처리될 뻔했다는 것을 미루어 짐작할 수 있다. 13일간의 표류도 힘들었는데 상륙하자마자 고초를 당한 것은 바로 왜구로 오인되었기 때문이다. 해금을 강화시키기 위하여 명대에는 장려의 일환으로 표창제도를 실시했다. 명사에 의하면 "태조 29년 명하기를 왜선 및 적을 포획한 자는 1계급 승진하고 상으로 은 50량, 지폐 50정을 급여하라. 군사가 수륙에서 적을 포상할 경우 상으로 은을 급여하되 차등이 있게 하라." 하였는바 사자채 수비관들은 최부 일행을 왜구로 간주하고 그들의 왼쪽 귀를 잘라 바치어 공훈을 세우려 했던 것이 분명하다.

절강에서는 명대에 온주, 태주, 소흥, 기흥, 항주 등이 주로 왜구의 중요한 침략 목표였으며 홍무 2년(1369)부터 성화 2년(1466)에 이르는 97년간 절강을 침략한 왜구는 34회로 평균 3년에 1회 정도였다고 한다. 도저성(현 도저진)은 1439년 왜구의 직접적인 피해를 당하였고 1457년 4월 왜선 40척이 태주 등에 잠입하여 2천여 세대를 약탈, 호위를 겁탈해 대량 학살을 했다는 기록이 있다. 그래서인지 그곳 사람들의 경계태세는 대단했다. 지금의 경계주의보 발령과도 같은 꽹과리와 징을 들고 다니며 알림을 게을리 하지 않았으며 몽둥이도 들고 다니고 군인들 또한 완전무장에 피리나 소리 나는 것들을 지참하고 경계를 늦추지 않고 있다. 아무튼, 사자채 군인들의 불손으로부터 일찍이 올바르지 않음을 알아차린 최부는 비가 오는 틈을 이용하여 감시를 벗어나 마을로 뛰쳐나왔으나 이내 왜구로 오인받아 끌려서는 드디어 심문을 받는 곳에 이른 것이다. 이윽고 그날 저녁에 천호 등 관원 7~8인이 큰 탁자 하나를 놓고 탁자 주변에 둘러서서 정보를 앞에 끌어 놓고 심문을 시작했다.

22
도저소라는 곳에서 심문을 받다

천호 등 관원 7~8명이 심문을 한다고 했다. 심문이라는 게 우리가 흔히 TV에서 보는 것처럼 "저놈의 주리를 틀라." 하는 식의 심문을 말하는 것이 아닐까. 당연히 지금 시대에선 말도 안 되는 소리지만 하지만 그 시대는 지금과 전혀 사정이 달랐다. 형(刑)을 확정하려면 피의자의 자백이 필요했으며 지금과는 달리 합법적으로 고문을 할 수 있었다. 고문은 일제강점기부터 쓰인 말로 조선 시대에는 고신(拷訊)이라 불렀다. 조선은 당률(唐律)을 계승한 중국 명나라의 대명률(大明律)을 형법의 기본법으로 채택하여 나름의 제도적 체계성과 이념적 합리성을 유지했기에 경우에 따라서는 고신을 당해도 할 말이 없었을 것이다. 하지만 그 당시까지는 주리 틀기는 없었다고 한다. TV에서 보아 잘 알겠지만 주리 틀기는 죄인의 양 발목과 무릎을 꽁꽁 묶은 뒤 몽둥이 두 개를 정강이 사이에 끼워 양 끝을 가위 벌리듯이 엇갈리게 틀어서 죄인에게 심한 고통을 주는 고문이다. 주리를 틀다 보면 뼈가 부러지는 경우도 있었기 때문에 이에는 기술이 필요했다. 주리 틀기는 17세기쯤 출현했다. 따라서 고려나 삼국시대를 배경으로 한 사극에 주리 틀기 장면이 나온다면 모두 잘못된 사례다. 조선 영조는 모진 형벌을 상당수 없앤 임금인데 그 사유가 재밌다. 1733년 영조는 몸에 난 종기 때문에 여러 번 뜸을 떴는데, 이때의 괴로움을 잊지 않고 뜨겁게 달군 인두로 발바닥을 지지는 고문인 낙형(烙刑)을 없앴다고 한다.

아무튼, 관원들은 최부 수하들을 질질 끌고 데려왔지만 내가 보기에는 미심쩍은 일행치고는 아주 후한 대접을 한 것이라고 여겨진다. 그들은 요즘과 다른 바 없는 그야말로 민주적인 심문을 한 것이다. 그들이 정보를 앞에 끌어 놓고 문초하기를 "너희 한 선단은 14척의 배라 하는데 사실인가?"라고 하였다. 정보가 대답하기를 "아닙니다. 단 1척 뿐입니다."라고 하니까 정보에게 지시하여 나가도록 하고는 최부에게 똑같은 질문을 했다. 나는 이 글을 보고 웃음이 났다. 최소한 각기 다른 방에 가두어 똑같은 말이 나오는지 알아보기라도 해야 할 것이 아닌가. 아무튼, 그들의 심문은 계속됐다.

〈"너희들이 타고 온 배는 원래 몇 척인가?"〉
〈"우리 변경에서 왜선 14척이 어제 있었던 바다에 같이 정박하였던 것을 보았다. 우리는 수채관의 보고를 벌써 상사 대인(上司 大人)에게 보고하였다. 너희 배 13척이 있는 곳은 어디인가?"〉
〈"너희는 왜인으로서 이곳에 올라 약탈하는 것은 무엇 때문인가?"〉

〈"왜인은 도적질을 하는 데에 신묘한 자로서 혹 변장하기도 하여 마치 조선인처럼 한 자도 있으니, 어찌 너희가 왜인이 아닌지 알 수 있겠는가?"〉

최부가 질문마다 답을 부지런히 했지만, 답과는 상관없이 왜구로 몰아붙이는 질문은 연이어진다. 최부가 이쯤에서 다음과 같이 말을 했는데 문장 구성으로 보아 믿어주지 않아 조금은 화가 난 듯 항변조로 말을 하지 않았나 싶다.

〈"우리의 행동거지를 보라! (그리고) 내가 가지고 있는 인패(印牌)·의대(衣帶)·문서(文書)로서 증거로 한다면 바로 그 진위를 알 수 있을 것이다."〉

천호 등은 곧 인신 등의 물건을 가지고 오게 하여 추궁하다가 이어 말하였다.

〈"너희는 왜인으로 조선인을 겁탈하여 이 물건을 얻은 것이 아닌가?"〉

최부가 확실한 어조로 말을 했다.

〈"만약 조금이라도 우리를 의심하는 마음이 있다면 당장 우리를 북경(北京)으로 보내어 조선 통사(通事, 통역관)와 한번 말하게 하라! 진상이 곧 드러날 것이다."〉

표류에 관해 물어 볼만큼 물어보았다 싶었는지 이제는 신상에 관해서 묻는다. 물론 수차례 물어 다 알 것인데도 그들은 반복적으로 집요하게 묻는다. 굳이 내가 이글에서 최부의 이력에 대해 따로 설명할 필요가 없을 정도다.

〈"너의 성명은 무엇인가? 어느 주현(州縣)의 사람이고, 직관(職官)은 무엇이며 어떤 일을 주관하는가? 우리나라의 변경에 도착한 사정을 조목조목 쓰는데 감히 속이려 하지 마라! 우리는 그 서신(공술서)을 상사(上司)에 보고하겠다."〉

〈"성은 '최(崔)'이고 이름 '부(溥)'입니다. 조선국 전라도 나주성에 살고 있다. 두 번 문과에 올라 조정에 처음으로 관직에 나아간 지 몇 년이 안 되었습니다. 지난 정미년(1487) 가을 9월에 국왕의 명을 받들어 해도인 제주 등지에 갔다가, 윤 정월 초 3일에 부친상을 당하여 황급히 집으로 돌아가다가 풍랑을 만나 바다를 표류하여 이곳에 이르렀습니다.">

〈"부(父)의 이름은 무엇이고, 관직은 무엇이며 죽은 곳은 어디인가?"〉

〈"아버지의 이름은 '택(澤)'이고, 진사시에 합격하였으나 부모를 봉양하고자 입사(入仕)하지 않았으며, 효복(孝服, 상복)을 벗은 지 겨우 4년 만에 나주에서 돌아가셨습니다."〉

이런 식으로 같은 내용을 반복하는 심문은 지금도 쓰고 있다. 간혹 피의자들은 질문을 들어서 충분히 이해했을 텐데, 다시 말해 달라고 부탁한다. ("뭐라고요?", "네? 다시 말해 주세요!") 또 어떤 피의자는 의미 없는 반문을 한다. ("무슨 말이죠?", "누가? 내가요?", "무슨 말씀을 하시려는 거죠?") 사기꾼이나 거짓말쟁이들이 생각할 시간을 벌기 위해 이런 방법을 사용하는데 덕분에 오히려 더 빨리 거짓말을 찾아낼 수도 있다고 한다.

포커페이스는 있어도 '포커 몸짓'과 '포커 언어'는 없다. 사람도 피노키오처럼 거짓말을 할 때마다 코가 길어진다면 얼마나 간단할까? 하지만 둘 사이에도 공통점은 있다. 거짓말을 하면 사람도 나무인형처럼 몸과 행동이 어색하고 뻣뻣해진다. 코는 아니지만 자신만의 몸짓과 표정, 목소리와 이야기 속에 거짓말의 단서를 숨기고 있다. 갑자기 표정이 바뀌었는가? 목소리가 커지거나 빨라졌는가? 뭔가 "어울리지 않는" 느낌이 드는가? 경직되고 생기 없어 보이는가? 마치 탐정이 미해결 사건의 단서를 찾듯이, 작은 변화의 조짐들을 하나하나 심문자들은 거듭되는 심문으로 모아가는 것이다.

그들은 공초(供招, 심문)를 마친 후에 최부를 별관에 묵게 하고, 종자들에게 음식을 주었다. 어느 정도 심문이 끝이 난 모양이다. 그리고 그날 최부가 글에 적은 사항을 보면 지금의 주민등록증 같은 징표에 대해서 언급을 하고 있다. 세상이 틀려도 삶의 지혜는 어느 시대에든 늘 존재하는 법이다. 어디 그 말을 찬찬히 들어보자.

〈우리나라 사람으로 공적으로든지 사적으로든지 제주를 왕래하는 데에, 혹 풍파를 만나 갈 곳이 없게 된 사람을 낱낱이 다 들 수는 없습니다. 마침내 살아서 돌아온 자가 10, 100 중에 겨우 1, 2 정도입니다. 어떻게 바다의 풍파에 다 침몰당하였다고 하겠습니까? 표류하여 섬라(暹羅, 타이)·점성(占城:베트남 중남부)과 같은 섬 오랑캐의 나라에 들어간 자는 돌아오기를 다시 바랄 수 없고, 혹시 중국 땅에 표류하였더라도 역시 변경 사람에게 오인되어서 왜적으로 무고(誣告)되어 (변경 사람이) 목을 베고 상을 받는다면 누가 그 사정을 알겠습니까?

이에 우리나라도 중국의 제도에 따라 무릇 백관에게 호패·석패(錫牌)를 주어 전서(篆書)로 관직과 성명을 적어서 (다른 사람과) 다름을 나타내고, 사신을 봉(封)함에 대소와 관계없이 부월(符鉞)과 도끼를 주어 왕명을 존중케 하고, 또한 연해에 사는 사람은 비록 사상(私商)으로 바다를 지나가는 사람이라도, 모두 호패를 주어 어느 나라, 어느 주현, 성명, 어떠한 생김새와 나이를 적어서 구별하게 하고, 또 제주에는 통사 1인을 두어서 무릇 사신과 3읍 수령이 왕래할 때 항상 대동하여 다니게 하고, 나중에 있을 근심을 생각하도록 한 후에야 거의 화를 면할 수 있을 것입니다.〉

23
도저소에서 5일

윤1월 20일 심문을 하고 난 이후부터 최부에게 대하는 태도가 사뭇 다르다. 짐작하겠지만 최부가 진술한 것이 모두 사실이라고 생각을 했기 때문일 것이다. 물론 아직 '당신은 진실!'이라고 단정적으로 말을 하지는 않았다. 하지만 도저소 천호인 진화란 사람부터 최부의 상립(상을 당할 때 쓰는 모자)부터 호기심 어린 눈으로 보더니 묻는다. 해순위 천호 허청은 점심도 같이하자고 하더니만 좌중의 어떤 사람이 돼지고기도 먹느냐고 묻는데 최부는 조선의 선비답게 똑 부러지게 대답한다.

〈우리나라 사람은 부모상을 입으면 3년 동안은 어육, 젓갈, 훈채를 먹지 않습니다.〉

그러자 채소 반찬을 접대하기도 하고 허청은 햇볕이 나자 옷을 말리게도 해주고 관인부터해서 조선에 대해 궁금증이 꽤 많다. 조선도 황제라 칭하는지 관인들은 서대를 차는지 금은은 나는지 등등…. 나중 묻는 이에게 누구인지 묻자 그는 이름은 설민인데 파총관이 보내어 미리 조사하고 압송을 하는 것을 담당한다고 했다. 또 한 사람이 나서서 자기는 영파부 도사(한 성의 군정을 담당하는 관서)가 파견하여 이곳에 왔으며 이름은 왕해라고 했다.

당연히 귀가 번쩍 뜨일 최부다. 최부가 바로 물었다.

〈영파부에 하산이란 곳이 있습니까.〉

왜 물었겠는가. 그곳에서 자칫하면 사자채 군인들에게 죽임을 당할 뻔하지 않았던가. 왕해가 한 말이다.

〈내가 이 글을 가지고 가서 지부에게 알려서 조사하게 할 것입니다.〉

한낱 봉수대지만 하나를 보면 열을 안다고 최부가 예상한 대로 강성한 국가는 법과 질서가 바로 서며 인과 예로서 세상을 통치하리라 믿었던 것이 과연 하나도 틀리지 않았다. 거기에 해가 바뀌며 황제가 바뀌어 엄격해진 것도 한몫하지 않았을까. 그다음 날은 영파부에서 왔다는 왕해가 대뜸 벽에 걸린 초상화를 가리키면서 저 그림을 아느냐고 묻는다. 최부가 모른다고 답하자 그림은 당나라 때 '진사 종규'라고 말을 한다. 이에 최부는 종규는 평생에 진사가 되지 못했는데 어찌 진사라고 하느냐고 하자 좌중의 모두가 크게 웃어댔다.

이 대목은 최부의 박학다식한 한 면모를 그대로 보여주는 것으로 시사를 하는 바가 크다. 누구도 그를 얕볼 수는 없다. 종규(鍾馗)란 당(唐)나라 때 오도자(吳道子)가 그린 귀신의 이름으로 무과(武科)에 응시하여 불합격한 귀신이라 하였다. 당 현종이 아파서 누워있는데 그가 꿈속에서 작은 귀신을 물리치는 것을 보고 누구냐고 물었더니 종규란 귀신이 대뜸 종남산의 진사 종규라고 대답했다고 한다. 이후 종규는 악귀를 잡는 민간에게 신통력을 가진 존재로 받아들여졌다고 한다. 이를 제대로 안 최부가 바로 진사도 아닌데 왜 진사라고 하느냐고 한 것이고 이를 소상히 아는 게 놀라워 다들 낄낄대며 웃은 것이다. 다들 그러니 심문을 받는 상황임에도 최부에게 호감이 생겼을 것이다.

그런데 이 질문으로부터 지금의 우리로서는 얻는 게 또 있다. 그곳 사람들은 시대는 명나라 시절인데 당나라를 꼭 끼워서 말을 하고 유교만을 숭상한 조선과 다르게 앞선 글에서는 불당을 지키는 것을 보기도 하였지만, 민간신앙이나 도교도 숭상의 대상으로서 거리낌이 없다는 사실이다. 물 흐르듯 흐르는 사람 사는 이야기가 바로 역사일 것인데 역사서나 지리서 등과 같은 것에서 보다는 이와 같은 기행문이 얻는 가장 큰 수확은 바로 자연스럽게 세상물정 파악이 가능하다는 데 있다. 사기나 유사는 자기주장이 없을 수는 없어서 엄밀하게 말해 그려지는 풍광이 삶의 진솔한 수채화 느낌은 아닌 것이 사실이다. 그러기에 최부가 말하는 당시의 조선에 대한 인식이나 사물에 대한 의식은 더 객관적이고 자연스러운 그 시대를 말한다고 볼 수 있다.

아무튼, 그들의 호감을 산 최부는 실제 보지를 못하였을 뿐이지 그것만 아는 게 아니라는 듯 천태산과 안탕산이 어디쯤 되느냐고 묻기도 한다. 그 두 산은 그리 멀지 않은 곳에 있다. 이 또한 그들이 놀라워했을 것이다. 백발노인이 그 동네에 주산인 석주산을 마저 가르쳐 주었다. 최부는 이어서 북경, 양자강, 남경이 얼마나 떨어져 있는지 묻기도 한다. 그리고 말끝에 묻는 양주 땅, 이에 "양자강 북쪽에 있는데 당신이 가다가 강을 건너면 바로 양주 땅입니다." 하는 소리를 듣게 되는데 이를 묻는 것은 또 다른 이유가 있기 때문이다. 코앞인 양주 땅 그곳은 제주에서 출발하자고 안의가 꼬드길 때 왕명을 받은 조신으로써 전 정의 현감 이섬 말고는 배가 표류하거나 침몰한 적이 드물었다고 말을 한 바로 그 전 정의 현감인 이섬이 표류를 하다가 닿은 곳이 양주였기 때문이다.

이섬은 성종 14년(1483) 2월 29일에 조천관을 떠났다가 폭풍을 만나 표류했으나 다행히 중국 양주 장사진에 닿았다. 일행 47명 중 14명이 굶어 죽고 33명은 북경을 거쳐 귀환하였다. 돌아온 뒤 행록을 지어 바쳤는데 그 내용이 조선왕조실록에 남아 있다.

〈성종 14년 14-08-22[05] 천추사 박건을 따라 이섬이 돌아오니 인견하고 이섬에게 표류했던 일을 묻다. 계묘(1483, 성화 19)〉

천추사(千秋使: 황태자 축하사절단) 박건(朴楗)이 경사(京師:북경)로부터 돌아왔는데, 이섬(李暹)이 따라와서 복명(復命)하였다. 임금이 인견(引見)하고 이섬에게 표류(漂流)하였던 일을 물으니, 이섬(李暹)이 아뢰기를

"신이 정의 현감(旌義縣監)으로 있다가 체임(遞任)되어, 지난 2월 29일 본관(本館)을 떠나 바다를 가는데, 추자도(楸子島) 10리 남짓 못 미쳐서 동북풍을 만났습니다. 운무가 사방에 꽉 차고 우각(雨脚:빗줄기)이 물 붓는 것 같았으며, 노도가 산과 같아 동서를 분간하지 못하였습니다. 그래서 10일을 표류하다가 뜻밖에 중국 장사진(長沙鎭)에 정박하여 잔명(殘命)을 보전할 수가 있었으니, 오로지 이것은 성상의 은덕이 미쳤기 때문입니다." 하고 인하여 표류(漂流)했던 때의 상황(狀況)을 역서(歷敍) 하니, 임금이 말하기를 "네가 만약 글을 해득하지 못하였더라면 어찌 살아서 돌아올 수 있었겠는가?" 하고, 인하여 뒤에 다시 아뢰라고 명하니, 대개 상직(賞職)하고자 함이었다. 【원전】10집 504면 [주 D-001]〉

그는 살아 돌아온 공으로 다섯 차급이 승진되었는데 이는 당시로서는 파격적인 것이어서 비판여론이 조정에서 일어나기도 했다. 그는 훈련원의 검정과 부정을 지냈다. 그리고 그날 한 높은 관인이 오는데 앞에서 길을 인도하고 뒤에서는 옹호하여 군대의 모습이 잘 정돈되고 엄숙하게 황화관(黃華館)에 도착하였다. 이윽고 파총(把摠)으로 송문(松門) 비왜지휘(備倭指揮)를 지휘하는 유택(劉澤)이 나타났다. 그는 최부 일행을 불러 앞으로 오게 하여 위엄은 있었지만 똑같은 상황을 말하는 질문을 또 하였다.

〈"당신들은 사사로이 변경을 넘었습니다. 본래 마땅히 군법으로써 처결해야 하는데, 혹 그중 가엾고 불쌍히 여길 사정이 있나 해서 잠시 죽이지 않은 것입니다. 상국(중국)을 침범한 실제상황과 형편의 유무를

사실대로 공술 하십시오."〉

　이에 최부는 또다시 같은 말을 되풀이할 수밖에는 없었다. 특별하다면 영파부 하산에서 만난 해적과 태주부 임해현에서 6척의 어선에 군인들로부터 당한 사항 그리고 호송을 하는 과정에서 선암리에 마을 사람들이 다투어 마구 때리고 겁탈한 사항도 빠짐없이 다시 이야기를 했다. 그다음 날 파총관은 최부를 다시 불렀다. 그는 하산에서 해적을 만난 일과 선암에서 구타를 당한 일 등은 공술서에서 빼어달라고 했다.
　당연 최부는 이를 거부하였는데 그러자 황제에게 전달되는 것이니 간결해야 한다고 재차 종용을 했다. 파총관이 미리 보낸 설민이라는 자가 살짝 글을 써서 보이면서 황제께서 전일 진술한 공술서를 보시면 도적이 횡행하고 있다 여기시고 변장에게 죄를 돌릴 터이니 작은 일이 아니다. 굳이 일 만들 필요 없이 조용히 본국으로 돌아갈 것만 신경을 서야 하지 않겠느냐고 설득을 했다. 며칠 전만 해도 호되게 그들에게 당하기만 했는데 묘하게 이제는 황제가 최부 편이 되어 도와주는 듯싶다.
　최부는 해달라는 대로 고쳐 주었는데 그리고도 미진하다 싶은 사항에 대해서는 또 추가 질문을 받았다. 이를테면 군자감주부를 역임했다면서 어찌 군량의 수량을 모른다고 하는 것이냐 하는 묘한 질문을 받기도 했다. 최부는 한 달밖에 근무를 안 해서 실정을 모른다고 했지만, 이는 아마도 최부가 국가의 기밀이 알려질까 두려워 일부러 말을 피한 것인지도 모른다. 그들은 집을 떠난 것은 얼마나 되었느냐, 고향이 생각나지 않느냐 하며 최부의 속 감정을 우려낸 다음 아주 곤혹스러운 질문을 한다. 역시 지체 높은 파총관다운 심리적인 접근으로 최부의 진실을 제대로 알고자 하였다. 질문의 요지는 다음과 같다.

〈"신하가 된 자는 나라를 생각할 따름이지 집을 잊어야 합니다. 당신이 왕사(王事)로 인하여 표류하여 이곳에 도착하였으니 마땅히 충성을 해야 합니다. 어찌 갑자기 집을 생각합니까?"〉

논리적으로는 그의 말이 맞다. 그러자 최부는 답변을 다음과 같이 했다.

〈"효자의 집안에서 충신을 구한다고 하는데 돌아가신 아버지께 효도를 다 하지 못하면서 군주에게 충성한 사람이 아직 없었는데, 하물며 풍수지탄(風樹之嘆, 이미 돌아간 부모에게 효도를 다하지 못한 한탄)이 그쳐지지 않고, 해는 서산을 넘어가는데 (日迫西山) 어찌 우리 돌아가신 아버님과 슬퍼하시는 어머니를 생각하지 않을 수 있겠습니까?"〉

또 묻는다.
〈"그대 나라 임금의 이름은 무엇인가?"〉
최부는 말했다.
〈"효자는 차마 부모의 이름을 (입에) 올리지 못하는 까닭으로 다른 사람의 잘못을 들어도 내 부모의 이름 듣듯이 합니다. 하물며 신하된 자가 임금의 이름을 다른 사람과 더불어 가벼이 말할 수 있겠습니까?"〉

그러자 '요 친구 봐라. 꽤 당돌하네.' 하듯 여겼는지 다시 물었다.
〈"경계를 넘었으니(이국에 있으니) 거리낄 것이 없지 않습니까?"〉
최부가 또 답했다.
〈"나는 조선의 신하가 아닙니까. 신하 된 자가 국경을 넘었다고 자신의 나라를 저버리며 (자신의)행동을 달리하고 말을 바꿀 수 있겠습니까? 나는 그렇게 할 수 없습니다."〉

설민이 최부와 문답한 내용을 파총관에게 갖다가 주니 파총관은 고개를 끄덕이며 내일 관원을 시켜서 떠나보낼 것이니 앞길에 잃어버리는 일이 없도록 잘 챙기라는 말을 했다. 상복을 벗지 아니하면서 국가에 대한 충성을 다하는 조선의 선비가 그들도 부럽지 않았을까. 그러기에 잘 챙기라는 당부의 말도 건네는 것이 아니겠는가 싶다. 일이 잘 풀리자 그때야 이곳을 떠난다는 것을 실감한 최부인 모양이다. 그쯤 그는 안도의 마음이 들어선 지 이 글의 첫 글에서 쓴 태주 동구국에 대한 풍광을 간략히 묘사했다. 혹여 훗날 그리움으로 번지기를 바라는 마음에서 그리 써둔 것인지도 모른다.

〈태주는 옛날 동국의 땅으로서 민(복건성의 옛말) 지방의 동쪽과 월 지방의 남쪽에 있고 우두 앞바다 등지는 임해현 관할이다. 또 태주 동남방으로 가장 먼 변방에 위치하여 기후가 따뜻하고 늘 비가 와서 햇볕은 적었으니 실로 염황장려(무덥고 풍토병이 많은 곳)의 땅이었습니다. 신은 이곳에 정월에 도착을 했는데 기후는 3~4월과 같아서 보리가 이삭이 패려고 하고 죽순 싹이 한창 무성하게 크며 복숭아꽃과 살구꽃이 활짝 피었습니다. 또 산은 높고 내는 크며 수풀은 무성한 데다 인구가 많고 물자는 풍부하며 주택은 웅장하고 화려하였으니 하나의 별천지였습니다.〉

2006년도 연합뉴스에는 다음과 같은 기사가 실려 있다.
〈세계 3대 기행문의 하나로 손꼽히는 표해록(漂海錄)의 저자 금남(錦南) 최부(崔溥) 선생의 사적비가 중국 저장성(折江城) 임해시(臨海市) 도저진(桃渚鎭)에 세워졌다. 나주 출신인 최부 선생은 조선 성종 때 제주도에서 귀향 중 폭풍우를 만나 중국에 도착, 8천 리 길을 돌아 귀국한 뒤 표해록을 썼다.(연합뉴스|입력 2006. 02. 28. 15:03)〉
최부는 백발노인이 가르쳐준 높게 솟은 석주산을 한 번 돌아보며 발길을 옮겼을 것 같은데 최부가 복숭아꽃 살구꽃이 많다고 말한 대로 도저소라는 곳의 '도'자는 복숭아를 의미하는 단어를 쓰고 있으며 우리가 요즘 흔하게 항주나 계림을 가면 손쉽게 먹는 아열대성 과일들이 모두 그곳 태생임을 나는 잘 알고 있다.

＊ [민속] 중국에서, 역귀(疫鬼)나 마귀를 쫓는다는 신(神). 당(唐)나라 현종(玄宗)이 꿈에 본 형상을 오도자(吳道子)를 시켜 그린 것이라고도 하는데, 수염을 기르고 검정 관을 쓴 데다 군화를 신고 한쪽 손에는 칼을 들고 있다. 이를 문에 붙여서 악귀(惡鬼)를 막는 풍습이 당송(唐宋) 때 성행하였다고 한다. ＊

24
장보와 최부의 인연

윤1월 23일 파총관은 최부로 하여금 42인을 모두 이름을 불러 세우도록 했다. 그리고 천호인 적용과 군리 20명을 차출하여 호송을 맡겼다. 60명도 넘는 인원이 떠나는 행렬이니 그 모습은 장관이었으리라. 더욱이 최부와 그의 배리 등에게는 가마도 대령해 주었다. 그런데 호송군 중 한 사람이 병을 핑계 삼아 걸을 수 없는 척을 하자 그에게도 가마를 내주었다. 최부는 그에 대해 간교한 자라고 했다. 알다시피 호송군들은 대개 인사고과가 C 아니면 D등급인데 그자는 당연히 D등급을 받은 자로서 '양산해'란 자였다. 가는 길은 묘하게 지난번에 끌려갈 때 지나갔던 포봉리를 다시 가는바 허청과 적용이 그곳 이장을 국문하여 말안장을 빼앗은 사람을 잡아서 관사에 보고하고 말안장을 돌려받게 해주었다. 이를 보아서도 국법이 올바르게 존재하는 시대 상황임을 바로 알 수 있다.

윤1월 24일 새벽에 천암리를 지났는데 마을 서쪽에 있는 산 위쪽으로 석벽이 높게 솟아있는데 홍문처럼 보이는 동굴이 있었기 때문에 천암이라 불린다고 했다. 과연 그 동굴이 지금도 현존하는 것일까. 맞다. 현존한다. 그리고 다다른 곳, 건도소. 그곳에서 최부 일행은 건도소의 천호인 이앙(李昂)을 만났다. 천호 이앙은 체구가 장대하고 용모가 아름다웠으며, 갑옷과 무기를 갖추었다. 이앙이 이끌고 성문으로 들어갔는데 문은 모두 겹성으로 되어 있었고 고각(鼓角: 북과 뿔피리)과 총통(銃㷁, 총과 화약)의 소리는 바다와 산을 진동시켰다. 그 크고 작은 피리는 끝이 모두 굽어서 부는 사람의 미간과 눈 사이를 향하였다. 성안의 사람과 물건, 저택은 도저소보다 더 풍성해 보였다.

이앙은 최부를 이끌고 한 객관에 이르렀다. 적용·허청·왕광·왕해(玉海) 등과 건도소에 있는 그 이름은 잊었지만, 성이 장(庄)이니 윤(尹)이니 하는 성품이 중후한 노관인(老官人)과 함께 모두 탁자의 좌우에 둘러서서 표류에 대한 이야기를 나누었다. 이앙은 당(堂)에 올라 빈주의 예를 행할 것을 청하여 이앙은 서쪽 계단으로 올라가고 최부는 동쪽 계단으로부터 올라가서 서로 상대하여 두 번 절한 다음에 다과를 접대받고 또 종자들에게 술과 고기를 먹이고 자못 정성의 뜻을 보였다.

성이 윤인 노관인은 정보 등을 이끌고 사택으로 가서 음식을 먹이고, 그 처첩과 자녀들에게 예를 표하도록 하니 그 인심의 순후함이 이와 같았다. 이 정도면 후송 인이 아니라 거의 칙사 대접인 셈이다. 그런데 느닷없이 어떤 한 사람이 병오년(1486)에 등과한 소록(小錄)을 가지고 와서 최부에게 보이며 자랑을 했다. "이것은 내가 과거에 급제한 방록(榜錄)입니다."라고 하더니 방록 중에 장보(張輔)라는 2자를 가리키면서 말하기를 "이것이 내 이름이오."

라고 하였다. 그리고 또 묻기를

"그대의 나라 역시 등과한 자를 귀하게 여깁니까?"라고 하고 또 말하기를 "우리나라 제도는 초야의 선비로서 등제한 자는 모두 관에서 봉록(俸祿)을 지급하고, 문려(門閭)를 정표(旌表)하여 '진사급제 모과 모등인'이라는 글을 써서 내려준다."고 으쓱하며 말을 하였다.

그는 최부를 이끌어 그의 집에 이르렀는데, 그 집 앞 거리에는 과연 용을 새긴 석주로 2층 3칸의 문을 만들었는데 금색과 푸른 빛이 눈 부시도록 빛났다. 그 위에는 크게 '병오과 장보의 집'이라는 표액(標額)이 쓰여 있었다. 장보는 자신이 등과한 것을 최부에게 보란 듯이 과시한 것이다. 최부 또한 지지 않으려 부탄(浮誕, 경박하고 허황함)한 말로 그에게 자랑하였다. 분명 최부는 글에서 부탄(浮誕)이라고 표현을 했다. 이는 조선의 과거급제 선비로서 당당한 면모를 나타내려는 방편으로 애써 부탄이란 말을 끄집어냈음을 나타낸 말로 그의 솔직한 성격을 그대로 보여주기도 하는 것이다.

〈나는 거듭 과거에 급제하여 쌀 2백 석을 받았고, 정문은 3층이니, 족하는 나에게 미치지 못할 것입니다〉

그러자 장보가 그것을 어찌 알겠느냐고 했다. 그러자 최부가 나의 정문은 먼 곳에 있으니 보일 수가 없으나 나는 여기에 문과 중시소록이 있다고 하고는 곧 (소록을) 펼쳐 보이니 장보는 소록 중의 관직과 이름을 보고 꿇어앉아 말하기를 "내가 정말로 당신에게 미치지 못할 것입니다."라고 하였다. 이 상황에서 보듯 당시 조선이나 명나라는 제도와 관직이 성성한 짜임새 있는 사회였다.

최부가 중시소록을 지참하고 다닌다는 것이 참 이채롭고 얼마나 중시 여겼는지 알 듯도 하다.

그리고 그다음 날 윤1월 25일 이앙, 허청, 왕광 등이 배를 타고 떠나는 최부 일행을 전송하기 위해 나왔다. 드디어 월계순검사(수상한 자의 검문과 체포 등 지방의 치안을 담당하는 곳)에 이르러 짧은 교류지만 그들은 석별의 정을 나눈다. 이앙이 먼저 손을 잡고 "천 년 만에 만 리 밖에서 한번 만났다가 곧 헤어지니 다시 보지 못할 것이라"는 아쉬움을 토로했다. 그러자 최부가 말을 잇는다. 이럴 때 청산유수라 하고 말 한마디로 천 냥 빚을 갚는다는 비유를 하는 것이 아닐까. 격을 갖춘 최부의 말이 의젓하고 참 맛깔스럽다.

〈제가 올 적에는 장군께서 수백 내지 천여 명의 군인으로 성을 둘러싸 깃발이 어지럽게 펄럭이고 북소리가 요란하게 울렸으니 이는 장군께서 먼 지방 사람에게 위엄을 보이신 것입니다. 제가 사관에 머물 적에는 당에 오르게 하였는데 예절이 틀림없고 음식을 대접하는 데 뜻이 더욱 두터웠으며 마음을 터놓고 성의를 보여서 처음 보고도 옛 벗과 같이 친밀하였으니 이는 장군께서 먼 지방 사람을 관대하게 대하신 것입니다. 제가 떠날 적에는 성 서쪽까지 걸어 나오고 멀리 바다 모퉁이까지 전송하여 저를 부축하여 배에 태우고 글을 지어 작별하였으니 이는 장군께서 먼 지방 사람을 보내심이 후하신 것입니다. 서로 만난 지 하루가 못되었는데 엄함으로써 위엄을 보이고 관대함으로써 웅대하고 두터움으로써 작별하였으니 그것은 반드시 뜻이 있어서일 것입니다. (중략)

저는 조선의 신하요 장군은 천자의 지방을 맡은 신하인데 천자의 자소지심(소국을 아끼고 어루만진다는 뜻)을 체현하여 먼 나라 사람을 대우하심이 이처럼 지극하시니 이 또한 충이 아니겠습니까. 그동안의 두

터운 온정은 제가 이미 깊이 느낀 바이지만 하루도 장군 및 장, 윤 두 관인과 함께 조용히 담화하며 회포를 풀 짬을 얻지 못하였으니 백년 한평생을 만 리 밖에서 만날 수 없는 그리움이 어찌 그치겠습니까.〉

 사람의 인연, 만남이 있으면 헤어짐이 있다. 인연은 억지로 이어지거나 이루어지는 것 같지도 않다. 그들 또한, 이별을 하면서 불식 중에 그런 의미의 말을 서로 담고 있다. 만남 그리고 이별, 이에 뒤이은 회한에 덧붙여 떠나보낸 추억의 미련이 그들처럼 이 세상에는 꽤 즐비하다. 그리면서 그리움과 기다림을 낳는다. 그리움도 기다림의 한 방편이다. 어쩌면 인생의 제 빛깔이란 죽을 때까지 기다림의 미덕 내지는 미학이 아닐까. 연경을 오가던 북학파의 많은 이들도 연경을 찾아 만남의 연을 맺고 후손들도 그 뒤를 총총 이으려 무던히 애썼지만 이어지지를 못하였다.

 삶의 환경이 다르고 삶 자체가 다른데 온전한 기억의 애틋한 추억으로 남아 있기가 어디 쉬운가. 하다못해 연행록이니 조천록이니 하여 명청 시대 연경을 쉬이 오가던 사람들의 어느 우정의 정표가 지금 혹여 남아 있다면 이는 기적에 가까울 일이고 미련으로서 빚은 남긴 글 한 자락이라도 남아있다면 이는 정말 국보급 자산이 될 것이다.
 유일하게끔 추사 김정희의 세한도가 그 의미를 부여받고 있다고 할까. 그런 점에서 보자면 예쁜 기억의 기록은 소중한 가치를 갖는다. 최부는 천암리를 지나며 산 위쪽으로 석벽이 높게 솟아 있는데 홍문처럼 보이는 동굴을 보았다고 했다. 그가 글로 남긴 덕분에 우리는 지금 그 형상을 확인할 수 있다. 글이 매개체가 되어 우리와 그 석벽이 인연을 맺은 셈이다.

[穿岩] 自桃渚

최부가 적은 그대로 홍문이 난 모습이 여전하다.

 이 세상은 세월 따라 어느새 사연 담은 애틋한 인연은 물거품처럼 사라지고 추억 담긴 유물만이 남아 애타게 우리를 기다리고 있다. 그나마 유형의 것은 글로써 생기가 되살아나고 의미를 되찾는다. 인류의 역사는 인연의 연속이고 글이 역사에 미치는 의미는 실로 지대하고 전부라고 해도 가히 틀리지 않을 것이다. 역사는 시간의 자취이면서 인연의 흔적이기도 하다. 우리는 글과 형상으로서 연이 맞닿는 흔적의 면면을 살피지만 멀리 떨어진 사람 간 맺어진 인연의 종적 같은 무형은 자기 처한 삶의 환경 조건에 무수한 시간 흐름과 거리로 인하여 스스로 다시 봉합되기는 실로 어려울 것이다.
 대개는 모두 사라져 흔적조차도 남아 있지 않다. 하지만 때로는 무수히 흐르는 시공간 속에서 어느 한 가닥 푸드득 살아 남아 인연의 소중함을 일깨우는 경우도 더러 생긴다. 살다보면 때로는 기적과도 같은 일이 벌어지기도 하는 것이다. 바로 최부 선생과 장보 선생이 그렇다. 그런데 정작 그 둘은 글로써 다시 연을 맺고 그들을 추억하고 있다는 사실을 아마도 모르고 있을 것이다. 물론 지금에서 그들의 자취는 역사적인 사실로서 우선 받아들일 것이지만 그 이전 그들은 인연을 말하고 있다.

그들은 만난 인연도 기이하고 겨우 잠시였는데 그리고 주고받은 말이 고작 과거급제에 대한 짤막한 이야기였으며 시답지 않게 과거급제가 조선이 더 후하니 명나라가 더 후하니 겨누더니만 영원히 글로써 서로를 사모하고 있다. 장보(張輔)의《送朝鮮崔校理序》라는 제목의 미담의 글은 청나라 광서 년간의 '영해현지(寧海縣志)'에 그 기록이 있는데 이는 최부의 표류 사건에 대한 중국문헌의 귀중한 기록으로서 취급되고 있으며 최부의 표해록의 이 서술 내용으로 그 글이 허황되지 않은 따사로운 글이었음을 바로 알려주게도 되었다. 인연의 맥이 닿은 그 전문은 다음과 같다.

〈제목: 조선 최교리를 보내며(送朝鮮崔校理序)

글쓴 이: 장보(張輔)/작성 일자: 1488년

옮긴 이: 최현호(崔賢鎬)/1995년

출전: 중국 절강성 임해현지(臨海縣誌)

조선 홍문관 부교리인 최부(崔溥)는 자(字) 연연(淵淵)으로 왕명을 받들어 그의 나라 제주도에서 호구를 조사하다가, 부친상을 당하여 급히 배를 타고 바다를 건너 돌아오던 중 폭풍을 만나 표류하다 우리나라 건도로 들어오게 되었다. 변방을 지키던 관리가 최부에게 가서 물은즉, 최부는 그 연고를 설명하였다. 마침내 그가 인솔하였던 43명을 공관에 묵게 한 후, 번부(藩府: 지방의 軍鎭)의 조사 후 북경을 거쳐 환국하게 된다. 나의 아우인 방직(邦職)이, "오늘날 조선은 옛날의 고려로 기자(箕子)의 유허(遺墟: 남은 옛터)로 우리나라의 동번(東藩:동쪽의 제후의 나라)이다. 그 나라 사람들은 반드시 예의를 지키고 있다."라고 말하는바, 그를 찾아가 동정을 살펴보니 그의 행동이 침착하고 음성과 얼굴에는 슬픔과 근심이 어려 있었다. 환난(患難)에는 마음을 두지 않고, 상례(喪禮)를 지키고 있으니 더욱 공경하는 마음이 들었다.

그에게 "당신의 이번 행차는 이른바 동쪽에서 잃은 것을 서쪽에서 찾은 것이 아니겠소? 이 말은 비록 풍랑 때문에 돛이 꺾이고, 노를 잃은 데다 눈물과 낙담으로 어찌할 바 없이 물고기에 먹힐 것으로 여겨졌으나, 도리어 중국의 큰 모습을 알게 되었으니 이 어찌 하늘의 뜻이 아니겠소? 또한, 조선의 신하가 매년 공무로 중국에 오는데, 대개 요동의 한길을 통해 들어오기 때문에 넓은 중국의 영토(廣:동·서, 輪:남·북으로 興地廣輪之博은 영토의 넓음을 뜻함), 많은 인구(版籍은 호적, 生齒는 인구, 蕃은 繁으로 많다는 의미), 성벽과 성호(城池: 城池는 城墻과 城河(護城河, 城壕)의 의미), 예리한 병갑(兵은 兵器, 甲은 甲冑로써 병기와 갑옷을 의미), 문물의 아름다움, 고금흥망의 흔적 등을 두루 살펴볼 수 없었소. 그런데 당신은 앞으로 회계(會稽)로 올라가 전당(錢塘)을 건너고, 연능(延陵)을 따라 천참(天塹: 江河)을 건너 여량(呂梁)의 험난함을 겪고, 가풍(歌風)의 대(臺)에 올라 우뚝 솟은 태산과 공림(孔林: 곡부)의 울창한 숲을 보고, 웅장한 황도(皇都)를 보게 되니, 조선을 통틀어서 견문이 넓다고 자부하는 자라도 당신보다 앞선 이는 없을 것이거늘, 이 또한 이번 행차에서 잃고 얻음이오." (중략)〉

＊ [인터넷 교양 사회(goodsociety.pe.kr)의 표해록이란 코너에는 1995년도에 개최된 최부 관련한 학술세미나 발표 글을 모아 놓았다. 본 코너에 게시된 글

중 최현호(崔賢鎬), 당시 배화여고 교사가 쓴 글을 발췌한 것임을 밝혀 둔다. 교양사회에 모셔둔 세미나 발표문은 내게 여러모로 큰 도움이 되었다.] *

25
현재는 닝보, 명나라 때는 영파부, 송나라 때는 명주라 불린 곳(1)

영해현의 월계순 검사에 다다라 월계포에 배를 놓아두고 육지에 올라 서양령 허가산을 지나 시오포에 닿았다. 또 가다가 백교령, 진서방을 지나 영해현의 백교역에 닿았다. 그리고 동산포, 매림포, 강격령, 항공포, 해구포를 지났다. 그 중간에 큰 내 셋과 큰 다리 둘이 있었다. 밤 2시경 쯤에 서점역에 이르러 유숙하였는데 윤1월 27일 큰비가 내려 시냇물이 불어 넘쳤으므로 서점역에 하루 묵었다.

윤1월 28일 큰비가 내려 다들 주저하는데 인솔을 담당한 적용이 법령이 엄정해서 조금이라도 더디고 늦어지면 처벌을 받는다며 머무를 수 없다고 이끄는 통에 모두 따르지 않을 수 없었다. 비를 무릅쓰고 책허포, 타계령, 산황포를 지나고 또 대령 방문포를 지나 쌍계포에 이르렀다. 시냇물이 불어 넘쳤으므로 모두 옷을 입은 채 건너서 상정포 봉화현의 연산역에 유숙을 했다. 그리고 윤1월 29일 또 비가 내렸지만 큰 내를 건너 행군은 계속됐다. 허백관 금종포 남도포를 지나 광제교에 이르렀는데 다리를 지나면 그 땅이 영파부의 영역이니 그 다리는 옛날 명주였을 적 세운 것이다.

또다시 다리 하나를 지나 거룻배를 타고 석교 열셋을 지나 20

여 리를 갔는데 제방에 민가가 가득했고 서남방에 사명산이 보였다. 산의 서남쪽에는 천태산에 연해 있고 동북쪽으로는 회계산 진망산등과 연해 있으니 곧 하지장(賀知章)이 젊었을 적 머물던 곳이었다. 노를 저어 영파부성에 이르니 높은 집들이 언덕 좌우에 죽 이어져 있었고 자석으로 기둥을 만든 것이 절반을 차지하였으니 기이한 광경과 좋은 경치는 이루 다 기록할 수가 없다.

　최부가 영해현을 떠나 영파부에 이르는 여정을 그가 쓴 대로 일부러 그대로 옮겨 보았다. 솔직히 우리는 감조차 잡지 못할 곳곳으로 무감한 노릇인데 그의 세세한 기억은 참으로 놀랍기만 하다. 더욱더 경탄을 금치 못하는 것은 '영파부 하지장이 젊었을 때 살던 곳'이라 하듯 연도(沿道)의 전고(典故)를 지적하고 있다는 것이다.

　하지장이 누군지도 모를 것이 당연지사일 것인데 놀던 곳까지 세세히 알고 있는 조선 선비 최부 선생이시다. 앞서 본문 13번(표류 5일째)에서 최부는 두보를 잘 알고 있는 것 같다고 추측한 말은 역시 틀리지 않았다. 그런데 조선이나 명나라는 당 시대보다는 전 시대 그중에서도 당나라 시대를 제일 많이 찾는다. 이는 단순히 과거지사라 편해서가 아니다. 당대(唐代)에는 그 어느 때보다 많은 인물이 천하를 흔들고 또 명멸해 갔다.

　중국 역사에서 당은 세계 제국의 반열에 오를 정도의 역량과 세력을 과시한 몇 안 되는 왕조 중의 하나이기 때문이다. 그 무렵 그들은 명주로 돈을 많이 벌었고 문화도 융성했다. 국가를 받치는 힘은 당연히 경제력이나 군사력이 바탕이 되겠지만, 그 속에는 문화나 예술이 있어 그 격조를 드높인다. 시와 예술을 따르는 삶에서 술이 무르익고, 술에서 다시 문화가 형성되는 것이다. 당에서도 가장 전성기로 꼽히는 성당(盛唐) 시대, 이백과 두보가 물의 노래를 이어가는 길에 그들을 둘러싸고 있던 무리가 있었다.

비록 이들이 한 자리, 한 시기에 함께 하지는 않았을지라도 『음중팔선가(飮中八仙歌)』를 통해 세상에 나타나게 된다. 두보는 당시 장안에 머물렀던 8명의 기인을 술이라는 끈으로 묶어 내었다. 그의 술 냄새나는 모습들을 생동감 있게 묘사한 것이다. 바로 이 팔선가에 하지장이 나온다. 하지장(賀知章), 여양왕(汝陽王) 이진(李璡), 좌승상 이적지(李適之), 최종지(崔宗之), 소진(蘇晉), 장욱(張旭), 초수(焦遂)와 이백(李白)이 그들이다.

시인이자 서예가로 알려진 하지장은 태자빈객일 당시, 42세 연하인 이백을 만나게 된다. 그의 「촉도난(蜀道難)」이란 시에 반해 적선인(謫仙人-인간세상으로 귀양내려온 신선)이라 부르면서 그를 현종에게 추천한 장본인이다. 하지장은 음주팔선인 중에서 가장 으뜸인 동시에 인격적인 면에서도 앞서갔던 인물이다. 도교적인 면에 심취도 했고, 노년에 고향으로 돌아간 감회를 읊은 「회향우서(回鄕偶書)」는 도연명의 「귀거래사(歸去來辭)」와 함께 지금까지도 인구에 널리 회자되고 있다.

두보의 『음중팔선가』는 하지장이 첫 장을 장식한다. 술 취한 하지장이 말에 오르면 배를 탄 듯 흔들거리고, 눈이 어질어질해 우물에 떨어져도 그 속에서 잠잘 정도라는 것이다. 현종의 사촌인 여양왕(汝陽王) 이진은 서 말의 술을 마셔야 조정에 나가고, 누룩 실은 수레만 봐도 군침을 흘렸다고 한다. 또한, 감숙성에 있는 주천(酒泉)의 왕이 되지 못함을 한탄했다 하니 술 사랑이 얼마나 끔찍 했는지는 미루어 짐작할 뿐이다.

어린 시절 집 떠나 늙어서 돌아오니
고향 말씨 그대로인데 귀밑머리만 희어졌네

아이들은 나를 알아보지 못하고
깔깔대며 묻는구나 손님은 어디서 오셨냐구
고향 떠난 세월 오래도 되어
지금에 오니 그때 사람 절반은 떠났네
문밖의 거울 같은 호수만 그대로 넘실대는데
봄바람에도 옛날의 물결 변하지 않았구려
 - 회향우서 / 하지장

8명의 기인, 좌승상 이적지는 하루 술값으로 만전(萬錢)이나 쓰고, 고래가 모든 강물(百川)을 빨아들이듯이 술을 마시지만, 탁주는 멀리하고 청주만 좋아했다. 시어사(侍御史) 최종지는 이백과도 술과 시로 자주 어울렸는데, 우아한 미소년이었던 모양이다. 그가 잔을 들고 백안(白眼)으로 푸른 하늘을 흘겨봐도, 옥으로 빚은 나무가 바람 앞에 선 듯한 자태를 보였다고 한다. 당대의 문장가로서 불도에 심취했던 소진은 비단에 수를 놓은 불상 앞에서 참선에 들곤 하는데, 술에 취한 경우가 다반사였다고. 비단 속 부처가 곡차를 좋아한다며 대작도 마다하지 않았다.

장욱은 초서(草書)의 성인으로 석 잔 술을 마셔야 필묵을 잡았으며, 왕공들 앞에서 자신의 머리채를 먹물에 찍어 휘갈기는 이른바 광초(狂草)를 선보일 때면 구름 연기가 이는 듯했다고 그려져 있다. 초수는 백면서생 인데다 평소에는 말을 더듬어 조용히 있다가도 술 다섯 말을 마시고 나면 고담준론이 터져 나오고 논리가 정연하여 주변 사람들을 놀라게 했다 한다. 주중선(酒中仙) 이백이 저잣거리에 엎어져 자면서, 황제의 부름에도 취해서 배에 오르지 못했다는 일화는 『음중팔선가』에서도 압권이다. 이들 팔선인들은 각자의 자리에서 삶과 술을 온몸으로 보여준 셈이다.

이들의 자취 또한 주성(酒聖) 두보의 시가가 없었다면 전해지지 않았을지도 모를 일이다.

아무튼, 그런 그를 최부가 딱 찍어 말을 하니 역사는 물론 지리 학문 등 모자라고 빠질 것 없이 최부는 대단한 문사임에 틀림이 없다. 오죽하면 동방견문록과 겨룰만한 걸작이라 칭하며 -조선인 최부의《표해록》에 대한 고찰-이란 논문을 발표한 고전문학 대가(당·송 문학)인 현 중국사회과학원 문학연구소 겸직연구원이며 현 청화대학 중문계 겸직교수인 부선종(傅璇琮)은 이렇게 말했다. 그는 바로 영파 출신이다.

〈최부는 지리적인 개념에서도 아주 정통하였다. 남북의 여정을 기록한 책에서 보면 거쳐 간 도시뿐만 아니라 구체적인 도시안의 향(鄕)과 진(鎭) 등의 작은 도시들까지 언급되어 있고, 더 나아가 교(橋), 포(鋪), 문(門), 언(堰)등의 아주 작은 지명에 이르기까지 모두 기록해 놓았다. 이와 같이 상세한 지명표기는 기존에 있었던 외국인들의 중국 기행문인 일본인 원인(圓仁)의《입당구법순례행기(入唐求法巡禮行記)》, 이탈리아인 마르코폴로의《동방견문록》에서도 일찍이 찾아볼 수 없는 것일 뿐 아니라, 중국고대 기행문에서도 극히 적은 작품에서만 볼 수 있다. 그 여정의 초기인 절강 동쪽을 지날 때, 즉 봉화(奉化)에서 영파(寧波)로 갈 때 영파부(寧波府)에 도달할 때쯤에 이와 같이 적어 놓고 있다.

"허백관(虛白觀), 금종포(金鍾鋪), 남도포(南渡鋪)를 지나 광제교(廣濟橋)에 도착하였다." 또한 진사리(進士里), 문수향(文秀鄕), 연산역(連山驛) 등을 모두 이야기해 놓고 있는데, 이러한 지명을 이야기할 때도 시적 정취가 풍부하게 기록해 놓았다. 또 영파(寧波)에서 자계(慈溪)를 지나갈 때 신청교(新淸橋), 진사향(進士鄕), 석 장군 묘(石將軍廟), 경안포(景安鋪), 계금향(繼錦鄕), 개희교(開禧橋) 등등을 기록해 놓고 있다.

본인은 영파(寧波) 사람으로 20세기 90년대 중화서국 총편집을 맡은 바 있으며, 그동안 영파시(寧波市)와 은현(鄞縣)을 구분하여 중화서국에서 출판된《영파역사지리기록서》,《은현역사지리기록서》의 학술고문과 원고심사를 맡은 적이 있다. 또한 본인은 이 두 권뿐만 아니라, 당·송 문학가들의 여러 기록서, 송·원 이후의 여러 역사지리 기록서들 모두를 조사하고 읽었던 일이 있다. 그러나 이 책들 어느 것도《표해록》보다 더 구체적이고 자세하게 영파 부근의 지명을 기록해 놓은 문헌은 없었다.〉

한마디로 그 동네 사는 사람들보다도 더 소상히 알고 있으며 세세하게 기록했다고 하는 것이 아닌가. 하지만 나는 이쯤부터는 그가 적은 지명을 모두 옮기지는 않겠다. 지명도 많이 바뀌었을 뿐 아니라 설사 지명을 말한다 해도 의미가 적으며 우리와 인연이 닿지 않는다고 여기기 때문이다. 가급적 조선과 지금의 우리와 연이 닿는 여정에 대해서 말하려 한다.

26
현재는 닝보, 명나라 때는 영파부, 송나라 때는 명주라 불린 곳 (2)

나는 최부가 말한 영파라는 곳이 무척 마음에 든다. 얼마 전에 가본 강남 수향마을을 다시 보는 듯싶어진다. 비록 비는 오지만 온화한 느낌으로 다시 읽어 본다. 꿈에 그리는 한 편의 서경수필이다.

〈우두외양으로부터 서북쪽으로 연산역에 이르기까지 수많은 봉우리들이 줄을 지어 어지럽게 얽혀 높이 솟아 있었으며, 냇가에는 암벽이 얽히고 굽어져 어지러웠다. 이 강에 이르니 평평하고 넓은 들이 막힘이 없이 펼쳐져 있었다. 그러나 멀리 보이는 산은 눈썹 같았다. 강의 북쪽 언덕에 패(壩)가 설치되어 있었는데, 패는 배를 위로 끌어올려 지나가게 하는 곳이다. 패의 북쪽에 둑을 쌓고 강을 팠는데 나룻배들이 강 언덕을 둘러 줄지어 정박해 있었다.

노를 저어 영파부에 이르렀는데 성은 강을 막아 축조되어 있었다. 성은 모두 중문이고 문은 모두 중층으로 되어 있었다. 성문 밖은 중성이고 성의 주위의 해자 역시 이중으로 되어 있었다. 성은 모두 홍문이고 문은 쇠 빗장이 있었으며, 배 한 척만 드나들 수 있게 되어 있었다. 노를 저어 성안으로 들어가 상서교(尙書橋)에 이르렀는데 강의 너비는 100여 걸음쯤 되었다. 또 혜정교(惠政橋)·사직단을 지났다. 무릇 성안에서 큰 다리를 지난 것 또한 10여 개에 이상이었다.

높고 넓은 집들은 강 언덕에 줄지어 서 있었는데, 붉은 돌기둥이 거의 반 정도를 차지하고 있었다. 그 기묘함과 아름다움은 이루 말할 수 없었다. 노를 저어 북문으로 나오니 북문 역시 남문과 같았다. 성 둘레의 넓고 좁음은 알 수 없었다. 부의 치소, 영파위(寧波衛)·은현(鄞縣)의 치소, 그리고 사명역은 모두 성안에 있었다. 대득교(大得橋)를 지났는데 다리에는 세 개의 홍문이 있었다. 비가 심하게 내려 강 가운데서 정박하여 머물렀다.〉

제주도 박물관에 전시된 그림. 최부가 묘사한 영파를 그대로 닮았다.

영파부, 최부는 그곳에서 해적을 만나 목숨이 달아날 뻔하였으니 좋은 추억은 없으련만 그는 살갑게 이를 묘사했다. 영파부는 글에 있듯이 고려까지만 해도 명주라고 하던 곳인데 '명'자가 명나라와 겹치다 보니 영파로 개명을 하였다. 지금은 또 닝보로 개명을 하였다. 물을 낀 홍문 사이로 거룻배가 다니고 장사를 하며 오가는 사람들이 눈에 선한 느낌의 아름다운 곳인데 지금의 닝보는 상상을 초월할 정도로 많이 달라져 있다. 상하이 때문 가려지긴 했지만 아니 지금도 상해 출신 부자들 절반은 모두 닝보 출신들이라고 한다. 상하이에서 자동차를 타고 남쪽으로 2시간 정도 걸리는 저장성 닝보시. 중국에서도 최초로 대외에 문호를 개방한 항구도시 중 하나다. 현재 닝보가 물동량 기준으로 중국 2위, 세계 4위를 차지하는 컨테이너 항구라 하면 믿을 텐가. 그동안 상하이에 치여 한국에 제대로 알려지지 못했지만, 수심이 깊어 30만 톤급 화물선이 자유자재로 드나들 수 있는 천혜의 항구다. 경제 성장 둔화에도 계속 들락거리는 컨테이너선으로 인해 항만 근로자들은 24시간 눈코 뜰 새 없이 바쁘게 움직이고 있다. "배후에 상하이와 항저우 등 대도시를 두고 있는 데다 다른 항만으로 보내지는 환적화물로 쉴 샐 틈이 없는 것이다. 닝보는 지리적으로 가까운 곳에 있는 한국 기업들에 대한 관심은 유별나 요즘도 사업 설명회를 개최한다는 소식을 접하고는 한다. 사실 닝보는 우리와 역사의 뿌리가 깊다.

고려 시대 사신들은 닝보를 통해 당시 북송과 활발하게 교류했다. 북송은 고려에서 오는 사신들을 융숭하게 대접하고자 영빈관 격인 고려 사관을 건립하기도 했다. 이 사관은 지금도 닝보 시내 한복판에 원형 그대로 보존돼 있다. 송나라와 교류하던 고려 초기는 주로 황해도 연안의 웅진 항구에서 바다를 건너 산동성 등주나 밀주 등지로 상륙하는 항로를 이용했다. 그러다 고려 문종 28년(1074)에 사신 김양감이 거란을 피해 명주로 들어가고 싶다고 송나라에 요청하자 황제 신종이 이를 허락했다.

이후 명주는 송나라와 고려 무역의 중요한 항구로 떠 올랐다. 고려 사신은 통상 예성강에서 배를 출항해 명주로 들어갔다. 우리가 잘 아는 삼국사기의 저자 김부식도 송나라 흠종의 즉위를 축하하기 위해 명주로 들어가 수도 변주(우리는 포청천 덕에 개봉이라 해야 잘 안다. 카이펑)로 향하는 길에 금나라 군사들에 의해 차단을 당해 명주에서 머물다가 돌아온 적이 있다.

그것으로만 이름이 난 것이 아니다. 바로 최부가 헤매던 영파부 하산 근처에 보타섬이라는 곳은 절강성 주산군도에 속하는 곳으로 주산군도 1300개나 되는 섬 중의 하나로 문수보살을 모신 산서성의 오대산, 보현보살을 모신 사천성의 아미산, 지장보살을 모신 안휘성의 구화산과 더불어 중국 불교의 4대 명산이다. 요즘은 상해와 묶어서 패키지로 불교 신자들이 그곳을 드나드는 관광 코스로 유명하다. 우리의 장보고는 신라 시절의 청해진 대사이고 고대 해상왕으로서 오늘의 산동반도에 중국 땅 연해 신라방의 주축을 이루는 적산법화원을 세운 인물로 유명한데 절강 주산군도 보타산에도 신라초 기념비가 세워져 있어 사람들의 발목을 잡는다. 장보고는 필시 명주와 주산군도 쪽에서도 활동한 역사적 인물이었을 테다.

영파에 이를 무렵에는 백발노인에게 천태산하고 안탕산이 어디쯤이냐고 물었던 바로 그 천태산이 나온다. 이는 고려 시대 불교를 잘 알기 때문에 물어본 것이 아닐까 싶다. 고려 명승 의통(927~988)은 명주에 와서 불법을 전수하다가 그 시절 명주군 주사이고 고려와 친선관계를 가지고 있던 오월국 국왕 전숙의 아들인 전유치의 거듭된 만류로 귀국을 포기하고 명주에 남아 포교의 삶을 살아간다. 968년에 송나라 관리 고승휘는 의통에게 주택을 기증하여 살게 하는데 이 주택이 《전교원》이라는 사찰이고 의통은 이 사찰에서 주지로 활약한다. 982년에 송태종이 《보운선원》이란 편액을 하사하자 전교원은 보운사로 이름을 바꾸게 된다. 이 사찰의 유적지는 오늘의 녕파시 문물고고연구소에 의해 현재 녕파시 제1병원 서쪽의 거주 지역으로 밝혀져 있다.

의통은 20년간이나 명주에서 불교의 천대종 교리를 펼치다가 988년 62살에 세상을 하직했다. 또한 고려 명승이며 대각국사인 의천은 한국 불교 천대종의 시조로서 송나라에 와서 14개월이나 있으면서 항주와 소흥 가까이 천태산 불교성지, 명주 등지에서 활동한 비범한 인물이었다. 그런데 최부는 일절 이에 대한 언급이 없다. 그가 이러한 사실을 몰라서일까. 그렇지 않을 것이다. 알지만 다만 말을 안 하는 것 일 텐데 열하일기에서도 보면 청나라 황제의 만수절에 참석한 사신들에게 건륭황제가 라마승을 만나라고 하는데 기겁을 한다. 결국 만나보기는 하지만 판첸라마가 준 불상은 가져오다가 묘향산에 놓고 정조대왕을 알현한다. 조선에서는 불교를 언급할 수가 없었기 때문이다. 영파부를 지난 최부 일행은 2월 1일 자계현을 지나고 밤새 걸어 3일에는 상우현을 지나 4일 소흥부에 도착을 했다.

2월 4일 배를 저어 올라갔는데, 경호(鏡湖)의 한 지류로부터 흘러와 성을 둘러싸고 있었다. 해가 뜰 무렵에 소흥부에 도착하였고, 성의 남쪽에서부터 감수를 거슬러 동쪽으로 다시 북쪽으로 올라 창안포(昌安鋪)를 지나 노를 저어 성으로 들어갔다. 성은 수구에 해당하는 홍문이 있었는데 대개 4중으로 되어 있고, 모두 철문이 설치되어 있었다. 10여 리 쯤에 관부가 있었는데, 천호 적용이 강기슭에 인도하였다. 소흥부는 영파부보다 큰 도시였다고 최부는 적고 있다.

〈거리의 도로 또는 시정(市井)의 번성함과 사람·물자의 풍성함은 영파부보다 3배나 되는 듯 하였습니다. 총감비왜도지휘첨사(總督備倭都指揮僉事) 황종(黃宗), 순시해도부사(巡視海道副使) 오문원(吳文元), 포정사분수우참의(布政司分守右參義) 진담(陳潭) 등이 징청당(澄淸堂) 북벽에 나란히 앉아 있었는데, 무장한 병사, 태(笞)·장(杖)이 갖추어져 있었습니다.〉

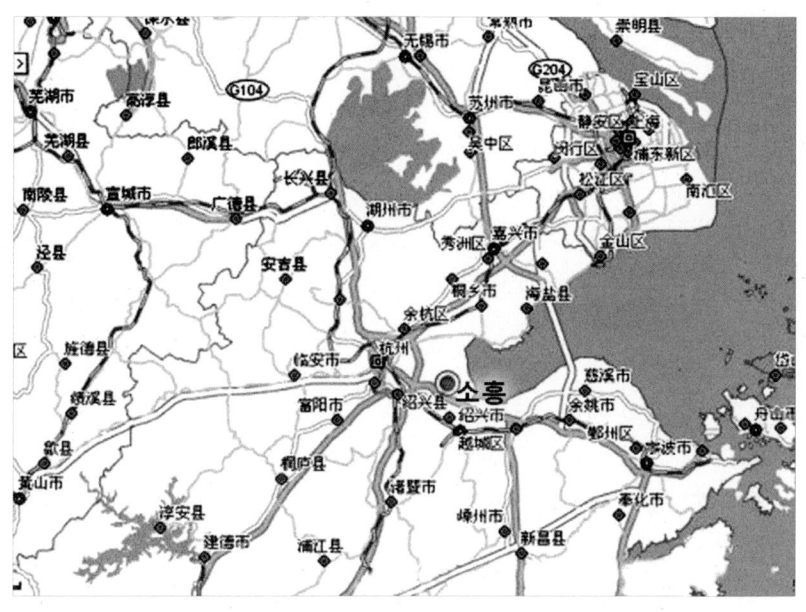

중국 소흥지도

그런 지체의 위세에 놀랄 최부가 아니다. 오히려 잘되었다 싶었던 모양이다. 지난번 진술을 다 했는데 자기들한테 불리한 사항들 일부는 빼버리지 않았던가. 그러기에 덧붙여 하산에서 적을 만난 일과 선암리에서 곤장을 맞은 사실 그리고 가지고 온 행장에 말안장 한 개를 추가하여 기재했다. 그러자 세 사상(使相)은 곧 파총관으로부터 보고된 공술서를 보여주면서 어째서 공술서의 전후가 상세하고 간략함이 서로 같지 않으냐고 하면서 공술서에 차이가 나면 벌을 받게 될 것이라고 엄포를 놓아서 할 수 없이 최부는 다시 베껴 썼다. 세 사상은 못 미더웠던지 항주의 진수태감(鎭守太監)·삼사대인(三司大人)·도사(都司 : 도지휘사사)·안찰사·포정사, 북경의 병부·예부에서 또한 재차 정황을 심문할 때 공술한 대로 대답하고, 조금이라도 서로 다르면 안 된다고 거듭 말을 했다. 그러면서 정말 조선인인지 확인하는 작업을 그들은 다시 시작했다. 아마 북경에 오를 때까지 이런 심문은 계속될 것이다.

* 우리는 2016년 13명의 여인이 집단 탈북한 저장성 닝보시 북한 식당인 류경식당 이야기를 잘 알고 있다. *

27
왕희지의 고향 소흥에서

〈당신 나라의 역대연혁·도읍·산천·인물·속상(俗尙)·제사의식·상제(喪制)·호구·병제·전부(田賦) 의관제도를 자세히 써 오시오. 그것을 여러 기관에서 대질하여 옳고 그름을 따질 것이오."〉

이에 답하는 최부의 진술서는 1488년 당시의 조선의 선비들이 생각하는 조선의 역사와 제도 그 자체이기 때문에 의미가 있을 것인데 사실 역사에 대해서는 그 역시 삼국사기와 삼국유사를 근거한 것이라 그러한지 사실 지금에서 말하는 역사 이야기와 별반 다르지는 않다. 최부의 답변을 들어 보자.

〈"연혁과 도읍에 대해 말하자면 곧 시작은 단군으로 당요(唐堯)의 시대와 같았고, 국호는 조선이며 도읍은 평양으로 대대로 천여 년 동안 다스렸습니다. 그 후 주(周) 무왕(武王)이 기자(箕子)를 조선에 봉하고 평양에 도읍하게 하니, 팔조(八條)로서 백성을 교화하였습니다. 지금 조선 사람이 예의로써 풍속을 이룬 것이 이때부터입니다. 그 후 연인(燕人) 위만이 망명하여 조선으로 들어왔는데, 기자의 후예인 기준(箕準)을 축출하니 기준은 마한으로 달아나 그곳에 도읍을 하였다. 그 사이에 혹은 구한(九韓), 이부(二府), 사군(四郡), 삼한(三韓)이 있었는데, 연대가 까마득하여 모두 다 서술할 수가 없습니다. 서한(西漢) 선제(宣帝, BC74~BC49) 때에 이르러 신라 박씨가 처음으로 나라를 세웠고, 고구려 고씨·백제 부여 씨가 서로 연이어 일어나니, 옛 조선의 땅이 세 부분으로 나뉘게 되었습니다. 신라는 동남쪽에 웅거하여 경주를 도읍으로 삼았고, 고구려는 서북쪽에 위치하여 요동과 평양에 도읍하였는데, 여러 번 그 도읍을 옮기어 그 땅을 기억하지 못합니다. 백제는 중서 남쪽에 자리 잡고 직산(稷山)·광주(廣州)·한양·공주·부여를 도읍으로 삼았습니다.

당 고종대(650~683)에 신라 문무왕이 당병과 연합하여 고구려와 백제를 멸하여 삼국을 하나로 통일하였습니다. 후에 견훤이 전주를 근거지로 반란하고 궁예는 철원을 근거지로 반란을 일으켰는데, 고려 왕씨(왕건)가 공덕이 높고 융성해서 국인이 왕으로 추대하니 궁예는 스스로 달아났고 견훤은 자진해서 투항하였습니다. 신라왕이 부고(府庫, 궁정의 문서·재물을 넣어 두는 곳)·군현을 가지고 항복하니, 다시 고려가 삼국을 통일하고 개성에 도읍 하여 역사가 전해온 지 거의 500년이 되었습니다. 지금은 역성혁명을 이루어 우리 조선이 되어 한양에 도읍하여 지금까지 100년쯤 되었습니다.

 산천은 곧 장백산이 동북에 있는데 일명 백두산이라고 하며, 횡으로 천 여리나 뻗쳐있고, 높이는 200여 리나 됩니다. 그 산정에는 못이 있는데 둘레가 80여 리나 되며 동쪽으로 흘러 두만강이 되고, 남쪽으로 압록강이 됩니다. 또 동북으로 흘러 속평강이 되고 서북으로 흘러 송화강이 됩니다. 송화강 하류는 곧 혼동강입니다. 묘향산은 북쪽에 있고, 금강산은 동쪽에 있으며 그 산은 1만 2천여 봉이나 됩니다. 지리산은 남쪽에 있고 구월산은 서쪽에 있습니다. 위에서 말한 네 산은 극히 높고 험준하며 뛰어난 경관과 아름다움을 지닌 명산입니다. 삼각산은 바로 국도의 진산입니다. 대동강·살수(지금의 청천강)·임진강·한강·낙동강·웅진·두치진(豆恥津)·영산진(榮山津) 등은 강중에서 큰 것입니다.

 인물로 말하자면 신라에 김유신·김양(金陽)·최치원·설총, 백제에 계백, 고구려의 을지문덕, 고려의 최충·강감찬·김취려(金就礪)·우탁(禹倬)·정몽주 등이 있고, 우리 조선의 인물은 일일이 헤아릴 수 없습니다. 세속에서 받드는 것은 즉 예의를 숭상하고, 오륜을 밝히고, 유학을 존중하고, 해마다 봄과 가을에 양로연(養老宴)·향사례(鄕射禮)·향음주례(鄕飮酒禮)를 행합니다. 제사의 의식은 즉 사직, 종묘, 석전(釋奠)과 여러 산천에 제사합니다. 중사(中祀)와 소사(小祀) 형벌제도는 대명률을 따르고 상제는 주자가례를 따릅니다. 의관은 중국의 제도를 쫓고 호구, 병제, 전부는 내가 유신(儒臣)이므로 그 상세함을 알지 못합니다."〉

 그의 이야기를 잠시 살펴보자. 우선 알아 둘 것은 단군이 나오고 위만조선이 나오며 조선이라 하여 평양에 도읍을 정했다는 내용이 나오는 데 역사적으로 지금 그 평양이 어디냐 하는 비정의 문제가 현재 화두가 되고 있다. 평양은 특정 지역이 아니라 수시로 옮겨 간 이름이기 때문이다. 지금의 평양은 당시 남평양이었고 원래 평양은 요동이나 북경에서 가까운 갈석산 부근이라는 설도 유력하게 제시되고 있다. 위만 조선 태생이 바로 산동성 바로 위 지역이라는 것이다. 그런데 여기서 중요한 말이 나온다. '조선 사람이 예의로서 풍속을 이룬 것이 기자를 조선에 봉한 이후라고 했다.' 이 말을 상기하고 본문을 읽어 주기 바란다. 다 이유가 있다. 아무튼, 그는 의도적으로 중국이 아파할 부분에 대해서는 약하거나 말을 하지 않았다. 수나라와의 관계나 당태종의 이야기 등 고구려에 관련된 이야기를 강하게 말을 하지 않고 오히려 한사군 설치나 중국과의 나당 연합, 주나라 무왕이 기자를 조선에 봉했다는 등의 말만을 해 그들의 환심을 사려 한 것 같은 느낌마저 든다.

고구려 장수로 유일하게 을지문덕만을 말한 것만 봐도 그러하고 고려 시대 중국이 거란을 물리친 장군인 최충, 강감찬을 일부러 내세운 것도 다 그런 것이 아닌가 싶다. 중국이나 조선이 둘 다 아픈 역사이니 원나라 침공 이야기도 하지 않았다. 하지만 요동에 대해서 그는 확실하게 알고 있었다. 백두산에서 흘러들어 간 강물이 어디로 흐르는지 그는 정확히 말하고 있다. 그런데 당시만 해도 장백산이라는 이름이 우선 한 것으로 보아 백두산이란 이름은 당시에는 별로 쓰지는 않았던 듯싶다. 그리고 지금도 설왕설래하는 백제의 도읍지에 대해 그는 직산이 첫째고 그다음이 광주 그리고 한양이라고 딱 부러지게 말을 하고 있다. 하지만 지금도 백제 도읍에 대해서는 말이 서로 엇갈린다.

그리고 기타 질문을 몇몇 하더니 총병관(總兵官) 등 세 사상은 다과를 대접하고 이내 단자(부조 등 남에게 보내는 물건의 수량과 이름을 적은 종이)를 써서 주었는데 단자 중에는 최부에게 보내는 예물이 있었다. 돼지고기 1쟁반, 거위 2마리, 닭 4마리, 물고기 2마리, 술 1동이, 쌀 1쟁반, 호두 1쟁반, 채소 1쟁반, 죽순 1쟁반, 국수 1쟁반, 대추 1쟁반, 두부 1쟁반. 또 음식과 양식 등 물건을 배리, 군인에게 차등 있게 주었다. 최부는 이에 사례의 시를 지어 두 번 절하니 세 사상 역시 일어나 공손히 하여 답례하며 물었다.

〈"그대의 사례의 시를 보니 이 지방의 산천을 그대는 어찌 (그렇게) 상세히 아는가? 반드시 이 지방 사람이 말한 것이오."〉

최부가 이에 답하였다.

〈"의지할 데도 없고 말소리도 통하지 않는데 누구와 더불어 이야기를 하겠습니까? 나는 일찍이 중국의 지도를 봐서 이곳에 이르러 억측으로 기록했을 뿐입니다"〉

최부의 유식함에 놀라고들 있다. 그런데 소흥에서 구타 사건이 벌어진다. 적용의 군리 1인이 바깥에서 김도종을 구타하여 다치게 한 것이다. 최부는 바로 총병관에게 고한다. 그러자 총병관은 구타한 자를 잡아들여 죄를 물어 그에게 장형을 가하고 또 적용에게 아랫사람을 부리지 못한 죄로써 장형을 가하였다. 최부는 아마도 앞으로의 여정을 생각하여 후송관리들과의 관계설정을 염두에 두고 과감히 고했을 것이다. 42인을 죄인 다루듯 하는 것은 묵과할 수 없으며 지금부터는 조선인으로서 떳떳한 대우를 받겠다는 것이고 최부가 처음 천호 적용을 만났을 때는 자신을 알 리 없으니 이에 열중하였지만, 해명이 다 이루어진 지금에 이르러서 그의 지위를 생각해볼 때 형평상 조선의 관리로서는 굳이 그럴 필요가 없다고 생각했을 것이다.

6일 항주에 이를 때 진수 태감은 천호 적용에게 늦게 왔다는 죄를 물어 곤장을 치기도 했다. 의지가 강하고 표리부동하지 않으며 정도가 아니면 걷지를 않는 최부는 처한 위치 불구하고 역시 변함이 없이 당당하다. 그날 최부는 다시 호수를 따라 노를 저어 성 밖으로 나가서 영은교(迎恩橋)를 지나 봉래역(蓬萊驛) 앞에 이르러 정박하여 그곳에서 유숙하였다. 최부는 이 소흥부에 대해 곧 월 왕의 옛 도읍으로 진한시대에는 회계군이었는데 절강의 동쪽 하류에 있다고 적고 있다. 소흥부역에서 서남쪽 27리 거리에 있는 난정이란 곳에 대해서도 이곳은 왕희지가 수계(물가에서 연회를 베풀던 곳)한 곳이고 왕희지의 아들인 왕자유가 동진의 조각가이자 화가인 대규를 찾아갔던 시내(소강과 여요강)가 또 여기에 있다고 했다. 참 이렇게 해박할 수가 있나 싶다. 대단한 최부 선생이시다.

나는 월나라 하면 토사구팽이 떠오른다. 문화적으로나 정치적으로 딱히 내세울 것 없는 월나라는 범려(范蠡)가 등장하여 춘추시대의 중요한 나라 반열에 들어선다. 하지만 범려(范蠡)는 대업을 이루고 권력의 정점에 오르는 순간, 친구에게 "토끼를 잡으면 사냥개를 삶아 먹게 된다(토사구팽·兎死狗烹)"는 유명한 말을 남기며 몸을 숨긴다. 그 뒤 유유자적하며 평생을 편안하게 살았다고 전해진다. 사마천의 '사기(史記)'에 등장하는 그 어떤 호걸이나 천재도 월나라의 재상 범려처럼 현명하게 처신하고 행복하게 인생을 마감한 사람은 없다.

왕희지가 수계한 곳, 난정. 왕희지가 모꼬지(놀이, 잔치와 같은 일로 여러 사람이 모임)를 한 음력 3월 3일을 중국에서는 상사절이라 하여 선남선녀들이 서로 배우자를 선택하고 가무를 즐기며 회합을 즐긴 후 결혼하는 날이 바로 상사절이다. 왕희지는 당 태종뿐 아니라 청 건륭제도 글씨에 반해 神이라는 글자를 직접 써 넣기도 했다고 한다. 그런데 여기서 믿지 못할 역사적인 사실이 하나 있다. 우리나라가 왕희지 글씨체를 갖고 있을까. 결론부터 말하면 갖고 있다. 추사 김정희는 1817년 4월 선도산 자락을 맨 처음 찾았고 그 후에도 또 들른다. 말이 그렇지 한양에서 경주까지 올 때는 그 당시는 큰마음을 먹어야 한다. 그런 그는 이미 고증과 금석에 정평이 나 있던 무렵이다. 그가 그 방면에 식견이 출중한 데는 그럴만한 연유가 있다. 1809년 나이 24세 때 동지부사인 아버지를 따라 연경을 간다. 그는 그곳에서 당대의 최고라 하는 금석학자이자 경학의 대부로 자부하는 옹방강을 만난다.

한마디로 그는 고서나 탁본 등의 청나라 최대 컬렉터이며 또한 감식가였다. 그를 대하고 돌아온 추사는 고증과 금석에 심혈을 기울이게 된다. 그로 인해 새로운 예술사조가 생겨날 정도였으니 그의 탁월함은 가히 짐작할 만하다. 한 예로 1816년 7월 그의 벗 김경연과 함께 북한산 비봉에 오른다. 비바람에 깎이어 보이지 않는 비, 당시로써는 무학 대사가 남겼다고 알려진 비였다.

이를 탁본하여 들여다본 그는 그 비가 진흥왕순수비임을 밝혀낸다. 대단한 쾌거가 아닐 수 없다. 추사는 북한산 순수비의 글자를 황초령비와 삼국사기의 기록과 비교하여 훗날 '예당금석과안록'이란 그의 대표적인 글 중 하나로 일컫는 고증학 논문을 통해 발표한다. 그런 그가 또 다른 명비를 찾아 경주로 간 것이다. 그는 내려가자마자 우선 경주 암곡동 계곡에 무장사를 찾는다. 무장사는 태종무열왕이 투구와 병기를 그 골짜기에 묻었다하여 투구 무 자에 감출 장 자를 따서 무장사라 지은 절이다. 그는 무장사 비의 동강이 난 탁본을 어디선가 어렵게 구하여 옹방강에게 보낸 적이 있었는데 옹방강은 탁본을 보자마자 이럴 수가 이럴 수가 하면서 자리에서 벌떡 일어났다. 이는 김육진이 쓴 것이 아니라 왕희지 성교서의 글씨를 그대로 본받은 유일무이하게 남은 훌륭한 비문이라고 평을 했다. 아마도 그래서 완당은 그 미련으로 깨진 파편이라도 또 있을까 해서 암곡동을 찾았을 것인데 그는 실제로 풀섶에서 꿈만 같은 남은 비편을 발견한다. 김정희 또한 그 비편을 보는 순간 아마도 이럴 수가 이럴 수가 했을 것이다. 지금 이 비편은 국립중앙박물관에 전시되어 있다.

 난정이 또 하나 유명한 것은 우리 신라 시대의 포석정 같은 이른바 "유상곡수"(물가에 앉아 술잔을 흐르는 물에 띄워 순서대로 술을 마시던 것)가 있어서다. 아마 그곳에 띄운 술은 황주일 것이다. 곳에는 유명한 술 황주가 있다. 중국 황주는 마오타이, 우량애 등 백주(白酒)에 비해 중국 내에서 상대적으로 생산이 적고 한국 사람에게도 많이 알려지지 않은 술이다. 그러나 중국은 황주를 와인, 맥주와 함께 세계에서 가장 오래된 세 가지 술의 하나로 자랑하고 있다. 소흥은 중국 황주 생산의 30%를 차지하고 있으며, 소흥에서 생산된 황주 중에서도 품질 기준을 충족하는 것만 '소흥주'라는 이름을 붙여 판매하고 있다. 소흥은 바로 범려가 활약했던 월나라의 수도로 천재 화가 서위, 중국 근대 영웅이자 문학가인 루쉰(魯迅), 현대 중국을 열었던 정치인 주은래(周恩來) 등이 소흥 출신이다. 인물이 많고 역사가 깊으니 시간의 골이 깊은 곳이다.

 루쉰(魯迅)은 중국 절강성 소흥의 부유한 집안에서 출생했다. 13세 때 학자였던 조부가 정치적인 일로 투옥되면서 집안이 몰락한다. 18세 때 남경으로 가서 수사 학당을 거쳐 철도학교에 입학하여 근대적 학문에 접한다. 당시 중국에는 근대화 정신이 널리 퍼져 있었고, 노신은 다윈의 〈진화론〉을 읽고 깊은 감명을 받는다. 그 후 관비(官費)로 일본에 유학했고 의학전문학교를 2년 동안 다니기도 한다. 의사가 되기를 원했던 그는 정신의 개조가 보다 중요함을 깨닫고 의학을 버리고 문학을 선택한다. 그는 사범학교 교장을 거쳐 교육부 관리로 일하면서 [신청년]에 처녀작인 〈광인일기〉를 발표한다.

일본의 의학교에서 유학하던 시절, 노·일 전쟁에서 포로로 잡은 중국인의 목을 일본 군인들이 자르고, 그 둘레를 가득 메운 동포 중국인들이 재미난 구경거리를 만난 듯 즐겨 하는 모습을 환등기 사진으로 접하면서 루쉰은 크나큰 정신적 충격을 받았다. 이 사건을 통해 현대 의학으로 중국인의 육체적 질병을 고치는 것보다, 중국 민중의 정신적 타락과 무기력을 고치는 것이 급선무라는 자각으로 의학 공부를 포기하고 문학을 통해 민족에 복무하기로 결심한다.

그는 정치적으로 좌파에 속한 문필가였으나, 중국 민중의 정신적 불구상태를 추호도 미화함 없이 있는 그대로 드러내는 '아Q정전'같은 작품들을 많이 써냈다. 먼저 철저한 자기 부정 없이는 그 어떤 긍정적 미래도 기대할 수 없다는 투철한 리얼리즘 정신의 반영이었다. 그런 루쉰은 우리와 연관이 있다. 상해를 간 사람들은 으레 들르는 곳이 임시정부와 윤봉길 의사가 폭탄을 던진 루쉰 공원이다. 우리는 곳을 홍구공원이라 불렀다. 홍커우 공원은 1932년 상하이 히로히토 천황 탄신일(천장절) 기념행사 때 윤봉길 의사가 폭탄을 던져 일본제국의 주요 요인들을 암살한 곳이다. 1927년 루쉰이 광저우에서 상하이로 옮겨와 생활하고 있었던 곳은 홍구공원 방의 대륙신촌이라는 곳이었고, 그는 생전에 이곳을 즐겨 산책하였다.

그로 인해 1956년 다른 곳에 매장되었던 루쉰의 관이 이곳에 이장되었고 공원 내에는 루쉰 기념관이 만들어졌다. 2년 전 이곳을 다시 찾았을 때는 또 많이 달라져 있었다. 놀이기구가 잔뜩 늘어 어린이 공원이라고 해도 틀리지 않았다. 루쉰 기념관 한편에서 사진을 찍는 관광객을 보았다. 당연히 한국 사람들인 줄 알고 다가서니 일본 사람들이었다. 그들이 흩어지고 난 그 뒤에 새겨진 돌을 보고 깜짝 놀랐다. 중일 화합의 장소, 참 아이로니컬하다 싶었다. 그곳 사람들은 윤봉길 의사에 대해 알기는커녕 위치도 거의 대부분 모르고 있었다. 요즘 청년들에게 '아프니까 청춘이다'라는 말을 많이 한다. 루쉰은 그 당시 이렇게 말했다. 청년들아, 나를 딛고 일어서라."

얼마 전인가 뉴스에서 본 내용, 루쉰(魯迅)의 서예 작품이 304만 위안(약 5억 4400만 원)에 낙찰됐다고 7일 현지 언론들이 보도했다. 지난 4일 베이징 콩스 2015 추계경매에서 가장 큰 관심을 받은 루쉰의 서예 작품 '가타(偈語)'의 거래가격은 75만 위안에서 시작해 평가액이었던 80만 위안을 순식간에 뛰어넘었다. 16자인 작품은 최종가 304만 위안에 낙찰돼 글자 당 19만 위안(약 3400만 원)으로 평가받은 셈이다. 경매 행사 관계자는 루쉰의 서예 작품의 경우 수량이 극히 드물어 수집가들에게 '봉황의 털과 기린의 뿔'에 비교된다고 전했다는데 그렇다면 왕희지 글은 과연 얼마나 될까.

28
항주의 전당강과 진주태감

〈"당신은 먼저 항주(杭州)의 진수태감·수의(繡衣)의 삼사대인이 다시 물을 것이니 일일이 밝혀서 대답하되 틀림이 있어서는 안 되오."〉

그 말을 총병관으로부터 듣고 다과 접대를 받고 최부 일행은 저 장성 소흥(紹兴: 중국말로는 샤오싱)이란 곳을 떠난다. 서쪽으로 가 운전포(韻田鋪)·엄씨정절문(嚴氏貞節門)·고교포(高橋鋪)를 지나서 매진교(梅津橋)에 이르렀다. 용광교를 지나 원사교, 백탑포를 지나 밤에 염창관 백학포 소산현 지방을 지나 서흥역에 이르니 날이 새었다. 서흥역은 문화대혁명 중에 서쪽이 흥한다는 의미가 걸려서 동방흥으로 개명했다고 한다. 긴 역사의 흐름 속에서 인간의 생각이 얼마나 어리석은가를 잘 보여주는 예가 아닐까싶다.

그리고 2월 6일 서흥역의 서북쪽은 평탄하고 넓은 즉, 전당강(錢塘江)은 조수가 밀려오면 호수가 되고, 조수가 빠지면 육지가 되었다는 곳에 이른다. 항주 사람들이 매번 8월 18일에 조수가 가장 크게 들 때, (전당강의) 파도를 구경하는 곳이다. 최부 일행은 역 앞에서 배에서 내려 강기슭에 올라 수레를 타고 10여 리쯤 가 절강에 이르러 다시 배에 올라 강을 건넜다. 전당강에 대한 그의 설명을 들어보자.

〈강물은 굽이굽이 흘러가 산을 끼고 돌아갔으며 또 (산에 부딪힌) 물결이 일 기세가 있어서 절강이라 하였습니다. 절을 제(淛)라고도 합니다. 강의 폭은 8~9리쯤 되었고, 길이는 서남으로 복건(福建)까지 직접 닿았고, 동북으로는 바다로 통하였다. 화신(華信: 동한대에 잔당을 구축한 사람)이 상하 조수를 막은 당(塘)이 있었는데, 단어취(團魚嘴)에서 범촌(范村)까지 이르는데 약 30리, 또 부양현(富陽縣)에 도달하기까지 합치면 60여 리나 되었습니다. 석축은 오히려 완고하여 새것처럼 보였는데, 그래서 또 이 강을 일컬어 '전당강'이라고 하였습니다. 그 당에 이르러 다시 연안을 따라 걸으니 서쪽으로 육화탑(六和塔)이 보였는데 강

변 가까이에 있었습니다.〉

최부가 말하는 전당강과 육화탑. 그가 말 한대로 항주에 지금도 현존하여 역사의 빛을 발하고 있을까. 지금도 항주는 전당강(錢塘江)과 서호(西湖)가 있어 늘 다습하고 운무가 자욱한 지역으로 고적과 풍과의 유명함은 날로 드높다. 전당강(錢塘江)에서 시작하여 북경까지 이어지는 '경항 대운하'가 또한 시작되는 곳이 바로 이곳이다. 안휘성(安徽省)에서 발원하여 절강성(浙江省)을 가로질러 항주를 거쳐 항주만(杭州灣)으로 흘러드는 전당강은 중국의 5대강 중 하나로 길이가 410km에 이른다고 한다. 전당강을 바라보면 웅장한 전당대교가 보이는데, 이 다리는 중국 자본으로 처음 만든 다리로 자동차와 기차가 다닐 수 있는 2층으로 만들어져 있다. 해방 전에는 중국에서 가장 긴 다리였다.

전당강 옆에는 육화탑(六和塔)이 있는데, 육화(六和)란 동서남북상하를 나타낸다. 육화탑은 항주의 월륜산(月輪山)에 있는 탑으로 겉보기에는 13층처럼 보이지만 안으로 들어가면 7층짜리 8각탑으로 높이가 약 60m이다. 육화탑은 전당강의 대역류를 막기 위해 오월국의 전홍숙(錢弘叔)이 건립한 탑이다. 육화탑 뒤에는 전국의 유명한 탑들만 모아 둔 탑 공원이 조성되어 있다. 탑 안의 가파른 계단이 있는데 위로 올라가 바로 밑으로 유유히 흐르는 전당강을 바라보면, 옛날이나 지금이나 짐을 싣고 가는 배들이 끊임없이 오가는 것이 보인다.

전당강은 최부가 말한 대로 매년 음력 8월 18일을 전후하여 바다 밀물의 대 역류가 이루어진다. 남미의 아마존강 대 역류와 비교 된다고 한다. 세계에서 조수 간만의 차가 가장 큰 곳으로 유명하다. 전당강의 입구인 항주만은 나팔 모양처럼 되어 있다. 그래서 태평양에서 밀려오는 파도가 이곳 전당강에 이르면 100여km 입구에서 갑자기 2km로 좁아지기 때문에 파도가 높고 거칠다. 이렇게 파도가 몰려올 때면 엄청난 굉음을 연출한다. 최근 태풍이 겹치면서 조수의 높이가 무려 9m에 이를 정도가 되기도 했는데 이를 구경하기 위해 모여드는 사람들도 역시 인산인해이다. 일부러 둑을 넘어 도로로 덮치는 파도를 위험스럽게도 겪어보기 위해 일부러 근처에서 구경하는 사람들도 있다.

전당강이 있는 지역을 '절강성'이라 부른다. 전당강을 일명 '절강' 또는 '지강'이라 부른다. 그것은 이 강이 갈지(之)자 모양과 같다고 해서 지강(之江)이라 부르며, 물이 꺾이다(折)에서 절(浙) 또는 제(淛)라 하여, '절강(浙江)'이라 부르는 것이다. 전당강은 돈 전, 둑 당, 가람 강이다. 최부가 말한 대로 동한(東漢) 시대 화신(華信)이 돈을 주어 둑을 쌓았다고 해서 전당강이란 이름이 붙게 되었다. 원나라 승상 백안(伯顔)이 송나라와 전쟁할 때 전당강의 대 역류가 있을 것을 모르고 전당 강 밑에 진을 치게 되었는데, 송나라 병사들은 하룻밤만 지나면 원나라의 병사들이 밀물에 휩쓸려 죽을 것으로 알았으나, 사흘 동안 대 역류가 일어나지 않았음을 말하는 역사적인 장소이기도 하다.

요즘은 바로 전당강의 이 쓰나미가 관광명소가 되었다. 바다까지는 100km 거리지만 바닷물이 불어날 때 물이 역류해서 강으로 파도가 들어오는데 항주 쪽으로 들어올수록 강이 점점 좁아져서 파도의 힘이 점점 강해져 장관을 이루기 때문에 이를 보러 날을 잡아 전국각지에서 엄청난 돈을 들여 보러들 오는 것이다. 쓰나미 구경 나갔다가 파도가 강변까지 쳐들어와서 많은 사람이 물에 떠밀려 내려가 다치기도 하고 죽는 사람이 있지만, 이 신기한 자연현상을 보려는 호기심 때문에 강변에 가는 사람은 전혀 줄어들지 않고 있다.

최부 일행은 연성사(延聖寺)·절강역을 지나 항주성 남문에 도착한다. 성은 중성에 첩문(疊門)으로 되어 있었고, 문에는 3층 누각이 있었다. (항주)성으로 들어가 문괴문(文魁門)·영순궁(靈順宮)·숙헌문(肅憲門)·징청문(澄淸門)·남찰원(南察院)·우성전(祐聖殿)·토지묘(土地廟)·지송방포(芝松坊鋪)를 지나 무림역(武林驛)에 이르렀다. 성문에서 이 역까지 약 10여 리쯤 되었다. 천호 적용은 비 때문에 하루를 쉰 것을 제외하고는 혹은 야행도 하여 천여 리의 땅을 지나왔다. 그럼에도 진수태감 장경(張慶)은 오히려 지완지죄(遲緩之罪, 늦었다는 죄목)로서 적용을 책하여 곤장을 때렸다. 이제는 불쌍해진 천호 적용이 아닐 수 없다. 동네북처럼 가는 곳마다 철퍼덕하고 얻어맞는다.

그런데 여기서 역사적으로 아주 중요한 사실이 있다. 최부는 항주에 가면 진수태감에게 심문을 받을 것을 미리 알고 떠난 길이다. 아마도 최부는 천호 적용이 곤장을 맞을 때 적용이 아파하는 모습은 제쳐두고 먼저 진수태감 장경을 유심히 살폈을 것이다. 과연 듣던 대로 그는 수염이 안 나고 중성적인 언어와 여성적인 태도를 보이는지. 이는 장경이라는 사람의 속성이 어느 문헌에 나와 있어서가 아니다. 그가 진수태감이기 때문 당연 장경을 그리 바라볼 수밖에는 없었기 때문이다. 진수 태감이란 바로 명나라 때는 환관을 말한다.

중국의 전제정치는 언제나 측근 정치가 뒤따랐다. 그 측근 정치의 주역은 외척과 환관이었으며, 특히 어린 황제가 즉위하면 외척과 환관의 발호가 심하였다. 宦官이란 거세된 남자로, 궁중이나 왕부·공부에서 일하던 자들이다. 사료에 많이 나타나 있는 명칭으로는 寺人(사인), 閹官(엄관), 太監(태감), 中官(중관), 宦官(신관), 中使(중사), 內侍(내시), 內監(내감) 등이 있다.

환관은 주나라 때부터 청 말까지 존속하였으나 중국 고유의 전유물은 아니다. 고대 서아시아 여러 나라와 그리스·로마·인도·이슬람교 국가에도 있었고, 성경에도 보이고 있다. 우리나라에서도 고려 때 중국의 환관 제도가 들어와 조선 시대로 이어졌는데, 우리나라에서는 흔히 내시(內侍)라 불렸다.

역사적으로 환관이 여러 지역에 나타나고 있었지만, 중국의 환관만큼 정치 및 사회 문화에 영향을 끼친 예는 없다. 중국의 환관 제도는 오랜 역사를 통하여 발달하여 왔다. 중국에 황제 일원적 지배가 시작된 이후 모든 국사를 총괄하게 된 황제에게는 자연 그 업무의 보조자가 필요하였고, 이로 인해 황제의 가장 측근집단인 환관이 정치에 개입하는 일이 많았다. 특히 명조는 후한, 당과 더불어 환관의 전횡과 발호가 심했던 시대로 이름나 있는데, 명대의 경우는 재상제도 폐지와 무능한 황제들의 잇따른 등극, 그리고 査察과 刑獄 등의 사법 업무를 주로 했던 특무기관의 최고 책임자로 환관이 줄곧 임용되었다는 점이 환관의 전횡을 가져왔다고 논해지고 있다.

명대에는 태조의 환관 억제 정책에도 불구하고 영락제 이후 환관의 세력이 커지고 중기 이후에는 황제의 총애와 신임을 받아 정치를 좌우하는 일이 많았다. 황제의 총애와 신임으로 인한 환관의 정치개입과 권력의 남용, 뇌물 수수와 경제 착취 등은 명 중기 이후 상품경제의 발달에도 불구하고 폐정과 사회 모순을 심화시켜 마침내 왕조 멸망으로까지 이르게 하였다.

그런데 환관이 상주하면서 군대나 지방을 감시하고 총괄하는 일은 명대만이 나타난 독특한 일 중의 하나이다. 환관이 지방이나 군대로 나가 상주하면서 관할하였던 예들이 보인다. 정화(鄭和)는 南京 영락제 시기 이후 환관의 특징 중의 하나는 군권의 장악이다. 환관이 군대를 감시하거나 지방 군대에 출진함으로써 세력을 키워나갔는데, 이런 사례가 영락제 때부터 점점 많아지기 시작하였다.

군사방면에도 이전보다 환관의 참여가 더욱 활발해졌다. 영락 3년(1405) 정화는 제1차 원정 때 대선 62척과 수행 사졸 2만 7천 8백여 명을 이끌고 나갔다. 이것은 환관이 대군을 이끌고 간 최초의 사례라고 할 수 있다. 영락 8년(1410) 환관 王安은 황제의 명을 받고 도독담청 등의 군대를 감독하였고, 환관 馬靖은 甘肅을 순시하였는데, 이것은 태감이 감군하는 선례가 되었다. 이로써 영락제 때부터 환관이 지방 군대에 출진하거나 지방을 수비하는 일을 담당하였다. 환관의 세력을 더욱 키워나가게 한 것 중의 하나는 진수태감의 출현이다. '鎭守'라는 것은 명대 무관직의 하나로, 진수장교에는 오 등급이 있었다. 鎭守, 協守, 分守, 守備, 備倭등이 그것으로, 이들은 모두 전쟁 사안에 따라 증설하였는데, 지세의 험준함과 중요성에 따라서 둔병을 두어 군위를 지키게 하였던 것이다.

진수태감은 홍희제(仁宗) 때 처음 실행되었고, 정통제(英宗,

1435~1449) 때에 두루 시행되었으며, 각 성의 여러 진에 진수태감이 없는 곳이 없었으며 가정8년 후에 혁파되었다. 진수태감은 홍희제 때 처음 실행되었다가, 선종 정통제 시기에 이미 각 지역에 두루 존재하여 지방에 세력을 펴고 있었다.

전당강의 음력 8월 18일 쓰나미.

29
항주에서 머무는 동안 1

지금까지 만난 명나라 관료 중 제일 높은 정4품의 진수태감 정강, 그의 심문은 역시 높은 등급답게 묻는 차원이 다르다. 네가 조선인이라는 것은 인정은 하는데 정말 문사가 맞는지 어디 보자 하는 식이다. 2월 7일 새벽부터 부르더니 진수태감 장경(張慶: 장칭)은 정인지 신숙주 성삼문 김완지 조혜 이사철 이변 이견기 등의 이름을 들며 벼슬을 물었다. 질문이 심상치가 않다. 어찌 이렇게 많은 조선 사신을 알고 있는 것일까.

 이들은 1450년 조선을 방문한 명나라 사절 한림원시강(翰林院侍講, 정6품관) 니첸(倪謙)을 접대하고 시를 화답한 조선고관들이다. 니첸은 귀국 후 조선기행 시문집을 엮어「요해편(遼海編, 4권)」이라는 이름으로 펴냈다. 니첸은 1439년 과거에서 탐화(探花, 제3등)로 합격한 당대 굴지의 문장가이며 이에 맞서 니첸을 능가하는 시의 세계를 펼친 정인지 신숙주 성삼문 등이 이 책을 통해 당시 중국에게 알려져 크게 감명을 준 것이다. 사실 신숙주나 성삼문은 워낙 출중하기도 하였지만, 명나라 문사들을 상대하기 전 미리 준비를 많이 한 사람들이다. 그 이야기는 나중 글의 뒤편에 나오니 참고하기 바란다. 요해편은 조선과 명간의 최초의 국제시집이며 한중문화교류를 기리는 귀한 책으로 지금 북경도서관과 국내에 1책씩 남아 있다고 한다.

 필시 장경은 요해편을 읽고 최부에게 물은 것이리라. 조선과 명시대만 해도 시를 통해 더욱 풍요한 의사소통이 이루어졌다. 장경이 조선 시를 통해 얻은 좋은 이미지 때문에 최부에게 보다 깊은 관심을 기울였을 것만 같다. 최부는 은연중 선인들의 문기(文氣)의 덕을 본 셈이다. 니첸이 조선에 다녀간 후 1633년 명나라 마지막 사절 청룽(程龍) 때까지 약 2세기 동안 명나라 사절이 올 때마다 시집을 엮어「황화집(皇華集)」이란 우호시집을 펴냈다. 황화집은 원래 외교정치의 산물이지만 시의 카타르시스를 통해 두 나라의 친선을 두텁게 하는 한편 조선의 마음과 미를 중국에 전달했고 화이관념(華夷觀念)의 그들에게 문명국 조선을 실감시킨 것이다.

 이후 청나라 때도 문사들의 인연은 줄을 이었다. 한객건연집(韓客巾衍集)은 이덕무의 청정관집 시 99 수 유득공의 가상루집 시

100 박제가의 명농초고 시 100 이서구의 강산집 시 100 수가 실려 있는데 다들 아는 조선 후기 북학파의 4대가 시집을 유득공의 숙부 유금이 초선(初選) 편집하여 중국 청나라에 사신으로 가서 그곳 문인들에게 보여주니 이조원(李調元)과 반정균(潘廷筠)이 제목과 서문을 써주어(1776, 1, 16~17) 세상에 알려지고 조선 선비들의 기개를 높인 최초의 시집으로 시마다 두 사람의 시평을 받아 가지고 와 자신감을 심어주어 이후 청나라 문인들과 교우를 나눈 책이다. 말이 나온 김에 이덕무는 기억해두기 바란다. 중국을 다녀온 그는 나중 최부 집안을 위해 큰일을 하나 한다. 끝부분에 그의 이야기가 있다.

그날 저녁 무렵에는 안찰제조학교부사 정대인이 찾아와 과거제도에 관해 물었다. 이는 최부로서는 이미 겪은 식은 죽 먹기 답변이 아니겠는가. 나는 그렇게 과거시험이 어려운 것인지 이글을 보고 처음으로 알았다. 말로만 듣던 우리 선조들의 장원급제에 대해서 표류하다가 겨우 살아난 사람에게서 듣는다니 조금은 얼떨떨하다. 헌데 그 과정을 살펴보면 그의 언변도 그렇고 글이 뛰어난 것은 조선의 과거 급제자로서는 지극히 당연한 것이란 생각을 하게 된다.

〈진사시, 생원시, 문과시, 무과시가 있고 문과 무과의 중시가 있습니다. 시험은 인년, 신년, 사년, 해년의 가을마다 유생으로서 학업에 종통한 사람을 모아서 삼장으로써 시험을 봅니다. 초장에는 의(疑: 사서의 고의를 묻는다), 의(義: 오경의 경문 가운데 어떤 문구를 출제하면 응시자는 그 속의 담긴 의리를 논술한다.), 논(論: 경의 본문을 내어놓고 해석을 가하여 입론을 하는 시험과목) 중에서 2편을 시험하고 중장에는 부(賦: 시의 일종), 표(表: 문체의 하나로 아래에서 위로 올리는 글) 기(記: 기사문 형식의 문체) 중에서 2편을 시험하고 종장에는 대책(對策: 경사와 시무 문제에 대하여 질문하면 이에 답하는 문체) 1도를 시험하여 몇 사람을 뽑습니다. 그 이듬해 봄에 합격한 사람을 모아서 삼장을 시험합니다. 초장에는 사서요경을 외우게 하고 사서삼경을 통달한 사람을 뽑고 중장에는 부, 표, 기 중에서 2편을 시험하고 종장에는 대책 1도를 시험하여 33인을 뽑습니다. 다시 그 33인을 모아서 대책 1도를 시험하여 등급을 나누는데 이를 일러 문과급제라 하며 방방(합격자에게 증서를 주는 일)을 허가하여 홍패를 내리고 화개를 주어 3일 동안 유가(풍악을 울리며 시가를 행진하는 일) 하게 된 뒤….〉

최종 33인을 뽑는 과거 시험, 난장판이라는 말이 과거시험에서 유래한 것이라면 믿을 텐가. 구름 떼 마냥 그만큼 많은 사람이 모여들었다는 과거시험인데 겨우 최종 33인을 뽑는다니 질적 수준을 알만도 하다. 한 번 되기도 어려운데 율곡 선생은 거푸 9번 장원급제를 했다니 그는 또 누구란 말인가. 조선 시대에 출제된 여러 기출문제 중 유독 내 기억에 남는 문제가 있다.
행정수도 건설 문제(출제자: 세종)
〈도읍을 두개 건설 하는 것은 어떤 뜻이 있는가?〉
독도문제(출제자: 숙종)

〈울릉도가 멀리 동해에 있는데 강원도에 속해 있다. 수로가 멀고 험해 섬사람들을 데리고 나오면서 현재 비어 있다. 요즘 일본인이 죽도(竹島)라 부르면서 백성들의 어로 활동을 금지해 달라고 요청했는데, 우리 입장을 설명해도 (일본은)들을 생각이 없다. 혹자는 장수를 보내 점거해 지키자고 하고, 혹자는 혼란을 만들지 말고 일본인의 왕래를 허용하자고 하는데, 변방을 편안히 하고 나라를 안정시킬 방도를 강구해 자세히 나타내도록 하라."〉

2월 8일 최부는 항주에서 꼭 만나야 할 사람을 아쉽게도 못 만났다. 왕제와 천량(陳梁)이 찾아와 황화집을 지은 장녕(張寧)을 아는가 하고 물었다. 장녕은 1460년 조선을 방문했다. 세조실록은 '장녕은 주는 선물을 마다해 사람들이 칭찬했다'고 그의 깨끗한 사람됨을 적고 있다. 최부는 즉석에서 황화집에 나오는 '등한강루(登漢江樓), 오율십수, 5자씩 10줄의 시)' 중 첫수의 네 구절을 바로 말해주었다.
'화사한 봄빛 파란 배에 넘실거리고/흰새 우는 모래섬 저편으로 해가 기운다/아득한 수평 위에 하늘은 닿아/땅도 어우러져 두둥실 춤을 추네(光搖靑雀舫 影落白鷗洲望 遠天疑盡 凌虛地欲浮)'

백구의 모래톱과 어우러진 봄날 한강 뱃놀이를 묘사한 구절이 잘 어우러진 생동감 넘치는 서경시다. 거침없이 뽑아대는 최부 선생, 최부가 읊은 시를 두고 두 사람은 몹시 기뻐했다. 더욱 왕제는 장녕의 조카, 천량은 장녕을 따라 조선을 다녀왔다는 사람이다. 장녕은 벼슬길에서 물러나 항주 성에서 동쪽 약 100리의 고향 가흥부 해염현(嘉興府 海鹽縣)에 살고 있었는데 얼마 전 볼일로 항주에 왔다가 표류한 조선 선비 일행이 온다는 소식을 듣고 몇 날을 기다리다 바로 전날 돌아갔다고 했다. 단 하루 때문에 이 극적인 해후는 이루어지지 못했다.

  최부와 장녕이 항저우에서 상봉했더라면 얼마나 많은 얘기가 오갔을까. 표해록의 사연도 더욱 풍요로워졌을 것이다. 두고두고 말하지만, 인연은 이루어지기도 이어지기도 쉽지가 않다. 아쉬움이 남은 채 잊는 것이 인간의 숙명이다. 소망하는 대로 다 이루어진다면 어디 인간이겠는가. 그리하여 헛헛함은 그리움이 되고 연민으로 곱게 물들어 사는 세상이 야박하다면서도 여남은 미련을 애써 미화하기도 한다. 기억의 소중함, 가흥부에 산다는 장공의 마음이 나를 애틋하게 한다. 그는 자식도 없고 병중이라고 했다. 그런 그가 백 리 길을 달려와 일면식도 없는 조선 선비를 찾는다니 그 애틋함은. 나는 그의 마음을 왠지 알 것도 같다. 젊을 적 어느 인연을 꼭 묻고 싶어서 그러했을 것이다. 늙어서 젊은 시절을 회상하는 그만한 달콤함이 또 있을까. 종래는 활기 찾던 시절을 애써 놓으며 무언의 향취로 먼 산을 바라보며 그 시절을 소복소복 그리워하는 것만으로도 어느 인연이 준 값진 선물은 제 몫과 도리를 다한 것이다. 나 역시도 그런 생각이 부쩍 드는 요즘이다.

  이 글에 나오는 여러 얘기 중에는 제례가 큰 부분을 차지한다. 부모와의 인연 그리고 이별, 연을 맺기도 어려웠지만 헤어지기도 쉽지는 않다. 이 세상에선 최부의 제례를 수용은커녕 어느 면 이해가 어려운 면도 많다. 또 그렇게 행하는 사람도 없다. 나중에 황제를 알현하면서도 상복을 벗지 않겠다고 끝까지 고집을 부리는 최부이고 돌아와서도 상중의 예에 어긋나면서 이 글을 써서 왕에게 받쳤다고 조정에서 뭇매를 맞는 최부이고 보면 융통성 하나 없는 외골수인 그와 이를 정당시하는 세상이 모두 딱하다는 생각마저도 든다. 하지만 조상들이 지키려 하고 가졌던 지극한 정성은 본받아야 한다 싶다. 아니 우리는 알게 모르게 이를 섭렵하고

도 있다.

　모든 종교가 그러하듯 인류문명에는 경이로움이나 숭배의 원형이 꼭 존재하고 이에 걸맞은 성대한 예식을 갖추고 행하였다. 정성을 다하여 섬김으로써 의지가 생기고 힘과 용기를 얻어 앞으로 나아갈 목표는 뚜렷하였으며 큰 재앙도 비키고 막았다고 믿었다. 나 역시도 제삿날 아버지를 생각하자면 그러한 의식이 우선한다. 성산할 필요 없이 소연한 예도가 우리의 생활 속에 자연스레 존재한다는 것이 나는 흡족하다. 음양오행에 따라 음식상을 차리는 순서는 까다롭지만, 이 또한 격식을 갖추는 한 절차로서는 엄격하여 의미가 있다.

　제삿날은 정하여 당신이 찾아오는 날이다. 을씨년스런 바람이 한 차례 요동치며 가냘픈 창가에 닿는다. 그때도 황량한 바람 스친 도심 끝에 자리한 북극성은 유난히 반짝였다. 당신이 계신 먼 그곳이다. 망연히 소슬한 하늘을 보다가 벽장에서 당신의 제기를 꺼냈다. 유폐되어 지낸 제기답지 않게 엄마의 굽은 손길이 닿자 금세 반지르르하다. 며느리들은 음식을 만들고 켜켜이 채워진 시간을 지닌 제기는 엄마 차지이다. 이는 참으로 잘된 일이다. 제기를 닦으며 엄마는 들릴 듯 말 듯 당신에 대해 원망을 하곤 하였다. 삭연한 말이 꽤 듣기 싫었지만 이를 말리지는 않았다. 시간은 망각이나 무뎐함을 자연스레 선사한다. 언제부터인가는 전과 달리 수도승처럼 잠잠히 목기를 닦는 엄마이다.

　아쉽게 가버린 시간과 화해를 해버렸는지 모른다. 제기를 어루만지는 모습이 병에 야윈 말년의 당신을 대하듯 한다. 오목조목 제기를 비다듬으며 간간이 한숨을 내쉬는 소침함이 꼭 그러하다. 나도 엄마처럼 한동안은 영정을 보면 눈물이 나고 무슨 소용이 있으랴 하는 허망함이 앞섰다. 하지만 이제는 예를 갖추는 형식도 제법인 제주 행세이다. 경건함은 삶의 도리를 일깨운다. 제사처럼 인륜을 자연스레 가르치는 형식은 없다. 동네마다 제사 차리는 방식이나 절차가 다르지만 섬기어 정성을 다하고 숭고한 마음을 갖는다는 제사의 의미는 같은 원형이리라. 퍼포먼스라 할지라도 상관없다. 일상에 이러한 곡진한 의식이 따스하게 존재함이 고맙다. 예를 갖추고 제기를 다시 닦는 엄마의 모습이 한결 염아하다. 나 역시도 마음이 평안하다. 이는 필시 당신이 다녀가시며 우리에게 준 마음의 선물이 아니겠는가 싶다. 당신은 늘 그렇게 가까이 계시다. 동지섣달 추운 밤이지만 오늘따라 당신이 따라 가신 북쪽에 큰 별이 유난히 총총 우리의 길을 환히 밝힌다. 그렇게 나는 또 믿고 산다. 이 마음이 비단 나뿐이겠는가.

30
'당토행정기 담론'이라는 잡설에 대하여

2월 9일, 최부에게 무척 친절한 역중의 사무를 보는 고벽은 사전에 돌아가는 사정을 모두 귀띔해주었다. 사전 최부는 자기가 귀머거리이고 장님에 가까운 실정이니 먼저 좀 알려달라고 부탁을 하던 차였고 고벽은 비밀은 지켜 달란 말을 했었다. 최부는 이 사건을 밤낮으로 달려 북경에 가 아뢰고 회신이 와야 돌려보낼 수 있다는 고복의 말로 항주에서 며칠은 묵어야 한다는 것을 미리 알고 있었다. 고복이 또 와서 해상의 군관이 보내온 문서에는 배 14척이 바다에서 약탈한다고 애초 보고가 되었기 때문 순안어사가 화가 나 아마도 그들이 처벌을 받을 것 같다고 했다. 애초 왜구로 몰아 공을 얻으려는 자들이 모두 벌을 받게 된 셈이다.

그리고 양왕이라는 책임자가 북경으로 이송하고 귀국을 시킬 것 같다고 말을 했는데 과연 포정사의 대인 서규와 안찰사부사 위복이 찾아와 돌아가게 할 터이니 걱정하지 말라는 말을 하였다. 그러자 최부는 즉석에서 시를 지어 사례를 했다. 나중 2월 12일 쯤 최부는 고벽이 고마워 무언가를 해야 한다 싶어 행장을 돌아보니 옷이 딱 한 벌 남아있었다. 그것을 주려 하자 정보가 말렸다. 그러자 최부가 하는 말이다.

〈옷 한 벌로 30년을 입은 이가 있다. 베옷 한 벌로 감당할 수 있다. 뱀과 물고기도 받은 은혜에 감격하여 이를 갚으려고 하는데 하물며 사람이야!〉

그리고는 극구 사양하는 고벽에게 옛날 한퇴지(당나라의 문학가이며 사상가로 한유를 말한다.)라는 사람은 옷을 남겨 두어 태전에게 작별을 하였으니 작별에 임하여 옷을 남겨 두는 것은 곧 옛사람의 뜻이라고 하며 옷을 건넸다. 최부가 말한 한유와 태전 선사 사이에는 유명한 일화가 있다. 한퇴지는 무당 짓거리 같은 불교를 몹시 싫어했다. 그래서 그는 기회가 있을 때마다, 불교를 반대하는 상소를 왕에게 올렸다. 학림학사라는 벼슬에 있을 때는, 불교의 사리 신앙을 헐뜯는 상소를 올려, 왕[헌종]의 노여움을 사서, 외딴곳 조주 자사로 갔다.

그 무렵 조주에는 태전(太顚, 732~824)이라는 스님이 오랫동안 축령봉에서 수행하고 있었는데, 사람들은 그를 '살아 있는 부처 생불'로 추앙하고 있었다. 한퇴지는 불교를 깎아내릴 생각으로, 태전 스님을 파계시키려는 못된 계획을 짰다. 그는 조주에서 제일 아름다운 기생 홍련을 불렀다.

"자네가 백일 안에, 태전 스님을 파계시키면, 큰 상을 내리겠다. 하지만 그렇게 하지 못하면 살아남지 못할 것이다."

재색을 겸비하고, 남자에게만은 언제나 자신이 있었던 홍련은, 태전 스님을 파계시키려고 암자로 가 문안을 드렸다. "오래 전부터 스님의 훌륭한 덕을 흠모해 왔습니다. 스님 시중을 들며 백일기도를 올리고자 왔으니 허락하여 주십시오." 태전 스님은 허락했다. 홍련은 속으로 이제 태전 스님을 파계시키는 것은 시간문제라고 자신했다. 시중을 들며 기회를 호시탐탐 엿보고 있었다. 한 달이 지났어도, 스님은 참선만 할 뿐, 홍련을 거들떠보지도 않았다. 마음이 급해진 홍련은 온갖 방법으로 스님을 유혹했다. 그러나 태전 스님은 돌처럼 꿈쩍도 하지 않았다. 홍련은 어느새 스님의 인품에 감동되어 가고 있었다. 그동안 자기가 한 행동이 어리석었다는 것을 깨닫고 부끄럽기까지 했다. 하지만 한퇴지와 한 약속을 지키지 않으면 살아남을 수가 없었다.
　마침내 약속한 백 일째 되는 아침이 되어, 홍련은 눈물을 흘리며 스님에게 절을 올리고 모든 것을 고백했다. "스님, 부디 저를 용서해 주십시오. 죽을죄를 지었습니다. 저는 조주 자사 한퇴지의 부탁을 받고 스님을 파계시키러 왔습니다. 그러나 얼마나 어리석은 생각이었는지 알게 되었습니다. 오늘이 약속한 백 일입니다. 약속을 지키지 못했으니 이제 저는 어떻게 해야 할까요?" 태전 스님은 조용히 입가에 미소를 지으며 홍련에게 말했다. "내가 아무 일 없도록 해 줄 테니 이리 오너라." 그리고 치맛자락을 펼치게 해서 먹을 듬뿍 묻힌 붓으로 다음과 같이 써 내려갔다.

　축령봉 내려가지 않기를 십 년[十年不下鷲靈峰], 색을 보고 공을 보니 색이 곧 공인데[觀色觀空卽色空], 어찌 조계의 물 한 방울을[如何一滴曹溪水], 홍련의 잎사귀에 떨어뜨리겠는가[肯墮一葉紅蓮中].

한퇴지는 홍련의 치맛자락에 쓰인 시를 읽고 태전 스님을 찾아갔다. 태전 스님이 한퇴지에게 물었다. "당신은 어떤 불교 경전을 읽으셨소?" "확실하게 읽은 것은 없소." "그렇다면 불교를 헐뜯는 까닭이 무엇이오? 누가 시켰소, 아니면 스스로 그러는 거요? 누가 시켜서 한 것이라면, 이는 당신이 주인의 뜻에 따라 움직이는 개와 같은 사람이고, 스스로 한 것이라면 이렇다 할 경전 한 줄 보지도 않고, 함부로 헐뜯는 것이니, 알 만한 사람이 자기 자신을 속이는 일을 하니 참으로 불쌍한 위인이지 않소?" 하며 한유에게 큰 가르침을 주었다고 한다. 그러해도 한유는 불교에 대한 반감은 여전하였던 모양이다. 연암의 글 구외이문에 이렇게 적혀 있다.

〈3천여 년 이래로 이런 책(불경을 말함)을 배척한 자가 한 사람뿐만이 아닐 것인데 이 책들은 필경 보존되어 있고, 또 이런 책이 있다 해서 천하가 조용하고 어지러운 데에는 아무런 관계가 없었거늘 저 한창려(韓昌黎 한유(韓愈). 창려는 자)는 맹자(孟子)가 일찍이 양자(楊子 양주(楊朱). 극단적인 이기주의자(利己主義者))와 묵자(墨子 묵적(墨翟). 사회주의(社會主義)의 선구자)를 배척함을 희미하게나마 보고 역시 도교와 불교를 배척하는 것으로써 자기의 교조로 내세웠다. 맹자의 재능이 다만 양자·묵자만을 배척함으로써 아성(亞聖 맹가(孟軻)의 별칭. 공자 다음이라는 뜻)이 된 것도 아닐 것인데, 한창려는 곧 그의 책을 불사름으로써 맹자의 뒤를 계승하려고 하였으니, 한창려는 과연 그 책을 불사를 능력이 있었는지 알지 못하겠다.〉

그 날 북경사람 이절이 찾아와 옷이 남루하고 행색이 안 좋으니 씻는 게 좋겠다고 말을 하자 최부는 부끄러웠는지 자기 몸 상태를 말한다.

〈바다에서 목구멍에서 피를 두어 움큼이나 토하고 입에는 침이 마른 지 3일이나 지나 지금은 피부가 짠물에 찌들어 벗겨졌고 발은 맨발로 험한 땅을 밟아 발톱이 빠지고 다쳤습니다. 몸과 마음이 이와 같으니 참으로 불효자입니다.〉

최부는 바로 종자들에게 명하여 각자 씻게 하고 곧이어 정보 등과 함께 양지바른 곳에 둘러앉아 먼지와 때를 씻어냈다. 그런데 그 날 이절의 벗이 소학 1부를 소매에 넣어 가지고 와서, 이절에게 부탁하여서 최부에게 선물을 주고 시를 얻고자 하였다. 그때 최부는, "공이 없으면서 남이 주는 것을 받는다면, 이것은 염치를 손상하게 하는 것(상렴, 傷廉)이니, 감히 사양합니다."라고 하며 사양을 했다.

그러자 이절이 사람이 시 한 수를 얻으려고 하는 것은 그것을 기념하고자 하였던 것뿐인데 사귀는 것을 도로써 하고, 사람을 접하는데 예로써 하면 공자도 또한 이를 받는데, 어찌도 그리도 심하냐고 하며 아쉬워했다. 그러자 최부가 다음과 같이 말을 했다.

〈"시를 짓는 것도 좋지 않고, 붓을 들어도 잘 쓰지 못하는데 좋지 않은 것으로 남의 좋은 것과 바꾸는 것은 내가 하고자 하는 바가 아닙니다. 그 사람은 책을 기꺼이 주는 것이 아니라, 뜻이 시를 얻는 것에 있다. 즉 사람을 사귀는데 도로써 하지 않고, 사람을 접대하는 데 예로써 하지 않았으니 내가 만약 한 번 받는다면, 시를 팔아서 값을 취하게 되는 것이므로 이를 물리쳤습니다."〉

이절은 그 말을 듣고 수긍한 듯 물러났고 그 날 저녁 이절은 그의 벗 김태 등 3인과 함께 와서 최부와 종자에게 음식을 대접했다. 그의 글에는 없지만 아마 그 날 저녁 친분을 쌓으며 정분을 나누고 그 덕분에 시 한 수를 받아갔을지도 모른다. 그런데 바로 최부가 시를 안 써준 이 상황을 두고 괜한 트집을 잡는 사람이 있다. 이쯤 그 이야기를 해야 할까 보다.

나중 이 글 집 끄트머리에서 논할 것이지만 최부의 표해록은 조선 시대에서 여섯 번이나 간행되었다. 그 시대에 한 저작이 이 정도로 많이 간행되었다는 것은 그 독자가 얼마나 많았는가를 말을 해주는 것이다. 지금은 중국, 한국, 일본, 미국에서 전부 이 책의 번역본이 간행되었다. 각국의 학자들은 일제히 최부 표해록을 주제로 한 연구를 진행하고 있으며, 일부는 이를 박사, 석사 논문 제목으로 하고 있다. 나 역시도 여섯 편 정도 논문을 훑어보며 이 이야기를 이끌어가고 있다.

국내는 차치하고 반도 밖에서 최부 표해록에 대한 소개와 연구 상황을 보면 일본이 가장 빠른 셈이라고 할 수 있다. 일찍이 명화 6년(1769)에 학자인 청전군금(淸田君錦)이 최부의 표해록을 일문으로 번역하여「당토행정기」로 개명하였을 뿐 아니라 자신의 사관에 따라 이 책을 평가, 소개하였다. 일본에서는 최부의 표해록 일어판이 출판된 후, 또 최부 보다 52년 뒤늦게 명나라에 들어온 책언주량(策彦周良)이 입명기(入明記)를 저술, 출간하였는데 이는 일본인이 중국을 이해하고, 명나라 역사를 연구하는데 필독 참고서가 되었다. 일본 사학가이며 전 경도대학 인문과학연구소 소장인 목전체량(牧田諦亮)교수가 1959년에 편찬한「책언입명기 연구」에 최부 표해록을 수록하여 중국 상황을 기록한 동시대의 2부의 고서를 함께 묶어 놓아 검증과 대조에 편의를 제공해 주었다.

그런데 문제는 '당토행정기 담론'이라 하여 글의 평가에 있다.

아마도 임진왜란 때 간행물이 건너가 이를 보고 쓴 것 같은데 당토행정기를 쓴 청전군금은 현(絢), 자는 원염(元琰), 담유 또는 공작루주인(孔雀樓主人)으로 경도(京都)의 유명한 유학집안 이등용주(伊藤龍州, 본성은 淸田)의 3남으로 중국 역사에 뛰어났으며, 사마광의 자치통감을 13번 읽고, 비평하기를 좋아하여 만년에 「자치통감비평」을 내놓기도 했다는 자로 내가 보기에는 공부가 전혀 이롭지 않은 결과를 낳은 허황된 사람으로만 보인다. 아무튼 그는 번역을 하면서 왜구라는 말을 적절히 바꾸었다. 이를테면 이러하다.

표해록의 본문(윤정월 19일)에, "예로부터 왜적이 여러 번 우리 변경에 침입하여 약탈하였기 때문에 국가는 비왜도지휘, 비왜파총관을 설치하고 왜에 대비하고 있다. 만약 왜인을 잡으면 모두 선참후계한다."는 기록을 당토행정기 (권2)에서는, "예로부터 해적이 우리나라 국경을 여러 차례 위협했다. 그러므로 위로부터 법도를 정하시고 만약에 해적을 잡으면 다 베어버리고 후에 상주했다"로 기록했는데, 왜라고 쓰여 있는 부분을 적이라 고치고 비왜도지휘 등의 관을 기록하지 않아 강호 시대의 문인으로서 "왜"라는 글자에 대해 질색을 한 것이 나타나 있다. 도둑이 제 발이 저리니 그런 것도 같은데 누가 왜놈이 아니라고 할까 봐 아무튼 거기까지는 좋다.

장보라고 하는 사람이 병오년 등과소록(헌종 성화 22년 1486년에 등과한 자들의 일람표)의 자기 이름을 가리키며 자랑을 하는 대목을 기억할 것이다. 최부는 장보의 안내로 그의 집에 가본 즉, 용을 새긴 2층 3문의 석주가 세워져 있는 눈이 부실 정도의 금박으로 "병오과장보지가"라고 크게 써 놓았다. 그걸 보고 최부가 그에게 질세라 자신은 두 번이나 급제했고, 매년 쌀 200석을 하사 받으며 정문은 3층이라고 허황된 말로 과장했다고 적었다. 그 대목에서 일부러 「부탄지언(浮誕之言)」이라고 밝히는 것은 실제에도 쌀 200석도 받지 못하면서 장보와 대항하기 위해 억지 말을 했다는 것을 뜻한다. 이 표해록이 성종에게 바치는 중국 표류의 보고서인 것을 감안하면 부탄지언도 이해된다. 그런데 淸田君錦은 이 부탄지언에 구애되어 7행에 걸친 『考』를 남겼다.

〈"매년 쌀 200석을 받는 것이 과장된 거짓말이라면 조선의 봉록을 받는 관리의 봉록이 빈약한 것은 말할 나위도 없다. 대일본에는 2,000석 이상의 신하가 수천인, 만석 이상의 신하가 수십 인이라는 사실을 모르는가. 또한, 제후의 신상은 어떠한가. 사실을 말해도 그들은 우리나라 사람들이 과장했다고 생각한다. 말하자면 하충(夏蟲)에 얼음 이야기를 하는 것과 같다. 무릇 천지간에 우리 대일본에 필적할 만한 나라는 결코 없다는 것을 알아야 한다."〉

한마디로 말해 임진왜란을 겪은 이후 조선에 대해서 거꾸로 얕보는 태도가 행정기 속에는 깔려 있다. 거기에 이를 옮긴 현세의 일본학자는 한 술을 더 떴다.

〈마침 군금이 태어난 향보4년(享保·1719)에 덕천 8대 장군인 길종(吉宗)의 장군 세습을 축하하기 위해 파견된 조선통신사 475명 중 유일한 제술관(製述官)으로 수행했던 신유한(申維翰(1681~ ?)이 261일간의 일본 여행기로 잘 알려진 「해유록(海游錄·평범사 동양문고 252, 강재원 씨 역주)」에는 조선인의 일본관을 엿볼 수 있는 기록이 있다. 군금이 문제로 삼았던 봉록에 관해서도 신유한은 일행의 중요한 숙박지에서 반드시 번주의 봉록액을 기록했다.

예를 들면 복강의 태수원선정(太守源宣政·黑田宣政)은 식록(食祿)

52만 석, 적간관(赤間關)의 태수원길원(太守源吉元·毛利吉元)은 식록 35만 9천 석으로 기록했으며 또 광도성(廣島省)을 다스리는 태수원길장(太守源吉長·淺野吉長)은 42만 6천 석, 비전(備前)의 태수원계정(太守源繼政·池田繼政)은 31만 5천 석, 또 근강수산(近江守山)에 판창근강수원중치(板倉近江守源重治)는 50만 석으로 적혀 있다.〉

이런 식으로 일본이 부자 나라인 것을 조선 관리도 잘 알고 있지 않은가 하는 식으로 눙쳐서 기술을 한 것이다. 그리고 2월 9일 최부가 북경인 이절의 친구인 어떤 사람이 면회하러 와서 주희의 「소학」한 권을 소매 속에서 꺼내어 주며 시 한 수를 원했으나 거절한 일에 관해서 淸田君錦는 『考』에 이렇게 또 쏘아대고 있다.

〈최부가 그 사람에게 시를 지어주지 않은 것에 대해서 "최부가 이것을 취급하는 태도가 좋지 않다. 곳곳에서 음식이나 재보를 선물하면 받으나, 그냥 서적을 선물하면 받지 않는다. 물건을 받은 답례로서 관리에게는 부탁을 받지 않아도 시를 만들어 증정하면서 여기에서는 실례가 된다고 하여 시를 짓지 않았다. 지나치게 저속하다." 최부가 어린아이의 학문과정이나 수신, 일상도덕에 관한 기록인 소학 등에 흥미가 없어서였을까. 완고하게 받지 않고 시도 지어주지 않은 것은 군금이 말한 것처럼 약간은 시종일관하지 않은 점이 있다.〉

괘씸하기 이를 데 없는데 화를 돋우는 더한 이야기도 있다. 앞으로 나올 여정 속에 있는 이야기인데 표해록 권 2, 홍치원년 2월 17일(당토행정기 권3) 소주에 머물고 있을 때 왕, 송이라는 두 사람이 예빈관에 찾아와서 문답을 주고받는 기록이 있다. 그중 수, 당의 대군을 고구려가 물리쳤던 일을 거론하여, 어떤 비결이 있어 대군을 물리칠 수 있었는가를 묻자, 최부는 모신, 맹장이 있어 용병술이 뛰어났으며 병사 모두가 나라를 위해 죽는 것을 기꺼이 여겼기 때문이며 이제 고구려, 백제, 신라가 통일되어 물자가 풍부하고 땅은 넓으며 부국강병을 할 뿐 아니라 충신과 인재가 그 수를 헤아릴 수 없습니다. 라고 대답을 한다. 이것에 대해 군금은 『考』에서, 다음과 같이 평가를 했다.

〈"임진왜란 때 우리 병사가 한번 들어가면 8도는 연기가 되었다. 충심이 깊고 지력이 있는 士들은 어느 바위 동굴 속에 도망쳤는가. 우습다. 그러나 이국에 가면 본국을 자랑스럽게 말하는 것이 도리니까, 최부의 대답을 책망할 필요는 없다."-당토행정기 담의(談義)/牧田諦亮/전 쿄토대학 교수/ 神田喜一郎 선생 추도 중국학논집(1986)/ 갈진가 편저 「최부표해록 연구」(1995)-〉

나는 일본의 우파라 하는 사람들의 경거망동이 어제오늘의 일로만 생각했는데 그 뿌리가 깊음을 오늘에야 비로소 알았다. 애써 쓴 글을 담론이라는 명분으로 비아냥을 일삼고 이도 모자라 문인으로서는 참혹하다 할 일차원적인 국가 우위론을 앞세워 글을 파악하려 들다니. 한유에게 큰 가르침을 준 태전 스님 말이 다시 떠오른다. "누가 시켜서 한 것이라면, 이는 주인의 뜻에 따라 움직이는 개와 같은 사람이고, 스스로 한 것이라면 이렇다 할 경전 한 줄 보지도 않고, 함부로 헐뜯는 것이니, 알 만한 사람이 자기 자신을 속이는 일을 하니 참으로 불쌍한 위인이지 않겠는가."

최부는 왜 시를 안 써준 것일까. 다시 한 번 생각해 본다. 우리는 최부가 도저소에서 서생인 노부용을 만났을 때 "시사는 곧 경박한 자가 자기 풍월을 조롱하는 밑천으로 도를 배우는 독실한 군자가 할 바가 아니오. 우리는 격물치지 성의 정심으로 학문을 삼고 있으며 그 시사를 배우는 것에 뜻을 두지 않소. 혹시 어떤 사람이 먼저 시를 읊으면 화답하지 않을 수 없을 뿐이오." 라 말한 대목을 상기할 필요가 있다. 사실 그는 상을 당한 처지로 풍류를 말할 처지가 아니다. 하지만 관용을 베푼 사람들로서 포정사의 대인 서규와 안찰사부사 위복에게는 답례로 시를 지어주기도 한다. 시를 잘 모르는 성심을 다한 고벽에게 옷 한 벌 남은 것마저 주는 것에서 보듯이 이는 어디까지나 문사로서 선처에 대한 최대한의 예를 다한 것이다. 풍류를 즐길 수 있는 처지가 아닌 그로서는 누군지도 모르는 사람에게 선뜻 시를 써 준다는 것은 아주 경박한 행위로 생각했던 것이다. 그럼에도 그는 결국 이절의 친구들과 어울려 저녁을 같이하지 않았던가. 그런데 이 책을 가져다가 번역을 하고 제목도 바꿔 글 집을 만든 일본에 작자의 평은 상상을 초월한 아연실색할 말의 횡포다. 지금도 마찬가지인 일본이지만 참 어이없는 열등의식 많은 종자들이다.

31
항주 소주 그리고 경항 대운하

2월 10일, 늘 친절하게 알려주고 안내도 해주는 고복이 본국으로 돌아갈 것이 거의 확실하게 되자 이제는 갈 여정에 대해 당부의 말을 하였다. 그의 말을 들어보자.

〈"당신은 경사(북경)로 가는데 앞길을 모르면 안 되오. 우리나라의 소주(蘇州)·항주와 복건·광동(廣東) 등의 지역에서는 바다를 다니며 장사하는 사선이 점성국(占城國, 베트남 중남부), 회회국(回回國, 중앙아시아의 투르키스탄 지역) 지역에 이르러 홍목(紅木)·호초(胡椒)·번향(番香)을 수매하느라 배가 끊이지 않지만 열이 가면 다섯이 돌아오게 되니, 그 길은 결코 좋지 않소. 오직 경사로 가는 하로(河路)는 아주 좋소. 이런 까닭으로 유구(琉球)·일본(日本)·섬라(暹羅, 태국)·만랄가(옛날 말레이반도 서북쪽 나라) 등의 나라에서 공물을 진상할 때 모두 복건포정사에서 배를 정박(조공로)한 뒤 이 항주부에 이르게 되고 가흥을 지나 소주에 도착하오. 천하의 사(紗)와 라(羅) 단필과 여러 가지 보화는 모두 소주로부터 나오게 되오.

소주로부터 상주(常州)를 지나면 진강부(鎭江府)에 이르러 양자강을 지나게 되는데 강은 항주부로부터 천여 리나 떨어져 있소. 그 강(양자강)은 물결이 매우 세차고 험악하여 풍랑이 없어야 비로소 건널 수 있을 것이오. 이 강을 지나면 바로 경하(京河)에 다다르게 되는데 운하로 거의 40일 정도 걸리오. 당신들은 봄을 만난 것이 다행이오. 만약 여름이었다면 찌는 듯한 더위와 숨 막힐 것 같은 열기로 병이 생길 것이니 어찌 갈 수 있겠소. 또 산동(山東)·산서(山西)·섬서(陝西)의 세 포정사에서는 해마다 가뭄으로 인하여 황폐되어 사람이 인육을 먹고, 백성은 각각 그 거처할 곳을 잃었소. 양자강을 지나 천여 리를 가면 곧 산동 지방에 도달하게 되니, 당신들은 스스로 살피는 것이 좋을 것입니다.〉

아마 최부도 항주의 번영에 대해서는 익히 알고 있었을 것이다. 하늘에는 천당이 있고 땅에는 쑤저우(蘇州)와 항저우(杭州)가 있다."이 속담은 11세기부터 민간에 널리 전해져 오늘날까지도 심심치 않게 사용된다. 강남의 쑤저우와 항저우는 지상의 천당이라는 의미이다. 지금도 중국에서는 정치의 중심을 북경을 경제의 중심지로 남경을 드는 사람들이 많다.

쑤저우(소주)와 항저우(항주)가 왜 천당에 비교되는 것일까? 이것은 송대의 경제발전, 특히 농업 생산력의 증대와 긴밀한 관련이 있다. 송나라 때 '소호숙 (蘇湖熟) 천하족 (天下足)' 즉 강남 지역인 소주와 호주의 풍년이 들면 천하가 충족한다는 속담이 있다. 명나라 때는 천하의 세금의 절반가량을 남경을 비롯한 항주 소주 등지에서 부담했다. 송나라(960~1279)는 우리나라의 고려 전기에 해당되는 데, 이 시기 중국의 경제는 이전과 비교할 수 없을 정도로 발전하였다. 오늘날의 역사학자들은, 송대에 농업혁명과 상업혁명이 발생하였다고 말한다. 송대의 농업 발전을 단적으로 상징하는 것이 강남 일대의 농업 생산력 증대였다. 양쯔강 델타 지대의 벼농사 기술 수준이 높아지면서, 강남 지방은 중국내 최고의 곡창지대로 발돋움하였다. 풍요로운 강남 지방의 중심 도시 항저우와 쑤저우는 그래서 지상의 천당이라 불렸다.

남송덕우 원년(1275년)에 항주의 인구는 이미 100만 명을 넘어섰다고 한다. 13세기 이탈리아 베네치아 출신인 마르코폴로는 (1254~1324)는 북경에 들어와 원 세조 쿠빌라이(1260~1294)를 섬기다가 17년 동안의 생활을 청산하고 고국으로 돌아가던 중

항주에 들른다.

〈상고가 다른 지방으로부터 견포를 수입해 오는 외에 항주 소속의 토지에서도 견포를 산출하는 양은 막대하다. 많은 백성은 항상 견포를 동여매고 있다. 이것은 지방에서 행하는 수공업 중에 다른 지방보다 뛰어나고 교묘해 널리 세상에 수급되는 것에 12종류가 있다. 한 종류마다 공장 수가 1,000곳이나 된다. 한 공장마다 직공을 10인, 15인, 혹은 20인, 드물게는 40인을 사용한다. 모두 고용주에게 복속된다.-동방견문록 중에서-〉

이후 명(明) 제국의 선진 경제 지역은 이른바 요즘 서울의 「강남」과도 같았다. 강남의 대표 도시가 항주다. 최부가 본 때보다 90년 뒤인 1578년 통계를 보면 저장성의 인구밀도는 전국 1위, 농지면적은 강남지역이 전국의 4분의 1, 농세는 전국의 45%를 차지했다. 풍요한 농업생산을 바탕으로 비단, 면 포, 도자기, 차, 제지, 잡화 등 각종 수공업과 유통업이 발달해 명제국 초기 자본주의의 견인차 구실을 했다.

사람들은 압도적인 이문화(異文化)를 만나면 보통 두 가지 패턴으로 대응한다. 거부감으로 외면하거나 아니면 현실의 도전을 관념으로 극복한다. 뒷날 조선조 선비들이 중국이나 일본에서 새로운 상품과 문화를 만났을 때 거의 모두가 성리학적 정신주의로 도피, 겨우 18세기에 이르러서야 실학의 고고(呱呱)한 소리를 듣게 된 것도 이 때문이다. 최부는 일찍이 체험하지 못한 경이로운 세계와 조우했다.

최부는 실사구시의 정신으로 몸소 경험한 상품·도시문화를 정밀하게 관찰하고 낱낱이 기록 「표해록」을 파란만장의 이야기책으로서뿐 아니라 조선이 부강한 나라가 되기를 바라는 차원에서 「경세(經世)의 서(書)」로 부각되기를 바랐던 것이 아닌가 싶다. 곳곳에 그런 흔적이 엿보인다. '사람들은 거의 상업에 종사하며 고관대작이라 할지라도 소매 속에 저울을 넣고 다니며 푼돈까지 따진다.' 명의 선진적 상품경제를 그가 요약한 대목이다. 명제국의 행정 군사 지리 경제 풍속 등에 관한 최부의 다양한 관찰과 서술은 꼼꼼하고 자로 잰 듯 정확해 마치 정교한 5만분의 1 지도를 보는 느낌이다.

소주의 비단은 지금도 알아준다. 나 역시 항주에 들를 때 비단부터 알아보았다. 최부도 소주의 사라단필(紗羅段匹)이라 말하지 않았던가. 보통 실크로드 시작하는 길을 보통 서안으로 잡는 데 그렇지가 않다. 실크로드 길은 소주에서 잔뜩 비단을 싣고 경항대운하를 거쳐 뭍에 올라 시안으로 향했다. 남선북마란 말이 있다. 중국의 남쪽은 강이 많아서 배를 이용하고 북쪽은 산과 사막이 많아서 말을 이용한다는 뜻으로 고대 중국의 교통체계를 나타내는 말이다. 중국의 화남(華南)지방은 양쯔강(장강)을 비롯하여 수량이 풍부한 하천이 많아서 수로를 이용해 사람의 왕래와 물품의 운송이 활발하였다.

이에 비해 화북(華北)지방은 산과 사막이 많고 강수량도 적어서 육로를 이용한 거마(車馬)가 주요 교통수단이었다. 삼국지에 유비가 감로사 밖에서 손권과 말을 몰며 이 말을 하자, 남방 사람인 손권은 꼭 그렇지만은 않다는 뜻으로 잽싸게 언덕 위를 한번 내달았다는 고사도 전해진다. 늘 쉬지 않고 여기저기 여행을 함을 이르는 말로도 쓰인다. 아무튼, 항주에서 시작해, 안서에서 하미와 돈황으로 갈라지고, 팔미라에서 알레포와 가는 길과 다마스쿠스로 갈라져 북쪽 지중해로 빠지는 콘스탄티노플과 가자를 거쳐서 남쪽 방향 카이로로 향하는 실크로드다.

당시 항주에 들어오는 물건은 벵골에서는 물소 뼈, 인도 아프리카에서는 상아, 산호, 진주, 수정, 향료, 장뇌 등이 있었다. 그러고 보면 서로 앙숙이면서도 항주(월나라)와 소주(오나라)는 같이 번영의 길을 걸은 것 같다. 손자병법에 "나오는 오월동주", "와신상담"이라는 말, 다들 잘 알지 않을까. 가장 미워하는 오나라 왕(부차)과 월나라 왕(구천)이 같은 조각배를 타고 바람센 바다를 항해 하려면 어쩔 수 없이 휴전 내지 합심을 해야 하고, 월왕 구천이 오왕에게 잡혀가서 그 쓰디쓴 곰쓸개를 씹으며 후일을 다짐한다는 "와신상담" 그리고 그런 월 왕의 뜻을 저버리지 않고 충신 범려가 서시를 데려다가 호색가인 오왕 부차에게 바쳐 결국 오나라를 망하게 했다 하는….

훗날 청나라를 대표한다고 해도 과언이 아닌 건륭제는 조부 강희제를 본떠 남방순회 6회, 동방순회 5회, 서방 순회 4회를 했다. 당시 황제의 순회는 최소 다섯 달이란 시간이 소요되었고 동원되는 인원은 황족, 문무대신 등을 포함해 2천 명이 넘었다. 건륭제는 남방순회를 특히 좋아했는데 그는 남방순시를 가는 것에 대해 민심을 살피고 효를 다하고자 함이라고 말을 했다지만 실은 소위 강남이라 일컫는 강소성이나 절강성 일대가 풍류 지역, 그러니까 예부터 볼거리 먹거리가 풍부하고 문학 인재들이 많은 곳이었기 때문이다. 학문과 예술을 아끼던 건륭제이니 더할 나위 없는 즐거운 여행이었을 것인데 사실 그 지역에는 명 왕조 말에 이주를 해간 반청 감정을 가진 인물들이 많았다. 따라서 그들을 통제하려는 의도가 있었으며 그들을 추슬러 고른 인재를 등용하기 위해 발 벗고 나서려 한 것이다. 하지만 너무 많은 경비를 들여 행차를 한 바람에 말도 많았다. 그것을 아는지 건륭제는 임기 말기에 남방순시는 백성들의 고혈을 빨아먹는 것과 같으니 후대에는 이런 일이 없도록 하라고 했다 한다. 그만큼 항주와 소주는 황제들이라면 꼭 챙기고 신경을 썼던 도시다.

중국이 비록 이합집산이 잦았지만 큰 땅덩어리를 갖고 버티는 데는 내가 보기에는 누구든 한자를 쓰고 먹고사는 데 부족함이 없었기 때문이다. 초원지대의 축산물이 남으로 내려가고 풍부한 물과 따뜻한 기후에서 생산된 농산물이 긴 거리임에도 유통이 원활했기 때문이다. 6백 년 대 그들은 큰 운하를 건설했다. 중국에서 가장 아름다운 계곡 12곳 중 일곱 번째인 경항대운하(京杭大運河). 이는 세계적으로 가장 일찍 판 인공물길이며 길이가 가장 긴 인공하천으로써 중국인(人) 자의 한 획으로 공인된다. 경항대운하는 중국 북쪽의 북경(北京, Beijing)과 중부의 항주(杭州, Hangzhou)를 연결하는 1,800km 길이의 인공물길이다. 경항대운하는 중국의 만리장성과 함께 고대 중국의 가장 위대한 두 공사로 인정된다.

이 경항대운하는 천진(天津, Tianjin), 하북(河北, Hebei), 산동(山東, Shandong), 강소(江蘇, Jiangsu), 절강(浙江, Zhejiang) 6개 성과 시를 경유하며 해하(海河)와 황하(黃河), 회하(淮河), 장강(長江), 전당강(錢塘江) 등 동서향으로 흐르는 5갈래의 물길을 거친다. 1902년까지 단순한 물길이 아닌 해운의 역할을 담당해서 남방의 쌀은 대부분 이 운하를 통해 북방으로 운송되었다.

지금 최부의 표해록에서 읽고 있듯이 운하 양안의 풍경과 사람들의 풍속, 갑문과 언제 등 운하의 시설, 절과 다리, 탑 등 운하기슭의 고건물, 운하로 인해 번창해진 양안의 도시, 편리한 운하로 인해 풍성해진 사람들의 생활 등등 자연 젖줄의 중요성을 알게 되고 운하로 인해 형성된 남북문화의 융합을 바로 느끼게 된다.

원체 긴 운하이니 이를 오르면 위도가 변하면서 날씨나 수목, 농작물, 건물, 생활양식, 언어 등의 자연변화 또한 뒤따르지 않았겠는가.

32
태평스러운 운하를 보며

아무렴 그 정도일까 싶은데 마이클 하트는 『세계사를 바꾼 사람들 : 랭킹 100』에서 수문제 양견을 역사 발전에 가장 영향력이 있었던 인물 100명 중 하나(82위)로 꼽고 있다. 100명 중 동아시아 인물은 일곱 명인데, 수문제의 영향력 순위는 진시황보다는 낮으나 마오쩌둥보다는 높다. 서양사학자들은 그를 샤를마뉴와 비교하며, 두 사람 모두 오랫동안 분열되어 있던 문명권(유럽·중국)을 통일했다는 점에서 역사에 미친 영향이 크다고 말한다. 덧붙여 샤를마뉴가 유럽 일부만 통일했고 그의 사후 유럽은 곧 분열되지만, 수문제는 중국을 모두 통일했으며 이후 통일 중국 체제가 지속된 점을 보면 수문제가 더욱 더 역사적 중요성이 크다고 말한다.

역사는 객관적 접근이 사실 중요하다. 우리와 연관 지은 사람이라 우리 눈에는 달리 보이지만 그렇다고 왜곡 평가해서는 안 된다. 그런 그는 좀 이상한 구석이 있다. 원래 한 나라를 창시한 사람은 그가 죽은 후 붙여주는 시호가 대개 태(太)나 고(高)자를 써 그 높은 뜻을 기린다. 이에는 나라를 건국하기 위해서는 무력의 지원이 필수적이고 따라서 문치를 통해 나라를 세우기란 그 예를 찾아보기 어렵기 때문일 것인데 그한테는 글월 문(文)자가 들어가 있다. 그렇다고 문을 앞세운 인물이 아니고 오히려 누구보다도 무력에 힘입어 나라를 세운 인물이다. 어쨌거나 그는 6세기 말 위진 남북조 시대로 나누어진 혼란기에 종지부를 찍고 중국을 통일한 사람이다.

그런 그가 중국 역사상 처음으로 과거 등용을 실시했다는 것도 한몫을 차지하지만 이보다 더 중요한 것은 바로 운하를 팔 궁리를 제일 먼저 한 황제이기 때문이다. 중국 사람은 어디 가나 보온병 하나씩 지참하고 다닌다. 공항에서도 눈에 띄는 게 뜨거운 물 쏟아지는 수도꼭지다. 차 문화가 일찍이 발달했다고 할 것이지만 지방질을 많이 섭취하기 때문이다. 그들은 모두 기름진 음식을 사랑한다. 그에는 당연히 그런 자원이 풍족하기 때문이다.

익히 들어 본 차마고도, 티베트 인들도 양고기를 무척 좋아한다. 아니 먹을 게 옥수수 알갱이하고 그것밖에는 없다. 그러기에 그들은 차가 지방질 분해 해독제였다. 중국인들이 그렇게 지방질을 즐기면서도 풍에 잘 안 걸리는 이유는 바로 차의 효능에 있다.

당시 조선은 정녕 그렇지 못했다. 똥구멍이 찢어지게 가난했던 것은 오뉴월 보릿고개를 넘기가 힘들어 소나무 송홧가루 날릴 때 껍질을 파 먹다 보니 변비가 생겨 그러한 것이다. 우리가 멋 모르고 차를 마셨다가는 지방질이 없어서 뼈와 가죽만 남았을 것이다. 그러니까 다 자기 풍토에 맞게 알아서 사는 거다.

그런데 차마고도처럼 넘나들었다는 소리를 들어본 적이 없는데 그 넓은 땅덩어리에 차와 고기 수급이 어떻게 원활했던 것인가. 이게 바로 중국을 아는 키포인트다. 중국은 중화라 하는 표현을 즐기고 무척 좋아한다. 어차피 넓은 땅 다수민족이 같이 어울려 살기 위해서는 이 표어를 좋은 의미로 자국 적으로 통솔하여 해석할 수밖에는 없었다. 그들이 진시황제를 좋아하는 것은 최초의 중국통일을 이루었기 때문이며 한 무제를 나무라지 않는 것은 그가 흉노를 멸하였기 때문이다. 만주족인 건륭제를 칭찬하는 것은 티베트를 포섭하여 지금의 중국이 된 기초를 다져 놓았기 때문이다. 그 원동력은 무엇일까. 나는 딱 세 가지로 접어 말한다.

첫째는 한자 동일 문화권이 형성된 덕분이다. 중국 최초의 문자인 갑골문자는 허난성 은허에서 발견됐다. 이 문자는 한 나라의 문화 상징이자 중화민족의 정신을 상징하는 중요한 유산이다. 두 번째 아무리 세상이 바뀌고 흥망성쇠가 거듭 되도 상관없이 기름진 음식이 어디고 풍성하였기 때문인데 이는 왜일까. 이는 수나라 수 문제와 수양제 덕분이다. 수 문제는 궁리를 한 바를 실행하다가 멈췄지만, 수양제는 백성을 괴롭힌 지독한 군주로 정평이 난 사람인데 아이러니하게 그 덕분에 중국이 나름 적어도 천년 이상 먹거리 문화에서는 지장이 없었으며 이를 이어받은 당나라는 태평성대를 구가할 수 있었다. 나는 그 사유가 되고 본거지가 되는 곳을 일전에 방문한 적이 있다. 바로 소주란 곳이다.

현재 소주는 인구 650만이 넘는 거대한 도시다. 우리나라 부산을 닮았다고 할까. 아열대성 기후가 진을 친 이곳은 강남답게 후텁지근한 날씨다. 주변에 좌우장이나 통리 등 수변으로 형성된 일명 강남 수향마을이 있다. 소주의 '소(蘇)'자는 파자(破字)를 하면 '艹'+'魚'+'禾'가 된다. 따뜻한 기온과 풍부한 수량과 비옥한 토지를 갖춘 덕으로 초목이 무성하고 물고기가 많이 잡히며 벼농사가 잘된다는 곳이다. 따라서 이곳은 예로부터 사람이 살기에 가장 좋은 곳으로 여겨졌다. '벌교에서는 주먹 자랑, 여수에서는 돈 자랑, 순천에서는 인물 자랑하지 말라'는 말처럼 중국 항주에서는 인물 자랑 말고 소주에서는 돈 자랑하지 말라 하는 말이 있다. 소주(蘇州)가 유명해진 것은 풍부한 생산력 때문이다. 바로

부를 말한다. 소주는 큰 운하의 시발점이다. 생산된 많은 산물이 운하를 타고 중국 전역으로 흘러나간 게 벌써 1천 5백 년이 넘었으니 소주 사람들은 수십 번 세상 바뀐 것 상관없이 늘 돈방석에 앉아 살았을 것이다. 운하는 단순히 물류 인프라로만 쓰인 게 아니라 전제국에 대한 황제의 직할 통치와 직접 징세 및 조운(漕運)을 가능하게 해주었기 때문에 정치적으로나 경제적으로 통일과 번영이 가능했다. 실제로 수나라 때 만든 이 대운하는 중국 통치 범위의 기본 틀이 되었고 오늘날까지 중국의 직할 통치의 원형으로 작용하고 있다. 대륙 전체의 경제가 균형 있게 성장하고 교통이 수월해짐으로써 직접 관리를 파견할 수 있는 범위를 확장했기 때문이다. 역사는 양면성을 가지고 있다. 그러나 분명한 건 그 연속성이다. 하나의 왕조가 끝나고 다음 왕조로 넘어갈 때 단절이 아니라 개혁의 연속으로 볼 수 있는 시선도 필요하다. 하나만 따로 떼어놓고 보면 그게 보이질 않는다. 시대정신은 그런 통찰력을 요구하고 있다.

세 번째는 도량형의 통일이다. 중국인들은 우리보다 생활에서 단위개념이 분명하다. 진시황이 천하를 통일한 뒤 제일 먼저 도량형을 통일하는 일에 착수했을 정도. 마오쩌둥(毛澤東)도 전통적인 도량형을 현대식 서양 도량단위와 쉽게 환산할 수 있도록 대폭 손질했다. 마오는 한 근(斤)을 500g으로, 두 근을 서양의 1kg과 같은 1 공근(公斤)으로 정했다. 1리(里)는 500m로, 1km인 2리는 1공리(公里)로 부르도록 했다. 덩샤오핑(鄧小平)이 추진한 개혁개방과 시장경제화는 앞서 마오가 실시한 도량형 개선이 밑바탕이 된 것이다. 열하일기에서 술 좋아하는 연암이 술집에서 소주를 정해진 잔으로 따라주는 것을 보고 놀라는 것은 단순한 정량이라서가 아니고 청나라가 갖는 사회규범이나 질서가 이와 다른 바 없겠다는 세상의 공평함에 사뭇 놀랐다. 이에 하나를 더 추가하자면 작은 애벌레를 들 수 있다. 바로 명주실이다. 운하를 파고 풍부해진 자원에 실크 생산은 금상첨화였다. 당시 서구는 로마 시대였는데 모두 비싼 명주를 입기를 원했고 그 덕분에 실크는 소주로부터 운하를 타고 시안으로 그곳에서 실크로드로 저 멀리 서구로 뻗어 나갔던 것이다. 그 무렵 중국의 GNP는 세계소득 30%에 육박했다고 한다. 그들의 돈의 축적을 지금의 현세로서만 파악해서는 큰 오산이다.

33
남송의 수도 항주 그리고 금나라

2월 11일, 항주에 고려사 절이 있다고 고백이 알려 주었다. 하지만 불교에 대해서는 국법이 엄한지라 최부는 단호하게 말을 했다.

〈지금 우리 조선에서는 이단을 물리치고, 유교를 존숭하여, 사람들이 모두 (집에) 들어가서는 효도하며, (밖에) 나가서는 공경하며, 임금께 충성하고, 벗을 믿는 것을 본분으로 삼고 있습니다. 만약 머리를 자른 사람이 있다면 모두 충군시킵니다. 사람들은 모두 사당을 만들어서 조상에게 제사를 올리니, 마땅히 섬겨야 할 귀신을 섬김이요, 음사(淫祀)를 제사 지내는 것을 숭상하지 않습니다.〉

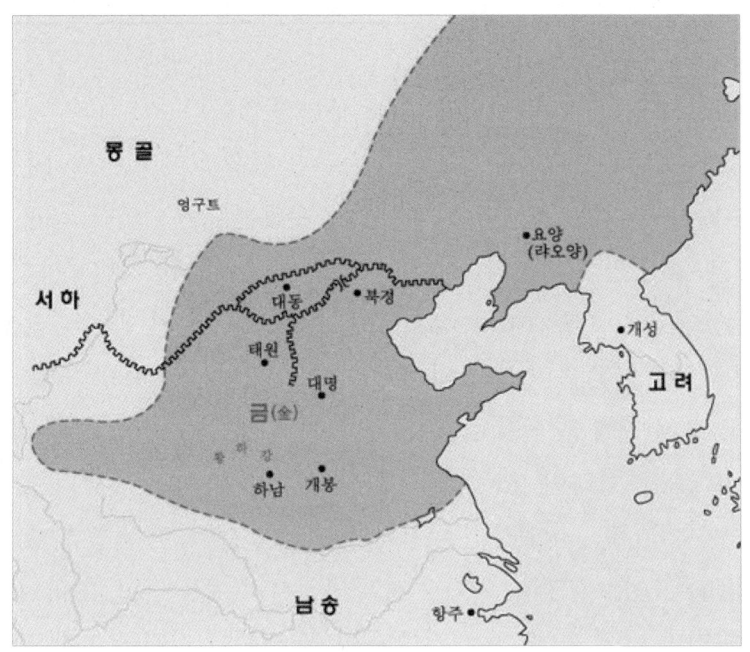

金나라 영역

고려의 대각(大覺·1055~1101)국사가 중창한 고려사는 본래 이름이 혜인사(惠因寺)로 927년 오월국 시절에 세워졌다. 대각국사는 고려 문종의 넷째 왕자로 11세 때 출가, 고려 불교에서 천태교학(天台敎學)을 대성한 고승이다. 그는 고려와 송의 불교문화교류를 위해 불멸의 업적을 남겼다. 혜인사 즉 고려사가 그 빛나는 가교이다. 혜인사와의 만남은 1085년 송나라의 구도유학 길에 항저우로 와서 혜인사의 징위엔(淨源)을 사사하면서 비롯된다. 국사는 귀국 후 1087년 징위엔 스님을 흠모한 나머지 고려 특유의 아름다운 화엄사경(감지, 쪽빛 종이에 금물로 쓴 것) 170권(50권 본, 80권 본, 40권 본)을 기증했다. 징위엔이 열반하자 1087년 추모사업으로 금탑 두 개를 보냈고 1099년에 고려가 보낸 화엄경의 장경각(藏經閣) 건립비를 희사했다. 이렇게 국사와 고려왕실의 도움으로 혜인사는 항저우 굴지의 거찰로 발전했고 사실살 고려의 절이므로 고려사로 불려진 것이다.

그다음 날인 2월 12일, 고백이 공문 한 장을 최부에게 보여주었다. 가야 할 각부, 헌, 역에 호송을 통지하는 공문이었다. 내용이란 게 그간 벌어진 상황을 설명한 것인데 끝부분에 지휘첨사 (정4품) 양왕을 차출하여 북경으로 호송하는 데 파견 관원의 늠급(봉급) 참선(운수용 선박)과 아울러 호송 군여및 최부의 구량(식량), 홍선(운수용 선박), 각력(운반비)을 지급하게 하고 앞길의 관사에도 이첩하여 모든 것을 제공하라고 하는 내용이 담겨 있었다. 아마 최부는 이쯤부터 마음을 놓았을 것이다. 최부는 그날 고마움의 표시로 고백에게 한유와 태전선사의 예를 들며 앞서 언급하였지만 남은 옷 한 벌을 건넨다. 그쯤 항주가 어떤 곳인지 귀가 솔깃해 고백에게 들은 내용을 최부가 그대로 옮겨 놓았다.

〈절강포정사는 동남으로는 바다에 이르고 남으로는 복건의 경계에 이르며 11개의 부·주를 관할하며 76개의 현을 통솔한다. 그중에 항주가 제1로, 오대 때에는 오월국(907~978)이었고 송나라 고종(1127~62)이 남쪽으로 양자강을 건너 천도했던 땅으로 소위 임안부입니다. 부치와 인화(仁和)·전당의 두 현치 및 진수부·도사·포정사·염운사(鹽運司)·안찰원·염법찰원(鹽法察院)·중찰원(中察院)·부학·인화학·무림역은 모두 성안에 있었습니다.〉

송나라 고종이 천도하여 항주가 송나라 수도가 되었다는 대목이 나오는데 정확히는 남송의 수도였다. 이 역사 이야기는 나로선 꼭 해야만 한다. 금나라는 내가 보기에 우리의 또 다른 선조이기 때문이다. 1126년 중원에 일대 격변이 일어났다. 여진족이 세운 금나라가 송나라를 강남까지 밀어내고, 당시 송을 다스리던 흠종과 그의 아비인 휘종을 포로로 잡아간 사건이 일어났다. 당시 흠종의 연호가 정강이라 이 사건을 정강의 변(靖康之變)이라 부른다. 송나라는 당나라 말기 절도사의 난립을 보고 무를 억제하고 문을 숭상하는 정책을 펼쳤다. 이로 인해 송의 국방력은 취약해져 거란과 서하의 침략에 시달렸다. 결국, 송은 거란과 서하에 은, 비단, 차를 비롯한 막대한 세폐를 바침으로써 그들의 침략을 방지하였다.

이로 인해 송의 재정은 나날이 갈수록 피폐해지고, 그 타개책으로 왕안석의 개혁을 통해 수많은 개혁정치를 실행하였지만, 보수파 관료들의 반발에 부딪혀 투쟁이 격화되고, 피폐한 농민들에 의해 '방랍의 난' 같은 농민의 반란이 잇달았다. 이런 상황에서 즉위한 8대 황제 휘종은 정치에 관심이 없었다. 그는 시를 짓고 그림을 그리는 일에 소질이 있었다. 그래서 그는 정치는 채경, 동관과 같은 간신배에게 맡기고 자기 자신은 서화나 골동품에 심취하거나 미녀의 품에 안기는 등 '풍류천자'의 생활을 하였다. 황제가 정치에 손을 떼자 간신배들이 득세하여 백성들을 마구 착취하였다. 이로 인해 송의 국력은 탕진되었고, 정치와 경제 재정 상태는 빈사 직전이 되었다.

이때 동북 만주에서는 대영웅이 출현했다. 여진족을 통합한 아골타는 1115년 독립을 선언하며 금을 건국, 요나라에 대해 공세를 취했다. 이에 송 조정은 해상에서 금에게 요에 바치던 세폐 전액을 바칠 테니 함께 협공하여 과거 중원의 영토였던 연운 16주는 송이 차지하기로 금과 맹약을 맺고 거란의 요를 협공하기로 했다. 하지만 송은 취약한 군사력으로 인해 금과의 맹약을 이행하지 못했고, 이로 인해 금이 요를 공격하여 연운 16주를 차지했다. 그러자 송은 금이 연운16주를 차지한 데 분개하여 거란과 협력하여 금을 치고자 했으나, 요나라 황제 천조제가 사로잡힘으로써 송과 거란의 맹약이 드러났다. 이에 분개한 금은 송의 수도 개봉을 공격하였다. 황제였던 휘종은 금의 공세에 놀라 재빨리 아들에게 양위를 하였다. 이가 바로 흠종이다.

흠종은 수도를 포위한 금군과 협상을 벌여 영토의 할양과 배상금 지급 등을 논의하는 굴욕적인 내용의 강화를 맺게 된다. 그러나 한세충을 비롯한 주전파는 그 강화에 반발하였고, 끝내 강화 맺은 약속은 지켜지지 않았다. 이것으로 인해 금나라는 다시 총공격이 시작된다. 40일간을 치열한 공방전 끝에 1126년 11월 수도 카이펑이 함락되고 만다. 그 해가 정강 원년이었다. 금나라는 황제였던 흠종과 그의 아비 휘종, 그리고 수많은 왕족과 관료 수천 명을 포로로 잡아갔다. 서진 황제 회제와 민제가 흉노족이 세운 한의 유총, 유요에 포로로 잡힌 이후 두 번째로 중국의 황제가 이민족에게 포로로 끌려가게 되었다. 금나라는 도교에 심취해 국정을 소홀히 했다며, 정신이 혼미하다는 의미로 흠종에게 혼덕공(昏德公), 휘종에게는 중혼후(重昏候)이라는 모멸적인 칭호를 붙였다.

그 위급한 때 휘종의 9번째 아들 조구가 극적으로 탈출하여 강남 임안에 남송을 건국하여 송은 명맥을 이어가게 된다. 이쯤 나타나는 것이 악비 장군이다. 중국에서 관우와 함께 무신으로 추앙받는 남송(南宋)의 명장 악비가 향년 39세의 나이로 독살되었다. 아들 악운(岳雲)과 부장 장헌(張憲)도 함께 화를 입었다. 악비는 금나라 최정예 철기병과의 전투를 비롯해 126차례의 전투에서 한 번도 패하지 않아 '상승장군(常勝將軍)'으로 불리었다. 금(金)나라는 화의를 제의한 송나라 재상 진회(秦檜)에게 '먼저 악비를 죽이고 화의를 논하자'고 했고 진회는 황제를 부추겨 진군하던 악비를 철군하도록 하고 악비가 모반을 꾀했다고 모함해 투옥시킨 뒤 독살을 했다. 이때 파죽지세로 휘몰아쳤던 금군은 고구려 조의선인(皂衣仙人)들의 상징인 검은 옷을 입고 진군하였는데 공자교를 개량 발전시킨 주자학(朱子學)의 교주 '주자(朱子)'는 이 검은 옷을 입고 진군하는 금군이 자신의 황제를 생포하는 것을 목도하였고 이후 검은색만 보면 경기를 일으킬 정도로 치를 떨었다고 한다. 그래서 이때부터 '까마귀'를 증오하기 시작하였고 이러한 전통은 차이나 족을 어버이로 모시고 '소중화', 작은 중국을 자청한 이성계의 조선정권이 받들어 우리나라에도 오늘날 까지 '까마귀'라고 불리며 흉조(凶鳥)로 인식되고 있다. 그런데 금사 본기 제일 세기 기록에는 이렇게 적고 있다. 금의 시조는 이름이 '함보'였다. 원래 그는 고려에서 왔다. 그가 고려를 떠날 때 60대였다. 그의 형 아고는 불교를 숭상했는데 그와 함께 고려를 떠나기를 거절하면서 말하기를, "우리 후손들이 다시 돌아와서 만날 곳이 필요하다. 나는 갈 수 없다."

청나라 건륭제의 칙명으로 편찬된 '만주원류고'의 기록에는 "(아골타가 세운 나라를) 신라왕의 성을 따라 국호를 금이라 한다."로 또한 적고 있다. 고려는 서기 1107년 12월에 윤관장군의 고려군 17만 명으로 북만주의 여진족을 토벌하고 함경북도 종성에서 북쪽으로 7백 리 떨어진 공험진이라는 곳에 9개 성을 쌓고 돌아온다. 나중에 금나라 태조 아골타의 형, 오야속이 '자신들은 고려가 부모나라이고 우리는 거기서 왔으니 9성을 돌려주면 부모나라로 섬기고 고려 쪽을 향해 기왓장 한 장도 던지지 않겠다.'고 하였다. 한족의 문헌과 금사 그리고 고려사 등의 수많은 사료에서도 있지만, 분명히 금나라와 청나라는 고구려의 후예들로 예맥족임이 분명하다고 나는 믿는다. 나라의 풍속과 전통에서도 그들이 우리와 다르지 않음을 확인할 수 있다.

그럼에도 불구하고 우리 국사책은 이들 나라를 한족의 역사로 보고 우리 국사책에 담아놓지 않고 있다. 한족은 이에 화답이라도 하듯이 이 금나라, 청나라 역사를 자신들의 역사로 편입시켜 버렸다. 이를 위해서 그들의 민족 영웅이라고 하는 '악비' 장군조차 더 이상 민족 영웅이 아니라고 한다. 이들은 자기 조상을 부정하면서 까지 정치적 패권을 달성하려고 하고 있다. 지구상에 오랑캐가 있다면 패륜을 서슴지 않는 중국 공산당정권이라고 할 것이다. 이들은 이미 '문화대혁명'이라는 전력(前歷)을 갖고 있다. 공산주의 사상에 반대된다는 이유로 '홍위병'을 앞세워 전통역사 문화유적과 유산을 무자비하게 파괴하고 훼손하였던 사람들이다. 그래놓고 이제는 역사공정을 하면서 중화민족의 위대함을 과시하려는 전략에 따라 파괴 훼손한 유물과 유적 유산을 천문학적인 재정을 투입하여 다시 복구시키고 있다.

이들이야말로 지구상에 존재하는 가장 파렴치한 오랑캐들이 아닐까. 역사는 단순한 과거가 아니다. 중국의 동북공정과 일본의 독도침탈에서 보듯이 지금도 살아남느냐 도태되어 사라지느냐의 문제로 대두되고 있다. 역사는 개인에게도 '나' 자신으로서 살아가게 하는 정체성을 심어준다. 해외로 입양된 아이가 커서 기어이 자기를 낳아준 부모가 누구인지 이역만리를 마다하지 않고 모국을 찾아 뜬눈으로 밤을 보낸다. 이는 자신의 정체성을 찾기 위한 본능적인 몸부림이다. 하물며 그 부모를 있게 한 역사가 개인에게 미치는 영향력은 어떻겠는가, 여기에 왜 우리가 우리의 바른 역사를 알아야 하는지 그 이유가 있는 것이다.

34
항주에서 머무는 동안 2(항주의 오산과 용정 차)

중국 내 최고의 곡창지대로 발돋움하고 상공업이 발달하였다고 그것만으로 항주가 지상의 천당이라 불린 것은 아니다. 항주를 사람들이 동경해 마지않았던 데는 또 다른 이유가 있다. 바로 명미한 풍광 때문이다. 항주에는 명승과 고적이 즐비하다. 서호와 용정산(龍井山)·봉황산(鳳凰山)·영은산(靈隱山)·서계(西溪), 그리고 도시의 서남쪽을 흐르는 전당강(錢塘江) 및 그 주변에 산재한 많은 사찰과 유적 등이 바로 그것이다. 그중에서도 오늘날 항주의 이름을 빛내는 명소를 하나만 꼽으라 하면 단연 서호를 들 것이다. 최부는 2월 12일 항주에 대해 간단히 이렇게 요약했다.

〈항주는 곧 동남의 한 도회지로 집들이 이어져 있어 행랑을 이루고, 옷깃이 이어져 휘장을 이루었습니다. 저잣거리에는 금은이 쌓였고 사람들은 수놓아진 비단옷을 입었으며, 외국 배와 큰 선박이 빗살처럼 늘어섰고, 시가는 주막과 기루가 지척으로 서로 마주보고 있었습니다. 사계절 내내 꽃이 시들지 않고 8절기가 항상 봄의 경치이니 참으로 소위 별천지였습니다.〉

아마 중국여행을 한 사람은 적어도 북경이나 상해 장가계 정도는 다 다녀들 왔다. 나 역시도 중국여행이 열 번이 넘으니 여행사에서 소개하는 웬만한 곳은 다 가본 것도 같다. 물론 항주도 소주도 다녀왔다. 하지만 본 것이 본 것이라고 말할 처지는 아니다. 우리나라 사람들이 무릇 10개국을 10박 12일 속성으로 주파하는 사람들인지라 항주 또한 황산을 갈 때 상해를 갈 때 곁다리 4박 5

일에 껴 다녀 온 관계로 어디가 어딘지 분간이 안 되고 지금도 간 곳이 헷갈리고 있다. 더욱이 패키지 상품으로 항주는 메인이 못 되고 곁다리다 보니 한나절에 휑하니 항주를 독파하여 진국은 삼키지도 못했다. 으레 항주를 간다 하면 우리는 보통 서호, 송성 가무쇼, 용정 차밭을 들르고 소동파가 개발했다는 '동파육'을 맛보고 이내 후딱 돌아선다. 그러다 보니 기억 남는 게 별로 없다. 요즘 나는 직접 발로 걷는 배낭여행을 고집한다. 이제야 소동파가 말하는 적벽부를 넉넉한 마음으로 이제야 겨우 이해한 셈이다. 내가 좋아하는 적벽부의 끝 부분 일부 구절을 싣는다.

〈(蘇東坡 前赤壁賦解文 중에서)
蘇子曰 소동파가 말하기를
客亦知夫水與月乎 손님은 대저 물과 달을 아시오
逝者如斯 而未嘗往也 강이 흐르는 것이 저렇지만 일찍이 다 흘러가버린 적 없고
盈虛者如彼 달이 차고 기우는 것이 저렇지만
而卒莫消長也 별안간 소멸하거나 늘어나지도 않는다오
蓋將自其變者而觀之 무릇 변화라는 쪽에서 그것을 본다면
則天地曾不能以一瞬 즉 천지는 한 순간이라도 멈추는 것이 불가능하고
自其不變者而觀之 변화하지 않는다는 쪽에서 그것을 보면
則物與我皆無盡也 사물과 내가 모두 다함이 없는 것이오
而又何羨乎 그러니 또 어떤 것을 흠모하겠오
且夫天地之間 物各有主 대저 천지지간에 모든 물질은 각각 주인이 있으니
苟非吾之所有 만약 나의 소유가 아니라면
雖一毫而莫取 비록 털 하나라도 함부로 취하지 못하지만

惟江上之淸風 강위의 시원한 바람과
與山間之明月 산간의 명월은
耳得之而爲聲 귀로 그것을 들으면 음악이 되고
目遇之而成色 눈으로 보게 되면 아름다움을 이루죠
取之無禁 用之不竭 그것을 취해도 누가 막지도 않고 사용해도 마르지 않습니다
是造物者之無盡藏也 이것이 조물주의 무궁한 저장물이기 때문이죠.〉
이하 생략.

찬찬히 살포시 느긋하게 하나하나 살펴보자면 어느새 날이 새는 양 한마음 그득할 것인데 나는 바삐 무슨 업무 마감하는 양 서둘기만 했다. 이참에 최부가 적은 글귀라도 찬찬히 읽어 미처 얻지 못한 단맛이라도 느껴 볼까 한다. 최부도 북경서 오는 지시를 기다리며 이를 보지는 못하고 고백이 말해준 것을 적으며 안타깝게 마음으로만 느꼈다.

〈성안에는 또 오산(吳山)이 있는데 그 경치는 최고로 좋으며 산 위에는 10묘(廟)가 있었으니, 오자서묘·삼목관(三茅觀)·사성묘(四聖廟) 등이었다. 또 9개의 우물과 3개의 못이 있었으니, 오산의 대정(大井)이 위에 있고, 곽파(郭婆)·상팔안(上八眼)·하팔안(下八眼)·중팔안(中八眼)·서사정(西寺井) 등의 우물이 그다음에 있고, 또 작은 도랑으로써 서호(西湖)의 우물을 파서 성안으로 이끌어 들어오게 하였다. 부의 진산은 곧 무림산(武林山)이다. 악악왕(岳鄂王, 악비)묘는 서하령(棲霞嶺) 입구에 있고, 냉천정(冷泉亭)은 영은사(靈隱寺)의 앞 비래봉(飛來峯)의 아래에 있었다. 고지(古誌)에 허유(許由)가 일찍이 영은간(靈隱澗)에서 물을 마셨다는 것이 이곳이다. 표충관(表忠觀)은 용산(龍山)의 남쪽에

있는데 소동파(蘇東坡)가 지은 비문이 있었고, 풍황령(風篁嶺)은 방목 마장의 서쪽에 있었다. 즉 소동파가 승 변재(辨才)를 방문한 곳이다. 남병산(南屛山)은 흥교사(興教寺)의 뒤에 있었는데 절벽의 떨어져 나간 곳에 단지 사마온공(司馬溫公, 사마광)의 예서로 쓴 '가인괘(家人卦)'와 미원장(米元章)이 쓴 '금대(琴臺)'의 두 글자가 있었다. 소동파의 시에 '내가 남병산의 금즉어(金鯽魚, 금붕어)를 안다.'라는 것이 바로 이것이다.〉

글을 파악하기 전에 우선 항주 지형을 알아볼 필요가 있다. 현재의 항주 서호 주변을 중심으로 지도를 살펴보면 서호를 중심으로 동남 방향 남산로 바로 옆 시내 한복판으로 들어가는 길목에 오산이 자리한다. 그 시대는 곳이 맑고 청정한 샘물이 제법 많았던 모양인데 지금은 대신에 성황각이 오산 꼭대기에 자리하고 있다. 그 오산 옆에는 남산이 있고 남산 뒤로 남병산이 자리하고 그 뒤로 전당강이 흐른다. 북쪽을 살펴보면 백제라 일컬은 뒤로 고산이 있고 그 뒤로는 보석산이 있다. 고산 바로 뒤로 옥천산이 자리하는데 오히려 지금은 오산보다 이곳이 맑은 샘터가 자리하고 있다. 고산 옆으로 악묘가 있으며 서호로 보아 서편에 옥천산이 있으며 지금 케이블카가 놓여 북고봉까지 가는 데 그곳 밑에 영은사가 자리한다. 옥천산 바로 밑으로 서호에서 보자면 남서쪽에 차로 유명한 용정촌이 자리하고 그 밑으로 운서산이 보인다.

　오산은 삼국지를 통해 우리나라 사람들도 잘 알고 있는 오(吳)나라의 왕 손권이 이 산에 진을 쳤었다 하여 오나라 오(吳)에 뫼산(山)을 붙여 오산(吳山)으로 이름 붙여진 산으로 당시는 오산이 물맛이 좋았고 서호의 물줄기를 일부 틀어 물을 대 못을 만든 듯하다. 당연히 오나라의 책사 오자서의 묘도 그 산에 있다. 사실 항주는 바다에 가깝고 전당강의 쓰나미 효과로 물이 짜 사람들이 살지 못하였다고 한다. 이를 당나라 때 자사 이필이 서호의 물을 끌어들여 우물 6정을 만들어 사용하는 데 불편함이 없도록 하였다고 한다. 그러하면 최부가 말하는 바로 오산에 대정, 곽파, 상팔안등은 아마 이를 두고 하는 말일 것이다. 오산이 성안이라고 하였는데 그쪽이 그러니까 서호로부터 동편이 마을이 들어찼고 오산은 아마도 마을 중심에 섰던 것 같다. 번창한 요즘 시대 당연 오산은 항주 중심이다. 곳은 오산광장이 생겨났고 동네를 상징하기도 한다.

　우리도 옛 고을은 동네를 수호한다는 진산을 하나씩 갖고 있는데 아마 항주의 진산은 무림산이었던 모양이다. 앞서 금나라와 싸워 용맹을 나타낸 악비 장군, 그를 흔히 우리나라 이순신 장군과 많이 비교를 하는데 그의 묘가 바로 서호 곁에 있다. 중국사람들이 관운장 다음으로 좋아하는 장군이다. 동네 이름이 서하령이라는 데 아마 현재 항주식물원 부근이 아닐까 싶다. 보천산이라 하여 천이 맑은 것으로 추정되는 동네에 정자 이름 냉천정, 지금은 이름이 바뀐 것인지 현재 지도에서는 찾을 수는 없었다. 아무튼 보천산 주변은 물맛이 좋았던 것 같다. 최부 글에 나오는 고대 전설상에 나온 관직을 버린 허유가 영은간에서 물을 마셨다는 주변이 바로 현재의 보천산 주변이다.

영은사는 어떤가. 서기 326년 동진(東晉) 때 인도 승려 혜리(慧理)가 창시한 영은사(靈隱寺)는 중국 선종(禪宗) 10대 사찰 중 하나다. 한때는 3천 명 승려를 거느린 대찰로써 현관의 운림선사(雲林禪寺)란 현관은 청 강희제의 글씨라 한다. 대웅보전에는 19미터 높이의 향나무에 금도금한 석가모니불이 계시는데, 입술과 눈동자가 여인의 그것처럼 고혹적이다.

신도들이 빗자루처럼 향 다발에 불을 붙여 다녀 도량이 온통 향 연기에 싸여 있다. 법당 뒤엔 관음보살이 안치되었는데, 관음보살 머리 위에 신라 왕족 김교각 스님 등신불(等身佛) 불상이 있다. 왕족 형제 중 한 사람은 출가하던 것이 신라 풍습이었다. 아마 그는 경주서 해로(海路)로 위해나 양주를 통하여 항주에 왔을 것이다. 영은사와 작은 시냇물을 사이에 두고 비래봉(飛來峰)이 있다. 인도 스님 혜리가 '인도 천축 영취산(靈鷲山) 봉우리가 언제 이곳에 날아왔는가?' 해서 '날아온 봉우리'란 뜻의 비래봉이다. 전단강 바로 위 남쪽에 남병산 주변에 포진한 흥교사는 이름이 바뀌었는지 현 지도를 보고 끝내 찾지를 못했다. 현재의 남산로 주변에 흩어진 많은 문화재급 고적 중 하나일 것으로 추정은 된다.

항주에서 또한 차밭으로 유명한 용정을 빼놓을 수는 없다. 10여 년 전에 내가 그곳을 갔을 때 워낙 부유한 마을이라 동네 사람들이 스스로 도로를 놓고 굴을 뚫어 손님들을 모셨다고 했다. 용정 차는 발효시키지 않은 찻잎(茶葉)을 사용해서 만든 녹차로 녹차로서는 중국을 대표하고 있다. 용정 차의 주산지는 절강성 항주시 서호 서남의 용정촌 주위의 산 지역으로 숲이 울창하고 1년 내내 평균기온 16도 정도로 기후가 온난하며 강수량은 1,500mm 정도로 차나무의 생장에 이상적인 곳이다. 용정(龍井)이란 샘 옆에 용정사란 절이 있었으며 그 절에서 재배한 차를 용정의 샘물로 우려내 마시는 차가 맛이 있어 용정 차라고 했다고 하며 용정 차 또는 서호 용정이라고 불린다.

신선한 난향을 지녔으며 작설 모양이고 차를 우리면 어린 차 싹과 여린 찻잎이 하나하나 피어나 아름다우며 초록빛의 차 빛과 은은한 향으로 인해 중국 제일의 녹차가 되었다. 많은 황제가 항주를 좋아했지만, 차를 끔찍이 사랑한 청나라 건륭제를 따르지 못했다. 그는 6차례 모두 항주를 거쳐서 갔다. 중국 청나라 때에는 용정의 차나무를 '어차', 즉 '임금의 차나무'로 봉해 놓고는 황실에서만 그 차를 마실 수 있도록 했다고 한다. 하지만 그 이름이 용정이라는 샘물에서 유래됐다는 점에서도 알 수 있듯이 용정 차가 유명한 진짜 이유는 이곳에 좋은 물이 많았기 때문일 것이다.

용정과 용정 차를 달이는 대표적인 샘물인 호포천은 시내에서 5km 떨어진 서호 남쪽 대자산 정혜선사(定慧禪寺) 내에 있다. 정확히는 남산로 길 변에 있다. 그런데 이는 여담이겠지만 항주만큼 게으른 여자가 없다고 한다. 옛날 항주의 여인들은 자신의 몸치장이나 유희에만 신경을 썼지 가사나 육아 등의 대부분을 남자가 주로 하였다고 한다. 지금도 항주에 보면 밥이나 요리를 못하는 여인이 많고 일요일에는 부인은 이웃 주민과 마작을 즐기고 남자들은 옆에서 음식을 하는 가정이 많다고 한다.

청나라 건륭제가 매번 와서 볼 때마다 항주의 여인들이 놀고만 있는 게 영 못마땅해서 자신이 즐겨 마시는 차를 염두에 두고서는 차를 더욱 많이 심게 하여 매년 4월부터 그 찻잎을 여인들이 직접 따도록 명을 내렸다. 그 후로 매년 4월부터 항주의 여인들이 찻잎을 따기 시작한 전통이 오늘날에 이르고 있다고 한다. 원래 항주에 미인이 많다고 해서 기대를 하고 사실 나도 항주 거리를 보았지만, 미인을 볼 수는 없었다. 우리나라가 훨씬 더 미인이 많지 않은가 싶은데 항주 여행 중 그다음 코스인 송성 가무를 보고 마침내 알았다. 항주에 예쁜 미인은 모두 송성 가무촌에 모여 있었다. 어디 그곳으로 가볼까.

35
항주에서 머무는 동안 3(서호의 백제와 소제)

'급아일천 환여천년(給我一天 還汝千年)' - '나에게 하루를 주면, 당신에게 천 년을 돌려드리겠습니다.' 이는 송성 입구에 들어서면 보이는 송성의 홍보 문구다. 송성에서 하루를 보내면 천 년의 역사를 느낄 수 있다는 뜻으로 가무쇼가 어느 대상인지 짐작하게 한다. 송성은 워낙 악비 장군을 좋아한 나머지 월나라 성인데도 불구하고 송나라 송자를 부쳤다고 한다. 항주에서 버스로 1시간, 용정 차밭 옆으로 가면 송성이 나온다. 송성 가무쇼(원래 이름은 송성천고정宋城千古情)는 세계 3대 쇼 중 하나로 손꼽힐 만큼 유명하다. 또한, 송나라 시대의 역사부터 오늘날의 항저우에 이르기까지의 역사를 쇼로 재구성한 점도 높이 평가되고 있다.

송성 가무쇼는 서막, 1막, 2막, 3막, 4막으로 구성되어 있다. 서막은 양저지광, 1막으로는 송나라 시대의 황실이 등장하는 송궁

인무가 등장한다. 내용은 송나라의 황실에 조공을 바치러 온 나라들이 춤을 추며 공연을 하는 내용인데, 중간에 아리랑도 나온다. 이때 대부분의 한국 관람객들은 아리랑이 나오는 이유가 한국 관광객을 위해 특별히 준비한 공연이라고 생각하고 기뻐한다. 하지만 기뻐하기에 앞서 이 내용이 중국에게 조공을 바치는 내용임을 생각한다면 마냥 기뻐할 일은 아니다. 2막은 무쇠의 군대로 악비 장군이 나온다. 전쟁 장면을 연출하는데 실제로 대포를 쏘기도 하며 전쟁 상황을 생생하게 표현하여 관객들은 감탄하고, 놀라기도 한다.

3막은 서자 전설로 〈백사전〉이 등장한다. 중국의 4대 전설이라 하면 〈양산백여축영대(梁山伯與祝英台)〉, 〈맹강녀(孟姜女)〉, 〈우랑직녀(牛郎織女)〉 그리고 백사전을 꼽는다. 천년을 수련한 백사 소정이 속세로 내려와 허선과 사랑에 빠지지만, 결국 법해(法海)에게 들켜 뇌봉탑(雷峰塔)에 잡히고 이를 억울하게 여긴 소정이 전당강의 역류를 만들어내나 법해에게 감화하여 개과천선한다는 대충 그런 내용이다. 마지막 4막은 매력 항주로 항주의 유명한 차 등 항주의 현재 모습을 보여 준다. 그런데 3막에 나오는 뇌봉탑은 어디 있는가. 물론 서호에 있다. 서호에 섬 아닌 섬 소영주 옆에 높게 솟은 탑이 뇌봉탑이다.

서호의 뇌봉탑, 서호 남쪽 영봉산에 있는 뇌봉탑이 낙조에 물들어 서호에 비추어진 모습이 뇌봉 낙조라 하여 서호 십경중 하나다. 은은한 낙조를 보듯 이제는 항주의 하이라이트 서호를 감상해야 할 모양이다. 최부는 표해록에서 서호에 깃든 갖은 아름다움을 본인은 보지도 못하였으면서도 세세하게도 적어 놓았다. 그런데 운치가 넘실거리며 대충 어디쯤인지는 짐작도 가는데 적은 이름이 지금의 알려진 이름과는 판이하다. 워낙 역대 황제들이 이곳을 아껴 수리하고 보존하였다 하니 그럴 때 이름이 달라진 것이 아닐까 싶기도 하다. 강희제가 서호 십경을 정하니 그의 손자 건륭제가 할아버지가 정한 이름을 건드릴 수는 없고 고심하여 전당십팔경이라는 어제시를 남겼다. 18 풍광에는 보석산, 옥천산, 운서산 오산 등 산 이름이 제법 끼어있는데 최부가 적었을 때와는 달리 요즘 지도와 거의 맞아 떨어진다 싶다.

그러면 최부가 적은 서호의 주인공을 먼저 한 번 알아보자.

〈서호는 성의 서쪽 2리에 있으며 남북의 길이와 동서의 직경이 10리이며, 산천이 수려하고 노래와 악기 소리가 가득한 곳입니다. 죽각(竹閣)은 광화원(廣化院)에 있었으며 백낙천(白樂天)이 세운 것으로 낙천의 시에 '밤에 죽각 사이에서 잤다.'는 곳이 바로 이곳입니다. 소공제(蘇公堤)는 홍교사와 서로 마주보고 있었습니다. 소동파가 수항주(守杭州) 시에 쌓은 것으로 길이가 10여 리가 되었습니다.〉

무식한 나는 솔직히 서호하면 이태백이 둥근 달을 노래한 곳으로서 그를 제일 먼저 떠올렸었다. 이태백은 화창한 날의 서호는 서시의 화장한 모습이고 안개 낀 날의 서호는 서시가 화장하지 않은 모습이라고 서호를 절세미인에 견주며 아름다움을 극찬했다. 계절 따라 조화를 부리는 서호를 그 누구인들 좋아하지 않을까. 건륭제뿐 아니라 모택동도 아꼈다는 서호가 아닌가. 그러기에 당나라를 대표하는 시성들, 이태백 두보 백거이가 총출현하였을 것이다. 이태백이 술과 달에 취해 동정호인지 서호에서 빠져 죽을 뻔하였다는 말이 가히 헛말이 아니다 싶다. 그 느낌을 나 역시 서호 뱃놀이를 하며 가졌었다.

서호(西湖)의 풍경은 종합적으로 말해서는 "一湖二塔三島三堤(하나의 호수에 두 개의 탑 세 개의 섬, 세 개의 제방)"이라고 한다. 서호라는 하나의 호수를 사이에 두고 남북으로 의젓한 남자를 상징하는 뇌봉탑과 미끈한 여인을 상징하는 보숙탑(서호 북쪽 보석산 주변)이 서로 마주 보고 서 있고, 호수 가운데에 완공돈·호심정·소영주라는 세 개의 인공섬이 서호의 아름다움을 돋우고 있으며, 소제·백제·양공제 세 개의 제방 또한, 서호를 음미하는 많은 이들의 마음을 유혹한다. 누구는 낮의 서호보다는 밤의 서호가 더 아름답고, 맑은 날의 서호보다는 비 오는 날의 서호가 더 매력적이라고도 한다.

서호(西湖)의 아름다움이 진정으로 세상에 널리 알려지게 된 데에는 최부도 글에서 밝혔듯이 유명한 시인인 '백거이와 소동파'의 공로가 실로 크다. 서호의 세 개 제방 중의 백제 소제가 바로 백거이와 소동파가 항주 자사로 임명되면서 호수 바닥에 깔린 갯벌들을 정리하고 쌓은 제방이다. 풍류를 즐기는 시적인 낭만으로 제방을 쌓으면서도 서호의 아름다움을 어찌하면 더욱더 돋보이게 할 수 있는지 많은 고민을 하였을 것이 미루어 짐작이 된다.

송강 정철이 남긴 "관동별곡"이란 시 가운데에 이런 한 단락이 있다.

〈금강대 맨 꼭대기에 학이 새끼를 치니 봄바람에 들려오는 옥피리 소리에 선잠을 깨었던지, 흰 저고리 검은 치마로 단장한 학이 공중에 솟아 뜨니, 서호의 옛 주인 임포를 반기듯 나를 반겨 넘나들며 노는 듯하구나!〉

당시는 '서호의 옛 주인 임포를 반기듯….' 마지막 구절의 의미를 잘 몰랐는데 이제는 알듯 싶기도 하다. "서호의 옛 주인 임포"

또한, 중국 역사에서 청렴하기로 이름난 사람이고 서호 고산에 세워진 "방학정"이란 정자가 바로 임포를 기리기 위해 세워진 것이 아닌가. 연암의 연암집 제5권 - 영대정잉묵(映帶亭賸墨) 척독을 읽으면 그곳에서도 앞뒤 설명도 없이 임포가 출연한다. 학이 손님이 오면 아마도 먼저 알려주던 역할을 했던 모양인데 그 학과 매화 등등 이를 음미한 우리나라 선비들이 꽤 많았다. 백제와 소제를 쌓은 백거이와 소동파, 사실 그들이라니 의외다. 술 마시기 바쁜 사람들이 어찌 큰일을 도모하였던가. 나는 두보나 이백 등, 당대 유명한 시인이 모두 그러하여 백거이도 지방 관리로서 풍류를 많이 즐겼게니 생각했는데 정사에 바빠서 놀 시간이 없었다는 소감문을 어디서 보고는 정말 놀라웠다.

  그는 과거시험에 급제해 중앙 내직과 지방 관리를 두루 거쳤는데, 현 직위로 치면 도지사 자리인 자사(刺史)직 여러 곳을 거쳤다. 47세에 충주자사를 지내고, 항주자사(821~824년) 3년 재임 후 54세 때 소주자사를 지냈으며 말기에는 중앙으로 올라가 형부상서에 오른 후 벼슬길을 물러났다. 백거이가 항주와 소주자사를 지낸 기록이 있으니 중국 최고 경승지에서 최소한 4년 정도는 머물렀을 것인데 지방 관리를 마치고 난 뒤, 백거이는 훗날 친구에게 관직의 일이 눈코 뜰 새 없이 바빠 유명한 산천 구경과 좋아하는 술·음악도 멀리하게 된 심정을 이야기하면서 "서툰 일을 보충하는 것은 부지런한 것밖에 없네(補拙不如勤)"라는 말을 했다고 한다.

  백거이 자신이 정사(政事)에 서투르기 때문에 이를 보충하기 위해서는 근면밖에 없다는 뜻으로 들려준 말인데, 결국 이 말은 사회생활을 할 때 이미 갖춘 것은 더욱 살리고, 모자라는 것은 노력으로 보완해야 한다는 평범한 사실을 후세들에게 알려 주는 격언으로 널리 사용된 유명한 말이 됐다. '능력이 부족하면 노력으로 채운다.'는 말은 정말 맞는 말이다.

　어린 시절부터 총명해 5세 때부터 시 짓는 법을 배운 백거이는 29세 때 진사에 급제했고, 32세에 황제의 친시에 합격했으며, 36세로 한림학사가 됐으니 재주가 뛰어난 인물이다. 그런 그가 관리 생활을 하면서 능력이 부족해 시간을 아껴 쓰고 또한 노력을 배가(倍加)했다는 말을 곧이곧대로 들을 것이 아니라 그가 출중한 실력을 갖추고도 겸손했다는 증거인데, 그의 다른 시 한 수에서 잘 나타난다. 아마 그가 항주자사를 지내고서 지은 시 같은데, 제목이 '삼 년 동안 자사를 지내고서(삼년위자사이수: 三年爲刺史二首)'라는 시 가운데 첫 번째 시이다.

삼년위자사(三年爲刺史) 삼 년 동안 자사가 되어 일했어도,
무정재인구(無政在人口) 백성의 입에 오르는 치적도 없었다.
유향군성중(唯向郡城中) 오직 고을 성읍 안을 향하고
제시십여수(題詩十餘首) 십여 수의 시를 지었었다.
참비감당영(慙非甘棠詠) 부끄러워라, 선정을 읊는 시 없으니
개유사인부(豈有思人否) 어찌 나를 생각해 주는 사람이 있을까.

　위의 시처럼 백거이는 항주자사로서 백성을 위해 여러 가지 일들을 많이 했으면서도 한 일이 없었다고 토로하는바, 그러한 겸손이 어디 있는가. 항주의 서호변 부근에 백거이 관련 조각상이 있어 지금도 관광객들이 즐겨 찾는다. 조각된 그림은 백거이가 항주자사를 마치고 소주자사로 부임해 갈 때 많은 백성이 나와서 그와의 이별을 슬퍼하는 조각상이다. 그가 서호의 뚝(백제) 건설 등 행정가로서 위대한 업적을 남긴 것을 서호 변의 그림이 뒷

받침해 준다. 그러했던 백거이는 만년에 나라 정치, 조정 관리들의 당리당략에 싫증 나 관직을 물러나 낙양에 은거했고, 글 쓰며 백성들을 위무했다. 시대를 떠나 고금의 정치는 등식이 같아 보인다. 백성을 위한답시고 거창한 구호를 내세우나 결국은 자신의 입지를 세우는 못난 정치가 아닌가. 이제 서호를 만나 볼 차례다. 서호를 알자면 우선 백제라는 곳과 소제라는 곳을 알아야 한다.

백거이가 쌓은 '白堤'라고 하는 제방은 그곳에 모아둔 물을 관개에 사용해 밭 천경이 그 은혜를 입었다고 하고 서호 북측에 지금도 자리하고 있다. 백거이가 51세부터 3년 남짓으로 가장 원숙한 시기에 해당하는 기간이었다. 춘제호상(春題湖上), 항주춘망(杭州春望), 서호유별(西湖留別)등 많은 시를 지었다. 서호유별은 3년 임기가 끝나고 장안으로 돌아갈 때 지은 칠언율시로 몇 구절 보면 "이곳저곳 고개를 돌려 바라보면 어디서나 사랑스러워 미련이 남는 땅인데 그중에서도 헤어지기 싫은 것이 서호다."라고 백거이는 말하고 있다.

백거이가 그렇게 항주를 떠나고 265년 뒤, 1089년 북송의 원우(元祐) 4년에 소동파가 항주의 지사가 되어 부임했다. 당과 송을 대표하는 대시인 두 사람이 모두 항주의 장관이 되었던 것은 기이한 인연이라 할 수 있다. 더구나 두 사람 모두 임기가 3년이었으며, 둘 다 제방을 쌓았다. 소동파는 서호의 진흙을 쳐내어 둑을 만들었는데, 그 성은 백거이가 쌓은 제방보다 길다. 이것을 소제(蘇堤)라고 한다. 백거이는 북쪽에 소동파는 서쪽에 둑을 쌓은 것이다. 소동파는 30대 중반에 항주의 통판(부지사)로 부임했었고, 50대 중반에 지사로 근무를 하여 두 번이나 부임했었다. 백거이보다 항주에 더욱 정이 든 사람이다. 그런 소동파가 우리와 관련이 있을까. 당연히 있다. 그는 우리를 무척 싫어했다.

소동파는 연암과 많이 닮았다. 사주팔자도 비슷하다더니 소동파의 명석한 두뇌로 세상을 보는 눈도 어쩌면 그리 연암과 똑같이 닮은 것인지 나는 놀란다. 연암도 청나라를 갈파할 때 동파처럼 눈이 빛났다. 피서록에서 연암은 소동파가 고려인 숙소를 무리하게 짓는 것을 보고 백성이 도망가고 괜한 짓을 한다고 말하는 내용을 적어 동파가 고려를 싫어하고 있다는 사실을 알렸다. 그리고 동란섭필에서도 우리나라가 동파(東坡)에게는 잘못 보였던 모양이라고 말하고 있다.

고려가 송(宋)에게 서사(書史)를 구하면, 동파는 한(漢)의 동평왕(東平王 동평헌왕(東平憲王)) 고사(故事)를 인용하여 상소를 올려 준열하게 배척했다. 그가 항주(杭州)통판(通判)으로 있을 때, 고려의 조공 사신이 주군(州郡)의 관리를 능멸(凌蔑)하고, 당시 사신을 인도하는 관리들이 모두 관고(管庫 창고의 관리(管理))로서 세도를 믿고 제 맘대로 날뛰어 예절을 지키지 않았다고 하여, 사람을 시켜 이르기를,

"먼 지방 사람들이 중국을 사모하여 오니 반드시 공손하여야 할 터인데, 지금 보니 이렇게도 방자하니 이는 너희들이 잘못 지도한 것이라, 만일 이것을 고치지 않으면 마땅히 황제께 아뢰리라."

하니, 인도하던 관리들이 두려워서 수그러졌다. 고려 사신은 폐백을 관리에게 보내면서 편지 끝에 날짜를 갑자(甲子)만을 썼더니, 동파는 이를 물리치면서,

"고려가 우리 조정에 신하로 자칭하면서 연호를 쓰지 않는다면 내가 어찌 감히 받겠는가."

하니, 사신은 글을 바꾸어 '희령(熙寧 송(宋)의 연호)'이라 쓰자, 그제야 체례(體禮)에 맞았다 하고 받았다는 것으로 이것은 동파의 묘지(墓誌)에 실려 있는 글이다.

36
항주에서 머무는 동안 4(서호 십경)

이제 최부가 쓴 서호의 전경을 마저 읽어 보자.

〈소공제는 가운데에 6개의 다리가 있었는데 정덕관(旌德觀)은 소공제의 제1교 아래에 있었습니다. 원소(袁韶)가 주청하여 사당을 세웠는데 전당의 명인 허유로부터 장구성(張九成)까지와 절부(節婦) 5인등 39인을 취하여 전기를 적고 사당(선현당, 先賢堂)을 세웠습니다. 풍낙루(豊樂樓)는 성의 서쪽 용금문(湧金門) 밖 서호의 기슭에 있었고 그 북쪽에 환벽원(環碧園)이 있었습니다. 옥련당(玉蓮堂)은 용금문의 성 북쪽에 있었고, 문안에는 용금지(湧金池)가 있었습니다.

옥호원(玉壺園)은 전당문(錢塘門) 밖에 있었으며 소동파가 남의당(南漪堂)의 두견화(杜鵑花)를 읊은 곳입니다. 문의 서쪽에는 선득루(先得樓)가 있었습니다. 운동원(雲洞園)은 소경사(昭慶寺)의 북쪽에 있었고 꽃과 버들이 섞여 있었고 가운데에 부인의 묘가 있었습니다. 석함교(石凾橋)는 수마두(水磨頭)에 있었는데 백낙천(772~846)의 호석기(湖石記)에 이르기를 '전당은 일명 상호(上湖)라 하며 북쪽에는 석함(石凾)이 있다'고 한 것이 이것이었습니다.

총의원(摠宜園)은 덕생당(德生堂)의 서쪽에 있었으며 소동파의 시에서 '옅은 화장과 짙은 화장이 모두 서로 알맞다'의 두 글자를 따서 어서(御書)로 당의 액자에 썼습니다. 단교(斷橋)는 총의원에 서쪽에 있었으며 소위 '단교의 지는 해에 오사모(烏紗帽)를 벗었다'는 것은 이것이었습니다. 서석두(西石頭)는 석함교의 서쪽에 있었으며 진시황이 동쪽으로 순행하여 바다에 배를 띄었을 때 배를 닻줄로 매었던 곳입니다. 고산(孤山)은 서호의 고산로(孤山路) 서쪽 산의 동쪽에 있었는데 임화정(林

和靖. 즉 林逋)이 숨어 살던 오두막집의 옛터와 무덤이 있었습니다. 삼현사(三賢祠)는 소공제 제3교의 아래에 있었으며, 곧 백문공(白文公, 백낙천)·임화정·소문충공(蘇文忠公, 소식)의 사당이었습니다.〉

최부가 쓴 글을 기준 삼아 현 지도와 비교를 해보았는데 소제에 다리가 6개 있다는 것과 백제에 나오는 단교 석함교와 고산 말고는 전혀 상황이 다르다. 이를테면 소제의 6개 다리는 남쪽에서 북쪽으로 순차적으로 영파(映波)·쇄란(锁澜)·망산(望山)·압제(压堤)·동포(东浦)와 과홍(跨虹)이다. 최부의 글에 따르면 정덕관(旌德觀)은 소공제의 제1교 아래라 하였으니 영파교 아래에 정덕관이란 표식이 있어야 하는데 전혀 존재하지 않는다. 마찬가지로 풍낙루, 옥호원, 운동원 등도 마찬가지로 찾을 길이 없다. 곰곰이 생각을 해보았다. 그런데 최부의 글에는 제방 하나가 기재되어 있지 않다. 분명히 서호에는 제방이 세 개다. 백제 소제 그리고 양공제. 양공제는 소제 바로 옆에 붙어 있다.

서호는 개략 남쪽의 남병산록에서 북으로 서하령 아래에 이르는 제방으로 압제를 통해 거룻배가 지나갔다는데 지금도 원형이긴 하지만 서쪽으로 양공제가 하나 더 생겼다. 그런데 최부의 글에는 전혀 이런 말이 없으니 적어도 최부가 오기 전 해인 1487년까지는 양공제는 없었다는 이야기가 된다. 자료를 찾아보았다. 서호에 '양공제'를 만든 사람은 명나라 홍치연간의 항주지주 양맹영이다. 그는 아울러 서호의 흙을 준설하여 소제를 증축하였다. 최부가 항주에 다다른 해가 홍치 원년이니 최부가 떠나고 난 후 양공제를 세웠다는 이야기가 된다. 사실 소동파가 만든 후 수백 년이 지났는데 그대로일 수는 없다. 즉, 오늘날 소제의 아름다움은 소동파 한 사람의 손으로 만들어진 것은 아닐 것이고 더더욱 소제 옆을 파내다 보면 지금 최부가 적어 놓은 명소들은 자연 없어지거나 탈바꿈을 겪게 된다.

이에 반해 백제는 새로운 제방을 짓지 않았다. 그 덕분에 단교, 고산, 석함교라는 말은 원형 그대로 지금도 현존하고 있다. 그렇다고 서호 안에 진흙으로 제방을 만들고 다양한 나무와 꽃을 심어 현재까지도 관광객들에게 아름다운 경치를 선사한다는 의미로서의 소제춘효(서호 십경중 일경)가 달라질 리 있겠는가. 남송 때 소제춘효(苏堤春晓)를 서호 10대 풍경 중의 넘버원으로 선정하였으며 원(元)나라 때 "육교연류(六桥烟柳)"로 전당 10대 풍경에도 선정되었다. 한겨울이 지나면 소제는 하늘하늘 춤추며 오는 봄을 알리는 사절처럼 푸른 버드나무가 강 언덕에서 바람 따라 흔들리고 호수 면은 거울처럼 평온하여 아름다운 풍경을 비추고 있다. 사람들이 마음을 제일 감동시킬 때가 바로 아침의 이슬과 달이 서산으로 질 때 서서히 불어오는 바람이다.

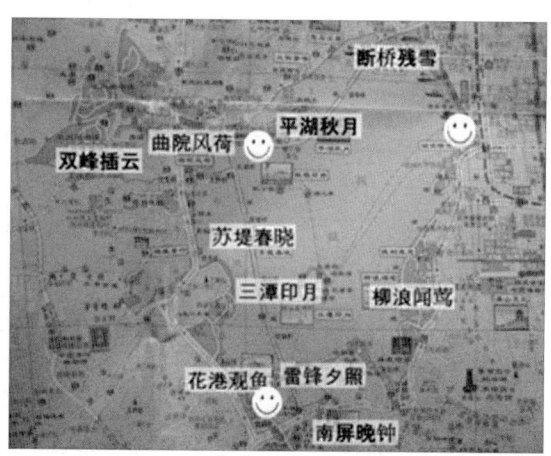

영파교(映波桥)는 화항공원(花港公园)과 인접해 있고 비 내리듯 바람에 흔들리는 버드나무가 있고 쇄란교(锁澜桥)는 가까이서 보면 소영주(小瀛洲), 먼 데서 보면 보축탑 같고 망가산 서쪽

을 바라보면 쌍봉이 구름을 꿰뚫을 듯 장면이 눈에 안겨온다. 압제교(压堤桥)는 소제를 남북으로 갈라진 황금 자리에 있으며 옛날에 배들이 드나드는 수상 중심지였고 "소제춘효(苏堤春晓)"의 석비정이 바로 교남에 있다. 동포교(东浦桥)는 호수에서 해뜨기 구경을 하는 적합한 장소이고 과홍교(跨虹桥)는 비가 내린 후 무지개를 감상하는 제일 적합한 장소다.

운치 넘치는 요즘에 말하는 서호 십 경을 잠시 떠올려 본다. 이르는 순서는 잘 모르겠지만 백락천이 만든 물 위에 걸친 아취 형 돌다리에 눈 쌓인 모습(단교잔설:斷橋殘雪). 호수 안에 외로이 떠 있는 고산(孤山)의 누대에 뜬 가을 달(평호추월). 연꽃 활짝 피는 5월 술집 뜨락에서 피어난 술 향내가 정원의 연꽃 향기와 함께 바람에 떠다니는 기막힌 분위기(곡원풍하:曲院風荷). 소동파가 만든 여섯 개의 아름다운 다리 아래로 봄날 물안개 피는 새벽, 물 오른 버드나무 가지가 늘어진 가운데 하얀 복숭아 꽃잎이 살짝 물 위에 떠 있는 경치(소제춘효:蘇堤春曉). 추석날 배를 띄우고 달과 인공섬인 소영주(小瀛洲) 석등에 켜진 불이 셋으로 보이는 모습(삼담영(인)월:三潭映月). 서호 남쪽 호반의 정원에 모란꽃이 활짝 피고, 화려한 색 뽐내는 비단잉어 노니는 모습(화황관어:花港觀魚). 남녘 골짜기에 운무가 끼어 마치 구름에 복고봉 봉우리가 꽂혀 있는 것처럼 아름다운 모습(쌍봉삽운:双峰插云). 석양의 남병산(南幷山) 정자사(淨慈寺)에서 울려 퍼지는 종소리(남병만종:南屛晚鐘). 우뚝 솟은 영봉산(靈峰山) 뇌봉탑(雷峰塔) 너머로 지는 저녁노을(뇌봉석조:雷峰夕照). 물오른 버들잎이 봄바람에 살랑일 때 듣는 꾀꼬리 울음소리(유랑문앵:柳浪聞鶯).

백제의 단교잔설을 따라 평호추월에 이르면 호수 속 높이 38미터 섬 고산(孤山)이 나온다. 방학정이라 부르는 북송 때 가난한 시인 임화정(林和靖)이 20년 동안 은둔한 곳이다. '성긴 그림자 기울어 얕은 물가 더욱 맑은데, 그윽한 향기 살포시 황혼 무렵 달에 걸렸네'라고 읊은 그의 시는 매화를 노래한 시 중에서 천하 절창으로 꼽힌다. 그가 매처학자(梅妻鶴子), 매화를 아내로 삼고 학을 아들로 삼고 고산에 살았다는 고사 때문에, 내가 그곳에 들렸을 때 항주의 장사치들은 임화정이 학을 부를 때 불었다는 작은 풀피리를 1위안에 팔고 있었다. '일 위안 양꺼!' 아마 지금은 그 가격이 열 배는 오르지 않았을까 싶다. 이러한 풍경에 목석인들 반하지 않을까. 이런 풍경에는 여인이 또 꼭 존재한다. 서시 말고 소소소(蘇小小)라는 여인을 아는지 모르겠다.

  소소소(蘇小小)는 남북조(南北朝) 시대 제(齊)나라 여성으로, 항저우[杭州]의 유복한 집안에서 자라다가 일찍 부모를 여의고 기생이 되었다. 명기(名妓)로 이름을 날리던 소소소는 명문가의 아들 완욱(阮郁)을 처음 만나 인구에 회자된 시를 남겼다.

妾乘油壁車 郎騎靑驄馬(첩승유벽거 낭기청총마)
何處結同心 西陵松柏下(하처결동심 서릉송백하).
저는 유벽거를 타고, 그대는 청총마를 타고 있네요.
어디서 마음을 맺어야 할까요? 서릉의 송백나무 아래지요.

  유벽거는 기름칠을 한 부인용 수레를 가리킨다. 날랜 청총마를 타고 있는 남자에게 자신은 서릉에 살고 있으니 빨리 따라오라는 뜻이다. 그러나 소소소는 완욱의 집안에서 반대하여 결국 사랑을 이루지 못하고 꽃다운 나이에 세상을 떠나 서호(西湖)의 서령교 옆에 묻혔다. 고래로 많은 시인이 소소소를 기리는 시를 남겼다. 그 무덤을 찾은 이하도 '유벽거, 결동심' 등 소소소의 시구를 살려, 이루지 못한 사랑을 안고 세상을 떠난 애절함을 처연하게 묘사하였다. 그때도 신분의 차이가 존재하였던가. 소소소는 당대의 유명한 명기였다. 서시를 노래한 것이라는 소동파의 시가 나는 그래도 제일 마음에 든다. 소동파의 절창 중의 절창 '서호상에서 한잔할 때 처음엔 맑고 나중에 비(飮湖上初晴後雨)'란 다소 긴 제목의 시.

水光瀲灩晴方好(수광렴염청방호) 물빛이 찰랑이고 반짝이니 갠 날이 마침 좋고
山色空濛雨亦奇(수색공몽우역호) 산색 비어 있는 듯 흐릿하니 비오는 날 또한 기이하네
欲把西湖比西子(욕파서호비서자) 서호를 들어 서시와 비교하라면
淡粧濃抹總相宜(담장농말총상의) 옅은 단장이나 짙은 화장이나 모두 다 맘에 든다 하리.

이 시가 항주의 전설적인 미인 서시의 미색을 아름다운 호수 서호(西湖)와 견주어 읊었다 하지만, 어떤 사람들은 왕조운을 두고 노래한 것이라고 말하는 이들도 있다. 왕조운이 누구일까. 최부의 글에도 나오는 여인이다. '운동원(雲洞園)은 소경사(昭慶寺)의 북쪽에 있었고 꽃과 버들이 섞여 있었고 가운데에 부인의 묘가 있었다.'라는 구절에 나오는 부인이 바로 왕조운이다. 누구는 소동파가 여복이 많다고도 하고 파란만장했다고도 하는 데 나는 둘 다 일리가 있다 싶다. 소동파의 여인은 모두 왕씨 성을 가진 여인들이다. 나는 그의 평전을 읽으며 첫 번째 부인이 제일 안쓰럽다 여겼다. 그녀는 동파가 출세하기 위해 아버지와 함께 먼 길을 떠나 같이 산 경험이 별로 없는 여인이었다. 그래서인지 그가 조강지처를 여의고 남겨 놓은 시가 와락 내게 깊이 닿는다.

소동파와 왕 씨 여인들, 소동파가 열여덟에 결혼한 첫째 부인의 이름은 왕불(王弗). 그녀는 미인은 아니었으나 착하고 헌신적이어서 소동파가 평생 잊지 못하였다. 왕불이 27세의 젊은 나이로 죽고 맞이한 두 번째 부인은 왕불의 사촌 여동생인 왕윤지(王潤之)다. 소동파가 지방을 전전하던 이십여 년을 묵묵히 뒷바라지한 둘째 부인마저 죽자, 소싯적 항주(杭州)에서 지방관으로 재직할 때 반해 기적에서 빼내 준 왕조운(王朝雲)을 첩실로 삼아 오십 대 후반을 함께 하는데, 이 여인 또한 34세로 소동파보다 먼저 세상을 떠난다. 평생의 정적 왕안석과도 극적으로 화해하고 친하게 된 뒤 몇 년이 못되어 죽었듯이, 그가 좋아하고 사랑하게 되면 모두 오래지 않아 다 그의 곁을 떠나고 만다. 그래서일까, 생을 초탈한 그가 말년쯤에 그의 동생(蘇轍, 역시 唐宋 8대가)에게 보낸 시 '눈밭의 기러기 발자국(雪泥鴻爪)'의 시가 달리 느껴진다.

人生到處知何似(인생도처지하사) 인생 역정이란 게 무엇과 같은지 아시는가

應似飛鴻踏雪泥(응사비홍답설이) 날아가던 기러기가 내려 밟고 지나간 눈벌 같은 거라네

泥上偶然留指爪(니상우연류지조) 우연히 진흙벌 위에 발자국을 남기지만

鴻飛那復計東西(홍비나부계동서) 그 기러기 어디로 날아갔는지 다시 알아 무얼하게

소동파가 18살에 맞아들인 첫 번째 부인 왕불(王弗, 당시 16세)은 글을 아는 여인으로, 남편이 과거 공부하는 데 도움을 줄 정도로 똑똑했으며 사람을 보는 안목이 깊어 교우관계도 조언하였다 한다. 그러나 결혼한 지 11년 되던 해에 6살의 어린 아들을 남기고 스물일곱의 나이로 요절하고 만다. 십여 년을 같이 살았다지만 소동파의 방랑벽과 계속된 지방 좌천으로 실제로 함께 한 기

간은 불과 3, 4년에 불과하였다. 그 후 아버지(蘇洵, 역시 唐宋 8대가) 마저 돌아가시어 고향인 밀주(密州, 산동성)에 안장하고 3년간 시묘살이를 할 때 부인도 함께 밀주로 이장을 하였다. 부인과 사별한 지 10년쯤 후 어느 날 꿈에 죽은 아내가 나타난다. 그 때의 쓴 글이 '강성자(江城子)'란 제하의 글(宋詞)인데 한문으로 된 글임에도 내 마음을 울리고 절절하게 다가온다.

江城子(강성자)
十年生死兩茫茫(십년생사양망망) 삶과 죽음으로 갈라 선지 10년으로 아득한데
不思量 自難忘(불사량 불난망) 생각을 말자 해도 스스로 잊을 수 없네
千里孤墳 無處話凄凉(천리고분 무처화처량) 천 리 외로운 무덤, 쓸쓸함을 말할 데 없네
縱使相逢應不識(종사상봉응불식) 설령 나를 만난다 해도 알아보지 못하겠구려
塵滿面 鬢如霜(진만면 빈여상) 세상 먼지에 찌든 얼굴, 머리는 서리처럼 하얗게 변해
夜來幽夢忽還鄕(야래유몽홀환향) 밤새 깊은 꿈속에서 문득 고향 집으로 돌아갔는데
小軒窓 正梳粧(소헌창 정소장) 작은 집 창가에서 그대는 막 머리를 빗고 있었지
相對無言 惟有淚千行(상대무언 유유루천행) 서로 대하고는 말없이 하염없는 눈물만 흘렸네
料得年年腸斷處(료득년년장단처) 해마다 애끊는 곳을 헤아려 보니
明月夜 短松崗(명월야 단송강) 달빛 환한 키 작은 소나무 언덕 (그대 무덤)

그리고 소동파가 가장 사랑했다는 제3의 여인, 왕조운(王朝雲). 소동파가 왕안석의 신법에 반대하다 고도 항주(杭州)로 좌천되어 통판(通判)이란 벼슬을 하고 있을 때(1071~74, 그의 나이 35~38세), 우연한 기회에 그녀의 춤을 보고 한눈에 반한다. 당시 12세였던 그녀를 기적에서 빼내 시첩(侍妾)으로 데리고 있게 된다. 그녀의 이름을 소동파가 직접 지어주기도 하였다. 바로 '조운(朝雲)'이란 이름. 춘추전국시대 초나라 회왕(懷王)이 꿈에 어떤 여인과 사랑을 나누었는데, 그녀가 떠나면서 저는 아침에는 구름(朝雲)이 되고 저녁에는 비(暮雨)가 되어 이 양대(陽臺)에 항상 머물러 있을 거라고 한 고사에서 따온 것이라 한다.

소동파가 호북(湖北)의 황주(黃州)로 좌천되고 남쪽 광동(廣東)의 혜주(惠周)로 유배되어 어려움을 겪을 때, 다른 첩들은 뿔뿔히 달아났지만 왕조운만은 끝까지 그의 곁을 지킨다. 황주에 있을 때는 소동파를 위해 유명한 '동파육(東坡肉)' 요리를 만들어 주기도 했다. 혜주로 간 지 3년째 되던 해(소동파 나이 58세) 왕조운은 남방의 풍토병으로 34세의 젊은 나이로 죽는다. 우연인지는 몰라도 그녀의 고향 항주와 같은 이름의 서호(西湖, 광동성 惠州 소재)에 묻힌 것이다.

조운이 묻힌 곳에 소동파는 육여정(六如亭)이란 정자를 짓는데, 六如란 그녀와 지낸 시간이 마치 如夢 如幻 如泡 如影 如露 亦 如電. 즉, 꿈 같고, 환영 같고, 거품 같고, 그림자 같고, 이슬 같고, 또한, 번개 같다는 이야기 같기도 하고 무릇 인생이 다 그런 것이 아니겠느냐 하는 것도 같다. 연암 박지원이 그를 닮았다고 하고 또한 한유도 사주팔자가 같다고 했는데 풍기는 시 느낌도 서로 닮아 있다. 그런데 최부는 한유도 그렇고 소동파도 고스란히 표해록에 모셔두고도 있다.

37
항주에서 가흥(嘉興)으로

 2월 13일 드디어 최부 일행은 항주로부터 길을 떠난다. 북경으로 부터 어느 기별을 받았는지 적지를 않아 모르지만 서둘러 가는 길이다. 지휘첨사 양왕이 호위하여 당나귀를 타고 무림 역에서 길을 떠나 20여 리쯤 가다가 성의 북문에 이르렀고 곳을 지나 오산포에 닿았다. 곳에서 배를 타기 위해 편을 나누었다. 양왕이 그 아우 양승(楊昇)과 송문위천호(松門衛千戶) 부영(傅榮), 전당 사람 진훤(陳萱)과 종자 이관(李寬)·하빈(夏斌)·당경(唐敬)·두옥(杜玉) 등 7·8인과 함께 같은 배를 타고, 최부는 배리 등과 북경 사람 이절·김태 그리고 허상리 등이 같이 배를 탔다.
 그들이 2월 14일 숭덕현을 지날 때였다. 앞서 말한 대로 가는 곳의 역체에서 양식과 반찬을 제공하였다. 숭덕현에서도 충분한 양식을 주었다. 그런데 수부가 최부에게 다가와 지나온 곳에 장안역이 있었는데 알았느냐고 물었다. 아무리 박식한 최부라고 하지만 남의 나라 초행길의 역을 알 리가 없다. 몰랐다고 말을 하자 수부는 이는 양 지휘의 종자 진훤이 지급하는 양식과 반찬을 착복하고는 알지 못하게 한 것이라고 귀띔을 해주었다. 이는 양왕에게 직고를 하라는 이야기인지도 모른다. 하지만 최부가 긁어 부스럼 만드는 일에 낄 리 없다.
 2천 리 넘는 긴 거리의 조운로인 만큼 상전들은 역이 하도 많아 지나친 것인지 헷갈린다는 것을 잘 아는 전문 사기꾼의 수법이다 싶다. 이렇게 빼돌리는 수법은 어느 시대 어느 곳이든 늘 흔한 것이란 게 오히려 내게는 친근감 있게 느껴진다. 범죄 내용은 달라도 지금과 다를 바 없이 범죄 심리는 똑같다. 이 사실성이나 이집

트 피라미드 건설 현장의 낙서에서 발견된 요즘 젊은것들은 버릇이 없다는 말이나 인문학적으로는 일맥상통하는 동질성이 있다. 젊은이들은 늘 버릇이 없고 눈치를 채지 못하면 범죄가 생기는 것이라는 것이 따지고 보면 이 세상에서는 너무도 흔한 일이 아닌가. 인간사 속성에서 하나도 어긋남이 없는 얄궂은 진리이기도 한 셈이다.

2월 15일 서수역이란 곳에 이르렀을 때인데 역승(역장) 허룽(何榮)은 최부 일행에게 닭, 문어 등 찬거리를 보내면서 시 3수를 지어 보냈다. 최부도 이에 화답했다. 허룽은 그런데 그의 시에 조정의 낭중 기순과 행인 장근이 조선에 사신으로 가서「황화집」을 지었는데 이를 조선 사람들이 화답했는데 서거정이 맨 앞에 있다고 했다. 그의 시에 명나라 황제가 조선이 어떤 곳인가 물으면 문물, 풍속이 중국과 같다고 말하겠다는 구절이 있는데 평생 처음 조선인인 그대를 만나니 정말 실감이 나고 반갑다고 했다. 말단 관리와 남루한 조선 선비 간의 평생 한 번 뿐인 짧은 조우는「황화집」이 계기가 된 셈이다.

조선왕조실록 성종 편을 찾아보니 정말 중국 사신 기순이 나오고 서거정이 나온다. 어디 그 내용을 보자.

〈성종 7년 병신(1476, 성화 12) 07-02-16[02] 평양 선위사 임원준이 와서 복명하고 서거정이 명나라 사신에게 화답한 시를 바치다.

평양 선위사(平壤宣慰使) 임원준(任元濬)이 와서 복명(復命)하였다. 임원준은 원접사(遠接使) 서거정(徐居正)이 명(明)나라 사신(使臣)에게 화답(和答)한 시(詩)를 가지고 와서 바치며 아뢰기를, "명(明)나라 사신이 평양(平壤)에 도착하였는데, 상사(上使)가 평양 회고(平壤懷古)의 장편(長篇)을 지어 서거정(徐居正)에게 보이니, 서거정이 즉시 차운(次

韻)을 해서 바쳤습니다. 〈명나라 사신〉 기순(祈順)이 말하기를, '재상(宰相)의 시(詩)를 짓는 것이 매우 빠르고 또 교묘(巧妙)하니, 내가 미칠 수 없습니다.'라고 했으며, 이어서 통사(通事)에게 묻기를, '나라 안에 이같이 시(詩)를 잘 짓는 사람이 몇이나 있느냐?'고 하였습니다."하였다.【원전】9 집 313 면.〉

그의 물음에 또 최부가 말했다. 〈지금 그는 의정부 좌찬성입니다.〉

그는 제주라는 지방에 있고 서거정은 한양 땅에 있는데 방금 본 것처럼 어찌 그리 소상히 아는가. 이에는 또 그러한 합당한 이유가 있다. 1485년(성종 16년) 서거정(徐居正, 1420~1488) 등은 왕명을 받아 편찬한 역사책『동국통감(東國通鑑)』을 편찬하였다.『동국통감』편찬은『경국대전(經國大典)』과 함께 민족 문화를 정리하는 선구적인 작업으로 시작되었는데, 단군조선부터 고려 말까지의 역사를 56권 28책으로 엮은 조선 전기 대표적 관찬 사서이다. 1458년(세조 4년) 편찬 사업이 시작되었지만, 자료의 신빙성이 떨어지는 고기류(古記類) 이용을 거부한 신하들의 비협조로 완성을 보지 못하였다. 이후 1476년(성종 7년)에 이르러 신숙주(申叔舟, 1417~1475)·노사신(盧思愼, 1427~1498) 등이 세조 때의 원고를 수정하여 고대사 부분의『삼국사절요』14권으로 편찬하였다.

이 책은『삼국사기』에 빠진 고조선사가 보완되었다. 그 후 1484년(성종 15년)에 서거정(徐居正, 1420~1488) 등 훈신들이『삼국사절요』와『고려사절요』를 합하여『동국통감』을 완성하였으나, 왕은 사림 계열 관료를 참여시켜 다시 수정하여『신편동국통감』(56권)을 다음 해 완성하였다. 이것이 오늘날 전하는『동국통감』이다. 이로써『신편동국통감』은 훈구 세력과 사림 세력의 입장을 모두 반영하는 절충적인 성격의 역사서가 되었다. 그 서문에는 이렇게 적고 있다.

〈우리 주상 전하[성종]께서는 대통을 이어받고 선왕의 계책을 뒤따라서 달성군 신 서거정, 행호군 신 정효항, 참의 신 손비장, 행호군 신 이숙감, 전 도사 신 김화, 교리 신 이승녕, 사의 신 표연말, 전적 신 최부, 박사 신 유인홍 및 신 이극돈 등에게 『동국통감』을 찬수해 올리라고 명하였습니다. 신 등은 모두 용졸하여 재주가 삼장에 모자라는데, 삼가 윤명을 받들게 되니 떨려서 몸 둘 바를 모르겠습니다.〉

바로 서거정과 최부는 얼마 전까지도 같이 모여 동국통감 편찬작업을 한 것이다. 일반적으로 이 책의 저자가 서거정(1420~1488)으로 알고 있는데 안정복은 저서 동서강목에서 저자가 바로 최부라고 고증을 했다. 그와 헤어져 최부 일행이 서수역에서 큰 다리를 지나니 바로 그곳이 가흥부였다. 최부는 도착하자마자 가흥부에 대해 이렇게 말했다.

〈가흥부는 곧 옛날의 유리성으로서 월나라가 오나라를 격퇴시켰던 땅이었습니다.〉

그리고 그다음 날인 2월 17일, 소주의 고소역에 도착했을 때는 이렇게 말했다.
〈소주는 곧 옛날 오왕 합려가 오자서에게 성을 쌓게 하여 도읍으로 정했던 곳입니다.〉
그러니까 가흥부터서 소주에 이르는 곳은 오나라 땅이라는 것이고 오나라가 항주에서 밀고 온 월나라에게 당했다는 곳이 가흥부라는 것을 말하고 있다. 앞서 오나라 합려와 그의 아들 부차와 책사인 오자서 그리고 월나라 구천, 범려, 서시에 대해서는 말을 한 바 있다. 그리고 오자서의 무덤은 항주 오산에 있다는 것도 알고 있고 최부가 오는 것을 알고 만나기를 원해 급히 달려왔으나 만나지 못하고 관직이 도급사에 이르렀던 장공이란 사람이 사는 곳이 가흥부 해염현이라는 것도 우리는 더불어 알고 있다.

 그런데 아직도 오나라와 월나라 이야기는 종지부를 찍지 않았다. 끈덕진 것이 마치 오월동주를 닮고 와신상담하여 다시 재기를 노리는 듯 미진한 구석을 마저 적게 하고 있다. 가흥(중국식으로는 자싱)은 상해에서 서남쪽으로 95km 떨어진 남호라는 호수가 어우러진 아름다운 도시인데 기원전 시대 가흥은 오나라가 발흥한 곳이다. 오는 양자강구에 살던 만이(蠻夷)가 세운 나라로 분명 한족(漢族)과는 구분된다. 기록상으로는 19대 수몽(壽夢)에 이르러 강력한 세력이 되어 오왕이라고 칭하며 장강 중류 형주 지역에 있던 초와 경쟁했다. 그 후 50년쯤 지나 BC 514년 합려(闔閭)가 등장하자 세력의 판도는 바뀐다.

 합려는 수도를 현재의 소주에 두고 초에서 망명해 온 오자서(伍子胥)를 등용하여 정치제도를 정비하고 군사 면에서는 손무(孫武)를 기용하여 강군(强軍)을 만들었다. 그는 초를 쳐서 초의 수도 영(郢=강릉[江陵])을 점령하고. 그는 회계(會稽=지금의 소흥[紹興]으로 항주의 동쪽에 있다)에 도읍을 두고 항주의 이남을 영유하고 있었다. 그런데 바로 이때 항주 일대에서 세력을 키우고 있던 월이 오의 도읍인 소주를 쳐들어와 합려는 초를 완전히 굴복시키지는 못한 채 급거 귀국하여 월을 물리쳤다. 이때부터 두 나라는 그야말로 죽기 살기로 싸우는 원수지간(怨讐之間)이 된 것이다. 월이 두각을 나타낸 것은 BC 496년에 월왕 구천(句踐)이 등장하고 나서부터다. 그는 장애가 되는 오를 쳐부수려 하였다.

오나라 합려는 초를 평정할 때 월이 쳐들어와 위험했던 때를 되씹으며 그 원한(怨恨)를 갚으려고 월로 쳐들어갔다. 그를 맞아 구천은 결사대를 편성하여 항주 북쪽의 지금의 가흥(嘉興)에서 맞아 싸워 격퇴하였다. 합려는 이 싸움에서 상처를 입어 이로 인해 최부가 쓴 대로 가흥에서 죽는다. 그다음의 이야기는 앞서 이미 말한 바 있다. 오나라 월나라는 아무튼 피눈물 나는 전쟁 끝에 부차가 자살함으로써 오는 멸망했다. BC473년의 일이다. 이후 월은 산동반도까지 진출하며 부강함을 자랑하였으나 8년 뒤 구천이 죽은 후에는 곧 쇠퇴하여 초에게 평정되고 만다. 그들이 그토록 처절하게 싸운 것은 지금의 강소성(江蘇省) 남부와 절강성(浙江省) 북부 사이의 기름진 평야 때문이다.

오월이 망하고 나니 이 지역은 한족(漢族)의 땅이 되었으나 여전히 변방(邊方)에 지나지 않았다. 한화(漢化)된 오월 사람들은 여전히 장강 이북을 중국(中國)이라 부르며 자신들과 다르다는 것을 강조하였다. 다시 한번 중원을 노리게 된 것은 삼국시대에 들어서서 손책이 일으킨 동오였다. 오월이 활동하던 지역은 점차 한족이 이동하여 농업과 상업이 더욱 발전하게 되었는데 이러한 신 개척지를 오(吳)라고 불렀다. 후한 말 천하가 어지러운 때를 당하여 오군 부춘(富春= 지금의 항주 서남 인근의 부양[富陽])의 호족 출신인 손견(孫堅)이 천하제패의 뜻을 품고 기병하였으나 일찍 죽고 그의 아들 손책(孫策)이 이어받았다. 손책은 아직 16세 약관의 어린 나이로 아버지를 닮아 뜻이 크고 호방하였지만 아버지를 잃고 날개가 꺾여 원술의 휘하에 들어가 굴종(屈從)할 수밖에 없었다.

그러던 차에 손책은 동오를 평정한다는 구실로 원술의 군사를 빌려서 떠났었다. 이로써 손책은 고기가 물을 만나고 호랑이가 산으로 들어간 격이 되어 이후 10년간에 걸쳐 장강 하류 지역과 전당강 이남의 해안지역까지 6군(郡)에 걸치는 지역을 평정하여 과거 오월이 나누어 쟁투하던 지역을 하나로 아울렀다. 그러나 뜻하지 않게 200년 26세의 나이로 자객의 손에 죽고 나니 옛 오월의 영광은 빛을 잃고 말았다. 손책의 뒤를 이은 손책의 동생 손권은 수성(守成)에만 주력할 수밖에 없었다. 결과적으로 손권의 통치력도 뛰어난 것으로 수성에는 성공하였다고 보지만 중원으로 진출하려던 꿈은 끝내 이루지 못하였다.

끝까지 손권을 괴롭힌 것은 산월족(山越族)의 저항이었다. 그런데 이 월족(越族)에 대하여는 복잡한 설이 많으나 간단히 말하자면 장강 연안에서 베트남 북부에 이르기까지 광대한 영역에서 살던 종족으로 한족(漢族)이 아니고 베트남의 원조라고 흔히 말한다. 말도 전혀 다르다. 손권은 항주 남부의 산악지대를 손에 넣고서야 비로소 안정을 찾는다. 그는 여세를 몰아 해안을 따라 광동성, 광서성, 복건성, 교주(베트남 북부)까지 영토를 확장하여 이로써 현재의 중국과 같은 광대한 영토의 윤곽을 잡게 하였다.

국부(國富)로만 본다면 손권의 오가 가장 튼튼하였을 것인데 어째서 천하를 손에 넣지 못하였는가 하는 데는 이러한 사유가 있다. 그 지역은 산도 높고 계곡이 깊어 묘족이라는 소수족들도 살았고 그들은 호락호락하지 않았다. 앞서 글에서 썼듯 동방불패가 괜히 나온 영화는 아니다. 더욱이 묘족은 행색이 묘하게 고구려 사람들을 닮았다고 앞서 또 말하지 않았던가. 어쨌든 삼국이 통일되는 때부터 남쪽의 만이(蠻夷)들이 한족의 문화 속으로 흡수되었다고 보는 게 맞을 성싶은데 만약 동오가 북의 조조와 맞서 장강을 사이에 두고 천하를 2분하고 있었다면 지금의 중국과는 크게 다른 모습이 되지 않았을까.

그런데 가흥은 우리와도 인연이 있는 곳이다. 김구 선생과 임시정부 식구들이 3년간 절체절명의 시기를 보냈던, 한국인과 중국인의 목숨을 건 우정이 녹아 있는 도시다. 1932년 4월 29일 상해 홍구 공원에서 중국침략 일본군 육군 사령관을 비롯해서 주요 일본 요인들을 폭살 시킨 윤봉길 의사 의거가 있었다.

일제는 즉시 김구 선생과 임시정부를 배후로 보고 검거를 위해 날뛰었다. 김구 선생에게 걸린 현상금만 지금 우리 돈으로 600억 원⋯ 아마 이보다 많은 현상금을 내건 경우는 지구상에 아직 없다고 한다. 그 절박한 상황에서 뜻밖의 은인이 나타난다. 중국인 저보성. 저보성의 도움으로 김구 선생과 임정식구들은 4월 29일과 5월 1일 사이에 황급히 상해를 빠져나와 가흥으로 피할 수 있었다.

김구 선생은 항주로 임시정부청사를 옮기고 업무를 보게 하는 한편, 동지 몇 명과 가흥으로 피신했다. 저보성은 상해 법과대학 총장을 역임하고 상해 항일단체 회장, 절강성장을 지낸 유력인사였다. 상해도 일제 천지여서 발각되면 목숨은 물론 가문이 쑥대밭이 될 위험이었지만 저보성은 주도면밀하게 임정식구들을 지원했다. 가흥에는 남호에 접한 저보성의 본가와 두 아들이 운영하는 종이 공장, 실 공장이 있었다. 당시 세계경제공황의 여파로 공장이 파산상태였지만, 임정식구들이 숨어 지내기에는 안성맞춤이었다. 저보성은 일단 김구 선생님을 가흥에서 동쪽으로 조금 떨어진 첫째 며느리의 고향 해염의 별장으로 피신케 하고, 나머지 임정식구들을 가흥 은신처에 따로 숨겨주었다.

김구 선생님은 해염 별장에서 6개월을 지내고 가흥 저보성의 둘째 아들 집으로 피신했다. 이어 저보성의 주선으로 남호의 여자 뱃사공 주애보와 부부로 위장해서 지내게 된다. 곳곳에 암살단이 깔려있던 시기…영화 암살이 단지 허구만은 아니다.

김구 선생과 임정식구들은 3년을 숨어 지내고 1935년 남경으로 떠난다. 주애보는 남경까지 따라가 김구 선생과 함께 지내다가 남경에서 헤어진다. 김구 선생은 창사로 갑작스럽게 이동함으로써 제대로 고맙다는 표현도 못 하고 떠난 것을 매우 유감스럽게 생각했다. 지금 가흥시에서는 김구 선생님과 임정식구들의 은거지를 정비해 2005년 절강성 보호문화재로 관리하고 있다. 김구 선생 은거지: 매만가 76호/ 임정식구 은거지: 남문가 일휘교 17호. 그들은 빨랫줄에 속옷이 걸려 있으면 일본군이 주변에 있다는 뜻이었고 속옷이 없으면 안전하니 집으로 돌아와도 된다는 식으로 교신을 했다.

아울러 가흥은 마오쩌둥이 중국 공산당을 창당한 지역으로 공산당이 창당된 때는 김구 선생이 가흥을 떠난 1936년이었다. 김구 선생은 '백범일지'에서,

〈"가흥은 산이 없으나 대신 호수와 운하가 낙지발처럼 사방으로 통하며, 토지는 극히 비옥하여 각종 물산이 풍부하고 인심과 풍속이 상해와는 딴 세상이었다. 상점은 값을 속여 받지 않고, 가게에 손님이 무슨 물건을 놓고 잊어버린 채 갔다가 며칠 후 찾으러 오면 잘 보관하였다가 공손히 내어준다"〉고 기술하였다.

38
태호석과 수호지

2월 16일 평망역이라는 곳을 떠나 배를 당겨 평망하를 거슬러 앵두호 오강호를 지나 이윽고 태호를 만난다. 태호라 하면 서울

의 두 배 넓이의 엄청난 호수다. 최부는 태호에 대해 이렇게 적고 있다.

〈태호는 우공이 진택(震澤)을 정하였다는 것과 『주례』 직방(職方)이 양주의 수택(藪澤)을 구구(具區)라고 하였다는 것이 바로 이것입니다. 혹 이것을 오호(五湖)라고도 말하는데 그 (호숫가의) 길이가 오백여 리나 되기 때문에 붙여진 이름이고, 또 범려(范蠡)가 놀았던 곳입니다.〉

최부가 말한 '우공이 진택(호수)을 정하였다는 말', 이 말은 書經[서경]-89 하서(夏書)(1) 제1편 우공(禹貢)에서 나온 말이다. 여기서 하(夏)는 우(禹)를 비롯한 그의 자손들이 중국을 다스렸던 왕조를 가리킨다. 하서(夏書)는 하 왕조(夏王朝)의 사관(史官)이 기록하여 후세에 남긴 것이라고 한다. 중국민족을 화(華) 혹은 화하(華夏)라고 일컫게 된 것은 하왕조(夏王朝)의 하(夏)자에서 비롯된 것이다. 하왕조는 중국 역사상 최초의 왕조로서, 중국의 민족과 정치와 문화에 있어서 매우 중요한 시작점으로 간주되고 있다. 14대에 걸쳐 17명의 임금이 다스렸으며, 약 400여 년 동안 왕업(王業)을 누렸는데, 서기(西紀)로는 대략 기원전 2183년 경에서 1752년으로 잡고 있다. 하(夏)의 역사로는 곧 이 하서(夏書)에 수록된 우공(禹貢)과 감서(甘誓), 오자지가(五子之歌), 윤정(胤征)등이며, 그밖에는 유실 되었다고 한다. 그 글에 나오는 해당 문장은 다음과 같다.

〈회수(淮水)와 바다 사이에 양주(揚州)가 있다. 팽려(彭蠡) 호수에 이미 물이 모여 흐르니, 양 조(陽鳥)[기러기]가 살게 되었다. 세 개의 강줄기가 이미 바다로 들어가니, 진택(震澤)이 안정되게 되었다 살대와 큰

대가 이미 퍼져 잘 자라고, 풀은 여리게 자라며 나무는 높이 자라고 흙은 진흙이다. 전(田)은 하(下)에 하(下)이고, 부세(賦稅)는 하(下)에 상(上)이니, 간혹 그 위의 등급으로 섞어 내기도 하였다.〉

그 글에는 중국의 지리나 수리산 등을 이런 식으로 펼쳐 놓았는데 한마디로 다스리는 치세의 범주를 말하는 것 같은데 이 부분이 양주나 소주 등 절강성과 강소성을 말하는 것이라고 하고 여기서 진택은 호수로 바로 태호를 말하는 것이라고 한다. 주례 운운 구구(具區) 같은 의미도 또한 태호를 지칭한다는 것이다. 솔직히 말하여 우공이라 하여 나는 우공이산을 처음 생각했었다. 나는 그 일화가 아주 재미나 이 글과는 전혀 무관한데 껴 넣었다. 여러분도 조운로를 따라가는 2천 리 긴 여정 이참 한 번 웃고 가기 바란다.

〈옛날, 중국의 북산에 우공이라는 90세 된 노인이 있었는데, 태행산과 왕옥산 사이에 살고 있었다. 이 산은 사방이 700리, 높이가 만 길이나 되는 큰 산으로, 북쪽이 가로막혀 교통이 불편했다. 우공이 어느 날 가족을 모아 놓고 말했다.『저 험한 산을 평평하게 하여 예주의 남쪽까지 곧장 길을 내는 동시에 한수의 남쪽까지 갈 수 있도록 하겠다. 너희들 생각은 어떠하냐?』모두 찬성했으나 그의 아내만이 반대하며 말했다.『당신 힘으로는 조그만 언덕 하나 파헤치기도 어려운데, 어찌 이 큰 산을 깎아 내라는 겁니까? 또, 파낸 흙은 어찌하시렵니까?』우공은 흙은 발해에다 버리겠다며 세 아들은 물론 손자들까지 데리고 돌을 깨고 흙을 파서 삼태기와 광주리 등으로 나르기 시작했다. 황해 근처의 지수라는 사람이 그를 비웃었지만 우공은『내 비록 앞날이 얼마 남지 않았으나 내가 죽으면 아들이 평평해질 날이 오겠지.』하고 태연히 말했다. 그리고 그들은 쉬지 않고 파 들어갔다. 이를 지켜보던 산신령이 이러다가는 자신의 거처가 없어질 형편이라 천제를 찾아가 호소했더니, 천제는 우공의 우직함에 감동하여 역신 과아 씨의 두 아들에게 명하여 두 산을 하나는 삭동에, 또 하나는 옹남에 옮겨 놓게 했다고 한다. 이로부터 기주의 남쪽과 한수의 남쪽에는 언덕조차 없게 되었다고 한다. 이 이야기는《열자(列子)〈탕문(湯問)〉》에 나온다. 은토는 고대 전설에 나오는 지명이다.〉

태호에 대해 아무튼 서울 두 배 크기답게 최부도 글에서 호수길이가 오백 리라고 적고 있다. 최부는 태호의 지형에 대해 또 이렇게 적고 있다.

〈호수 가운데에는 동정(洞庭)의 동서로 산이 2개 있는데, 다른 이름으로는 포산(包山)입니다. 한 눈으로 천 리를 볼 수 있는데, 높은 바위와 여러 산들이 넓고 아득한 곳에 산재하여 있습니다. 호수의 동북쪽에는 영암산(靈岩山)이 아래로 태호를 내려다보고 있습니다. 일명 연석산(硯石山)이라고 하는데, 오가 연석 관왜궁(館娃宮)를 지었다는 곳이 이곳입니다.〉

실제 태호는 옛날에는 바다였으나 양자강 어귀의 삼각주가 발달함에 따라 형성된 담수호다. 태호에는 크고 작은 섬이 48개가 있으며, 섬과 호수 주위의 산봉우리가 도합 72개가 있어 "태호72峯"으로 불린다. 태호를 가리켜 말하기를 "山外有山, 湖中有湖, 山巒連錦,"이라 하였다. 즉 산 밖에 산이 있고, 호수안에 호수가 있으며, 작은 산들은 비단을 이어놓은 듯하여 층층이 중첩하여 놓은 천연의 화폭과 같다고 하였다. 태호의 동, 서쪽과 북쪽에는 구릉이 있고, 호수 가운데는 최부가 말한 대로 西洞庭山, 동동정산등 작은 섬이 48개가 있다.

　　그림에서 보듯 최부는 가흥시에서 오강시를 거쳐 소주시로 향하고 있는데 경항운하는 그리로 해서 무석시 상주시로 이어져있다. 호수가 어찌나 큰지 접한 시만도 다섯 개나 된다. 태호 주위는 오월문화의 발원지로 춘추시기(春秋時期)의 합여성(闔閭城), 월성(越城)유적지, 수(隋)나라 대운하(大運河), 당(唐)나라 보대교(寶大橋), 송(宋)나라 자금암(紫金庵), 원(元)나라 천지석옥(天池石屋)이 있다. 최부 일행은 북쪽에 고소산을 바라보며 북으로 향했는데 오강현에 이를 때쯤 놀라운 경관에 정신이 없었던 모양이다. 최부가 그곳에서 고소역에 다다르는 상황의 정경묘사를 한 번 읽어보자.

〈곧바로 오강현에 다다랐는데, 그 사이에 또 돌로 된 대교 홍문이 대략 70여 개나 있었습니다. 역과 현은 모두 태호 안에 있었으며, 건물은 아름다워서 아래에 초석과 섬돌(돌계단)을 펼치고 위에는 돌기둥을 세워 조영되었습니다. 호수가 둘러싸고 돌아 돛과 돛대가 마을 중에 빽빽이 들어 서 있는 것 같았습니다. 소위 "사면의 고기잡이 집이 현성을 위요(圍繞)하고 있다"는 것이 바로 이것입니다. 보대교(寶帶橋)에 이르러서는 또 홍문이 55개나 있었고 바로 배와 수레가 왕래하는 요충이었습니다. (보대교가) 담대호(澹臺湖)에 걸쳐있는데 호수와 산이 좋은 경관을 이루고 있어서 바라보면 마치 허리띠와 같았습니다. 밤 삼경(저녁 11시~1시)이 되어 소주성 가까이 가서 남쪽으로 서쪽으로 향하여 고소역 앞에 도착하였습니다. 보대교로부터 이 역에 이르기까지 양쪽 호숫가에 시가와 상점이 서로 이어져 있었고 상선(商舶)이 성시를 이루고 있어서, 진실로 이른바 "동남 제일의 도회지"였습니다.〉

최부 말대로 동남 제일의 도회지에 온 것이다. 그가 본 55개의 홍문이 연이어진 보대교는 317미터의 중국 최장의 석교로 현존해 있다.

중국 우표에 새겨진 보대교

소주 남쪽에 지금도 소주는 부자 동네 답게 예쁘고 탐나는 정원이 많다. 지금도 소주는 정원 구경하러 오는 관광객이 엄청나게 많다. 정원을 아름답게 꾸미기 위해서는 그럴싸한 값나는 돌이 필요한데 혹시 태호석이라고 들어보았는지 모르겠다. 태호석(太湖石)이란 바로 태호 주변의 구릉에서 채취하는 까무잡잡하고 구멍이 많은 복잡한 형태의 기석이다. 태호 부근의 언덕이나 호수에 떠오른 섬은 청백색의 석회암이 많지만, 이전에 내해였던 태호의 물에 의한 오랜 기간 잠식된 석회석에는 많은 구멍이 숭숭

뚫려, 가무잡잡한 바위가 기괴하고, 복잡한 형태를 띠게 된다.

태호석은 소주의 정원에 사용되기 시작하여, 그 정원의 아름다움에 감탄한 사람들에 의해 수요가 늘어나 중국 각지의 정원에 감상이나 명상 등을 위해 놓이고 있다. 이화원의 태호석이나 청나라 황제의 휴식처인 열하의 피서 산장도 소주의 정원에 많은 영향을 받았다. 세계문화유산으로 지정된 소주 고전 원림은 모두 이 태호석을 주재료 중의 하나로 사용하였다. 그런데 이 태호석 때문 반란이 일어나고 급기야 나라가 망하는 계기가 되었다면 믿을 텐가.

앞서 언급했지만, 송나라 황제 휘종(徽宗)은 취미가 희한했다. '축산조원(築山造園)'하는 취미였다. 세상에 있는 그럴듯한 나무와 암석을 모조리 수집, 대궐에 정원을 꾸미는 취미였다. 이런 것들을 모으려면 당연히 막대한 비용이 들었다. 나무와 암석을 수집하는 비용이 아니라, 운반하는 비용이었다. 마침 당시 중국의 재상은 채경(蔡京)이라는 간신이었다. 중국 역사에서 손꼽히는 간신이었다. 채경은 휘종에게 "태평성대를 즐겨야 하는데 세월이 얼마나 남았다고 고생을 하고 계십니까." 하며 아부를 했다. '간사한 재주'로 휘종의 교만과 사치를 부채질한 것이다.

채경은 주면(朱面)이라는 '업자'를 불러서 강남에 있는 진기한 나무와 암석을 수집, 진상하도록 했다. 주면은 백성의 집에 마땅한 것이 있으면 천자어용(天子御用)이라는 딱지를 붙이고 강제로 빼앗았다. 빼앗기기 싫어하는 백성은 불경죄로 잡아넣었다. 빼앗은 것을 대궐로 운반할 때에도 백성을 멋대로 징발해 인부로 부렸다. 운반하는 길을 가로막는 것은 집이든, 묘지든 가리지 않았다. 닥치는 대로 파괴했다. 운하에 있는 수문까지 깨뜨려버렸다. 원성이 들끓었다. 반란이 일어나기도 했다.

진상 규모는 갈수록 커졌다. 마침내 대규모 선단(船團)까지 조직, 운하를 통해 나무와 암석을 운반하게 되었다. 이 선단을 '화석강(花石綱)'이라고 했다. '강(綱)'이란 각 지역에서 거둬들인 물건을 운반하는 선단을 의미하는 말이었다. 중국소설 '수호지'에도 비슷한 얘기가 나온다. 청면수 양지는 황제 휘종의 대궐에 바치는 암석을 운반하는 책임자였다. 양지는 어느 날 암석을 싣고 황하를 건너다가 거센 바람이 부는 바람에 모두 물에 빠뜨리고 문책이 두려워 도망치게 되었다. 그러다가 '자수해서 광명을 찾기로' 했다. 북경 대명부로 귀양을 가게 되었다.

양지는 무술이 뛰어났다. 귀양지인 북경에서 양충서라는 사람의 눈에 들었다. 양충서는 양지에게 실력자 채경에게 보내는 생일선물 10만 금을 운반하라고 지시했다. 생일선물을 운반하던 양지는 황니강이라는 언덕에서 미리 기다리고 있던 탁탑천왕 조개에게 속아 선물을 송두리째 털리고 말았다. 두 번이나 운반책임을 완수하지 못한 양지는 갈 곳이 없었다. 유일하게 갈 곳은 '양산박'뿐이었다. 수호지에는 그렇게 적혀있다.

아무튼, 채경은 엄청난 거부였다. 엄청나게 긁어모았던 것이다. 보유하고 있던 땅만 1천만 평이 넘었다. 채경은 자신의 생일잔치 때 꽃게 알을 넣은 만두를 만들어 손님을 대접했는데 그 비용이 무려 1,300,000냥이나 들었다고 한다. 그런 만큼 생일선물도 전국 각지에서 몰려들었다. 어지간한 지방관리는 모두 선물을 '바쳤다'. 바치지 않을 재간이 없었다. 얼마나 선물이 많았던지 생일선물만 전문적으로 운반하는 조직이 생겼을 정도였다. 사람들이 이를 '생진강(生辰綱)'이라고 불렀다고 했다.

그러니까 화석강은 나무와 암석을, 생진강은 생일선물을 각각 전문적으로 운반하는 조직이었다. 화석강의 주면과 생진강의 양지는 운반책임자였다. 물건의 '종착지'는 황제인 휘종과 재상인 채경이었다. 그렇다면 주면과 양지는 말하자면 브로커였다. 말하자면 '휘종과 채경은 실력자 몸통이고 그들은 깃털'이었다. 이른바 方臘(방랍)의 亂(난)의 동기라고 할까. 이 때문에 민심이 흉흉해지고 백성들의 불만이 커져 급기야 1120년 방랍(方臘)의 반란이 일어난다.

과정 1120년 방랍은 반란을 일으키고, 연호를 영락(永樂)이라 개칭하고, 독립적인 국가수립을 지향하여 항주, 목주 등을 공격하였다. 이어 안휘와 강서 등으로 확대되었고, 난을 일으킨 지 10일 만에 10만여 명의 농민들이 가담하게 되었다. 이에 분노한 휘종은 요나라에 대항하기 위해 조직된 동관의 군사 15만 대군을 파견하여 반란을 진압하였다. 백성들의 분노를 달래기 위해 휘종은 기석 수집을 중지하고, 강온양책을 쓰기에 이르렀다.

방랍의 난은 1121년에 평정되었지만, 결국 진압 과정에서 협력한 엄청난 백성(300만 명이라고 하는 데 믿기는 어렵다.)을 도륙함으로써 국력의 약화를 불러왔다. 결국, 1127년 금나라에 의해 수도 개봉이 함락되고, 휘종과 아들 흠종이 금나라에 포로가 되는 직접적인 계기가 된다. 이때 휘종의 9남이자 흠종의 아우인, 조구(趙構)는 난징으로 도망쳐와 남송을 세우고 고종이 된다. 이 무렵 방랍의 난을 진압했던 한세충과 소작농 출신의 악비는 금나라에 저항하는 의용군으로 역사에 등장한다. 고전 소설 수호전은 이 사건을 배경으로 한 소설이며, 송강 등의 일부 실존 인물이 등장한다.

이를테면 태호석이 수호지를 만든 셈이다. 지금도 수호지에 등장인물 중에 실존 인물이 누구인지에 대해선 의견들이 팽팽하다. 설마 무대와 반금련은 실존 인물이 아닐 테지. 최부도 수호지를 모를 리 없을 것인데 말을 안 하는 것은 임금에게 바치는 글이라 그러한 것이 아닌가 싶다. 아무튼, 이제는 보대교로부터 이 역에 이르기까지 양쪽 호숫가에 시가와 상점이 서로 이어져 있었고 상선(商舶)이 성시를 이루고 있다고 최부가 말한 소주탐방을 할 차례다.

39
소주의 아름다운 풍광

밤 3경에 소주에 도착을 했으니 제대로 보았을 리 없는데 부교나 홍문 촘촘한 집들의 형체만으로도 소주란 도시를 최부는 바로 알아보았던 모양이다. 이른바 동남방의 큰 도시. 이방인 마르코폴로에 비친 소주도 특별했다. 그는 물의 도시, 베네치아가 고향이다. 흡사 베네치아를 빼 닮은 수로의 도시 소주를 보고 자신의 고향을 떠올렸을 것이다. 북경에서 떠나기로 작정을 하고서도 다시 들른 소주가 아닌가. 최부보다 200년 앞선 때 마르코 폴로는 소주에 대해 이렇게 말했다.

〈비단이 대단히 많이 생산되며 사람들은 교역과 수공업으로 살아간다. 비단으로 된 옷감을 많이 만들어 옷을 해 입는다. 대상인들이 있고 도시가 얼마나 큰지 둘레가 40마일에 이른다. 이 도시에는 돌로 만든 다리가 거의 6천 개나 있으며 그 아래로는 갤리선이 충분히 지나갈 정도다.〉

중국 사람들조차도 소주는 번성해 사방교외에 빈 땅이 없고 그 풍속은 사치스러우며 검소함이 적다고 평한 소주 땅을 드디어 최부가 밟는다. 최부는 다음과 같이 글에 적고 있다.

〈소주는 곧 옛날 오왕(吳王) 합려(闔閭)가 오자서(伍子胥)로 하여금 성을 쌓아 도읍 했던 곳입니다. 성 둘레는 또한 항주와 같았으며, 부치와 오현(吳縣)·장주현(長洲縣)의 치소도 모두 성안에 있었습니다. 성의 서문(胥門)에 옛날에는 고소대(姑蘇臺)가 있었는데, 지금은 없어지고 역이 되었습니다. 물 속에 나무를 세워 황주(湟柱, 제방을 방호하기 위한 목책)를 만들고 돌 제방을 3면에 쌓았는데, 황화루(皇華樓)는 그 앞에 있고, 소양루(昭陽樓)는 뒤에 세워져 있었습니다. 동쪽에는 체운소(遞運所)가 있고, 또 산해진(山海鎭)이 있었는데, 태호의 물은 석당을 경유하여 운하로 흘러 들어가고, 성 동쪽을 거쳐 서쪽으로 가서 역에 도달하고 있었습니다. 오자서(伍子胥)가 살았던 곳이기 때문에 또 서호(胥湖)라 부르는데, 호수의 넓이는 백여 보쯤 되었으며 북쪽으로는 시가지를 둘러싸고 돌고 있었는데, 햇빛이 반사되니 난간 사이로 빛이 떠서 움직이는 듯했습니다. 그리고 성 서쪽의 여러 산 가운데 천평산(天平山)을 고을의 진산으로 부르고 있었으며, 그 여러 산 중에서 경관이 뛰어난 곳이, 영암(靈岩)·오오(五塢)·앙천(仰天)·진대산(秦臺山)이라고 할 수 있는데, 이 산들이 질서 정연히 줄지어 있었습니다. 역이 우연히도 그곳에 설치되어 있었는데 그 경치가 빼어났습니다.〉

최부의 글에 나와 있는 것처럼 소주는 원래 고소(姑蘇)산 이라는 명칭에서 유래한다. 고소에 蘇자가 바로 소주의 蘇자와 같지 않은가. 오나라 합려는 재상인 오자서를 믿고 신임하였던 모양이다. 성을 쌓게 하고 오자서의 서(胥)자를 따서 서호(胥湖)라 하고 성의 출입문을 또한 胥 자를 따서 서문(胥門)이라 하고 고소산의 고소대(姑蘇臺)를 또한 서문에 옮겨다 놓았으니 말이다. 합려가 오자서의 충언을 끝까지 들었더라면 하는 아쉬움이 생긴다. 최부가 말한 내용을 참고하고 지금의 소주성과 대비를 해 보았다. 최부는 소주의 서쪽의 운하에서 동북으로 서(胥)강을 따라올라 소주의 남단에 도착하여 서(胥)강과 합류한 외성하, 즉 네모꼴 소주성을 둘러싼 해자를 북쪽으로 올라가 고소대가 있었다는 바로 서문(胥門: 중국말로 쉬먼/ 그림 참조)밖 고소역에 머물렀던 것이다. 고려말 충신 정몽주(鄭夢周)는 바로 이 "姑蘇臺(고소대)"를 배경으로 시를 읊었다. (〈동문선〉권 22 칠언 절구에 나온다.)

衰草斜陽欲暮秋(이울어진 풀은 저녁볕에 기울어 저물려는데)
姑蘇臺上使人愁(고소대 위에선 사람을 애끓게 하네)
前車未必後車戒(앞 수레 엎어진 것을 뒷 수레가 경계하지 못하여)
今古幾番麋鹿遊(지금까지 들 사슴들이 여기서 몇 번이나 놀았던고!)

정몽주가 할 일이 없어서 남의 고사를 따다가 시를 읊었을까? 전국시대 오나라 오자서가 오나라 임금이 미인 서씨(西施)를 데리고 향락에 빠졌으므로 오래지 않아서 망할 것을 탄식하기를, "마침내 고소대에 들 사슴들이 노는 것을 보리라!" 하더니, 과연 오나라는 그 월나라의 군사들에게 망했는데, 그 뒤에 그 땅에 나라를 세운이도 그것을 거울삼아 경계할 줄 모르고 여러 나라가 망하였음을 탄식한 노래다. 이것을 단순한 고사의 인용으로 볼 것인지 아니면 그곳이 곧 조선이 되는 것인가? 하는 문제의 인식인지는 오로지 독자의 생각에 달렸다.

그리고 소주 성의 해자간 거리는 백여 보 정도이고 바로 근접하여 황화루, 소양루, 채운소가 있었다고 최부는 말하고 있다. 이 해자의 물은 어찌 순환을 하는 걸까. 최부는 이에 대해 지도상에 현재는 석로라 하는 석당을 거쳐 태호루부터 유입된 물이 해자의 동편을 뼁 돌아 고소역으로 돌아온다고 했다. 북쪽으로는 지금도 아름다운 초록이 펼쳐진 산들이 그대로 있다는데 산들 이름까지 정성 들여 최부는 적어 놓았다. 2월 17일 그 날 낮에는 사람들을 만나고 그 날 밤 3시경 달빛을 이용하여 노를 저어 잠시 외출을 한다. 그때 그가 본 정경이다.

〈창문(閶門)을 지나니 창문 밖에는 통파정(通波亭)이 호수를 굽어보고 있었는데, 옛 이름은 고려정(高麗亭)이라고 합니다. 송나라 원풍(元豊, 1075~85) 연간에 세워진 것으로 고려의 조공 사신을 접대하던 곳이었다고 합니다. 정자 앞에는 가옥과 담장이 연이어져 있었고, 배가 빗살과 같이 줄지어 있었습니다. 접관정(接官亭)에 이르러 배를 머물렀습니다. 정자의 서쪽을 바라보니 큰 탑이 있었는데 즉, 한산선사(寒山禪寺)로 이른바 "고소성 밖 한산사"라고 합니다. 그 지명을 물으니 풍교(楓橋)라 했고, 그 강 이름을 물으니 사독하(射瀆河)라고 하였습니다.〉

지도에서 보듯이 쉬먼에서 나와 환한 달빛에 의지하고 외곽으로 벗어나 경항운하 쪽으로 다시 나와 북으로 거슬러 올라가 한산사를 본 것이다. 가는 도중 어딘가 통파정이란 고려정이 있는가 본데 아마도 고려정을 본 조선 사람은 최부가 마지막이 아니었나 싶다. 지금은 흔적을 알 길이 없다고 한다. 아무튼, 사독하라는 물위에 자리한 풍교에 위치한 한산사를 최부는 보았다. 지금도 그 동네는 풍교라 하고 한산사도 예전 그대로 현존한다. 그런 한산사를 후세의 문인들은 모두 기억을 하고 있다. 최부 역시 이를 몰랐을 리 없다. 큰 절이라고는 하지만 그것 때문 기억을 하는 것이 아니다. 한산사를 유명케 한 사람은 소주시인 장계라는 사람이 있었기 때문이다. 문필 한 획이 얼마나 값지고 소중한지 나는 그로 다시금 새긴다.

장계가 지은 풍교야박이라는 시, 그는 이 시 한 편으로 중국의 역대 유명 시인 반열에 오를 수 있었고, 무엇보다 이 시가 일본 학생들의 교과서에 실리는 바람에 일본 관광객들이 중국 소주에 와서는 꼭 들려가는 필수 관광지로 되어 있다고 하니 문화관광에도 한몫을 톡톡히 한 셈이다. 장계의 이 시를 명나라 시대의 명필 문징명(1470~1559)이 썼는데 세월이 오래되어 글씨가 희미해져서 청나라 말 유월(1821~1906)이 글자를 보완해서 새 비석을 새웠다는 내용이 후기에 기록되어 있다고 한다.

楓橋夜泊(풍교야박) / 장계
月落烏啼霜滿天 (월락오제상만천)
江楓漁火對愁眠 (강풍어화대수면)
姑蘇城外寒山寺 (고소성외한산사)
夜半鐘聲到客船 (야반종성도객선)

달은 지고 까마귀 우니 천지에 찬 서리가 내리고
강풍교 고깃배 불빛 바라보며 시름에 겨워 조는데
고소성 밖 한산사에서 울리는 한밤중 종소리가 객선에까지 들리누나.

장계는 당나라 현종 때 사람. 실력이 없었는지. 운이 없었는지, 아니면 줄이 없었는지 몇 번이나 과거에 낙방하고 고향으로 돌아가던 길에 지은 시. 그 나이 56세였다니 당시 나이로는 이미 노쇠한 터. 풍교 근처의 부두에 정박하다 듣게 되는 한산사의 종소리는 그로 하여금 불후의 명작을 낳게 했다. 실제 그 동네 이름은 풍교가 아니었는데 楓橋夜泊(풍교야박) 이라는 이 시의 아름다움을 받아들여 풍교라 하였다고 한다. 새벽 3시경 최부는 한산사라는 곳을 달빛에 기대어 그곳을 찾았다. 나는 이 대목을 달리 보고 있다. 불교를 억제하던 그 시대 절을 찾는 소회를 온전히 적을 수는 없는 처지, 이에 대한 감상을 적을 수는 없었다. 그는 지친 몸으로 먼 길을 가는 운수납자였다. 누구든 아픔에 젖어 있을 때 그것이 아니라도 외롭다 싶을 때 잠은 오마저 않는데 어디선가 들려오는 산사의 범종 소리는 그야말로 복받치는 서러움과 형언할 수 없는 감동에 젖게 한다.

이런 감동은 꼭 불자로서만이 아니다. 익히 알고 있는 중국의 소상팔경에 한산모종(寒山暮鐘)이 들려오는 순간, 그로서는 늦은 밤인데도 나서지 않을 수 없었을 것이다. 나 역시도 산길을 걷다 범종 소리를 들으면 귓전에 닿은 여음이 끝없이 되살아나 상념에 잠기곤 한다. 범종은 천 마디 교언보다도 더 귀한 마음의 빗장을 여닫게 한다. 마음을 어루만지듯 일탈의 문지기로서 불식 간에 접어든 자각은 깊은 애수를 부른다. 저 멀리 심산의 늑대가 달빛에 현혹되어 임을 그리며 바보처럼 울어대듯. 그쯤 이끌려 닿는 풍경 소리는 단순한 청음이 아니다. 인이 있으니 연이 있다 말하듯 듣는다는 현상이 이제는 아무 상관이 없다. 그쯤 영혼과 맞닿는 고요한 무형의 형상을 마주하지 않을까. 사뭇 감상에 젖은 최부는 짧은 외출임에도 소주에 대해 많은 말들을 쏟아냈다. 그의 소주 예찬에 굳이 다른 사족이 필요 없지 싶다. 실크로드를 쫓아 서역인들이 쏟아져 들어온 이래 세상은 수없이 바뀌었지만, 소주 사람들은 상관없이 태평성대를 누렸다. 경치 수려한 곳에서 잘 먹고 잘 입고 잘 살면 그만이지 세상이 어떠한들 무슨 상관이 있으며 달리 천당이 존재하겠는가. 그곳이 바로 지상 낙원이며 천당이지. 그는 정말 감격했던 모양이다.

〈소주는 옛날 오회(吳會)라고 불렸는데, 동쪽은 바다에 연해 있으며, 삼강(三江)을 끌어당기며 오호에 둘러싸여 있었습니다. 기름진 땅은 천 리나 되고 사대부가 많이 배출되었다. 바다와 육지의 진귀한 보물 즉, 사(紗)·라(羅)·릉단(綾段) 등의 비단, 금·은·주옥, 그리고 많은 장인과 예술인, 부상대고(富商大賈)들이 모두 이곳에 모여들었습니다. 예로부터 천하에서 강남을 가장 아름다운 곳이라 했고, 강남 중에서도 소주와 항주가 제일이었는데, 이 성(소주)이 더 뛰어났습니다. 낙교(樂橋)는 성안에 있는데 오와 장주(長洲) 두 현치 사이의 경계에 있었습니다. 거기에는 상점이 별처럼 펼쳐져 있었으며, 여러 강과 호수가 많이 흐르고 있어 그 사이로 배들이 관통하여 드나들었습니다. 사람들과 물자는 사치스럽고, 누대(樓臺)는 서로 연결되어 있었다. 또 창문과 마두(馬頭, 부두·나루터) 사이에는 초(楚, 호남성)와 민(閩, 복건성)의 상선들이 폭주(輻輳)하여 운집해 있었습니다. 또 호수와 산은 맑고 아름다웠는데 그 경치는 형형색색의 자태를 뽐내고 있었습니다.〉

*****
1. 순안절강감찰어사: 절강에는 찰원이라는 공서로 순무도찰원, 순안찰원, 순염찰원이 있었다.
2. 안찰사: 안찰사는 한 성의 형명이나 탄핵을 담당했다.
3. 위소: 명나라 병제의 부대편성 단위.
4. 전봉관: 황제가 직접 임명한 관료
5. 절강포정사: 포정사는 한 성의 재정을 담당한다.
6. 체운소: 공공업무로 파견된 인원들의 왕래, 군수품의 전달을 위한 목적으로 설치한 시설이다.
7. 총병관: 총병관은 품급도 정원도 없으며 공, 후, 백, 도독으로 임명했다. 총병관 아래 부총병, 참장, 유격 장군, 수비, 파총 등이 있다.
8. 홍려시: 조회, 빈객, 길흉 등의 의례를 담당하는 부서.
9. 패: 물의 흐름을 조절하여 배를 통과시키는 시설.
10. 갑: 수문을 말한다.

40
소주(蘇州)에서 소주(燒酒)에 취하듯

그런 그는 2월 18일 소주의 서문을 떠나 북쪽의 어귀에서 또 다른 아름다운 풍광을 마주한다. 이를 마저 읽어본다.

〈풍교에서 순풍을 만나 돛을 달고 북쪽으로 가니 동쪽에는 호구사가 있고 탑이 있었으며 서쪽에는 방산이 있고 또 탑이 있었는데 바라보니 모두 하늘을 버티고 있는 듯 하였습니다.〉

그러니까 소주를 떠나는 길, 지금으로 치면 석로에 산당가를 따라 북으로 향하여 지금도 호구라 부르는 곳으로 해서 석산역이라는 곳으로 빠져나갔던 것이다. 그런데 무슨 탑이 얼마나 높길래 하늘을 버티고 섰다고 했을까. 춘추시대 오왕인 합려(闔閭)가 지금의 호구라는 곳의 연못 아래에 묻혀 있다고 전해지는 곳이기도 한데 전해지는 바에 따르면 합려의 무덤을 만들 때 관 속에 검 3000개를 함께 묻었다고 한다. 혼란했던 춘추전국시대를 통일한 진시황은 이 검들을 차지하기 위해 자신이 직접 보는 앞에서 도굴을 시작했다. 그런데 갑자기 호랑이 한 마리가 뛰쳐나왔고, 결국 이 사건을 계기로 도굴은 중단되었고 이후 호구라 불렀다는 말이 있다.

지금은 이곳에 물이 들어차서 연못이 되었고, 사람들은 검지라고 부른다. 40m 높이의 정상에는 호구 탑이 있는데, 높이가 47.5m이며 수나라 때 지어진 것이다. 소주에서 가장 쉽게 눈에 띄는 건축물로 몇 차례의 보수공사에도 불구하고 북서쪽으로 약간 기울어져 있다. 한쪽은 진흙, 다른 쪽은 돌로 받침을 했는데 진흙 쪽이 가라앉아 본의 아니게 동양의 피사의 사탑이 되어 그것으로도 유명한데 지금은 보완을 해서 안전에는 문제가 없다고 한다. 바로 최부는 그 호구탑을 보고 하늘을 버티고 있다고 한 것이다. 최부는 이런 풍광을 제대로 못 보고 떠나는 것이 못내 아쉬웠다. 그러기에 그는 글에 이렇게 적어 놓았다.

〈그러나 우리들은 밤중에 배를 타고 고소역에 도착하였고, 다음날 역시 바라보는 것으로는 기쁘지 않았습니다. 게다가 밤에 배를 타고 성 옆을 지났기 때문에 백낙천의 이른바 '칠언(七堰)·팔문(八門)·육십방(六十坊)·삼백구십교(三百九十橋)'는 지금은 옛것을 없애고 새롭게 꾸며

서 뛰어난 경치와 기이한 유적들을 모두 상세히 기록할 수 없습니다.〉

맞다. 분명 그는 너무도 아쉬워하고 있다. 그런 소주를 천하를 좌지우지한 시인인들 그만 조용히 바라만 보았을까 소냐. 백낙천은 항주에서도 근무했지만, 소주에서도 근무를 했던 관료 겸 시인이다. 일부러 조정이 시끄러워 자청해서 소주자사로 내려왔다고 했다. 그런 그가 소주의 풍성함을 단 한마디로 칠언(七堰)·팔문(八門)·육십방(六十坊)·삼백구십교(三百九十橋)'라 했다. 여기서 칠언(七堰)은 물이 들어오면 가두어 비가 내리지 않을 때 갑문을 열고 물을 방출하는 시설을 말하고 수없이 많은 다리가 있음을 나타내어 390개교를 들었고 도시가 발전하다 보니 상업도시와 거주지가 번성했다는 뜻으로 60방이라 한 것이다. 어디 문인들이 소주에 대해 노닐던 세상을 한 번 알아나 보자. 제일 이른 시대 시인 이백이 나섰다.

烏棲曲(오서곡)
이백(李白 / 이태백)
姑蘇臺上烏棲時(고소대상오서시) 고소대 위에 까마귀 깃들이려 할 적
吳王宮裏醉西施(오왕궁리취서시) 부차는 궁중에서 서시에 흠뻑 취했었네.
吳歌楚舞歡未畢(오가초무환미필) 오가 초무의 환락 끝나지 않았는데
靑山猶銜半邊日(청산유함반변일) 푸른 산은 어느덧 지는 해를 반쯤 삼켰었네.
銀箭金壺漏水多(은전금호루수다) 은전 세운 금항아리에선 물 많이 새었고
起看秋月墜江波(기간추월타강파) 일어나 바라보면 가을 달 물결 속

에 빠져 있었네.

東方漸高奈樂何(동방점고나악하) 동녘 어느새 밝아 왔으니 못다 한 즐거움 어이 하랴.

吳나라 왕 부차(夫差)가 越나라의 미인 서시(西施)에게 빠져서 밤낮으로 놀 생각만 하다가 결국 망국의 참화를 당한다는 내용이 아닌가. 이백의 〈樂府〉詩에 있어서 또 다른 측면의 예술성과 기풍을 보여주는 중요한 작품이라고들 하는데 나는 솔직히 이쪽에 소질이 없어서 잘 모르겠다.

고소대 위에는 까마귀 둥지를 찾아들고, 오왕은 궁 깊은 곳에서 서시와 단꿈을 꾸려 하는데 오초의 노래와 춤에 흥이 아직 다하기도 전에 푸른 산은 해를 반이나 삼켜버렸고 은전은 금호 속의 떨어지는 물에 가물거리고, 휘영청 밝은 달은 강 물결 너머로 떨어지고 마니 이윽고 동녘은 점점 밝아 새 세상이 깃드니 못 다한 즐거움을 어찌하려는가 하는 의미를 담고 있다.

소주에는 중국 최대의 규모를 자랑하는 정원이 있다. 중국 정원은 원림을 중심으로 하여 꾸민다. 그 대표적인 곳이 졸 정원이라는 곳이다. 정원이 조성된 것은 명대의 왕헌신(王獻臣)이 관직에서 추방되어 실의에 빠져 고향으로 돌아온 때인 1522년으로 그간 곳을 거쳐 간 주인도 여럿 있다. 당나라 때에는 시인 육구몽(陸龜蒙)의 주택이었다가 원나라 때에는 대굉사(大宏寺)로 되었다가 명대에 들어 왕헌신이 2년간 설계하고 13년간 지었다는 곳이다.

그런 정원의 이름은 시 한 구절에서 연유한다. 진대의 시 한 구절 '졸자지위정 (拙者之爲政) 어리석은 자가 정치를 한다)'에서 본 따 이 정원을 졸 정원(拙政園)이라고 이름 지었다고 한다. 세상을 등지고 또 다른 세상을 맛보는 재미에 정원이 자리를 하고 있으며 이에 시적인 의미가 또한 자리하고 있는 것이다. 소주 사람들은 옛날부터 '강남 정원은 중국 제일이요, 소주 정원은 강남 제일'이라 말해왔다 한다. 창랑정(滄浪亭) 사자림(獅子林), 졸정원(拙政園), 유원(留園) 등 소주 4대 정원 이외에도 4백여 개 정원이 있었고, 현재도 40여 정원이 남아있다고 한다. 가난은 시를 만들지만, 부(富)도 예술을 낳는다고 하겠다.

묘하게 왕헌신이 아름다움을 말할 때 세상 반대편 피렌체에서도 아름다움을 탐닉하고 있었다. 15~16세기는 동서양 모두 찬란한 르네상스를 꿈꾸고 꽃을 피웠다. 르네상스를 꽃피웠으며 오늘날까지 가장 아름다운 예술 도시로 손꼽히는 피렌체. 현재의 피렌체가 아름다운 르네상스 도시로 남을 수 있었던 것은 수 세기 동안 문화와 지성을 선도하며 예술가들에 대한 후원을 아끼지 않았던 메디치 가문이 있었기 때문이다. 레오나르도 다빈치와 미켈란젤로, 단테, 마키아벨리까지 모두 메디치가의 후원을 받았다. 중국 강남도 마찬가지였다. 그러기에 최부는 글에서 비단, 금·은·주옥, 그리고 많은 장인과 예술인, 부상대고(富商大賈)들이 모두 이곳에 모여들었고 천하에서 강남을 가장 아름다운 곳이라 했고, 강남중에서도 소주와 항주가 제일이었는데, 이 성(소주)이 더 뛰어났다고 말을 한 것이 아닌가.

그런데 한산사의 종에 대해서는 한마디 분명히 말을 해야 하겠다. 일본인들이 수학여행을 와 한산사가 붐빈다는 것에 대해서 이는 순수한 마음의 발로는 정녕 아니다. 일본이 대륙 점령을 할 때 청나라 시대 주조한 한산사 종을 약탈해 가고서는 최근에 사과하는 뜻에서 다른 종을 만들어 보내 대웅보전에 안치했다. 안내판에 그 내력이 다 있는데, 그런 연유로 한산사에 뭔가 기여를 했다고 생각하여 모여드는 것이 아닌가 싶다. 순수하고는 거리가 먼 족속들이니 인간의 근원과 원형을 노래하는 당대 시인의 꿈을 진정으로 이해하고 읽기나 할까.

　나는 시를 잘 모르지만, 왠지 두보의 시가 좋다. 두보의 시는 장중하고 사념적인 인상을 준다. 그런데 두보의 30세 전후까지의 시는 미감이 넘치고 호연지기가 빛난다. 후일 젊은 시절에 대한 회고의 정을 담아 쓴 〈壯遊〉라는 시를 보면 "일곱 살부터 포부가 장대하여 입을 열면 봉황을 노래했고, 아홉 살에 쓴 큰 글씨는 한 바구니가 넘었다"고 한다. 15세 전후에는 시회(詩會)에 참가하여 문명을 날리며, 이때 이미 술고래였다고 유년기를 회고했다. 이 시는 또 어떠한가.

江南逢李龜年(강남에서 이구년을 만나)

岐王宅裏尋常見 : 기왕의 집안에서 늘 이구년 을 보더니(명창 이구년)
기왕택리심상견
崔九堂前幾度聞 : 최구의 집 앞에서 명창을 몇 번이나 들었든고(명창)
최구당전기도문
正是江南好風景 : 참으로 이곳 강남의 풍경이 좋으니(불변의 자연)
정시강남호풍경
落花時節又逢君 : 꽃 지는 시절(노년)에 그대를 다시 만나 보는군요.
낙화시절우봉군

*李龜年=당.현종 태평시에 총애받던 명창. 악사
*岐王=현종의 동생.문인.풍류와 교우
*崔九=현종의 문신 崔滌으로 년장자를 九라 표현함

　젊은 시절의 명창. 악사와 문인들의 교우를 회상하고 안록산의 난으로 피폐해진 세상에서 고달파진 옛 지인을 다시 만나며 꽃 지는 풍경 속에 쓸쓸함을 노래하고 있다. 자연과 인생의 대비를 통해 슬픔을 부각한 율시이다. 두보 최후의 시로 알려졌는데 770년 59세를 일기로 이곳 강남에서 생을 마쳤다. 만년에 남긴 시들로 보아 폐결핵.

중풍 등의 지병으로 죽었다는 견해가 옳을 것이라고 했다. 그의 시는 전란의 어두운 사회악에 대한 풍자가 뛰어나며 만년의 작품은 애수에 찬 것이 특징이다.

형식적 기교에 뛰어나고 왕도. 민본정치를 표방하는 시성(詩聖)이었다. 그는 한유(韓愈), 백거이(白居易) 등 한시(漢詩)의 대가(大家)들에게 선구적 입지를 인정받고 1,400여 편 이상의 수작을 남겼다. 조선조에서도 훈민정음 반포 후 두시언해(한글판)를 저술하여 국민의 지적 대중화에 공헌하였다. 아! 시성 두보의 생애는 고난과 우수의 연속으로 천재로서의 대우를 받지 못하고 쓸쓸히 갔으니 큰 역사는 당대에 알려지고 정해지는 것이 아닌가싶다. 15세 그가 교류한 사람들의 면면이 아무튼 놀랍지 않은가. 20이 되어 두보는 '만권의 책을 읽고 만 리의 땅을 밟겠다는 웅지를 품고 남경, 소주 등 남부 오월(吳越)지방의 풍물을 접하며 감수성을 키웠다.

〈"동으로 고소대에 내려가 / 바다에 띄울 배 이미 갖추어 놓았건만 지금도 남은 한은 / 부상(扶桑)까지 가 보지 못한 것(장유)"〉

이 구절에서 부상이 어디일까 여전히 말이 많은데 일본을 두고 한 말이라고들 평가를 한다. 약관의 두보가 해 떠오르는 일본까지 가 보려다 실패한 것으로 보고들 있다. 그의 웅장한 호연지기

를 말한다. 절강성 소흥(紹興)에 가서는,

〈"월나라 여인의 살결은 천하제일이고, 감호는 오월에도 서늘하다. 염계는 빼어나게 아름다우니 잊으려 해도 잊을 수 없네(壯遊)"〉

라고 연애편지 풍의 시를 읊기도 했다.

24세(29세?) 무렵에는 산동 지방을 여행했는데. 그의 부친 두한(杜閑)이 연주사마(兗州司馬)로 있었던 것과 무관하지 않은 듯하다.

〈"태산은 어찌하여 제나라 노나라에 걸쳐 그 푸른빛이 끝나지 않는가 ~ 모름지기 정상에 올라 모든 산이 발밑에 있음을 한번 보리라(會當凌絶頂 一覽衆山小)"〉

이 구절은 "동산에 올라 노나라가 작음을 알고, 태산에 올라 천하가 작음을 알았다('登東山而小魯, 登太山而小天下')"는 공자님 말씀과 함께 호기롭던 두보의 젊은 날을 말하고 있다. 아무튼, 그 시대에서도 두보는 소흥 항주 소주를 누비며 그의 시상을 넓히며 호연지기를 키웠다.

항주와 소주에서 관직을 한 백거이(白居易) 또한 자신의 시고(詩稿)를 모아 정리한 후 불상에 복장(腹藏)으로 넣게 했다. 그리고는 여산의 동림사(東林寺)와 동도(東都)의 성선사(聖善寺), 그리고 소주의 남선원(南禪院)에 각각 보냈다. 책마다 기문을 따로 적었다. 어느 하나가 없어져도 다른 것은 남을 테니 일종의 보험을 들어둔 셈이었다. 각각의 기문이라면 세 곳 중 어디에서도 자기 유품이 나오면 그만이라는 의도가 깔렸던 것이다. 죽어서도 세상에 알리고 싶은 그의 욕망이 바로 느껴진다.

19세기 동아시아 문화를 주름잡았던 추사 김정희와 연분이 있던 청나라 옹방강(翁方綱)도 백거이의 일을 본떠 자신의 '복초재

집(復初齋集)'을 항주 영은사(靈隱寺)에 보관케 하고, 다시 한 부를 추사 김정희 편에 초상화와 함께 해남 대둔사(大芚寺·지금의 대흥사)로 보내 보관케 했다. 설령 중국에서 천재지변을 만나 책이 다 사라져도 어딘가에는 남아 있을 것이란 희망을 담았다. 추사는 그 책을 대둔사로 보내면서 해동의 영은사란 뜻으로 '소영은(小靈隱)'이란 세 글자를 편액으로 써서 함께 선물했다.

다산이 그 소식을 듣고 아름답게 여겨 양근(楊根) 소설산(小雪山)에 남은 태고(太古) 보우(普愚)가 머물던 절터에 암자를 세워 그 책을 옮겨 와 중노릇을 하면 어떻겠냐고 제자 초의(艸衣)선사를 꼬드겼을 정도다. 하지만 그들은 굳이 그렇지 않아도 세상이 기릴만한 큰 자취를 남겼으니 오히려 후세들은 감지덕지다. 그들 모두는 강남 항주나 소주에 뭔가를 남겨두려 했거나 아니면 최소한 강남을 비유한 시라도 남겨 두었다.

백거이는 811년 돌아가신 모친상을 지내기 위해 고향으로 돌아갔던 그는 3년 후 장안(長安)으로 돌아왔으나, 태자좌찬선대부(太子左贊善大夫)라는 별 볼 일 없는 한직의 벼슬자리 밖에 얻지 못했다. 게다가 그 이듬해에 발생한 재상 무원형(武元衡)의 암살사건에 관하여 직언을 했다가 조정의 분노를 사 강주사마(江州司馬)로 좌천되는 불운을 맞는다. 사실 이 사건에는 당시 유명한 당나라 재상 배도와 신라의 장보고가 관련이 있는데 설명이 기니 다른 자료를 찾아보기 바란다. 사마(司馬)라는 직책은 별로 할 일도 없고 그저 손님을 맞이하고 접대하는 있으나 마나 한 명분뿐인 직책으로 요즘으로 치면 대기 발령과 같이 취급되던 녹봉만 축내는 직책에 불과했다.

그 사건은 백거이가 관리에 임명된 이래 처음으로 겪은 뼈저린 좌절이었고 매우 큰 심적 고통이었다. 그로 인해 그의 시심(詩心)

은 유유자적하고 감상(感傷)으로 향하게 하는 계기도 되었다. 바로 이 고난의 시기에 백거이 최고의 서정시로 일컬어지는 불후의 명작 비파행(琵琶行)의 詩가 세상에 나온다. 참 묘한 게 태평세월을 구가할 때보다 시련에 봉착할 때 문인들은 보다 글에서 생기가 나고 윤기가 흐른다. 조선 시대를 대표하는 문인들의 대표작은 모두 유배로부터 얻은 산물이다.

 뼈를 깎는 아픔 속에서 연연히 흐르는 절제의 미학이 있으며 기름진 향유로서는 촉수가 다양하고 예민하여져 그 느낌을 글로써 표현을 하지 않는가 싶다. 그런 점에서 소주는 예술가의 터전이며 문인들의 안식처라 여겨진다. 그러기에 천하명필 왕희지 안진경도 여길 다녀간 모양이다. 암벽에 그들 친필 시가 새겨져 있다고 한다. 그들뿐이 아니다. 오왕 합려를 섬기던 손무가 쓴 것으로 그동안 널리 알려진 손자병법의 주인공을 기념하는 손무정(孫武亭)이 소주성 안에 있다고 했다.

 온갖 꽃과 벌 나비가 모여드는 소주, 그곳의 정원의 반 이상이 호수다. 도영루(倒影樓)는 물 속 나무 그림자를 감상하는 누각이다. 향원당(香遠堂)은 호수의 연꽃 향기 맡는 누각 이름이다. '향기가 멀다'는 향원(香遠)의 뜻은 주무숙의 '연꽃은 멀수록 향기가 맑다(香遠益淸)'는 데서 따온 것이다. 견산루(見山樓)는 앞산을 보는 누각이다. 원앙관(鴛鴦館)은 손님 대접하던 곳이다. 원앙관 남색 유리는 명나라 때 천산(天山) 남북로 실크로드를 통과해서 이탈리아에서 수입한 오랜 유리다. 숱한 누각 이름 뜻만 적어나가도 선비들의 그윽한 운치를 배울 수 있을 정도다. 백향목(白木香) 나무숲 사이 자갈길 따라가면, 계수나무는 꽃을 피우고 태산목은 푸른 잎으로 태산처럼 하늘을 가리고, 작은 오솔길은 정자와 누각 사이에 이어지거나 회랑으로 연결되고, 정자는 꽃무늬 새겨진 화창(花窓) 통해서 경치 더 아름답게 조망한다.

대(臺)는 멀리 조망하기 위한 축조물이다. 누(樓)는 대 위에 사방 탁 트이게 지은 건물을 말한다. 정(亭)은 경치 좋은 곳에 휴식하기 위해 건립한 집이다. 각(閣)은 2층 이상 집을 말한다. 이 밖에 당(堂), 헌(軒), 재(齋)의 건물은 선비의 거처나 공부하는 곳들의 명칭인데 그것들이 한 데 모아 호수와 지형에 따라 예술적 배치의 극을 달리고 있다

이렇듯 뜻이 깊고 수려한 아름다운 물의 도시 소주에서는 미인이 뜯는 비파소리가 제격이 아닐까. 비파 타는 여인을 만나 읊은 백락천의 '비파행'(琵琶行)이란 시를 제대로 음미하려면 꼭 이곳 소주 미인을 직접 봐야 한다고 생각하였었다. 백락천은 양자강 희미한 달빛 속 등불 밝힌 배에서 여인을 만났다고 한다. 여인은 비파로 얼굴을 반쯤 가려 은근한 멋을 풍기며 손가락으로 비파를 타는데, 곡조는 소리를 이루기도 전에 정이 담겨있었다.

한 소리 한소리에 슬픔이 서려, 평생 불우한 정을 하소연하는 듯, 아미를 약간 숙이고, 심중의 무한한 사정을 말하는 듯, 배는 소리에 취한 듯 조용하고, 다만 강물 위에 가을 달이 유난히 희게 보이더라고 했다. 어느 참 내게 1천2백 년 전 시인이 만난 비파를 타는 미인이 화려한 비단을 몸에 감고, 옥같이 흰 피부에 구슬처럼 맑은 눈, 그윽한 미소를 띠고 내 앞에 다소곳이 내려앉는다.

장안(長安) 기생으로, 일찍이 목(穆)·조(曺) 두 선재에게서 비파를 배웠다는데 다 늙어 그녀는 이제는 상인의 아내가 된 처지, 곡이 끝나자, 가련하게도 고개를 떨구고, 젊었을 적 즐거웠던 추억을 회상하며 신세타령을 하는데, 비파는 황홀경인데 사랑 잃은 몰골은 시들어, 사랑을 모르는 이 아름다움을 알 리 없고 가냘프면서도 황홀한 바파의 곡조는 더더욱 알 리 없으려니. 정감 잃은

비파 소리는 애처롭기 그지없다. 그래서 백거이도 동병상련으로 글을 적어 주었다지. 목석연하다 싶은 세상은 늙어서인가, 초라해서인가 아니면 무감해서인가. 자꾸 딴생각이 든다. 그 의미를 담아서일까, 왠지 나도 바파행을 닮은 듯 이 구절이 그냥 그렇게 좋다.

老大嫁作商人婦(노대가작상인부) 나이 든 몸이 상인의 아내로 시집갔어요.

商人重利輕別離(상인중리경별리) 상인은 이문만 알지 이별은 모르니,

前月浮梁買茶去(전월부량매다거) 지난달에 부량으로 차 사러 떠났어요.

41
누에라는 벌레

최부는 도저소에서 왜인으로 오인되어 어디론가 끌려갈 때 누에고치처럼 다리가 통통 부었다는 표현을 썼다. 우리는 이 말이 생경할지 모르나 아마도 당시는 흔한 말이었을 것이다. 얼마나 뽕나무밭이 흔했으면 상전벽해라는 말이 고릿적부터 나왔을까. 그러면서 최부는 또한 생각했을 것이다. 비단으로 된 옷을 해 입으며 사방교외에 빈 땅이 없고 사치스러우며 휘황찬란한 도심의 물결, 강남의 번영은 어디서부터 생겨난 것일까. 조정은 썩어 문드러져도 나라 꼴 상관없이 상공업은 날로 번창하는 세상. 누에처럼 다리가 통통 부은 최부가 걸으면서 그리 생각했을 것을 나 또한 생각하게 된다.

여러분들은 사기를 쓴 사마천, 천혜의 경관을 자랑하는 소주, 그리고 중국 명나라를 좌지우지한 환관, 이들의 공통점은 무어라 생각하는가. 눈치를 챘는지 모르겠는데 바로 (蠶室)잠실이다. 잠

실은 누에고치를 기르는 방이다. 환관이 되려면 생사를 넘나드는 고통이 있다. 거세 수술이 끝나면 납으로 만든 나무못으로 소변을 막는데, 3일 금식 이후 첫 소변이 나오지 않으면 죽게 된다. 이후에도 100일 동안 누에고치 기르는 방인 잠실(蠶室)에서 일정한 온도를 유지하며 생활하며 세균감염을 막아야 한다.

이런 과정을 거치며 그들은 무슨 생각을 했을까? 생에 대한 집착? 성공에 대한 의지? 환관은 본능적 욕구를 포기한 대신 관직이라는 사회적 욕구를 충족한 셈이다. 권력 탐닉을 통해 자신의 처지를 보상받으려는 심리가 그래서 명나라 때 최고조로 작동을 한 것인지 모른다. 사마천은 진시황제 때 노족으로 귀순한 장군을 옹호했다는 처벌로 잠실 형을 선고받아 거세되어 수염이 나지 않은 치욕을 당한 채 그 유명한 사기를 썼다. 당시 잠실은 형벌이었다.

지금도 소주는 뽕밭이 많다. 앞서 이야기했지만, 실크로드의 본산지로서 양잠이 성행했기 때문이다. 역사적으로 중국의 전설적 요순시대부터 지금의 산서성 황투고원이 뽕나무가 잘 자라는 토양으로 양잠이 성했다고 한다. 뽕나무는 실은 중국 북부지방이 원산지이다. 우리나라는 고조선(古朝鮮) 시대에 기자조선(箕子朝鮮)을 세웠다는 기자(箕子)가 중국에서 누에를 가져온 것으로 전해진다. 우리가 잘 아는 삼국지의 유비. 유비의 고향은 탁군 탁현이다. 지금의 허베이성 줘저우시. 탁현의 누상촌(樓桑村)이 유비가 태어나고 자란 곳이다. 누상촌은 누각처럼 큰 뽕나무가 있는 마을이란 뜻이다. 그들은 내적으로는 수나라 때 운하가 개설되어 부의 충족과 균형발전이 시작되었고 외적으로는 바로 이 누에로부터 비단을 뽑아 부가 축적이 되었다. 기원전 5세기 그리스의 역사가 헤로도토스가 '역사'라는 책에서 처음으로 중국을 소개했다. 그는 중국을 실크로 이해하여 '세레스(seres 실크를 만드는 나라)'라고 불렀다. 세레스가 라틴어에서 세리카(serica)로 바뀌고 영어의 실크(silk)는 세리카에서 유래되었다고 한다.

고대 중국의 최대 발명품이자 기반산업인 실크가 유럽으로 건너가 로마의 귀족들이 즐겨 입는 최고급 옷감이 되었다. 몸에 걸쳤을 때 가벼우면서 그 흐름이 몸의 곡선을 감추지 않아서 사치에 빠진 로마 귀족이 앞다투어 수입하여 국고가 바닥이 날 지경이었다. 아우구스티누스 황제는 황금의 가치와 막 먹는 중국의 실크 착용을 금하는 칙령을 발포하였다.

유럽에서 인기가 높은 실크는 밀무역으로 조달되어 가격이 천정부지로 오르자 자국 생산 노력이 시작되었다. 7세기 동로마시대 중국에 진출해 있던 기독교 일파인 네스토리우스파(景敎)의 선교사가 중국 관헌의 눈을 피해 대나무 관 속에 누에알을 숨겨 반출하였다. 비교적 따뜻한 시칠리아 왕국에서 누에알을 부화시켜 양잠에 성공하자 양잠은 베네치아 등을 통해 이탈리아 전역에 보급되었다.

기실 '정관의 치' 주인공 당 태종 이세민, 그때는 태평 치세의 시작이었을 뿐이다. 나는 당나라가 번영의 극에 오른 것은 그가 아니라 바로 이 여인 때문이라고 생각한다. 중국 역사 속에는 무려 550명 정도의 황제가 존재하는 데, 이들 중에서 여성은 측천무후 단 한 사람뿐이다. 그녀에 대해서는 긍정적인 평가보다 부정적인 평가가 더 많았다. 잔인한 여성 군주였기 때문이다. 그는 이세민 사후 비구니로 있다가 아들인 고종의 후궁으로 운 좋게 들어갔다. 그리고 갓 난 딸을 죽이고, 소생이 없는 왕황후가 시기 때문에 몰래 죽였다고 누명을 씌워 폐위시키고 결국 황후 자리에 올랐다.

자기 소생인 태자가 정적이던 후궁이 낳은 공주들에 대해 측은한 감정을 갖는 것을 보고 독살했다. 권력을 위해 자신의 아들딸도 서슴없이 죽이는 비정한 어머니, 무측천. 고발당한 관리들은 감옥에 들어가면 살아남기 힘들었다. 살인적인 고문에 없던 사실마저 실토할 정도였다. 신하들은 조정에 나갈 때마다 언제 변을 당할지 몰라 가족들과 작별 인사를 해야 했다고 한다. 그러나 긍정적인 평가도 만만찮다. 무측천은 동서고금을 막론하고 가장 돈이 많은 여성이었다. 그녀의 황제 시절 나라는 전 세계 GDP의 22.7%를 차지했다. 영토를 오늘날 중앙아시아까지 넓혀 당시 세계 최대의 제국을 이룩했다. 실크로드를 통해 서양에 차와 비단을 팔아 국민 경제가 크게 번영한 것이다. 그녀가 황후에 오르기 직전인 서기 652년 380만 가구이던 인구는 무측천이 세상을 떠난 해인 705년 615만 가구로 2배 가까이 늘었다. 그만큼 나라 경제가 발달했다. 실제로 농업을 장려하고 수리 시설 관리에 주력했다. 바로 그녀가 비단 생산을 위해 뽕나무를 많이 기르도록 한 장본인이다. 당태종 이세민이 〈정관의 치〉라는 태평성대를 이룩했다면 무측천은 이세민을 롤 모델로 삼아 국정 운영에 큰 성과를 거두어 〈무주의 치〉라는 이름까지 얻었다.

  요즘은 원단은 베트남이나 중국산이지만 제품은 우리나라가 또 세계 최고가 아닌가. 과거 역사, 알고 보니 누에라는 벌레 하나로 세상이 요동을 치고 세상을 또 수천 년 갈랐다. 하지만 분명한 것은 험난한 여정 속에서도 최부 같은 선비는 굴하지 않고 정도를 걸으며 일당백의 자세로 조선을 부모를 섬기고 공경하며 우리에게 무형으로 유형으로 큰 자산을 물려주었다는 엄연한 사실이다. 그러기에 우리는 지난하고 고단했던 어느 시대를 거울삼아 정진하며 또한 전진하고 있기도 한 것이다.

42
진강 지나 장강(양자강)을 건너서며

2월 17일 소주에 묵을 때 낮에는 손님들이 찾아왔었다. 그날 밤 3시에 한산사를 보러 갔으니 그 날 낮에 안찰어사 두 대인으로 성이 각각 왕(王)·송(宋)이라는 사람이 역으로 와 예빈관(禮賓館)에서 최부를 만난 것이다. 그들이 묻는 말에 최부는 일일이 답을 했다.

〈"5품관입니다"〉

〈"우리나라 선비들은 모두 경학을 궁리(窮理)하는 것을 업(業)으로 삼고 있습니다. 그러나 풍월을 조롱하는 것을 천시하기 때문에 나 역시 시사(詩詞)는 배우지 않았습니다."〉

〈"기자의 후손인 기준은 위만에게 쫓겨나 마한으로 도망하여 도읍 했으나, 후에 백제에게 멸망했으며, 지금은 후사가 없소. 기자묘(箕子廟)는 평양에 있는데 국가에서 해마다 봄·가을에 향을 내려 짐승과 예물로써 제사를 지내고 있습니다."〉

앞서 잠시 말했지만 최부는 동국통감에 참여한 당대의 지성인이다. 특히 고조선 쪽은 아주 능통했다. 그러니 질문은 식은 죽 먹기보다 쉬웠다. 누구나 그렇지만 해외에 나가면 애국자가 된다. 자신도 모르게 잠재한 관념의 자아가 마음 깊숙한 곳에서 스멀스멀 일어나 육신의 자아로 변신하여 발 벗고 나서곤 한다. 피는 못 속인다고 스포츠 원정 경기를 보면 우리 동포들의 열렬한 동포애를 바로 느낀다.

하물며 자부심 강한 최부의 경우야 말할 필요가 없다. 최부는 중국 땅에서 중국인과 생활하는 과정에서 조선인의 자아로 변모하는 정신의 궤적을 태연하게 그리고 있다. 최부는 상대에게 지지 않기 위해 지난번 자신은 두 번이나 급제했고, 매년 쌀 200석을 하사 받으며 정문은 3층이라고 허황된 말, 즉 일부러 「부탄지언(浮誕之言:도리에 맞지 않는 말)」까지 하였었다. 그뿐이 아니다. 최부는 당시 조선의 젊은 지성을 대표하는 이른바 신진사류이며 동국통감 등의 국사편찬 사업에서 중국 문명에 경도하는 사론을 많이 썼다. 동국통감 첫머리 「단군조선」 대목의 사론에서 최부는 "단군의 즉위가 중국의 요 임금보다 25년 뒤진다. 옛 기록의 '요와 더불어 함께 즉위했다' 는 것은 잘못이다"라고 했었다.

그런 그가 2월 4일 소흥에서 총독비왜서 도지휘검사인 황종의 질문에 대하여서는,

〈"연혁과 도읍에 대해 말하자면 곧 시작은 단군으로 당요(唐堯)의 시대와 같았고, 국호는 조선이며 도읍은 평양으로 대대로 천여 년 동안 다스렸습니다. 그 후 주(周) 문왕(武王)이 기자(箕子)를 조선에 봉하고 평양에 도읍하게 하니, 팔조(八條)로서 백성을 교화하였습니다.〉라고 분명히 단군과 요와 같다고 동시성으로 답을 했다.

기년(紀年)의 동시성은 엄청난 무게가 있으며 가치의 동시성을 의미한다. 고난 중의 선지자처럼 최부는 지금 조선을 대표하고 있다고 인식을 하고 이에 대처한 것이다. 그러자 당신네 나라는 무슨 비결이 있어서 수·당의 군대를 물리칠 수 있었느냐는 보다 진지한 질문이 이어진다. 이에 최부는 아마 힘주어 말을 하였을 것이다.

〈"모신(謀臣: 계략을 세우는 데 뛰어난 신하)과 맹장(猛將)이 병사를 지휘하는데 도리가 있었으며, 병졸 된 자들은 모두 다 윗사람과 친하게 섬기며 장수를 위해 죽기 때문에 고구려는 작은

나라였으나, 충분히 중국의 백만 대군을 두 번이나 물리칠 수 있었으며 지금은 신라·백제·고구려가 한 나라로 통일되어, 인물은 많고 국토는 광대해져 부국강병 합니다. 충직하고 슬기로운 인재를 수레에 싣거나 말[斗]로 헤아릴 수 없을 정도로 많습니다."〉

  2월 18일 소주를 떠나는 날, 마침 성이 나(羅)인 절강에서 직염을 관장한다는 태감을 만나는데 조선에 다녀온 태감의 이름을 대보라고 한다. 몇 사람 이름을 대자 태감이 그중 누구누구는 작고 했다고 글을 써 보이는데 최부는 그 단어의 의미를 모른다. 아마도 그때까지는 작고(作故)라는 표현을 조선에서 쓰지 않았던 모양이다. 그러자 태감이 그러면 죽었다는 뜻으로 쓰는 단어가 무엇인지 묻는다. 물고(物故). 아마 조선에서는 그때까지 물고란 단어가 통상적이었던 것 같다. 그런데 소주가 얼마나 비단이 유명하면 직염을 관리하는 태감이 따로 존재하는 것일까.
  2월 19일 무석현을 지나 상주부에 다다른다. 무석은 연암 박지원이 제일 싫어한 사람이 활동하던 곳이다. 잠시 소개하자면 동림당(강소성 무석의 동림서원을 중심으로 일군의 유학자들이 당시의 여론을 형성하였는데 이들을 가리키는 말이다.)의 수괴 전겸익을 그는 엄청 성토를 했다. 그의 말은 그렇게 시작한다.
  〈동림당(東林黨)의 무리는 조선을 좋아하지 않았다. 전목재(전겸익)는 동림당의 괴수인즉 우리나라를 야비한 오랑캐라고 보는 것을 청론(淸論)으로 삼았으니 분하고 억울함을 이길 수 있으랴. 더구나 우리나라 시문(詩文)에 이르러서는 말살(抹殺)하기가 일쑤여서 그의 《황화집(皇華集)》발(跋)에 보면~〉

  최부는 상주부에 대해,

〈상주부는 곧 연릉군이므로 오나라 계자의 채읍(향대부가 받는 봉지)으로서 호수와 산의 아름다움과 정과 대의 설치는 명성이 자자하다.〉고 했다.

최부가 말한 계자, 즉 계찰은 춘추시대 오나라 왕 수몽의 넷째 아들이다. 계찰은 그 형제들 가운데 가장 현명하고 재능이 있어서 수몽은 그에게 왕위를 물려주려고 하였고 백성들 역시 같은 마음이었다. 그러나 계찰은 왕위는 장자가 이어야 한다며 가족을 떠나 산촌에 살면서 밭을 갈며 살아 거절의 뜻을 분명히 밝혔다. 계찰의 형들 역시 계찰의 높은 인격과 곧은 절개를 칭찬하며 차례로 집권하여 왕위가 그에게까지 이르도록 하려고 하였다. 계찰은 자신이 왕위에 오를 순서가 되었지만, 이때도 받지 않아서 왕은 계찰을 연릉(延陵)으로 봉후(封侯)했다.

그 후로부터 계찰을 연릉의 계자(季子)라 불렀다. 계찰이 처음 사신으로 길을 떠났을 때, 오(吳) 나라의 북쪽으로 가는 도중에 서(徐) 나라에 들러 서왕(徐王)을 알현하게 되었다. 서왕은 평소 계찰의 보검을 갖고 싶었으나 감히 말하지 않았다. 계찰 역시 속으로는 서왕이 자신의 보검을 원한다는 것을 알고 있었으나, 사신으로 중원(中原) 각 나라를 돌아다녀야 하였기 때문에 바치지 않았다. 각 나라 방문을 마치고 돌아오는 길에 서(徐) 나라에 도착해 보니 서왕은 이미 죽고 없었다.

이에 계찰은 보검을 풀어 서왕 무덤의 나무에 걸어놓고 떠났다[於是乃解其寶劍 繫之徐君塚樹而去]. 그의 종자(從子)가 물었다. "서왕은 이미 죽었는데 또 누구에게 주는 것입니까?"라고 하자, 계찰이 말하기를 "그런 것이 아니다. 나는 처음에 마음속으로 그에게 주기로 하였는데, 그가 죽었다고 해서 내가 어찌 나의 뜻을 바꿀 수 있겠는가?"라고 하였다.

'계찰계검'은 이 글을 요약한 말이며, 중국의 유서(類書)인 《몽구(蒙求)》의 표제어에는 '계찰괘검(季札掛劍)'으로 적고 있다. 태사공(太史公) 사마천(司馬遷)은 계찰의 인물됨을 평가하여, "연릉계자(延陵季子)의 어질고 덕성스러운 마음과 도의(道義)의 끝없는 경치를 앙모한다. 조그마한 흔적을 보면 곧 사물의 깨끗함과 혼탁함을 알 수 있다. 어찌 그를 견문이 넓고 학식이 풍부한 군자가 아니라고 하겠는가!"라고 했다. 우리도 언제나 저런 소신 있고 도의를 철석같이 지키는 정치인이 나오려나.

2월 20일 여성역이란 곳을 지나 진강부에 이르렀다. 양자강에 거의 다 온 것이다. 항주에서 출발한 경항 대운하가 무석-소주를 거쳐서 진강에서 장강을 건너게 되므로, 이곳 진강은 역대로 무수한 여행객들이 왕래하던 나루터였다. 즉 진강은 장강 하류, 장강과 경항(京杭)대운하가 만나는 곳에 있다. 서쪽으로 남경(南京, Nanj. ing), 동쪽으로 상주(常州, Changzhou), 북쪽으로 양주(揚州, Yangzhou)와 이웃한다. 황석영의 소설 '심청'에 보면 심청이가 중국 상인에게 팔려온 곳이 이곳 전강으로 되어 있다. 옛날 삼국시대에 동오의 손권이 이곳을 수도로 정했던 적이 있을 정도로 오래된 도시인데 19세기 중반에 아편전쟁에 승리한 영국이 장강을 따라 내륙으로 들어올 때도 이곳을 거점으로 삼았었다.

그런데 지금은 상해 때문에 맥을 못 추는 것도 같다. 진강에는 3대 산이 있다. 금산, 북고산, 초산. 북고산은 유비가 백제성(白帝城)에서 죽었다는 소식을 듣고 손부인이 멀리서 제를 올리고 강 아래로 투신했다는 전설이 있는 작은 정자 제강정(祭江亭)이 있다. 앞서 항주에서 말한 송성가무에 등장하는 절, 금산사. 금산에 금산사(金山寺)는 백사전(白蛇傳)이라는 전설에 의해 이름을 떨친 절이다. 금산사의 법해(法海) 스님이 뱀과 인간의 사랑에 개입해 사랑을 지키려는 뱀의 요정과 싸우면서 뱀의 요정이 금산사에 홍수를 불러왔다는 스토리는 거의 모든 중국인들이 다 안다. 금산사는 지금으로부터 1600여 년 전인 동진(東晉)때에 신축되었다.

이곳은 송경설재(誦經設齋)와 예불배참(禮佛拜懺) 등 중국 불교의 다양한 법회의 발원지이기도 하다. 초산(焦山)은 한나라 말 유명한 학자였던 초광이 산에 은둔했다 해서 초산이란 이름으로 불려진다. 초산엔 정혜사(定慧寺)란 유서 깊은 절이 유명하다. 이 절에는 '강남 제일'이란 비림(碑林)과 건륭황제가 남순(南巡: 남쪽을 돌다) 할 때 묵었던 건륭행궁(乾隆行宮)이 빼어난 자태를 자랑하고 있다. 대개 유서 깊은 곳은 끼고 있는 산도 다 뜻을 갖고 있으며 걸맞은 의미를 부여한다. 후세는 또 그 뜻을 기리고 의미를 새기고자 몰려들 온다. 바로 진강이 그러한 곳이다.

2월 21일 최부 일행은 남수관이라는 수문에서 진강부성을 끼고 남쪽으로 갔다가 서쪽으로 가서 경구역에 이르러 머물렀다. 저녁에 걸어서 경구갑(장강에서 1리 정도 떨어진 곳에 위치)이란 곳을 지나 통진(通津)체운소에 다다르니 통진은 물이 얕아서 반드시 조수가 들어오는 것을 기다려야 비로소 大江(양자강)으로 통할 수 있어 배를 갈아타고 조수가 이르기를 기다려 강을 건널 준비를 하였다. 양자강 하류이니 퇴적층이 많고 바닷물의 영향을 받아 조수간만이 일어나는 통에 하구 쪽은 때로는 역류 현상마저 생긴다. 최부가 다니러 갔을 때도 이 현상은 있었던 모양이다. 지금 경항 대운하가 황하강 유역에서 발이 끊긴 주된 요인 중 하나는 바로 엄청나게 쏟아져 나오는 퇴적층 때문이다. 최부는 진강의 역사적 장소에 대해 이렇게 적고 있다.

〈진강부는 즉 윤주성(閏州城)이니 손권(孫權, 181~251)이 단도(丹徒)로 옮겨 철옹성을 쌓고 경성이라 불렀다. 부치와 단도현치(丹徒縣治)는 성안에 있다. 성의 동쪽에는 또 철옹지가 있었으나 그 성은 없어졌다. 향오정(向吳亭)은 성의 서남쪽에 있고, 북고산(北固山)은 서북쪽에 있으니 곧 양 무제(武帝, 502~549)가 명명한 곳이다. 초산(焦山)·은산(銀山)에는 모두 거찰을 세웠는데 성의 북쪽에 있다. 금산(金山)은 대강(양자강)의 가운데에 있어서 은산과 더불어 마주 보고 있다. 위쪽에는 용연사(龍延寺)가 있는데 곧 송의 진종(眞宗, 997~1022)이 꿈속에서 놀던 곳이다.〉

단도란 말은 진나라 시황제 때 그 땅에 왕의 기운이 있다고 하자 죄인 3천 명을 보내 경현산이란 곳에 터널을 뚫어 기운을 꺾어 이후 단도라고 했다고 한다. 손권은 조조의 백만 대군이 쳐들어오자 이곳 양자강 변에 철옹성을 쌓고 적벽대전을 진두지휘했었다. 그의 양자강에 대한 설명은 또한 이렇다.

〈부성의 동북쪽의 모퉁이는 강의 언덕을 내려다보고 있는데 강은 곧 양자강이다. 시속(時俗)에는 양자강(洋子江)이라고도 한다. 강의 너비는 20여 리이고 강의 수원은 민산(岷山)이다. 한수와 만나고 남경을 지나서 이 부(진강부)에 이르러 바다로 흘러 들어가니 곧 우공에 '민산에서 강을 인도한다(岷山導江)'는 것이 바로 이것이다. 동쪽은 오군(吳郡)과 회계군(會稽郡)으로 통하고, 서쪽은 한수와 면수(沔水)에 접하고, 북쪽은 회수(淮水)와 사수(泗水)에 이르고, 남쪽으로는 민과 절강과 닿으니 진실로 사방에서 몰려드는 곳이었다.〉

옛 요순시절부터 중국에는 치수(治水)가 군왕의 책임이자 의무였던 만큼 양자강의 홍수해결은 영원한 중국의 숙원사업이었다. 만리장성을 만든 중국인다운 '싼쌰 댐' 공사를 양자강에서 대대적으로 펼쳐 2009년 완성을 했다. 삼협 관광이 유명해지기 시작하면서 이 댐 공사도 역시 관심을 끌기 시작했는데 이 댐이 완공되면 삼협의 유명한 관광지는 상당 부분이 모두 물속으로 가라앉아 버리게 되어 댐 공사가 완공되기 전에 구경을 가야 한다는 말이 있었다. 강의 높이를 175m 높여 지금은 상류에 중경까지 600km의 저수지가 만들어졌다. 지금은 크루즈 관광유람선이 장강을 오간다. 중국 중앙부를 횡단하는 강, 창장(長江)! 장강은 아시아에서 가장 긴 강이자, 세계에서 세 번째로 긴 강이다. 6,300km에 이르는 이 드넓은 강을 따라 수많은 이야기와 영웅호걸들의 파란만장한 삶이 펼쳐져 있는데 그렇기에 창장은 중국 문학에서도 중요할 수밖에 없다. 중국의 내로라하는 시인들이 창장을 따라 풍류를 즐겼기 때문이다.

싼샤(삼협, 三峽)는 충칭(중경, 重慶)에서 이창(의창, 宜昌)에 이르는 3개의 협곡, 즉 취탕샤(구당협, 瞿塘峽), 우샤(무협, 巫峽), 시링샤(서릉협, 西陵峽)을 말한다. 양자강 크루즈 여행의 백미라고 할 수 있다. 언뜻 떠오르는 백제성, 장강을 따라 거슬러 오르면 삼국지의 유비가 손권에게 패해 도망쳤다가 죽음을 맞이한 백제성이 나온다. 이백(이태백)이 조발백제성(早發白帝城)을 쓴 곳으로도 유명한 곳이다. 조발백제성은 이태백이 귀양길에 올랐다가 이곳 백제성에서 사면 소식을 듣고 기쁜 마음에 아침 일찍 백제성을 떠나 강릉으로 돌아가면서 남긴 시다. 장쩌민 중국 주석이 쿠바의 카스트로를 만났을 때 이 시를 언급하면서 더욱 유명해졌다는데 중국 사람들이 가장 애송하는 한시이기도 하다.

朝辭白帝彩雲間(조사백제채운간)

千里江陵一日還(천리강릉일일환)
兩岸猿聲啼不住(양안원성제부주)
輕舟已過萬重山(경주이과만중산)
아침 일찍 오색구름 감도는 백제성에 이별하고
천 리길 강릉을 하루 만에 돌아왔네
강기슭 원숭이들 울음소리 그치질 않는데
가벼운 배는 만 겹의 산을 지나왔다네

이백은 701년에 서역의 쇄엽(碎葉)에서 태어났다. 그가 페르시아 인이라는 설도 있는데, 아버지가 서역과의 무역에 종사하는 상인이어서 서역과 중국 본토를 오갔다고 하니 사실일지도 모른다. 742년, 곧 이백의 나이 42세에 비로소 조정의 부름을 받았다. '큰 뜻'을 펼칠 수 있는 절호의 기회를 얻게 된 것이다. 그에게는 처자가 있었지만 아무런 미련 없이 이별을 고하고 수도로 향했다. 이백은 한림공봉(翰林供奉, 문서의 초안을 잡는 관리)이라는 직위에 올라 현종 황제를 알현할 수 있었다. 이백은 당연히 자신에게 정치적으로 중요한 직위가 주어지리라 생각하고 있었는데 그 기대는 허망하게 꺾이고 말았다. 만년에 접어든 현종이 정치에 대한 열정을 잃은 상태였기 때문이다. 현종은 도교에 심취해 불로장생을 염원하면서 양귀비를 탐애했다.

그 무렵 봄의 연회석에서 남긴 유명한 일화가 있다. 이해 현종은 명가수 이구년을 불러 노래를 들으면서 모란꽃의 아름다움을 즐기려 했는데, 노래만으로는 만족할 수 없었다. 그것도 오래된 노래가 아니라 그 자리에 어울리는 새로운 노래를 원했다. 그때 거리에서 술에 취해 노닐고 있는 이백이 불려왔다. 이백은 그 자리에서 단숨에 시를 써 내려갔다. 그 시가「청평조사(淸平調詞)」

3수이다. 술에 취해 방금 불리어 온 이백이 일필휘지로 작성한 시 한 수가 이 정도였으니 갈채를 받은 것도 당연한 일이다. 이백은 술에 취해 현종의 총신이었던 고력사(高力士)에게 신발을 벗기게 했는데, 그의 시 앞에선 그런 무례함도 관대하게 받아들여졌다.

하지만 그 시가 나중에는 화근이 된다. 이백에게 앙심을 품고 있던 고력사는 그 시에서 양귀비를 한(漢)나라의 음란하다고 알려진 조비연(趙飛燕)에 비유했다고 중상을 했다. 결국, 744년, 44세가 되던 그해 봄에 이백은 장안을 떠났다. 1년 반의 궁중 생활이었다. 755년에는 안녹산이 반란을 일으켰다. 그 이후 9년에 걸친 전란으로 양귀비는 죽고 현종은 퇴위했다. 이백은 전란을 피해 여산(廬山)으로 갔다가 현종의 아들인 영왕[永王, 이름은 린(璘)]의 군대에 합류했다. 이백은 자신의 뜻을 펼칠 기회일지도 모른다고 생각했지만, 실제로는 종군 시인으로 그 명성을 이용당했을 뿐이다.

게다가 현종이 퇴위한 뒤, 셋째 왕자가 숙종(肅宗)으로 즉위하자 영왕은 반란자로 몰려 토벌당하고 만다. 이백도 사로잡혀 사형 판결을 받았으나 친구들의 노력으로 감형되어 야랑(夜郞)으로 유배되었다. 바로 그 귀양지로 향하던 중 백제성에 이르러 사면 소식을 듣고 일정을 바꾸어 장안으로 곧장 되돌아온 것이다. 이 시는 그 당시 이백의 기쁜 마음을 잘 나타내고 있다. 서둘러 길을 떠나고 천 리 길을 하루에 내달으며 원숭이 울음소리도 슬프게 들리지 않고, 가벼운 배로 만 겹이나 되는 산을 스쳐 지나간다는 표현은 바로 작가의 유쾌한 심경을 바탕으로 한 것이다.

이백은 62세로 세상을 떠났다. 병사했다고 하나 다음과 같은 설이 전해진다. 어느 날 이백은 양자강 채석기(采石磯)에서 뱃놀이를 하고 있었는데, 늘 그랬듯이 술에 취해 있다가 강물에 비친 달을 잡으려고 물속에 뛰어들었다는 것이다. 이렇게 하여 이백 자신이 만들어 낸 술과 노래와 달의 이미지가 전해지고 중복되면서 늘 새로운 이백의 모습을 만들어 내어 다른 생명으로 숨 쉬며 오늘날도 늘 애창하며 살아서는 별 볼 일 없는 관리에 천재 술꾼, 죽어서는 전설이 된 시선, 그를 우리는 영원토록 만난다. 글을 잘 쓰는 것과 출세와는 전혀 상관이 없음을 나는 번번이 느낀다. 오히려 귀양을 간 처지에서 간절하고 애달픈 글이 쏟아져 나온다. 솔직히 이백은 시는 잘 지었지만 삶은 가볍지 않았나 하는 생각을 하곤 한다. 드디어 장강을 건너는 최부 일행이다. "귤이 강남의 양자강을 건너면 탱자가 된다." 아직은 강남, 이곳 강을 건너면 탱자가 되는 노릇이다.

* 현재 장강삼각주는 상해를 비롯한 강소성과 절강성의 16개 도시를 포함한 지역이며 장강이남 산업벨트(상해– 소주– 무석– 상주–진강(구용)–남경)는 가장 역동적인 경제 지역이다. *

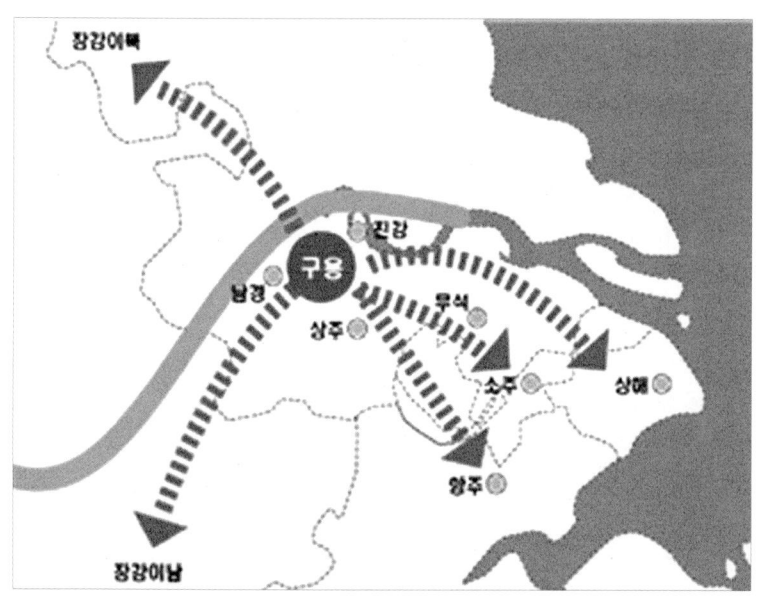

43
과주에 배를 대고 왕안석은 세상을 갈랐다

〈2월 22일 수부신사(水府神祠)에서 배를 출발시켜 양자강에 이르렀다. 강가의 5~6리에 육지에서 배를 밀어 움직이는 사람들이 잇따랐습니다. 돛을 올려 강 한가운데에 이르니 금산 밑에서 강돈(江豚, 돌고래)이 물결을 가르며 지나가는 것이 마치 전마가 무리를 지어 달리는 것처럼 보였습니다. 서진도(西津渡)의 마두석제(馬頭石堤)에 도착하니 나무 장대를 물 가운데 세워 긴 다리를 만들었는데 왕래하는 사람들이 모두 배의 닻줄을 다리 밑에 매달고 다리를 따라 제(堤)의 언덕에 오르니 강회(江淮)의 훌륭한 경치는 누각이 가파른 지역에 서 있어, 우리들은 걸어서 누각 아래를 경유, 과주진(瓜洲鎭)을 지나 시예하(是禮河), 일명 진상하(鎭上河)에 이르러 다시 배를 타고 갔습니다.〉

 2월 21일 통진에서도 얕은 곳을 지나갔다 하는데 서진도도 역시 얕아서 배를 탈 수 없어서 배를 다리에 매달고 걸어서 오르다 다시 내려와 배를 탈 수 있었던 모양이다. 최부가 과주진을 지나 다시 배를 탔다고 하는데 아마 송나라 신법의 창안자 왕안석도 황제의 부름을 받고 고향인 남경을 떠나 개봉을 향할 때 이곳을 그렇게 걸어서 양주로 향해 갔을 테다.

 과주에 배를 대고(泊船瓜洲 박선과주)
 왕안석(王安石)

 경구와 과주는 강물 하나 사이요 (京口瓜洲一水間 경구과주일수간)
 종산은 몇 겹산을 격하여 서 있도다. (鍾山祇隔數重山 종산지격수중산)

봄바람 강남 언덕에 또다시 푸르른데 (春風又綠江南岸 춘풍우록강남안)
밝은 달은 그 언제나 돌아갈 날 비추려나 (明月何時照我還 명월하시조아환)

'봄바람에 강남의 언덕 다시 푸를 터인데'에서 '푸를(綠)'의 쓰임은 남달리 뛰어나다. 시의 초고에는 원래 '이르다(到)'라고 하였다가, 다시 '지나다(過)'로 고쳤다고 한다. 그 후에도 몇 번을 고친 끝에 결국 '綠 푸른'으로 결정하였다. 이처럼 왕안석은 구양수와 마찬가지로 글자의 선택에 각별한 주의를 기울였다. 퇴고는 글쟁이에게는 중요한 작업이다. 그의 글이 이를 말한다. 초고를 완성하고서는 거의 글이 완성된 양 하는 나에게는 재삼 생각하게 하는 시가 아닐 수 없다.

경구는 진강에 있고 과주진은 양주 남쪽에 있는 양자강의 모래벌판으로 모래가 마치 오이 형상(瓜[guā]박과 식물)을 띠고 있어서 그렇게 불렀다. 대개 삼각지 델타가 이런 모양을 많이 하고 있다. 그가 과주에 배를 대고 개봉으로 향한 발길은 한 시대의 획을 긋는 길이기도 했다. 그의 신법으로 온 세상이 시끄러웠고 지금도 그에 대한 평가는 여러 갈래다. 당시 북송은 토지 겸병으로 인해 적자로 돌아선 재정 상태를 회복하기가 쉽지 않았다. 당연히 토지를 소유한 양민의 수가 많을수록 조세 확보에 유리했지만, 11세기에 들어서는 많은 토지가 소수의 사대부나 지주들에게 편중되어 토지 겸병 현상이 심각했다.

즉 전체 인구의 10퍼센트도 안 되는 사대부와 지주들이 전체 토지의 70퍼센트 이상을 차지한 것이다. 이들은 각종 면세 특권을 가지고 있었으며, 설사 면세 특권이 없다 하더라도 다양한 불법 행위를 통해 납세를 피했다. 특권 계층의 세금 탈루로 인한 세금 공백은 다시 농민에게 전가되었고, 농민은 지주의 토지를 소작하거나 유랑하는 삶을 선택하기도 했다. 또한, 농민들은 불만의 표시로 반란을 일으키기도 했다.

이처럼 북송 중기에 계층 간의 갈등이 고조되고, 재정 적자로 어려운 국면을 맞자 일부 사대부 계층에서 각성이 일어났다. 이런 각성은 두 번의 변법 개혁으로 표출되었는데, 첫 번째는 1041년부터 1048년까지 범중엄(范仲淹)이 주도했고, 두 번째는 1069년부터 1076년까지 왕안석(王安石)이 주도했다. 왕안석 신법의 농촌 정책과 상업 정책이 재정 수입을 늘리는 등 부국을 목표로 했다면, 군사 정책은 강병이 목표였으며 상업 정책은 균수법(均輸法) 시행이 핵심이었다. 왕안석의 신법은 재정과 경제의 성장 개혁을 중점으로 하여 북송의 재정 수입을 크게 증가시켰다.

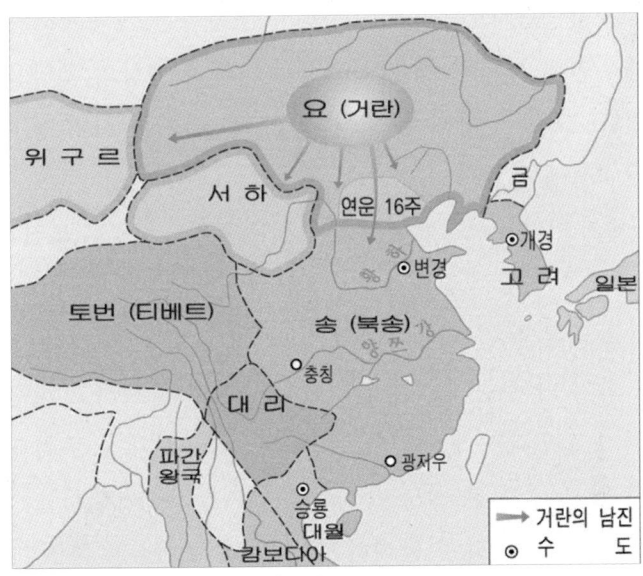

또한, 군사력도 크게 향상되어 북송은 서하와의 전투에서 이례적으로 승리했다. 그러나 왕안석의 신법은 관료와 대지주, 대상인들의 이익을 침해하는 경우가 많아 이들의 심한 반대에 부딪혔

다. 또한, 신법을 시행함에 있어서 한 번에 급진적으로 시행하여 초기의 동조자들까지 반대파로 돌아서게 했다. 우리가 잘 아는 문언박, 구양수, 사마광, 소식, 소철, 정호, 정이 등이 왕안석의 신법을 강력히 반대했다. 그와 대립한 소동파가 끝내 돌아오지 못한 멀리 해남도로 귀양을 간 것은 이 때문이다. 소동파(蘇東坡)는 자주 관직을 박탈당하고 귀양을 가는 등 평생 순탄치 못한 삶을 살았다.

그런데 소동파도 왕안석처럼 과주와도 인연이 있다. 지금의 양저우 남부에 해당하는 과주(瓜洲)라는 지역으로 좌천되어 가게 되었다. 그러나 마침 불교를 배우기 시작한 터라 좌천된 삶을 비관하기보다는 스스로 마음을 비워 평안을 찾으려 노력했다. 그때 소동파는 장강 남쪽, 오늘날 진강 금산사라 불리는 절의 주지승이었던 불인(佛印)을 알고 지냈다. 소동파는 그에게서 불교의 도를 배우면서 서서히 마음의 안정을 되찾고 세상의 욕망을 없앨 수 있었다. 그때 시 한 수를 지어 시중드는 아이를 시켜 장강을 건너 불인대사에게 보냈다.

〈부처에게 머리 숙이니 백호의 광명 두루 비치며 팔풍의 모진 바람에도 흔들림 없이 자금색 연꽃 위에 단정히 앉아 있네.〉

이 시를 읽은 불인대사는 '헛소리!'라고 답장을 써 보냈다. 이에 단단히 화가 난 소동파는 불인대사에게 따져 물으려고 직접 장강을 건너가 불인대사에게 "평소 대사와 나의 관계가 무척 두텁다고 믿어 왔고 내가 쓴 시도 손색이 없었거늘, 어찌 대사는 칭찬은 고사하고 '헛소리!'라며 불쾌하게 답을 써 보냈소?" 하였다. 불인대사는 큰소리로 하하 웃으며 "팔풍의 모진 바람 불어와도 흔들리지 않는다더니 '헛소리' 하나에 이리 강을 건너셨습니까?" 이처럼 마음의 평안을 찾기란 결코 쉬운 일이 아니다.

아무튼, 개혁을 부르짖는 그 살벌한 시대 왕안석은 신법의 추진을 결코 늦추지 않았고, 결국 조정은 왕안석 중심의 신법당(新法黨)과 신법을 반대하는 사마광 중심의 구법당(舊法黨)으로 나누어지게 되었다. 왕안석의 신법은 왕안석이 1071년 태황태후 조씨와 황후 고 씨의 신법 폐지 진언에 따라 지강녕부로 좌천되고, 1076년에는 구법당의 반대로 다시 지방관으로 좌천되면서 잠시 중단된 적은 있으나, 적어도 신종의 재위 기간에는 지속되었다. 특히 1076년, 왕안석이 정계에서 은퇴했을 때에도 신종은 왕안석의 신법을 계속 유지한 채 직접 제도 개혁을 주도했다.

그러나 1085년에 신종이 사망하고 10살의 철종(哲宗)이 즉위하면서 태황태후 고 씨가 수렴청정을 하자 신법은 중지되었다. 태황태후 고 씨는 구법당의 사마광을 재상으로 등용하고, 정권을 잡은 구법당은 신법을 모두 폐지해 버렸다. 이후 왕안석의 신법은 철종의 친정 기간과 휘종의 재위 기간에 실행과 중지가 반복되었으며, 이에 따라 북송 조정은 신법당과 구법당의 대립으로 첨예한 갈등 속에 빠졌다.

이미 신법의 의의는 간곳없이 노골적인 당파싸움만이 남아 송 왕조의 기틀을 흔들자, 그 틈에 북방에서 일어난 금나라의 침공으로 북송은 1126년에 멸망하고 만다. 이어서 수립된 남송에서는 북송의 멸망 책임이 왕안석에게 있다는 주장이 주희 등의 성리학파를 중심으로 제기되고, 이후 왕안석의 평가는 다소 들쑥날쑥했으나 대체로 "간신", "소인"으로 굳어지게 된다. 이 여파는 조선에도 미쳐 주희를 신봉하는 선비들은 왕안석에 대해 아주 비판적이었다. 연암 박지원조차도 주희를 꽤 섬겼기에 왕안석에 대해서는 일언반구도 적지 않았다.

왕안석은 위대한 행정개혁가이면서 [주례]를 비롯한 유교 경전을 재해석해 "왕학(王學)"이라 불리는 학파를 창시할 만큼 학문의 조예가 깊었고, 또한 "당송팔대가"의 하나로 꼽힐 만큼 뛰어난 문장력도 갖고 있었지만, 그러나 그는 반대파의 입장도 배려하고 쓴소리도 받아들이는 포용력이 없었으며, 뺄셈의 정치를 거듭한 끝에 한때의 동료들을 적으로 만들고 끝내 심복들에게서도 배신을 당했다.

역사는 반복된다고 할까. 이 세상은 때가 무르익든지 아니면 시끄럽던지 하면 개혁을 말한다. 하지만 왕안석은 몹시 나쁜 사례를 후세에 남겼다. 그가 불명예스러운 이름을 남김으로써, 송나라 이후 개혁가들은 변법을 시도할 때 "또 하나의 왕안석"이라는 비난을 피하느라 애를 먹어야 했다. 그리고 개혁의 논의가 진보와 보수 사이의 건전한 정책 대결이 되지 못하고, 오직 권력만을 탐하는 피비린내 나는 당파싸움으로 이어지는 전례도 남겼다. 지금도 내용은 달라도 흐름은 그러하지 않은가.

기실 이 두 가지야말로 왕안석의 스스로는 의도하지 않은 과오라고 해도 좋을 것인데 그로서도 하늘에서 매우 애석하게 생각할 것이다. 일이 그렇게 된 것은 그가 정말 재능에 어울리는 덕을 갖추지 못한 소인이었기 때문일까? 아니면 급진적인 개혁가에게는 으레 따르기 마련인 과단성과 그것을 참아내지 못하는 범인들의 시기와 속 좁은 원망이 문제였을까? 한 번 곰곰이 생각해 볼 일이다. 현재도 가히 다르지 않으니 말이다. 그가 과도에 배를 대고 개봉을 향한 이래 역사는 큰 물결을 이루었고 또한 그와 같은 많은 과단이 있다고들 말들을 하고 있다. 분명 왕안석은 그 시대 세상을 두 쪽 냈었다.

장강에는 세상을 가르는 또 하나의 일대 사건이 있다. 우리가 잘 아는 항우와 우희. 두 사람은 중국 역사에 길이 남는 아름다운 연인 중 하나다. 한국에 이준기의 〈왕의 남자〉가 있다면 중국에는 장국영(張國榮)의 〈패왕별희〉(覇王別姬)가 있다. 칸 영화제 우수 작품상을 받은 이 작품은 빛나는 혜성처럼 우리 곁을 스치고 지나간 배우 장국영의 대표작으로 10여 년이 지난 현재까지도 영화 마니아들의 사랑을 받고 있다. 영화에서도 알 수 있듯이 '패왕별희'는 서초패왕(西楚霸王) 항우(項羽)와 부인 우희(虞姬)의 애달픈 생사 이별을 노래한 것이다.

빼어난 미모로 인해 역사상 우미인(虞美人)이라고도 불리는 우희는 항우의 부인으로 절개가 굳은 강직한 여인이었다. '우'가 그의 이름인지 성씨인지에 대해서는 정확한 기록이 없다. 일부 역사학자들은 그가 우지(虞地, 오늘의 江蘇省吳縣) 태생이기 때문에 그렇게 부를 뿐 정확한 이름은 전해지지 않고 있다고 주장하고 있다. '희'(姬)는 중국 고대에 아름다운 여자들을 일컫던 말이다. 우희는 외모가 아름다웠을 뿐만 아니라 춤과 노래에도 능했다고 한다. 특히 검무(劍舞, 즉 칼춤)에 남다른 재주를 가지고 있었다. 우희는 항우의 용감무쌍과 영웅 기질을 숭배한 나머지 천리 길을 마다하지 않고 항우를 찾아와 그와 함께 하기를 청했다. 항우 또한 첫눈에 우희에게 마음을 빼앗겨버렸다. 그때 생겨난 말이 일거양득이다.

그 후, 우희는 험한 전방에서 항우와 '동고동락'하며 항우를 보살펴 주고 그에게 힘이 되어주었다. 항우 또한 그런 우희를 극진히 아끼고 사랑하며 애인이자 지기(知己)로 삼았다. 당시 항우와 유방의 대결에서 처음에는 항우가 우세였지만 점차 장량(張良), 한신(韓信) 등 뛰어난 참모들을 가진 유방 쪽으로 대세가 기울어지게 된다. 기원전 202년, 항우와 유방은 '초하한계'(楚河漢界)의 맹약을 달성하기로 했다. 항우가 군사를 이끌고 철수하려는 찰나,

유방이 약속을 어기고 갑자기 공격해 왔다.

유방에게 쫓긴 항우는 해하(垓下)에 이르러 한나라 군대에게 포위당하며 진퇴양난의 처지에 놓이게 되었다. 항우는 끝까지 대항하지만 이윽고 사면을 둘러싼 한나라 군사 쪽으로부터 그의 귀에 슬픈 초나라 노랫소리가 들려온다. 이것이 바로 유명한 사면초가(四面楚歌)이다. 이는 항우를 이기려는 장량의 계책이었지만 항우는 초나라 패잔병들의 노래로 알고 대세가 이미 기울어졌다고 생각했다. 그래서 사랑하는 우희와 함께 술을 마시며 시를 읊조린다. 후세사람들은 그것을 해하가(垓下歌)라고 부른다.

力拔山兮氣蓋世(역발산혜기개세) 힘은 산을 들 수 있고 기개는 세상을 덮지만
時不利兮騅不逝(시불리혜추불서) 시세가 불리하니 추도 나아가지 않네.
騅不逝兮可奈何(추불서혜가내하) 추가 나아가지 않으니 이를 어찌하겠는가?
虞兮虞兮奈若何 (우혜우혜내약하) 우희여, 우희, 그대 또한 어찌할 거냐?

여기서 '추'는 그가 가장 사랑하던 말 이름이고 '혜(兮)'는 고대 중국어에서 뜻을 강조하는 조동사이다. 항우는 운명의 마지막 시간에 항상 곁을 지켜준 우희를 걱정한다. 우희는 조용히 듣고 있었다. 눈물도 나오지 않았다. 그러다가 갑자기 한 가지 생각이 뇌리를 스쳤다. 우희는 항우에게 다가가서 말했다. "항왕, 그댈 위해 검무 한 곡 춰 드리고 싶나이다." 항우는 별다른 생각을 하지 않고 그리하라고 검을 내주었다. 우희는 얼굴에 엷은 미소를 띠더니 아름다운 선율에 맞추어 하늘하늘 춤을 추기 시작했다. 그녀의 부드러움과 검의 강인함이 한데 어울려 혼연일체를 이루었

다. 우희는 마치 행복했던 옛 시절로 다시 돌아간 듯했다. 그 모습을 보고 있는 항우도 잠시 현실을 잊고 마음의 고요를 찾았다. 춤이 고조에 달할 무렵, 우희는 갑자기 검을 들어 자기 목을 찔렀다. 눈부시게 희디흰 목에서 빨간 피가 흘러나왔다. 그러면서 항우의 품에 쓰러졌다. 항우의 품에서 우희는 화답가(和答歌)를 불렀다.

漢兵已略地(한병이략지) 한나라 군사들이 이미 침범하여
四方楚歌聲(사방초가성) 사방에 초나라 노래 소리가 울리네.
大王意氣盡(대왕의기진) 대왕의 의기가 이미 다 했는데
賤妾何聊生(천첩하료생) 천첩이 어찌 살기를 바라리까.

그리고는 조용히 눈을 감았다고 한다. 우희는 항우가 포위를 뚫는데 자기가 부담이 된다고 여겼고, 이별보다는 죽음으로 영원히 함께 할 수 있기를 원한 것이다. 항우는 주먹으로 눈물을 닦으며 일어났다. 그리고 사력을 다하여 포위를 뚫고 탈출에 성공한다. 하지만 8백 명의 부하를 거느리고 오강(烏江)까지 와서 더는 전진하지 못한다. 고향 강동(江東)에서 함께 길을 떠난 8천 명의 수하를 전부 잃고 혼자 살아 돌아가 고향 사람들을 만날 면목이 없다고 생각했기 때문이다. 그리고는 우희가 목숨을 끊은 그 검으로 31살 젊은 나이에 자결한다. 훗날, 우희의 무덤 위에는 예쁜 꽃이 피어났는데 사람들은 그것을 우미인의 넋이 서린 꽃이라 여겨 '우미인초'라고 부르면서 항우와 우희의 안타까운 이별을 지금까지도 애틋하게 그리고 있다. 그들이 패하여 항우가 자결한 안후이성 서강이 바로 장강에 연결되며 거의 지척에 있다. 역발산기개세(力拔山氣蓋世)의 항우가 태어난 곳은 강소성 숙천이다.

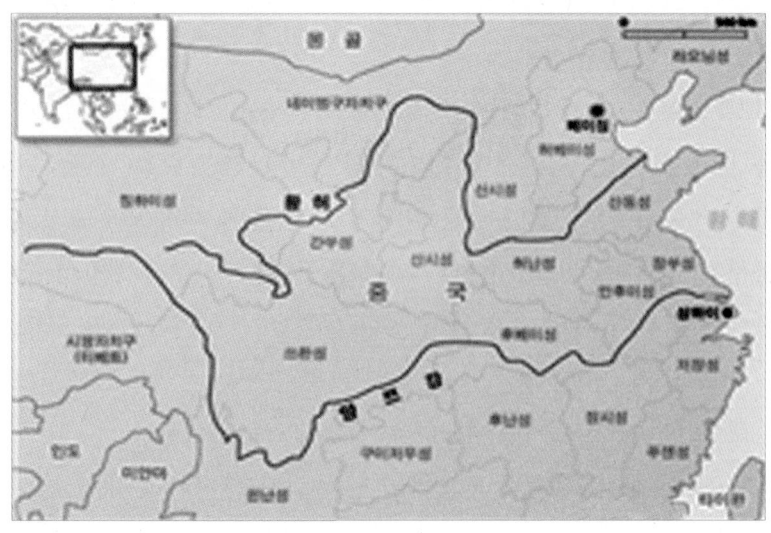

44
자금성에 '한규란'이라는 여인

다시 배를 타고 양주를 향해 갔다. 양왕이 부영을 시켜 최부에게 물었다.

〈"당신 나라에 한노로(韓老老)라는 사람이 있어 우리나라에 들어 왔는데 알지 못합니까?" 하였습니다. 신이 말하기를 "한 씨 성을 가진 자가 대국에 들어갔다는 것을 들었습니다."라고 하였습니다. 양왕이 말하기를 "바로 맞습니다. 이 한씨(한계란)가 곧 당신 나라 부인으로 우리나라에 들어와 대행황제(大行皇帝), 임금이 승하한 뒤 시호를 올리기 전의 칭호. 즉 성화제의 유모가 되었는데 지금은 이미 작고하였고 천수사(天壽寺)에 봉분을 만들었습니다." 하였습니다. 그러면서 양왕이 한 씨의 장례를 감독한 까닭에 물어본 것이라고 말을 했습니다.〉

앞서 한확의 여동생들이 자금성으로 갔다는 사실을 이미 말한 적이 있다, 그녀들이 확고한 자리를 차지하여 우리 조정은 일이 수월하였었다. 북경 하면 자금성이 떠오르는 것은 예나 지금이나 다른 바 없다. 자금성은 북경의 중심에 있는 명, 청 왕조의 궁궐로서 세계 최대의 규모이다. 중국 역사상 만리장성 이후 최대의 역사인 자금성은 1406년 명나라 3대 황제인 영락제에 의해 건축이 시작되어 15년간 20만 명의 인원이 동원되었다. 영락제는 자금성이 완성된 1421년 북평(北平)을 오늘날의 이름인 북경(北京)으로 고쳐 수도로 삼고 자금성에 머물기 시작했다.

자금성을 지은 사람 영락제, 드디어 1421년에 자금성이 완공되자 영락제는 남경을 버리고 북경으로 수도를 옮겼다. 명나라 건국 초기에는 원나라의 풍습이 많이 남아 있었는데, 그중 하나가 바로 조선에서 후궁이나 궁인들을 간택하는 것이었다. 앞서 언급했지만, 조선 시대의 공녀 중에서 가장 극적인 삶을 산 경우는 명나라 3대 황제인 영락제 때 들어간 청주 한 씨였다. 한 씨는 한영정(韓永矴)의 큰딸이며 한확(韓確)의 여동생이었다. 당시 한 씨는 황 씨 처녀와 함께 공녀로 선발되었는데, 한 씨는 고고한 아름다움이 있었고 황 씨는 수려한 아름다움이 있었다고 한다. 명나라 황제의 궁녀로 선발된 한 씨와 황 씨는 유모와 몸종을 데리고 갈 수 있었다. 이에 한 씨는 유모 김흑(金黑)과 몸종 다섯을 데리고 태종 17년 1417년 8월 6일 한양을 떠나 명나라로 향했다. 이때 한 씨의 오빠 한확도 여동생을 돌보기 위해 명나라까지 따라갔다.

한 씨와 황 씨를 궁녀로 들인 명나라 황제는 3대 영락제였다. 영락제는 한 씨와 황 씨 중에서 특히 한 씨를 마음에 들어 했다. 조선으로 귀국하는 사신에게 "한 씨 여아는 대단히 총명하고 영리하다"라는 말을 꼭 전하라고 했을 정도였다. 반면에 황 씨는 영 못 마땅해했다. 무엇보다도 황 씨가 처녀가 아니라는 사실에 실망했으리라. 황제인 자신에게 숫처녀가 아닌 공녀를 바쳤다며 태종에게 항의 문서까지 보내려고 했을 정도로 분개했다. 이것을 막은 사람이 한 씨였다. 다음의 기록을 보자.

〈황제가 왜 처녀가 아닌지 꾸짖으며 연유를 묻자, 황 씨는 "형부 김덕장의 이웃에 있는 조례(皂隷:남자 관노비)와 간통했습니다."라고 대답했다. 황제가 성을 내어 우리나라를 문책하려고 칙서까지 작성했는데, 당시 황제의 총애를 받고 있던 양 씨가 이 사실을 한 씨에게 알렸다. 한 씨가 울면서 황제에게 애걸하기를 "황 씨는 집에 있는 사사 사람인데 우리 임금이 어떻게 그것을 알겠습니까?"라고 했다. 황제가 감동하여 한 씨에게 벌을 주라고 명령하자, 한씨는 황씨의 뺨을 때렸다.『세종실록』 26, 6년 10월 무오조〉

영락제는 한 씨의 인품과 미모 모두에 반한 것으로 보인다. 조선으로 칙사를 보낼 때마다 한 씨의 친정집에 각종 선물을 보내곤 할 정도였다. 그러나 한 씨의 행복은 잠깐이었다. 명나라에 간 지 7년 만에 한 씨를 사랑하던 영락제가 세상을 떠나고 말았던 것이다. 어린 나이에 명나라로 갔으니 한 씨는 아직 20대 초반의 젊은 나이였음이 분명하다. 불행하게도 이렇듯 꽃다운 나이에 영락제를 따라 순장(殉葬)을 당하고 말았다. 믿어지지 않겠지만, 당시 명나라에서는 황제가 죽으면 황제를 가까이 모시던 궁녀들을 순장시켰다고 한다. 명나라 궁중엔 동양 각국에서 온 수많은 궁녀들이 있었는데, 비밀을 누설할까 봐 이들을 순장시켰다는 것이다. 한 씨도 이국땅 명나라의 자금성에서 순장을 당했다. 한 씨가 자금성에서 순장 당할 당시의 모습을『실록』에서는 다음과 같이 전하고 있다.

〈황제가 죽자 순장된 궁녀가 30여 명이었다. 죽기 전에 모두 뜰에 모아놓고 음식을 먹인 다음 함께 마루로 끌어 올리니 울음 소리가 전각을 진동시켰다. 마루에 작은 나무 평상을 놓아 그 위에 세워 놓고 머리를 올가미에 넣은 다음 평상을 떼어 버리니 모두 목이 매여 죽었다. 한씨가 죽을 때 유모 김흑에게 말하기를 "낭(娘)아, 나는 갑니다. 낭아, 나는 갑니다"라고 했다. 그 말을 마치기 전에 곁에 있던 내시가 평상을 빼자 최씨와 함께 죽었다.─『세종실록』26, 6년 10월 무오조〉

이 기록은 한 씨의 유모 김흑이 훗날 조선에 살아 돌아와서 세종에게 전한 내용이다. 한 씨는 죽으면서 자신의 유모 김흑만은 꼭 살려달라고 간청하여 황제의 허락을 받았다. 이에 김흑은 간신히 살아남았다가 몇 년 후에 조선으로 돌아올 수 있었다. 세종은 천신만고 끝에 살아 돌아온 김흑을 만나 그간의 사정을 자세히 들었다. 이로써 한 씨 이야기가 『실록』에 자세하게 실릴 수 있었다. 한 씨의 일생은 약소국 여성의 비애를 적나라하게 보여 준다. 좋은 양반 가문의 딸로 태어나 잘 살 수도 있었는데, 조국의 힘이 약해 공녀로 끌려갔다가 순장까지 당했다. 자신의 희생으로 조국이 편안하고 또 친정이 잘 되었다는 점이 청주 한씨에게 위안이라면 위안일 것이다.

그런데 그것으로 끝이 아니다. 한확은 영락제의 손자인 선덕제가 즉위하자, 자신의 하나뿐인 여동생 '한계란'을 또다시 공녀로 보낸다. 바로 그녀가 지금 최부의 표해록에 나오는 한노라 하는 여인이다. 한확의 두 누이 한규란, 계란 자매가 당시 명나라 자금성을 들어간 여인들인데 한확의 누나는 일찍 죽어 순장을 당했고 한계란 여인은 대행 황제 유모가 되어 장수를 한 것이다. 한확은 아름다운 누이를 둔 덕에 조선 왕실에서 승승장구 하였고, 조선의 실세가 되고, 결국 왕자였던 수양대군의 맏아들에게 자신의 막내딸을 시집보내게 된다.

　그녀가 바로 인수대비이다. 잘 아는 사실인데 문제의 인간 연산, 폭군의 대명사격인 연산군은 비극적 가정사를 지닌 임금으로 알려져 있다. 하지만 연산군을 '문제의 인간'으로 만든 사람은 바로 연산군의 할머니 '인수대비 한 씨'이다. 인수대비 한 씨는 조선 초 명문가인 청주 한씨, 한확의 막내딸이었다. 단종을 죽이고 왕위에 오른 수양대군조차 '난폭한 며느리'라는 뜻의 '폭빈'이라는 별명을 지어주었던 한 씨는 뛰어난 미모와는 달리 차가운 성격 때문에 '얼음미인'이라는 소리를 들었다고 한다.

　훗날 인수대비는 아들 성종의 세 번째 왕후였던 윤 씨를 폐위시키고 사약을 내리는데 폐비 윤 씨의 아들이 연산군이고, 훗날 왕위에 올랐을 때 할머니를 원망하며 궁에 피바람을 일으키게 되는 이야기는 우리도 잘 알고 있는 역사다. 영화 '왕의 남자'의 배경이기도 했고. 그러니까 지금의 왕 성종의 어머니는 한확의 딸이고 한노로(한규란)는 한확의 여동생이니 성종과는 아주 가까운 사이이고 최부가 이를 모를 리 없을 것인데 최부는 이렇다하는 말은 안 하고 단순히 대국으로 들어갔다는 소리만 들었다고 말을 한다. 이 글을 만들어 성종에게 바치는 입장에 선 최부이니 이에 대해서는 각자 알아서 생각하기 바란다. 아무튼, 우리 조정에서는 당시 한씨 집안에 대한 예우는 아주 각별했고 명나라 황실 또한 사절단에는 반드시 한씨 집안을 껴서 보내라고 할 정도였다. 어쨌든 명나라 때 후궁들은 비록 황제의 성은을 받았다는 것 말고는 별로 좋은 자리가 아니었다. 간택되는 순간 그것은 고독의 연속을 의미했으며 더욱 힘든 일이 그녀들을 기다리고 있었으니 바로 순장(殉葬)이었다. 황제가 숨을 거두면 황궁에는 곡소리가 처연했는데 비단 황제가 죽어 슬퍼서가 아니었다. 바로 황제의 무덤으로 가야 하는 자신의 운명이 서러웠기 때문에 우는 후궁들의 울음소리였다. 황제가 죽으면 나이 많은 환관은 아이를 낳지 못한 후궁들을 자금성 구석진 장소로 보냈다. 그곳이 바로 인위적으로 그녀들의 목숨을 재촉하는 비인간적인 장소였다. 바닥에는 작은 디딤대가 있었고 상단의 대들보에는 흰 천이 걸려있었다. 후궁이 천에 목을 감으면 아래에 있던 환관은 디딤대를 치워버린다. 후궁들은 원치 않는 죽음의 길로 들어서게 된다.

　비극은 주원장 때부터 시작되었다. 그가 죽으면서 무려 마흔 명의 후궁들은 죄다 효릉(孝陵)에 매장되었다. 그의 아들인 주체역시 후궁 서른 명이 따라 죽어야 했다. 이런 순장제도는 선덕제까지 계속되었다. 말이 그렇지 생사람을 죽인다는 일은 참혹한 일이었다. 선덕제가 죽었을 때 곽애(郭愛)라는 후궁이 있었다. 그녀가 후궁에 간택된 지 채 한 달도 되지 않아 황제가 숨을 거두자 곽애 역시 순장의 희생자가 되어야 했다. 말이 후궁이지 황제의 얼굴조차 제대로 보지 못한 채 산목숨을 끊어야 한다는 사실은 그녀를 참담하게 만들었다. 그녀는 절명 시를 지어 지인에게 남겼는데 그 시를 보고는 모두 눈물지었다고 한다.

　순장에 들어갈 후궁들의 목숨을 거두는 방법으로는 목을 매게 하거나 굶어 죽게 하는 방법들이 주로 사용되었다. 주체가 죽고 나서 서른 명의 후궁들이 한곳에 모였다. 그녀들에게는 마지막 성찬이 제공되었다. 직감적으로 이것이 죽기 전에 먹는 마지막 식사라는 것을 알고는 흐느끼기 시작했다. 울음소리가 점점 커졌고 자금성 안에 퍼져나갔다. 잠시 후 그녀의 눈앞에는 작은 디딤대가 놓였다. 죽음의 순간이 다가온 것이다. 이들 중에서는 조선에서 온 두 명의 여자가 있었다. 목을 매야 하는 순간이 다가 오자 그중 한 명이 땅바닥에 엎드려 아들 벌인 홍희제 앞에 엎드려 자신은 조선인이며 고향으로 돌아가고 싶다며 울었다. 하지만 황제는 무심한 얼굴로 고개를 가로저었다. 이렇게 숨을 거둔 후궁들에게 다음 황제들은 죽은 자들에게는 시호를 내려주었고 유가족에게는 심심치 않은 보상을 해주었다.

선덕제의 아들 주기진(6대 명 영종)은 멍청한 황제로 제대로 한 일이 없는 황제로 기록되어 있다. 그런데 그의 일생도 간단치 않았다. 황제의 자리에 있다가 포로로 잡혔다가 다시 가택연금을 당하는 우여곡절을 겪었던 인물이었다. 그런 그에게 단 하나의 치적을 꼽으라면 바로 순장제도를 폐지한 것이다. 그가 이런 결정을 한 것은 그의 부친인 선덕제가 죽은 뒤 수많은 후궁이 따라죽는 장면을 직접 본 일이 있었다. 그중에는 자신이 어릴 때부터 누이처럼 친하게 지내던 후궁들도 많았다. 하루아침에 그녀들이 목을 매고 전임 황제를 따라 죽는 모습을 본 것은 어린 주기진에게는 충격이었다. 게다가 비록 혼군(昏君)이라는 평가를 받았지만, 황후에 대한 사랑이 남달랐다. 전(錢)황후는 주기진과 역경을 함께 이겨내며 마치 친구처럼 지냈었다. 그는 순장제도를 아예 폐지함으로써 혹시라도 자신이 사랑하는 부인이 목숨을 끊어야 하는 비극을 막고자 했었다.

주기진에게는 주(周)귀비라는 후궁이 있었다. 전황후에게서 후사가 없었고 주귀비의 아들이 황태자의 자리에 있어 만약 이 상태에서 자신이 아무 말 없이 죽으면 야심만만한 주귀비의 행동으로 볼 때 전황후의 운명은 뻔해 보였기 때문이다. 주기진이 사망하기 직전 전황후 폐위 문제가 불거졌다. 황제가 일단 거부하면서 없던 일이 되었지만 주귀비의 작전이라는 것은 다들 알고 있는 일이었다. 상황이 점점 황제가 걱정하는 방향으로 흘러가자 황제는 순장제도를 폐지하라는 유언을 남기고 숨을 거두었다. 황제가 죽자 주귀비는 전례를 들어 전황후를 해치려고 했지만, 순장제도를 반대해온 일부 대신들이 나서서 황제의 유언을 거스를 수 없다고 해서 전 황후를 비롯한 후궁들은 겨우 목숨을 건질 수 있었다.

45
샹그릴라 꿈의 도시, 양주에서

2월 23일 아침에 최부 일행은 광릉역을 떠나 양주부성을 지났는데 부는 곧 옛날 수나라 강도(江都)의 땅으로 강좌(江左)의 큰 진이었다고 했다. 양주부에 대한 최부의 설명이다.

〈번화가가 10리에 걸쳐있고 10리의 주렴(珠簾)과 24교, 36피(陂)의 경치는 여러 군 중에 으뜸이었고 소위 봄바람이 성곽을 어루만지고 생황(관악기의 하나)의 노랫가락이 귀에 가득한 곳이었다. 우리는 배를 타고 지나갔기 때문에 경관을 볼 수 없었으나, 단지 보이는 것은 진회루(鎭淮樓)뿐이었다. 누는 곧 성의 남문으로 3층이었다. 지나온 곳에 갑이 2개 있었다. 소백역(邵伯驛)에 이르니 역의 북쪽에는 소백태호가 있었다. 노를 저어 호수 주변 2·3리 정도 가니 소백(邵伯)체운소에 이르렀다 물이 넘치고 바람이 어지럽게 불어서 밤에 호수를 건널 수 없어 하룻밤을 머물렀습니다.〉

광릉역이라고 했다. 광릉역이라 하면 신라의 최치원이 쓴 시에 등장하는 곳이다. 맞다. 그는 양주에 있었다. 어디 최치원의 시를 보자.

題海門蘭若柳(제해문난야류)

廣陵城畔別蛾眉(광능성반별아미)

豈料相逢在海涯(개료상봉재해애)

只恐觀音菩薩惜(지공관음보살석)

臨行不敢折纖枝(림항부감절섬지)

〈해〉

제목. 해문에서 향기로운 버들을 보고.

광능성 언덕에서 미인 같은 너 버들을 이별하고
멀리 바다 끝에서 서로 만날 줄을 어찌 알았으리오.
다만 관음보살이 너를 아끼는 것이 두려워
떠나가면서 감히 연약한 가지 꺾지 못하겠다.

양주(양저우)의 황금시대는 당나라 때로 상공업과 무역에 종사하는 신라인, 일본인, 동남아시아인, 아랍인이 북적댔다. 특히 당·송대에 대외 항구로 유명했던 양주의 역사는 한·중 문화교류의 역사이기도 하다. 신라 때 최치원은 당나라 과거에 급제해 양주에서 8년 동안 관직에 있었다. 최치원이 양주에서 벼슬할 때 남긴 '계원필경집(桂苑筆耕集)'은 널리 알려진 작품이다. 그중 최치원(崔致遠)의 〈토황소격문(討黃巢檄文)〉은 아주 유명한 말이다. 그 일화는 이렇다.

당나라 말기인 당 희종(僖宗: 873~888)이 즉위한 이듬해인 875년, 유명한 황소(黃巢)의 난(875~884)이 발생한다. 전형적인 환관들의 횡포와 수탈에 대한 농민들의 저항운동으로, 난을 일으킨 황소(黃巢)란 인물은 산동성 하택현 출신으로 어려서부터 문무를 좋아하였으나 과거 시험에는 계속 낙방한 것으로 전해진다.

당시 황소의 집은 소금을 밀매하고 있었는데, 난을 일으키자 해마다 계속되는 한발과 수해, 충해로 인하여 고향을 버리고 유랑생활을 하는 자들이 속속 그들의 휘하로 모여들어 삽시간에 수천 명의 군사가 모여들었고, 점차 세력을 확장한 반군은 드디어 희종(僖宗) 중화 원년(881) 1월 8일 당시 수도였던 장안(長安)을 점령, 나라를 세우고 국호를 대제(大齊)로 칭하게 된다.

이때 희종은 사천성(四川省)으로 망명하였으나 883년 이후 황소(黃巢)의 세력이 급속히 와해하여 드디어 884년 난이 진압되고, 황소는 호랑곡 전투에서 패한 후 자결로써 일생을 마친다. 이러한 황소의 반란은 실패로 돌아갔으나 당 왕조는 이 반란으로 인하여 큰 타격을 입어 그 후 23년간 겨우 명맥을 이어가다가 907년에 이르러 역사의 막을 내리게 된다. 최치원은 황소의 난이 발생하기 일 년 전인 874년, 신라에서 청운의 꿈을 품고 당나라에 당시 17세 나이로 유학을 와 다른 나라인 당나라의 과거에 당당히 장원으로 급제한다. 하지만, 외국인의 신분 때문에 변변한 벼슬을 하지 못하다가, 황소의 난이 터져 희종(僖宗)이 사천성으로 피난간 뒤, 조정에서 황소를 치기 위해 임명된 토벌총사령관인 고변(高騈)이란 장군의 휘하에서 종사관(從事官)이란 이름으로 벼슬살이를 비로소 시작하게 된다. 이때 고변(高騈)의 명령으로 작성한 격문(檄文)이 바로 최치원(崔致遠)의 대표작으로 꼽히는 〈토황소격문(討黃巢檄文)〉이다. 이러한 격문은 전쟁 또는 내란 때 군병을 모집하거나 침략의 부당성을 널리 알리거나 항복을 권유할 때에 많이 이용되었으며, 또한 혁명의 주모자가 그들의 정치적 주장을 알리는 선전 매체로도 사용되어, 글이 힘 있고 선동적인 게 특징이다. 이글을 침상에서 읽고 있던 황소(黃巢)가 글의 내용 중 "천하의 사람들이 모두 공개 처형하고자 생각할 뿐 아니라 지하의 귀신들도 은밀히 죽이려고 이미 의논했다"는 대목을 보고 놀라, 침상에서 굴러떨어졌다는 일화가 전해질 정도로 최치원의 글은 도드라졌던 것 같다. 글 일부를 소개하면 다음과 같다.

〈대저 바른 것을 지키고 떳떳함을 닦는 것을 도(道)라 하고, 위험한 때를 당하여 변통할 줄을 아는 것을 권(權)이라 한다. 슬기로운 자는 시기에 순응하는 데서 성공하게 되고, 어리석은 자는 이치를 거스르는 데서 패하게 되는 것이다. 비록 백년(百年)의 생명에 죽고 사는 것은 기약할 수가 없으나, 만사(萬事)는 마음이 주장된 것이매, 옳고 그른 것은 가히 분별할 수가 있다. (그런데, 그대는 어찌 옳고 그름을 판별치 못하는가?) 夫守正修常曰道°臨危制變曰權°智者成之於順時°愚者敗之於逆理°然則雖百年繫命°生死難期°而萬事主心°是非可辨°〉

현재 양주의 당성(唐城)유지박물관 내에 최치원기념관이 있고 매년 한국에서 최씨 종친회가 방문해 제사를 올리고 있다. 양주는 고려의 정몽주도 다녀갔다. 나는 한양대 국문과 이승수 교수가 '민족문화' 최근호에 게재하였다는 글에서 그를 우연히 만났다.

〈'옛 초나라 산천을 지나가면서/수나라 적 궁궐을 상상해본다/지난날 흥망을 뉘 탄식하리오/오늘날의 번화만 누리면 그뿐…'〉

'이런들 어떠하며 저런들 어떠하리.'로 시작하는 조선 태종 이방원의 하여가(何如歌) 같은 정서를 떠올리게 하는데 이 시가 바로 고려의 충신 정몽주가 1386년 중국 양주(揚州)에서 쓴 시라 한다. 측근에 의해 살해된 양제의 사연을 떠올리며 망한 나라의 흥망을 따질 것 없다는 내용이다. 아마도 정몽주 자신은 불과 6년 뒤 고려가 망하고 이방원 부하의 철퇴에 맞아 비극적인 죽음을 맞을 것은 몰랐던 것이리라.

최부의 글에 나오는 '10리의 주렴(珠簾)과 24교, 36피(陂)의 경치는 여러 군중의 으뜸이었고'라는 표현은 그 시대 강남사람이 과거를 보러 갈 때 모두 이곳을 거쳐 가는 데서 생긴 말이라고 한다. 우리네 경상도에서 과거를 보러 올라올 때 죽령은 죽 쒀서 개를 주는 격으로 미끄러져서 안 되고 추풍령은 추풍낙엽이라 곤란하고 책 바위 있는 문경새재로서만이 기대할 만하다 하는 식이었던 것 같다.

그다음 이어진 말 '봄바람이 성곽을 어루만지고 생황(관악기의 하나)의 노랫가락이 귀에 가득한 곳'이라는 표현은 양저우의 봄을 노래한 당 시인 야오허(姚合, 779~846)의 양주춘사(揚州春詞), 오율삼수(五律三首)중 끝수의 마지막 두 구절에서 따온 것이라고 한다. 최치원도 그렇고 야오허도 그렇고 아마 양주는 봄가을 운치가 그만이었던 것 같다. 중국 한시 100수에 들어가는 두목의 기양주한작판관(寄揚州韓綽判官)이란 시에서도 그대로 들어 있다.

기양주한작판관(寄揚州韓綽判官)-두목(杜牧)
양주한작판관에게-두목(杜牧)

靑山隱隱水迢迢(청산은은수초초) : 청산은 가물가물, 물은 아득하고
秋盡江南草未凋(추진강남초미조) : 늦가을강남 땅, 초목은 시들지 않았다
二十四橋明月夜(이십사교명월야) : 달 밝은 밤, 양주 이십사교 다리
玉人何處敎吹簫(옥인하처교취소) : 어느 곳 미인이 피리를 불게 하는가

여기서 二十四橋는 강소(江蘇)성 양주(揚州) 수서호(瘦西湖)에 있는 다리(橋)이고 그 무렵 두목은 회남절도추관(淮南節度追官)으로 양주(揚州)에 있을 때로 그곳에서 판관(判官) 직을 수행하고 있던 한작과 교유했다. 최부는 그러나 안타깝게 양주를 배를 타고 가기에 진풍경을 제대로 느껴 볼 수는 없었다. 최부는 글에서 볼 수 있는 것은 진회루 뿐이었다고 말하고 있다. 소백 태호를 지나는 때 물이 불어나고 바람이 어지럽게 불어 소백 체운소에서 그날 밤을 보냈다. 앞서 말한 바 있는 이섬 현감에 대해 양주위의 백호 조감이란 자가 기억을 하고서는 사건의 시종을 마저 들려주었다.

이섬은 처음에 바람에 떠밀려 양주 굴항채(掘港寨)에 도착하였는데 수채관 장승(張昇)이 백호 상개(桑愷)를 차출하여 군사를 거느리고 체포하여 잡아서 옥중에 가두었고 그러고 나서 어떤 순검(巡檢)이 풀어주어 서방사(西方寺)에서 편안히 쉬게 하고서는 라"라고 하고, 배를 타고 가는 곳이 어디인지 심문을 하였는데 그렇게 머무르기를 1개월 가까이 연해비왜도지휘(沿海備禦都指揮) 곽(郭) 대인이 이섬이 진술한 내용에 타고 온 배가 '돛 10폭으로는 바람에 견딜 수 없었다.'는 구절을 보고 그가 호인임을 알게 됨으로써 손님으로 대접을 하였다고 했다. 그가 위로를 해주자 최부는 이섬은 단지 길이 멀다고 근심하였지만 내가 슬퍼하는 것은 아버지가 갓 돌아가셨는데 아직 염(殮)을 하지 못했고 어머니는 70에 가까운 노인으로 집에 계시는데 자식 된 도리를 다하지 못하며, 나그네 길은 더욱 멀어 비통한 마음이 하늘이 노랗고 앞이 깜깜하다고 하였다.

양주 땅, 최부는 아쉽게 그냥 지나칠 처지지만 그렇게 무심히 지나칠 땅은 아니다. 이백(李白) 유우석(劉禹錫) 두목(杜牧) 같은 시인들이 앞다퉈 찬가를 바칠 정도로 양주(양저우)는 영원한 낭만의 도시였다. 최부도 사실 금기를 깨고 양주만은 유일하게 시어로서 이미지를 형상화했던 것이 아닌가. "온 성안에 봄바람 흐드러지고 설레는 풍악의 물결 소리여"

 장쩌민(江澤民) 전 주석의 고향이기도 한 강소(江蘇)성 양주(楊州)는 2500년의 유구한 역사를 지닌 문화의 도시다. 남경에서 버스로 약 1시간 30분 정도 걸리는 양주는 대운하 등 많은 유적지가 있어 도시 자체가 아름답고 고풍스럽고 깔끔하다. 남경에서 1시간 거리인 진강(鎭江)은 '강중명주(江中明珠)'로 불린다. 예로부터 수상교통의 중심지로 3000년 전부터 문명을 꽃피운 유서 깊은 고도다.

〈"나를 황학루에 남기고(故人西辭黃鶴樓) 안개 낀 3월 친구는 배에 올라 양주로 떠나고(烟花三月下楊州) 이윽고 돛대마저 시야에서 사라져(孤帆遠影碧空盡) 뵈는 것, 아득히 하늘에 닿은 장강물 뿐이어라(惟見長江天際流)."〉

 이태백이 오랜 친구인 맹호원을 양주로 떠나보낼 때 지은 시다. 양주는 장강과 대운하로 이어져 있어 그때도 마치 유토피아처럼 여겼다. 양주는 대운하의 중심지로 예로부터 풍요로운 문화를 뽐냈다. 양주의 정취를 가장 잘 느낄 수 있는 곳이 수서호(瘦西湖)다. 능수버들과 복사꽃, 살구꽃이 늘어져 있는 수서호는 많은 홍교(虹橋)로 연결돼 있고 주변에는 원림(園林), 정자, 누각, 탑 등이 한데 어우러져 글자 그대로 선경(仙境)을 이루고 있다. 청나라 건륭황제도 남순(南巡)을 할 때마다 매번 이곳을 찾을 정도였고 김일성 주석도 배를 타고 수서호의 아름다운 경치에 탄복했다고 한다.

양주의 또 한 가지 볼거리는 1818년 대부호였던 황지균이 지은 개원이다. 개원의 아기자기한 모습은 중국의 사가원림(私家園林) 가운데 으뜸이란 평가를 듣고 있다. '고기 없는 밥은 먹을 수 있어도 대나무 없는 곳에서는 살 수가 없다'는 말처럼 개원은 대숲이 일품이라고 한다. 푸른 대숲과 그 사이에 있는 집과 연못, 그리고 태호석으로 꾸며놓은 가산(假山)은 감탄을 자아내게 한다는데 보지 못한 나로서는 뭐라 말할 처지는 아니다.

그런데 이쯤 알아 둘 것이 있다. 대개 강남이라 하면 장강 아래를 일컫는다. 그들의 의식은 지금까지도 남다르다. 은연중 그들은 장강의 물은 황하와 섞이지 않는다고 생각하고 있다. 사실 북경 사람과 홍콩 사람은 닮지 않았고 오히려 홍콩 사람은 베트남사람과 닮았다. 중국에는 오래전부터 랑캐라는 개념이 있었다. 중화(中華)의 질서 안에 포획되지 않는 제 문화권에 대해 한족(漢族)은 북쪽을 적(狄), 남쪽을 만(蠻), 동쪽을 이(夷), 서쪽을 융(戎)이라고 불렀다. 오늘날 민주화 시위로 몸살을 앓는 홍콩은 바로 과거에 양자강(장강) 하류에 터 잡고 살며 그 문화를 일궈온 남만(南蠻), 즉 광동인들이었다.

그들은 황하를 중심으로 문화를 이룬 한(漢)족과는 처음부터 다른 세상에서 살고 있었다. 홍콩인들을 포함해 광동인들은 과거 월이라 불렸는데 이들은 북월과 남월로 나뉘었다. 그래서 북월이 곧 이 광동인들이고 남월이 오늘날 베트남이라 불리는 월남(越南)이다. 홍콩의 광동인들과 베트남인들은 사실 먼 친척 관계다. 그래서인지 베트남 사람들은 농담 반 진담 반으로 중국이 홍콩을 무력으로 점령하면 자신들이 해방시켜 줄 수 있다고 큰 소리를 치기도 한다.

월남, 즉 베트남은 명나라와 청나라로부터 혹독한 식민 지배를 받았지만, 끝까지 투쟁해 독립을 쟁취한 역사를 갖고 있다. 그 이전 송대에는 월남(베트남)이 10만의 병력으로 중국을 선제공격 하기도 했다. 월남에는 한때 공산주의로 중국과 관계 개선의 시기가 있었지만, 문화, 역사적으로는 뿌리 깊은 반(反)중국 정서가 있다. 잘 알다시피 춘추전국시대, 오월동주(吳越同舟), 와신상담(臥薪嘗膽), 일모도원(日暮途遠)과 같은 말들은 치열한 싸움에서 나온 말들이다. 그러면서 그들은 지금까지도 중국 남부에 독특한 문화를 구축하고 있다. 그 일면에는 사람들에게 절대 굴복하지 않는 자존심과 경쟁심이 있다.

홍콩인들에게는 그러한 쟁투의 전통이 있다. 직장에서 경쟁이 치열하고 일과가 끝난 후 마작에서도 치열한 승부 겨루기를 좋아한다. 하지만 친지 간에 우정도 끈끈하다. 한때 유행했던 홍콩영화들을 보면 홍콩인들은 친구 동료들에게 친절하고 싹싹하다가도 위협적인 상대에게는 사납고 용맹스러운 모습을 보인다. 한국인들이 보기에는 오버액션이라고 느껴질 수도 있지만 실제로 광둥 사람들은 자존심이 강해서 함부로 대했다가는 무슨 봉변을 당할지 모른다. 전 세계 차이나타운을 주름잡는 것은 바로 광둥인들이다. 그들은 결속력이 대단하다.

그런 홍콩의 조상들이 세운 오, 월에는 명검(名劍)이 있었다. 오나라 사람 간장과 그의 아내 막야가 만들었다는 철검은 그 지역의 이름을 따서 월검(越劍)이라 불렀다. 그만큼 월나라에서는 우수한 철이 났고, 이를 제련해서 단단하고 잘 드는 칼과 도끼를 만들었다. 그런 홍콩인들의 조상 월족은 중국 한(漢)족과는 처음부터 달랐다. 한족이 황하강을 중심으로 성립된 문명이라면 월족은 양자강이 그 문화의 지리적 토대였다. 월족은 스스로를 황제 하후(夏后) 씨의 자손이라고 말한다.

하후는 하(夏)나라 전반을 통치했던 전설의 임금이다. 장자(壯者)는 월인(越人)들이 쌀을 재배하고 몸에 문신을 새겼다는 기록을 남겼다. 홍콩인들과 상하이인들, 그리고 대만 사람들은 상업술이 뛰어나기로 정평이 나 있다. 그들의 상술은 너무나 뛰어나서 북경인들에게는 그들과 교역하는 데 트라우마가 있었다. 어떻게 교역을 하든지 결국 광둥인들은 원하는 것을 얻어냈다. 그렇기에 '하늘이 무서우랴 땅이 무서우랴, 광둥 사람 광둥 말하는 것이 가장 무섭다'는 속담이 북경을 중심으로 한 중국인들 사이에 유행하기도 했다.

광둥의 문화·역사적 전통은 오늘날 홍콩인들에게 공산주의를 거치지 않고 영국을 통한 자유주의적 계몽주의라는 근대화 경험으로 이어졌다. 1841년 영국의 홍콩섬 점령과 함께 시작된 99년간의 조차지로서 홍콩은 그야말로 아무것도 없는 곳이었다. 총독부가 설립은 됐지만, 홍콩에는 복지시설도 없었으며 생산 인프라조차도 없었다. 남아 있는 것이라고는 사람과 부두였다. 홍콩인들은 그러한 환경 속에서 영국의 자유방임주의 정책으로 홍콩을 지난 한 세기 최대의 국제 금융허브와 물류 도시로 만들어 냈다.

오로지 가진 것은 인적자원뿐이라는 생각은 홍콩이 최고의 교육 환경을 조성했다. 그 인적 경쟁력이 오늘날의 홍콩을 만들었다고 해도 과언은 아닐 것이다. 홍콩은 지난 20년간 세계에서 가장 자유 지수가 높은 국가였다. 1984년 홍콩을 중국에 이양한다는 협정이 타결될 때만 해도 홍콩의 1인당 GDP는 미국의 반에 불과했지만, 오늘날 홍콩의 1인당 GDP는 미국과 맞먹는다.

오죽하면 '미국에서 홍콩을 배워야 한다.'는 이야기가 나올까. 하지만 그런 홍콩은 이제 갈림길에 섰다. 중국의 '일국양제'라는 자치시스템이 이번 친중적 정권 수립의 기도로 불확실의 상태에 빠져 버렸기 때문이다. 그런 위협에 어쩌면 홍콩인들은 과거 자신들의 조상 월나라와 오나라로부터 이어받은 투쟁의 정신이 본능적으로 타오르는지도 모른다. 분명 그들은 언어소통도 잘 안 되는 광둥 말을 고집하며 광둥인인 것을 자랑스럽게 생각한다. 장강은 황하와 섞이지 않았다. 한마디로 물이 다르다는 것이다. 나는 중국에 민주화가 찾아오면 사분오열되리라 생각하는 사람 중에 하나다. 그들은 속 깊이 뿌리를 잊지 않고 살고 있다.

46
회수의 회와 황하의 하가 합쳐져 회하라 하는 물길

2월 24일 최부 일행은 우성 역에 도착을 했다. 우성역은 1천 2백 여 개로 추정되는 대운하 역점 중에 지금까지 가장 잘 보존이 되어 있어서 정부가 개입을 하여 보존을 하고 박물관까지 갖추었다고 한다. 2월 25일에 그들은 우성역(盂城驛)을 떠나 고우주 즉 옛 한주(邗州)를 지났다. 한구(邗溝)는 일명 한강(寒江)이라고 하는데, 남북의 수로를 둘러싸고 있는 요충지였다. 주성은 큰 호수를 둘러싸고 있는데, 바로 고우호(高郵湖)이며, 강호의 절경지이며 사람과 물산이 번성한 곳으로, 또한 강북의 제일 수향(수자원이 풍부함 지방)이라고 했다. 최부가 역사를 따져 나름 운하에 대해 판단한 사항은 이렇다.

〈하(夏)의 우공 때 양자강과 회수(淮水)는 아직 통하지 않았기 때문에 우공이 강해(江海)를 따라 회수와 사수에 도달합니다. 오왕 부차 때에 오면 비로소 한구가 개통하였고, 수나라 사람들이 (한구를) 넓혀서, 선박이 다닐 수 있었습니다.〉

2월 27일 최부 일행은 회음역에서 노를 저어 회안부를 지나 북쪽으로 가니 회하(淮河)가 나왔다. 무릇 양자강과 회하와의 사이 4~5백 리의 땅에는 큰 못과 큰 호수가 많았는데, 소백호·고우호·계수호·백마호 등과 같은 큰 호수는 사방이 끝없이 펼쳐져 있다. 이날은 큰비를 무릅쓰고 회하 일명 황하를 건넜다. 그러면서 최부는 운하에 대해 확실히 알자고 황하의 하류는 연주가 받고 회수의 하류는 서주가 받는다 하였는데 어찌 회수와 황하가 연원도 같지 않고 지류의 갈림도 같지 않고 바다에 들어가는 땅도 또한 같지 않은데 합하여 회하가 된 것은 무슨 이유냐고 묻는다. 이에 부영이 답을 했다.

〈우리 명나라 조정이 황하의 수로를 파서 회수에 유입시켜 합류해서 바다로 들어가게 하였으므로 황하는 옛길을 잃게 되었으니 우공 때와는 아주 다릅니다. 회하는 실로 여러 강이 모이는 곳인데, 황하는 회수와 합하여 서하(西河)가 되고 제수(濟水)·루수(漊水)·문수(汶水)·주수(洙水)·사수와 합류하고, 다시 변수(汴水)와 합류하고, 또 동쪽으로 기수와 합하여 동하(東河)가 됩니다. 서하의 물빛은 황색이므로 황하라 부르며, 동하의 물빛은 청색이므로 청하라고 부릅니다. 두 하(동하·서하)는 이곳에서 합류함으로 모두를 회하라고 부르는데, 회하의 넓이는 거의 10여 리 정도이며, 깊이는 알 수 없고, 물살이 매우 빠릅니다.〉

지금까지 그들이 말한 내용을 종합해보면 하의 우공 때 그러니까 태초에는 양자강과 회수(淮水)는 통하지 않다가 오나라 때 연결이 됐으며 명나라에 이르러서는 황하의 물이 회수로 유입되도록 했다는 말이 아닌가. 그렇다면 경항 대운하는 수나라 때 단 번에 이루어진 것이 아니란 말이 된다. 대운하에 대해 기원전 5세기 오나라 때부터 보는 견해가 있다. 최부도 오나라 왕 부차 때에 한

구가 개통하였다고 말을 하고 있다. (京抗)대운하가 첫 삽을 뜬 것은 춘추시대 말기인 기원전 486년. 오(吳)나라가 제(齊)나라를 정벌하기 위해 양저우(楊州) 부근의 수로를 관통시킨 것이 중국 최초의 운하로 추정된다.

특히 진시황은 기원전 221년 월을 정복하기 위해 군사 전략적으로 운하를 뚫었고 이는 곧 천하통일의 결정적 계기를 제공했다. 운하를 통해 험준한 구이린(桂林)지역을 통과해 월로 진격해 들어간 진의 군대는 손쉽게 도성을 함락시켰다. 이것이 오늘날까지 수로와 관광지로 활용되는 링취(靈渠)다. 그러니까 링취 운하는 광시좡족 자치구에 위치한 운하로 북쪽의 후난성으로 들어가는 상장강 상류와 구이장강 상류 쪽 지류인 리장강을 연결하기 위하여 건설한 것으로 지금도 소형선박 운항이 가능하다고 한다. 아무튼, 중국의 대운하가 오늘날의 거대한 모습을 갖춘 것은 아무래도 수(隋)나라 때다. 사실 이 대역사에 대해 믿을 수 없다는 측이 더 많다. 605년에 시작하여 6년 사이 통제거로 인해 황하와 회화를 연결하고 횡화와 장강을 연결하고 영제거라 하여 심하와 기수 위하를 연결하여 천진까지 연결하였다는데 대단한 역사이고 믿기도 어려운 일이다.

당시 대운하의 북단은 북경이 아니라 창안(長安)이었다. 이후 수도가 카이펑(開封)과 항저우였던 북송과 남송 시대에는 수도로의 물자공급에 큰 문제가 없었으므로 대운하의 중요성 역시 높지 않았지만, 쿠빌라이가 수도로 선택했던 베이징의 상황은 이전과는 판이하였다. 송나라 때부터 경제 중심지로 자리를 굳혔던 강남의 곡창지대로부터 지속적으로 식량을 공급하지 않으면 제국의 수도를 지탱할 수 없었다. 따라서 원나라는 한동안 사용되지 않아서 곳곳이 막혀버린 대운하를 새롭게 개통하여 조량의 운송을 원활히 했을 뿐만 아니라 점차 해운을 통한 조량 수송량도 늘려갔다.

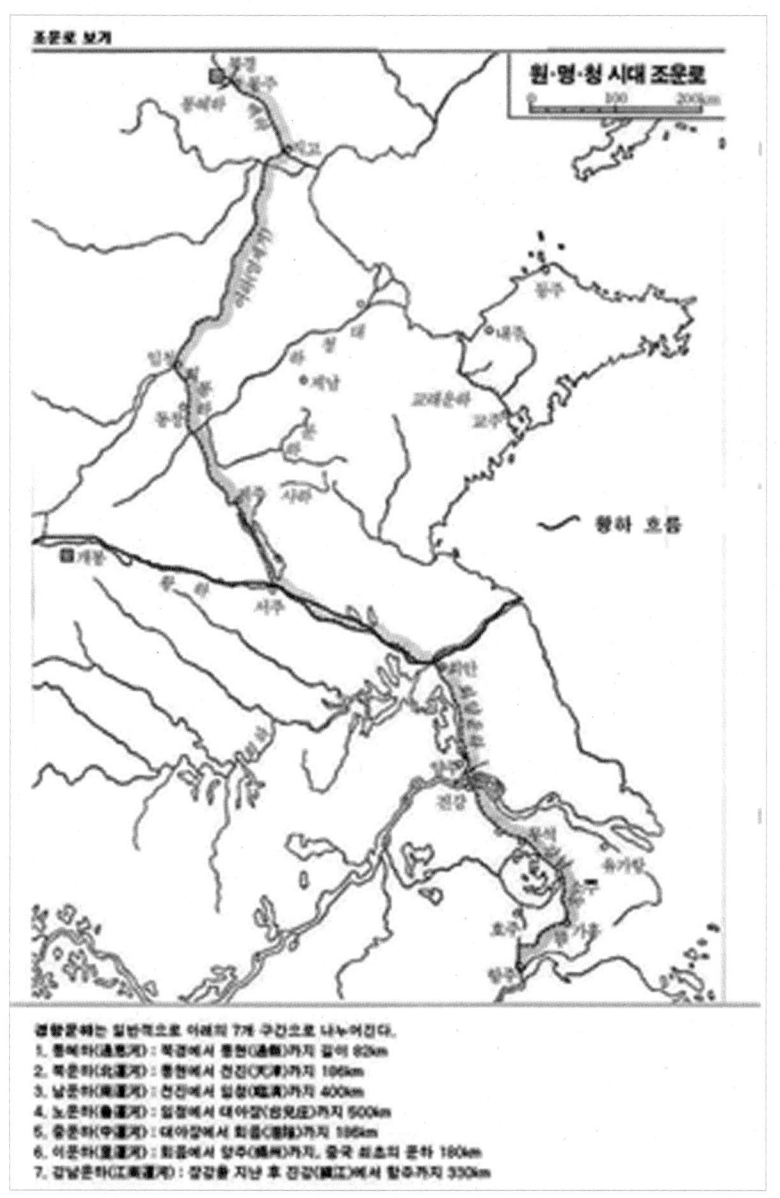

원나라에 이르러 동창과 임청을 잇는 회통운하라는 것이 건설

되고 천문학자이자 수학자이며 수리(水利)에 밝았던 곽수경郭守敬(1231~1316)이란 관리가 강남으로부터 다두(大都)로 들어오는 조량(漕粮)의 운송을 원활히 하기 위해 이곳에 "적수(積水)"했다고 한다. 당시 운하의 종점은 베이징의 동쪽인 퉁저우(通州)였다. 여기서부터는 수십 리 떨어진 베이징까지 육로로 물자를 운반해야 했다. 육로 운송의 불편함을 해결하기 위해 운하를 베이징 성안까지 연결해야 했지만 50m의 고도차와 수량의 부족이 문제였다. 몇 차례의 실패 끝에 곽수경은 고도차를 11개의 갑문으로 해결하고 베이징 주변의 하천수를 끌어들여 운하의 수량을 확보하여 1293년에 드디어 통혜하(通惠河)라는 운하를 개통함으로써 남쪽 지방에서 이송된 물자를 운하를 통해 베이징 성 안까지 배로 직접 운송할 수 있게 되었다. 적수담은 통혜하의 종착점이다. 원나라 때 베이징의 물류 집산지였던 셈이다.

운하가 중요하기는 명나라도 마찬가지였다. 자신을 곱지 않은 시선으로 바라보는 신하들로 가득 찬 난징보다 자신의 본거지인 베이징이 훨씬 편했던 영락제는 베이징이 몽골의 침입을 저지하는 전략적 위치에 있다는 이유를 더 하여 난징에서 거의 1,000km 이상 멀리 떨어진 베이징으로의 천도를 감행했다. 그로 경제 중심지에서 멀리 떨어진 베이징으로의 물자공급 문제를 해결해야 했다. 그 해결책으로 영락제는 쿠빌라이의 전철을 밟아 대운하를 다시 개통했다. 대운하를 통해 양자강 중류와 하류에서 생산되는 곡식과 물자를 베이징으로 운송함으로써 수도 베이징의 치명적인 약점을 보완하고자 했다. 임청과 동창간에 회통하를 보완하고 희안과 회하에 새로운 운하를 신설했다고 했다.

아무튼, 경항 운하는 통혜하 (북경~통현까지 82킬로), 북운하(통현~천진까지 186킬로), 남운하(천진~임청까지 400킬로), 노운하(임청~대아장까지 500킬로), 중운하(대아장~회음까지 186킬로), 이운하(회음~양주까지 180킬로, 중국 최초의 운하로 본다), 강남운하(장강을 지난 후 진강에서 항주까지 330킬로)로 해 7개 구간으로 나누어 본다. 서주 북쪽 가까이 대아장, 회하로 황하의 물줄기를 틀어 회수와 합류하여 회안을 거쳐 바다로 향하도록 한 것이다.

영락제는 대운하를 개통한 직후 해운을 금지시켰다. 대운하가 개통되자 바닷길을 닫아버린 것이다. 명나라의 황제들은 중국의 위세를 세계에 떨칠 기회가 있었다. 그러나 그들은 1433년에 정화鄭和의 해외 원정을 중단하고 중앙아시아로 방향을 틀었다. 바다를 장악할 수 있었음에도 중앙아시아로 방향을 돌린 이유가 무엇일까. 가장 중요한 이유는 몽골이 중국을 정복하는 악몽이 다시 일어나는 것을 원치 않았기 때문이다. 그래서 명나라는 몽골을 견제하는 데 모든 정력을 쏟아야 했다. 이를 위해 대운하를 복구하고, 중국 북부의 조림(造林)을 다시 시작하고, 농경을 복구하고, 만리장성을 다시 쌓고, 베이징을 재건해야 했다. 명나라에게는 몽골에 대한 불안을 해결하는 것이 바다를 포기할 만큼 중대했던 것이다.

바다에서 중앙아시아로 관심을 선회함으로써 명나라는 대양탐험과 교역을 통해 얻어질 수 있는 중국의 근대화와 개화보다는 중국 서북부의 보존을 선택했다. 결국, 중국은 바다를 포르투갈과 스페인, 네덜란드와 영국에 양보했다.

세계에서 가장 긴 인공운하인 경항운하는 베이징과 저장(浙江)성 항저우 간의 남북 총연장이 1794km에 이른다. 베이징과 톈진(天津)시, 허베이(河北)·산둥(山東)·장쑤(江蘇)·저장성 등 6개 성과 시를 지나고 황하(黃河)와 장강(長江) 등 5개 수계를 관통한다. 얼마 전 항저우와 닝보(寧波)를 연결하는 항융(杭甬) 운하도 확장공사를 마치고 공식 개통됐다.

대운하의 연장인 항융 운하는 총 길이가 239km에 달한다. 중국은 '11·5계획' 기간(2006~2010년) 동안 2000억 위안을 투입해 운하를 보수하였다. 특히 2500년 역사를 자랑하는 징항 대운하의 대대적인 확장공사를 통해 수상운송 능력을 40% 이상 확대한다는 계획을 세웠다. 구간 구간 물길이 좁아져서 발생하는 '체선현상'을 없애고 통항 능력을 대폭 확대해 명실공히 수상운송의 중심으로 만들겠다는 것이 중국 정부의 구상이다.

그런데 역사의 아이러니라 할까. 서주에서 회안에 이르는 구간은 황하와 회수가 합쳐져 회하라 할 것인데 합류되는 지점에 조장(棗莊)시 대아장(臺兒莊), 고우주의 한구라는 곳은 한때 금나라와 송나라가 대치할 때는 지금 우리 임진강 변 비무장 지대와도 같이 경계를 이루어 회안이나 서주는 한 결 같이 한가로이 침묵 속에서 세월을 버텼던 곳이다. 그곳이 원나라 명나라에 들어서 비로소 각광을 받더니만 때늦은 1938년 전선의 한복판에서 그 이름을 알린다.

얼마 전 중국의 한 영화제작사가 1937년부터 1945년 사이 일제의 침략에 맞서 투쟁한 국민당 군인들의 영웅적인 업적을 소재로 한두 편의 영화를 공동으로 제작하자고 대만의 영화사 측에 제의했다고 대만과 홍콩 신문들이 일제히 보도했다. 중국의 영화사가 대만 측에 공동제작을 제의한 두 편의 영화는 과거 항일투쟁 당시 국민당 군대의 실제 활약상을 다루게 된다. 한 편은 몇 주에 걸친 상하이 전투에서 일본군의 침략을 막아냄으로써 상하이 시민들이 피신을 할 수 있는 시간을 벌어준 국민당 524연대 장병 800여 명에 관한 실화를 소재로 하고 있다.

또 다른 한 편은 중국인들 사이에 항일전쟁의 영웅으로 추앙받고 있는 국민당의 장즈중(張自忠) 장군에 관한 스토리다. 지금까지 중국에서 만들어진 영화나 텔레비전 드라마에서는 항상 국민당 군인들이 겁쟁이나 악당으로 등장했다. 특히 정부의 통제 아래 있는 영화는 대부분 항일전쟁 당시 국민당의 역할에 대해선 거의 언급을 하지 않고 공산당 군대나 무장 게릴라의 활약상만을 부각시켜 왔다. 중국 영화에서는 국민당을 상징하는 깃발이나 로고를 사용하는 것이 금기시돼왔다. 이 같은 상황에 비춰볼 때 중국이 국민당 군인의 영웅담을 소재로 한 영화를 제작하기로 한 것은 엄청난 파격이다.

1937년 일제는 북경에서 노구교사건을 일으키고 전면적인 침략 전쟁을 시작했다. 반년 만에 일본은 북경, 천진, 상해, 남경 등의 대도시를 점령했으며 이듬해 봄에는 천진과 남경에서 밀고나와 서주를 점령하려 했다. 일본 전방부대는 협공을 펴며 서둘러 대아장으로 진격했다. 끝까지 버틴 국민군은 후원군까지 가세하여 처음으로 일본군을 격파를 했다. 천진이나 남경에서 당하기만 한 패배라 의미가 컸다. 대아장의 승리는 속전속결로 중국을 멸망시키려는 일제의 백일몽을 산산조각냈으며 국민의 항일 의지를 고무시켰다.

하지만 막대한 화력을 자랑하는 일본군은 서주를 5월 30일 함락시키고 말았다. 하지만 그것으로 끝이 아니었다. 국민당 군의 총사령관 이종민은 황하의 제방을 무너트려 강소성 일대를 범람시켜 큰 습지대를 만들어 버렸다. 이 때문에 일본군의 남진은 한구에서 막혀 버렸다. 앞서 최부가 '오왕 부차 때에 오면 비로소 한구가 개통하였고' 라 쓴 한구가 마치 민통선이나 판문점 같은 꼴이 된 것이다. 그로 중일 양군의 전투는 교착상태에 빠져 버렸다.

최부의 표해록에서 나오는 운하의 합류점인 한구, 대아장, 서주, 회안이 전쟁 방파제 역할을 톡톡히 한 셈이다.

47
서주는 빛 좋은 개살구

2월 25일 고우주를 지날 때 사건이 하나 터진다. 군리로 양왕을 따라온 진훤이란 자는 글을 조금 알아 양왕이 서수(書手, 서기)의 직책을 맡겼었던 모양인데 간사하기 이를 데 없는 그자가 괜한 시비를 걸더니 군인 김율에게 화를 내고는, 양왕에게 고자질을 했다. 그러자 양왕은 김율을 붙잡아 장형 10여 대를 집행한 것이다. 최부가 가만있을 리 없다. 앞서 우리는 최악의 상황임에도 흐트러짐 없이 역경을 헤쳐 나가는 최부의 진면목을 이미 보았다. 호송 중이라지만 죄인도 아니고 이제는 손님 격으로 장차 북경에서는 지체 높은 사람을 만날 상황인데 함부로 대하다니, 어쩌면 칼자루는 최부가 쥐고 있는 것이 아닌가. 그렇지 않다고 하여도 부하를 보호해야 할 의무가 최부에게는 있다. 최부가 양왕에게 따져 물었다.

〈"지휘(양왕)는 우리를 호송하는 것이 우리에 대한 임무가 다인데, 제멋대로 혼자서 장형을 집행하였습니다. 나는 이국인이지만 (명률에는) 법조문이 있지 않겠습니까? 내가 데리고 있는 이 사람들은 실로 보지 못하고 말하지 못하는 사람과 똑같은데, 잘못된 것이 있더라도 곧 (자초지종을) 설명한다면 타일러서 보살펴 주어야 하는데, 도리어 다치게 하고 매 맞았으니, 상국이 먼 나라의 사람을 호송하는 도리가 아닙니다"〉

최부의 말에 양왕은 답을 하지 못하였다. 그러자 부영이 몰래 최부에게 말을 해주며 달랬다.

〈"양공은 원래 북경 사람인데 항주 위에 파견됐습니다. 그는 글을 읽을 줄 몰라서 사리에 어둡습니다. 내가 누차 그에게 간언하였지만, 그는 우리들의 말을 듣지 않고 잘못된 일을 행하니, 그를 책망해도 소용이 없습니다."〉

2월 26일 회음역을 지나 2월 27일 회안부(淮安府)에 이를 때 최부는 그 동네를 이렇게 표현했다.

〈회음역의 건너편에는 마두성이 있었고, 문밖에는 표모사(漂母祠)가 있는데, 그 북쪽에는 또 과하교(胯下橋) 즉 한신(韓信)이 식객 노릇을 하며 수모를 당하였던 곳이 있습니다.〉

한신이라 하면 한(漢) 고조 유방(劉邦)을 도와 개국에 공을 세운 장량(張良), 소하(蕭何)와 더불어 이름을 날린 사람이다. 그가 바로 이곳 회안 출신이라는 것이다. 용장으로 이름을 날렸지만 말년엔 유방의 의심과 미움을 사 극형을 당한 한신을 모시는 표모사(漂母祠)가 바로 회안 시내에 있다. 표모사는 굶주린 한신에게 밥을 준 빨래꾼 아주머니를 기리는 사당이고 과하교는 대망을 품은 한신이 동네 건달의 가랑이 사이로 기어나간 수모를 겪은 장소로 유명한 곳이다. 그는 꾹 참고 가랑이 사이로 지나갔다. 훗날 그는 왕이 되어 돌아와 빨래꾼 아주머니에게는 천 냥을 주고 건달에게는 백 냥을 주었다고 했다. 큰일을 도모하기 위해 참게 해주어 고맙다고 주었다는 것이다.

사람들은 운하와 회하가 만나는 회안(淮安, Huai'an)을 지나면 기후가 갑자기 건조해지고 남방에는 없는 키 높은 옥수수가 보이며 거리의 소음이 훨씬 커짐을 느끼게 된다고들 한다. 회하를 건너기에 앞서 남쪽의 부두에서 강남 억양의 아저씨와 소곤소곤 환담을 나누었는데 북쪽 뭍에 이르자 남성처럼 툭툭 내쏘는 아줌마의 목소리에 놀라게도 된다고도 했다. 이는 남과 북의 분수령 역할을 하는 하천이 바로 회하라는 것을 넌지시 제시해 주는 것이다.

회안은 지금은 지방 도시지만 당시에는 남북 칠성(七省)의 조운중심지로 대도시였다. 중국의 생명선 운하를 주름잡는 조운총독(漕運總督) 조운총병(漕運總兵) 하도총독(河道總督) 등 대관이 주재했고 중국제일 염업, 조선업(명대 유일한 관영조선소에서 연간 500여 척의 배를 건조)으로 흥청거렸다. 중국 공산당 서기를 지낸 주은래도 여기 출신이다. 〈서유기(西遊記)〉의 작가 오승은(吳承恩)도 여기 출신이다. 당나라 때 신라방이 이곳에 있었다고도 한다. 장보고의 대당매물사(對唐賣物使·중국무역단장)였던 최운이 장보고 실각 후 여기로 망명, 엔닌과 극적인 해후를 했다고도 한다.

2월 28일 청하구를 거슬러 올라 지명을 알 수 없는 곳에 이르렀다고 했다. 최부가 지명을 모르겠다고 한 곳은 이곳이 처음이다. 2월 29일 최부는 최진을 지나 고성역에 이르렀고 2월 30일 숙천(宿遷), 3월 1일 비주를 지나고 3월 2일 방촌역, 여량홍(呂梁洪)을 거쳐 서주에 도착한다. 여량홍은 대운하 중에서 최악의 난소(難所)이다. 좁고 얕은 급류가 흐르고 강바닥에는 무수한 괴석이 깔려 조난사고 다발지역이다. 명나라 정부는 특별히 이곳에 공부분사(工部分司·건설부 출장소)를 두고 안전통행을 위해 여러 차례 준설작업을 했고 항시 인부를 2천 명 가까이 배치해 왕래하는 선박의 견인작업을 담당케 했다. 최부도 글에 운하의 험악함을 낱낱이 고백했다.

〈강의 흐름은 꼬불꼬불하다가 여기에 이르러 언덕이 트여서 넓고 훤

하게 뚫려 세차게 흘렀고, 세찬 기세는 바람을 내뿜는 듯하였습니다. 그 소리가 벼락같아 지나가는 사람은 마음이 두근거리고 정신이 혼미하였습니다. 가끔은 배가 뒤집힐까 봐 걱정이 되었습니다. 동쪽 언덕에 돌로 제방을 쌓았는데 어긋나게 파서 물 흐름을 끊었는데도 불구하고 비거도(鼻居舠, 거룻배)라 할지라도 대나무 끈을 이용하여 소 10마리의 힘을 쓴 후에야 위로 끌어올릴 수 있습니다.〉

3월 3일 서주성의 남쪽 2리에 있다는 운룡산을 지났다. 그리고 이내 서주부성을 지난다. 그는 서주에 대해 이렇게 적었다.
〈서주부성은 (팽성)역의 서북쪽 2~3리에 있었습니다. 서주는 옛날 대팽씨국(大彭氏國)이었습니다. 항우는 서초패왕이라 자칭하고 이 성의 동쪽에 도읍을 정했는데 성을 방호하는 제방[垓子]이 있습니다. 또 황루(黃樓)의 옛터가 있는데 곧 소식이 지서주라는 관직에 있을 때 세운 것입니다. 소철(蘇轍, 1039~1112)의 황루부가 있어 지금까지 칭송되고 있습니다.〉

소식(蘇軾, 호는 東坡)과 소철, 형제는 서주에서도 용감했다. 참 대단한 집안이다. 당송팔대가(唐宋八大家)이자 송(宋)의 문호(文豪)였던 사람 중에 소순(蘇洵)이라는 者가 있다. 우리에게는 그다지 귀에 익지 않은 人物이지만 그가 바로 소동파(蘇東坡)의 아버지라고 한다면 다들 머리를 끄덕이게 될 것이다. 소순(蘇洵)이 두 아들 이름에는 軾이나 轍에게는 모두「車」자가 있으므로,「수레」와 關係가 있는데 그 연유에 대해 그의 아버지는 명이자설(名二子說)에서 이렇게 말한 바가 있다.
식(軾)은 본디 수레 앞에 가로로 걸치는 나무인데 바퀴나 굴대처럼 직접적인 기능을 수행하진 않지만 그래도 식(軾)이 없는 수

레는 있을 수 없다. 곧 소순은 소동파에게 「軾」처럼 얼핏 보아서
는 없어도 그만인 것 같지만 막상 없으면 안 되는 그런 사람이 될
것을 기대했다. 과연 소동파는 그렇게 인생을 살았던 사람이다.
한편 철(轍)은 수레의 바퀴 자국을 뜻한다. 천하의 모든 수레는
길에 나 있는 바퀴 자국을 따라가야 한다. 그럼에도 다들 수레의
공을 칭송할 뿐, 그 수레가 무사히 지나갈 수 있도록 도와준 바퀴
자국의 공을 눈여겨보는 사람은 없다. 그런데 철(轍)은 화복(禍
福)을 좌우한다. 만약 바른길로 난 자국이라면 뒤따르는 수레는
안전하겠지만 잘못 나 있는 자국이라면 곤두박질치게 될 것이다.
앞서 지나간 바퀴 자국이 전철이다. 전철은 유익할 수도 있고 ,
해가 될 수도 있다. 흔히 「전철을 밟지 말라」고 한다. 물론 잘못
난 바퀴 자국을 두고 하는 말이다. 전철을 되풀이해 역사의 오명
을 뒤집어쓴 경우가 얼마나 많은가. 소순의 명이자설은 지금도
두고두고 회자 되는 말이다. 가는 배, 서주의 백보홍이란 곳도 여
울이 여량홍의 크기에는 미치지 못하였지만 심하였던 모양이다.
최부의 표현이 실감이 난다.

〈험준함은 더욱 심하였다. 돌이 어지럽게 널려있어 쌓여있는 모습이
마치 범의 머리와 사슴의 뿔과 같습니다. 사람들은 번선석(飜船石, 배
를 뒤집는 돌)이라 불렀습니다. 물은 기세 당당하게 달리다가 돌에 부딪
히고 물길이 꺾여 흐름이 막히고 용솟음쳤다가 뚝 떨어지기도 하였습
니다. 천둥소리처럼 울리고 싸리기눈을 뿜어내듯 세차게 부딪혀 부서져
내리니 배가 다니기 매우 어려웠습니다. 나의 배는 공부 분사 청풍당(淸
風堂)의 앞에서 인부 백여 명을 써서 양쪽 언덕에서 배를 끌어올리는데
대나무 줄로 배를 묶어 잡아당겨 위로 올라가게 하였습니다. 신은 부영
등과 함께 언덕에 올라가서 배를 끌어올리는 길을 따라 걸어가다가 깔

아 놓은 돌이 견고하고 가지런히 정돈된 것을 보고 (부)영에게 묻기를 "이 길을 닦은 사람의 공적이 후세에 남겠습니다." 하였습니다.〉

    험한 물길처럼 어찌 보면 서주도 삶이 험난했다. 물길만 고스란히 길목으로 내주고 정작 돈은 다른 사람들이 벌었다. 길목도 길목 나름 황하가 제멋대로인지라 번영이 줄기차지도 못했다. 1194년 황하[黃河]의 물길이 바뀌어 쉬저우를 통과하지 않게 되었고, 대신 바다로 들어가는 길목에 있는 칭장에서 화이허강의 옛 유로와 합류했다. 이 중대한 변화로 쉬저우는 황허강과 대운하가 합류하는 지점에 놓여졌다.

    황하는 흘러내리는 토사에 의해서 화베이 평야의 대부분을 형성한 만큼, '물 1말에 진흙 6되'라고 할 정도로 유수(流水) 중에 포함된 진흙의 양이 많아서 1년에 13억 8000만 t의 진흙이 하류로 운반되고 있어 토사 함유량으로는 세계 제일이다. 진흙이 많기 때문에 하구의 해안선이 3년 동안 10km나 전진하고 있으며, 하상(河床)의 상승 또한 빨라 천정천(天井川)이 되어 난류(乱流)하였다. 이따금 제방을 파괴하여 북쪽으로 하이허[海河]에서 남쪽으로 화이허[淮河]까지의 넓은 평야 위를 흐르면서 때때로 다른 하천의 유로를 빼앗아 유로를 바꾸며 흘렀다.

    따라서 과거 3,000년 동안 범람과 제방의 파괴는 1,500회 이상, 하도(河道)의 변천은 26회에 이르고 특히 큰 하도의 변화도 9회나 되며 그 피해도 막대하였다. 송대(宋代) 이전에 화이허강은 화이인[淮阴]을 지나 황해로 유입하던 독립된 하천이었으나, 1194년에 황하[黃河]가 범람하면서 하도(河道)가 바뀌어 일부의 물이 화이허강으로 유입하였고, 다시 1286년에는 황하가 완전히 화이허강 하류부를 빼앗아 전체의 물을 화이허강 하도로 쏟아 넣음으로써 황하에 실려 오는 진흙 때문에 하상(河床)이 높아져서 화이허강은 배수불능 상태가 되었고, 그 물이 합류점에서부터 상류에 체류하게 되었던 것이다. 하지만 이후 1276년 원(元)의 수도 베이징[北京]에 물자를 공급하기 위해 건설한 새 운하 역시 쉬저우를 통과했다.

14세기 이후 대운하를 이용한 곡물 수송이 중요시되면서 서주(쉬저우)도 예전의 번영을 되찾았다. 청대(淸代 : 1644~1911/12)에는 쉬저우 부(府)로 승격되었다. 하지만 청 말에는 쉬저우도 대운하 상에 있는 다른 도시와 마찬가지로 쇠퇴의 길을 걸었다. 1850년대에는 서쪽의 수로 연결시설을 폐쇄함에 따라 다시 황허강이 옛 유로를 따라 흐르게 되었다. 지금의 서주는 황하의 영향을 안 받지만, 황하 때문에 울고 웃고 파란만장한 삶을 살았다고 할 수 있다. 지금은 운하 대신에 1912년 쉬저우에는 베이징 및 난징[南京]과 연결되는 철도가 놓였고 또한 룽하이[隴海] 철도가 완성되면서 동서와 남북을 연결하는 주요간선 철도의 교차지가 되었다.

그런 굴곡의 생이라면 돈이라도 많이 벌어야 하는데 엉뚱하게도 이웃한 안휘성 사람들이 돈은 제대로 벌었다. 섬서 상인도 그렇지만 지금도 알아주는 휘주 상인이다. 우리가 요즘 잘 가는 황산 관광, 바로 그 동네 사람들인데 산밖에 없어 살기가 척박한 그들은 서주의 운하 연결 유통을 이용하여 소금으로 돈을 많이 벌어들였다. 나중에는 관리들까지 매수를 하여 그들 편을 만들어 재부가 되었다. 그러기에 갖은 수단을 다 쓴다고 할 때 휘주 상인을 연상한다. 상주에 갑부가 소금으로 돈을 벌어 아름다운 정원을 꾸몄다는 것이 틀린 말이 아니고 예전 최치원이 반란을 도모한 괴수인 황소가 소금을 밀매하였다는 말도 틀리지 않는다.

이곳이나 상주는 소금과 아주 밀접한 관계가 있다. 강소성 북부[蘇北]의 염성(鹽城)이라는 곳, 염성이라는 도시는 본래 소금 산지로 유명하며 송대까지는 바로 바닷가에 있었다. 따라서 범중엄(范仲淹)이 이곳에 제방을 쌓았는데 이것이 범공제(範公堤)로서 오늘날에는 그 제방이 국도로 변해 있다. 오랫동안 발해만으로 흐르던 황하가 남쪽으로 방향을 틀어 회하(淮河) 쪽으로 흐르는 700여 년 동안에 토사가 강소성 동쪽의 바닷가에 쌓이게 되었고, 염성 근처의 바다는 50㎞나 동쪽으로 밀려 나가게 되었다. 그 이후 1855년에 황하가 다시 방향을 바꾸어 산동 반도 북쪽으로 흐르게 되자, 지금은 강소 해안은 육지 쪽으로 밀려오고 있는 셈이다. 황하가 염전을 쥐락펴락하였던 동네가 바로 염성, 상주였던 셈이고 서주는 길목을 터주고 아닌 말 몸만 대주고 돈도 벌지를 못하였다.

* 티베트고원에서 발원한 양자강이 황해로 흘러가다 보면 옛날 소금도시로 유명했던 옌청(염성.鹽城)을 만나게 된다. 중국에서 유일하게 소금 염(鹽)자로 명명된 도시. 또한, 중국 4대 고전소설 '수호지'의 저자 시내암의 고향이며, 중국 공산당의 발원인 신사군의 탄생지이기도 하다.

과거 목화를 주요 생산했던 가난한 도시 옌청은 2002년 현대기아차가 합작법인 동풍연달기아차를 설립하면서 공업화 기반을 닦은 도시다. 지난 2002년 제2공장이 문을 열고 제3공장까지 가동되면서 옌청시 경제는 급속도로 성장했다. 현재 연산 90여 만대의 기아차가 생산되고 1,100여 개의 기업들이 밀집되면서 한국 자동차 타운으로 성장했다. 지금은 바다로부터 40여㎞ 떨어져 있지만, 과거에는 바다와 인접해 있어 옌청은 소금생산과 유통으로 부를 축적했다. 2000년대에 접어들어서는 현대기아차의 합작공장으로 자동차 타운으로 변모했고 옌청은 이제 한류 의료특구로 재도약을 꿈꾸고 있다. *

48
환관학교가 있었던 명나라

3월 4일 탑응부창이란 곳을 지나 소현의 수차장(대운하 연변에 설치된 창고) 앞에 이르러 정박하고 3월 5일 유성진을 지났다. 그날 한 역승이 진훤의 말을 따르지 않고 최부에게 매우 넉넉하게 음식을 대접하였고 두옥(杜玉)에게 1말의 쌀을 보냈는데 진훤과 두옥이 서로 다투어 빼앗으려다가 두옥이 진훤의 이마를 쳤다. 관리들의 밥그릇 싸움, 횡포가 바로 느껴진다. 밥벌이는 예나 지금이나 별반 다르지 않다. 밥그릇은 정당하고 떳떳해야 한다. 거기에 배려가 담기면 더할 것이 없을 것이다.

최부 일행이 협구역을 떠나 황가갑(黃家閘)에 이르렀는데 갑위에는 미산만익비(眉山萬翼碑)가 있었다. 최부는 정보를 시켜 양왕에게 말하여 그것을 보려고 하였으나 양왕이 응하지 않다가 무리하게 요구한 후에야 허락하였다. 그 비문은 영락제가 북경으로 천도하고서 이 근처에 운하를 만들어 큰 공을 이루었다는 내용이다. 말인즉 강남의 곡물을 북경으로 쉽게 옮기려니 운하가 필요했을 테다. 어디 중요 부분만 한번 읽어 보자.

〈우리 태종 문황제(文皇帝, 成祖 영락제)가 북경으로 천도함에 이르러 방악(方嶽)·제진(諸鎭)과 사이가 조공하며 해마다 모두 기내(畿內, 북경)에 모였다. 전(滇, 운남성)·촉(蜀, 사천성)·형초(荊楚, 호남·호북성)·구월(甌越, 광동성)·민(閩, 복건성)·제(淛, 절강성)이 모두 양자강을 경유하여 동해(황해)로 배를 띄어 연안을 따라 북쪽으로 천진(天津)에 들어가고 로하(潞河)를 건너서 경사에 도착하니 그 강과 바다의 광활함과 풍파의 험난함에 경사에 공물을 수송하기가 어려웠다. 이에 우리 태종 문황제는 동남지역으로부터의 해운의 어려움을 걱정하여 곧 고굉대신(股肱大臣, 황제가 가장 신뢰하는 신하)을 불러 서주·양주·회안·제남(濟南)에 가서 지세를 헤아리고 수성(水性)에 순응하여 동쪽은 과주(瓜洲), 서쪽은 의진현(儀眞縣)으로 부터 모두 패를 만들어 양자강으로 새지 않게 하였다.

곧 근세의 구규(舊規)에 의거해서 뱃길을 뚫고 물을 끌어들여 운하를 만들어 모두 양주에 모이게 하였다. 양주를 경유하여 회안에 도착하고, 회안에서 서주에 이르고, 서주에서 제남에 도달한다. 제남 이남은 곧 수세가 남쪽으로 흘러 황하에 접하고 회수에 모여 바다로 들어간다. 제남 이북은 곧 수세가 북으로 흘러 위하(衛河)에 접하고 백하에 모여 또한 바다로 들어간다. 황제께서는 다시 지형의 남북이 높낮이가 같지 않아 물길이 새어나가서 물을 가둬둘 수 없어 (운하를) 경영하는 장구한 방법이 아니라고 생각하여 곧 유사(有司)로 하여금 갑을 설치하게 하였다. 혹 5~7리에 1갑을 두기도 하고 혹 수십 리에 1갑을 설치하여 물을 모아 배를 건너게 하였다.〉

앞선 글에서 말하였듯 영락제는 운하의 일부 구간은 만들고 일부는 보완을 하여 북경까지 매끄럽게 오르도록 한 것이다. 최부가 「미산만익비」의 금석문에 관심을 가진 것은 선비로서 지극히 당연하다. 표해록 중에서 비문이 실린 것은 오직 미산만익비뿐이다. 이 일대가 미산호(微山湖)에 수몰되면서 대운하의 산증인인 빗돌은 지표상에서 사라졌다고 한다. 지금에 이르러 최부의 기록은 이 빗돌의 존재를 증명하는 유일한 자료가 된 것이다.

베이징대학 거쩐자 교수는 "비문은 운하사의 중요한 자료인데 중국 기록에 없고 또 중국의 운하사 연구자가 인용, 연구한 바도 없다"고 한다. 수수께끼의 비석은 언제 누가 세웠을까. 비문의 내용을 살펴보면 명 영종(英宗)의 천순무인년(天順戊寅年·1458)에 세운 황가갑 수문의 비석임을 알 수 있다. 황가촌(黃家村·황씨의 집성촌)동쪽에서 운하로 합류하는 개천의 급류와 토사를 막기 위해 새로 수문 황가갑을 세웠다는 것이다. 비문은 명의 대운하 전면개통의 과정과 의의, 또 쉬저우 지역의 지리적 중요성과 아울러 안전통행을 위한 수문의 필요성 등을 잘 요약해 설명한다. 황가갑 수문은 쉬저우의 운하담당 관원인 판관(判官·종7품) 판둥의 건의에 의해 건립됐다. 그런데 미산(眉山)이란 말이 의외다. 미산은 소동파의 고향인 사천성의 미산을 말하기 때문이다. 아무튼 글 내용을 보아 최부 일행은 제남을 향하여 백하를 지나 북경에 닿을 것임을 미리 알 수 있겠다.

3월 6일 패현에 도착하였는데 패현은 한 고조(高祖, BC.206~195)의 고향으로 패현의 동북쪽에는 강이 있는데 바로 포하(泡河)였다.

〈포하의 언덕 너머에는 높은 돈대가 있는데 그 앞에 정문이 세워져 있어 현판에 '가풍대(歌風臺)'라 쓰여 있었습니다. 이는 고조가 대풍을 노래한 곳이다. 패현의 동남쪽에는 사정역(泗亭驛)이 있는데 이곳은 고조가 젊었을 때 사수정(泗水亭)의 정장(亭長)을 했던 곳입니다. 포하의 서쪽 언덕에는 이교(圯橋)가 있는데 장량(張良)이 신발을 주었던 곳이며, 비운갑(飛雲閘)은 포하의 하구에 있습니다. 그 강을 거슬러 올라가면서 비운갑과 가풍대, 이교를 일일이 찾아다니면서 보고 사정역 앞에 도착하니 사정역과 강과의 거리는 30보 정도 되었습니다.〉

최부가 역사 유래와 견주며 잠시 걸어 찬찬히 살펴본 것 같다. 배만 타는 것도 지겨웠을 것인데 그나마 작은 위로가 되지 않았을까. 제왕의 고향을 가리킨「풍패지향(豊沛之鄕)」이란 고사숙어는 여기서 비롯됐다. 우리는 전주를 가리켜 흔히 풍패지향(豊沛之鄕)이라 칭하는데 풍과 패는 한고조(漢高祖) 유방 고향의 현(縣)과 군(郡) 이름에서 따온 것이다. 태조 이성계는 스스로를 한고조와 동일시하기를 좋아했다. 한옥마을을 내려다보는 곳에 오목대(梧木臺)가 있는데, 이곳은 이성계가 남원 황산에서 아지발도가 이끄는 왜적을 크게 물리치고 개성으로 돌아가는 도중 개선잔치를 벌인 곳이다. 이 잔치마당에서 이성계는 한고조가 항우를 물리치고 고향에 돌아가 승전 축하연에서 불렀던 대풍가(大風歌)를 부른 것으로 알려져 있다.

일개 무장이 황제가 부른 노래를 부르며 즐겼을까, 의심도 가지만 그때 동행했던 정몽주가 이 방자한 모습이 보기 싫어 전주천 넘어 남고산에 올라 개성을 바라보며 기울어가는 고려의 국운을 안타까워하는 시를 남겼다는 전설이 그 시가 새겨진 바위와 함께 전해 내려오고 있으니 단순한 풍문이라고 하기에는 또 그렇다. 풍패를 빌어 전주의 남문이 풍남문이요 서문이 패서문, 전주객사의 이름이 풍패지관인 것은 부인할 수 없는 이 도시의 역사이기도 한 것이다.

또한, 최부는 한제국의 성지에서「가풍대(歌風台)」와 장량의 고사가 얽힌 이교동을 둘러봤다. 가풍대는 기원전 196년 한고조가 경포의 난을 평정하고 개선 길에 고향에 들러 지은 대풍가(大風歌)의 시비인데 현재는 박물관에 원비(原碑)와 원나라 때 제작된 모조품이 함께 전시돼 있다고 한다. 그가 불렀다는 대풍가, '대풍(大風)이 불어 구름은 높이 휘날리고, 위엄은 해내에 떨치고 고향으로 돌아가는데, 어찌하면 용감한 장수를 얻어 사방을 지킬 수 있으랴.' 포부를 담은 그답다.

이렇다 할 산업과 자원이 없는 페이현은 관광 붐을 타고 요즘 한고조 고향임을 널리 알려 외지인을 끌어들이려 안간힘이라고 한다. 초한지의 영웅들은 페이현의 바닥인생 출신이 많다. 두목인 한고조는 건달출신의 역장인 사수정장(泗水亭長). 소하는 현의 아전, 조참은 옥사정, 번쾌는 개백정, 주발은 풍각쟁이. 이런 밑바닥 민초들이 시대의 소명으로 엄청난 역사를 창조했다. 부영이 잘 꾸며진 곳을 보여주면서 보란 듯이 최부에게 말을 한다.

〈"당신이 보기에 우리 대국의 제도를 어떻게 생각하는가? 강남에서 북경에 이르기까지 옛날에는 조운로가 없었습니다. 지원(至元) 연간(원 세조, 1264~94) 이후에 물길이 통하는 계책을 비로소 마련하였고 우리 태종대에 이르러 평강후(平江候)를 두어서 통로를 관리하게 하였습니다. 그리하여 맑은 수원을 관리하여 통하게 하고, 제하·패하를 준설하고 회음(지금의 강소성 지역)을 뚫어서 양자강에 도달하게 되니, 그 일대가 연이어져서 멀리 있는 나루까지 통하여 배로 건너게 되었는데 그러한 공적은 길이 보전되어 백성은 그 은혜를 받아 (민수기사, 民受其賜) 평생 혜택을 받을 것입니다"〉

최부도 이를 인정했다.
〈"지금까지 이 뱃길이 아니었다면 우리는 험하고 가파른 먼 길을 백지파행(百枝跛行, 절룩거리면서 감)의 고통이 많았을 것이다. 지금 이처럼 배 안에서 편안하게 누워 먼 길을 가는데 넘어질 걱정이 없는 것 역시 그 은혜를 받은 것이 큽니다."〉

패현을 벗어나면 바로 산동성 관내다. 3월 7일 연주부(兗州府) 지방에 도착했다. 연주는 옛 노국(魯國)이다. 팔리만갑(八里灣

閘)에 도착하였다. 갑 서쪽에는 어대현(魚臺縣)이 있었고 현 앞에는 관어대(觀魚臺)가 있었다. 이곳은 노나라 은공(隱公)이 고기를 잡았던 곳(어지처)인데, 현의 이름이 지어진 것이 여기에서 연유되어 노대라 한다. 상하천이포(上下淺二鋪)·하서집장(河西集場)을 지나 곡정갑(穀亭閘)에 이르렀다. 강기슭에 올라 동북쪽을 바라보니 아득하게 보이는 곳에 산이 있었는데, 아주 높거나 가파르지 않았다. 부영이 그 산을 가리키며 말했다.

〈"저 산이 바로 니구산(尼丘山)으로 공자(BC.552~BC.479)가 태어난 곳입니다"〉

최부는 우러러 그 산을 올려다보았을 것이다. 그의 표현은 이렇다.
〈산 밑에는 공리(孔里)와 수수(洙水)·사수·기수 등의 강이 있었습니다. 또 동북쪽을 바라보니 높은 산이 수백 리에 걸쳐 뻗어 있었는데 마치 구름이 피어오르는 것 같았습니다.〉

부영이 제대로 못 보는 아쉬움을 덜라고 말을 했다.
〈"저 산이 태산(泰山)으로 옛날에는 대종산(岱宗山)이라 하였습니다. 우(虞, 堯)와 순(舜), 주나라 천자가 동으로 순시하였던 곳입니다. 이번에 육로로 갔다면 연주·곡부현(曲阜縣)을 지나 니구(尼丘)로 갈 수 있고, 수수·사수의 강을 건널 수 있을 것이며, 공리도 볼 수 있으며 태산도 가까이에서 바라볼 수가 있었을 것입니다."〉

3월 8일 노교역을 지날 때였다. 성이 유(劉)인 태감이란 자가 왕을 봉하고 북경으로 돌아가는 길에 있었다. 정기(旌旗, 깃발)와 갑옷과 투구의 성대함과 종·북과 관·현악기의 성대함이 천지를 진동시켰는데 노교갑에 이르러서 유태감이 탄환으로 뱃사람을 함부로 쏘아대니 그 난폭함이 대단했다.

진훤이 말했다.

〈"이 배의 내관(內官)도 저들 같이 비뚤어져 있습니다."〉

부영이 당신 나라에도 이와 같은 태감이 있느냐고 물었다. 최부가 이에 답했다.

〈"우리나라의 내관(內官)들은 다만 궁중의 청소와 왕명을 전달하는 일을 담당할 뿐이지 공적인 일은 맡지 않습니다."〉

부러운 듯 이에 부영이 말했다.

〈"태상황제(명 헌종)가 형여인(刑餘人, 환관)을 신임하였기 때문에 이 같은 환관이 중요한 권한을 가지고 근시(近侍)가 되니 문무관 모두 그(왕직)에게 아첨하며 추종합니다."〉

실제 명나라 때 환관이 제일 극성이고 포악했다. 이는 황실이 엉망임을 반증하는 말이기도 하다. "천하의 권세를 가진 첫 번째는 태감 위충현이고, 둘째는 객씨이고, 셋째가 황상(황제)이다.' 라고…" 1624년(인조 2년) 명나라를 방문하고 돌아온 홍익한의 사행일기(〈조천항해록〉)는 의미심장한 내용을 담고 있다.

당시 명나라 백성들이 환관 위충현과 그의 내연녀(객씨)의 위세가 황제(명 희종)을 능가했음을 수군거렸다는 것이다. 과연 그랬다. 위충현(?~1627)은 희종의 유모였던 객(客)씨와 사통한 뒤 명나라 국정을 쥐락펴락했단다. 어떻게 환관이 남성을 회복했느냐고? 위충현은 어린아이의 뇌(腦)를 생으로 씹어 먹고는 양도(陽道)를 회복했다고 한다. 위충현은 안팎의 대전을 손아귀에 넣고 자신을 호위하는 환관 3000명을 두어 궁중에서 훈련시켰다고 한다. 심지어는 황제 앞에서도 말에서 내리지 않았다니….

그랬으니 황제가 명나라 권력서열 3위일 수밖에. 그가 외출할 때 연도의 백성들은 그에게 '구천세(九千歲)'고 모자라 '구천구백세'를 연호했다고 한다. 원래 황제에게는 '만세'를, 제후국 임금에게는 '천세'를 연호하는 게 법도인데, 위충현에게 황제와 거의 맞먹는 '구천세' 혹은 '구천구백세'까지 연호했다는 것이다.

특히 그의 공덕을 기리는 사대부만 해도 40만 명이 넘었단다. 심지어 국자감 학생 육만령은 위충현을 공자에 비유하면서 '살아있는 위충현'의 사당을 국학 옆에 세울 것을 청했단다. 살아있는 위충현을 모신 '생사당'에는 침향(열대지방에서 나는 향나무)으로 만든 위충현의 목상(木像)을 조성했다. 눈·귀·입·코·손·발이 산 사람과 똑같았다고 한다. 그뿐인가. 배 속의 창자와 폐는 모두 금옥과 주보(珠寶)로 만들고, 상식(上食)과 향사(饗祀)도 왕공과 똑같이 했다. 그러나 그의 영화는 덧없었다. 희종 다음에 등극한 의종이 그를 봉양에 귀양 보내고 그 집을 적몰시킨 것이다. 위충현은 스스로 목숨을 끊었다. 그러자 황제는 그의 몸을 천 갈래 만 갈래 찢어버리는 극형(천참만륙·千斬萬戮)을 내렸다(〈성호사설〉'구외이문·위충현', '경사문·위충현 사').

최부가 다니던 그 무렵이라고 환관이 날뛰지 않았을까. 바로 유근(1451~1510)이 있다. 유근의 '주인'인 명나라 무종은 웃기는 기인이었다. 정무는 돌보지 않고 밤낮으로 음주 가무에 심취했고, 그것도 모자라 궐 밖의 유곽(遊廓)으로 놀러 다녔다. 심지어는 활쏘기에 능한 환관들을 집결시켜놓고는 온종일 전쟁놀이를 벌였다고 한다. 함성을 지르면서 쫓고 쫓기는 환관들의 전쟁놀이에 북경 시내 진동했단다. 궁궐의 은밀한 곳이었던 내정에는 환관 외에는 누구도 출입할 수 없었다. 환관은 황후(왕후)나 후궁, 그리고 궁녀들을 보살피는 임무를 담당했다. 유근은 다른 사악한 환관 7명과 한패를 이뤄, 무종의 타락을 더욱 부추겼다. 역사는 유근을 포함한 8명의 환관을 팔호(八虎)라 일컫는다.

또 황제의 결재를 자기 맘대로 뜯어고쳐 노신들을 모두 쫓아냈다. 실제로 대신들이 말을 듣지 않자 찌는 더위에 조정 백관들을 광장에 모아놓고 종일 엎드려 있게 했단다. 말하자면 단체기합을 준 것이다. 그는 환관들의 비밀경찰조직인 동창과 서창을 총동원, 대신들을 탄압했으며, 모든 업무는 뇌물 액수로 결정했다. 뇌물을 받은 유근이 종잇조각에 "어떤 관직을 준다."고 기입하면 병부(국방부)가 그대로 발령을 냈다고 한다. 그랬으니 훗날 몽골족과 여진족(후금)과의 싸움에서 이길 수 없었다.

유근의 말로도 비참했다. 1510년, 모반죄의 혐의를 뒤집어쓴 유근은 저잣거리에서 능지처참의 혹독한 형을 받았다. 그 능지처참이란 눈 뜨고 볼 수 없었다. 무려 3357회의 절개형을 받았다. 그야말로 뼈만 남기고 살점을 발라냈다. 그가 권세를 잡으면서 축적한 황금이 24만 덩이(5만 7,800냥)이었단다. 흔히들 나라를 말아먹은 환관의 간판 주자로 조고(진나라)와 '십상시'(후한)를 꼽는다. 틀린 말은 아니다. 조고가 누구인가. 진시황이 순행 중 급서하자 황제의 칙서를 위조해서 시황제의 어리석은 막내 호해(진이세)를 황제로 옹립한 인물이 아닌가. 그는 어린 황제에게 이렇게 말했단다.

〈어렵니다. 조정에서 대신들과 정사를 논하면 폐하의 단점만 보일 것입니다. 이제부터는 폐하의 말씀을 다른 사람들이 듣지 못하도록 해야 합니다."〉

황제와 대신들과의 소통을 완전히 막은 것이다. 진 2세는 늘 구중궁궐에 처박혀 있었고, 모든 국사는 환관 조고의 수중에 떨어졌다. 아무튼, 명나라는 '환관의 나라'로 칭해도 가히 틀리지 않는다. 유근과 위충현은 바로 그 명나라가 배출한 '극강'의 환관들이 아닌가. 성조 이후 환관들의 입지는 더욱 굳건해졌다. 명군(名君)이 반열에 오른다는 5대 선종 때는 아예 환관학교(내서당)까지 세웠다.

내정 안의 환관들은 황제를 지근거리에서 모셨다. 담벼락 하나를 두고 내신(환관)과 외신(관료)의 차이가 현격했던 탓도 있다. 정보를 독점하고, 24시간 황제의 눈과 귀를 막아 국정을 농단했으니 그 폐해가 어땠을지 짐작이 간다. 어쨌든 진나라가 조고 때문에, 후한이 십상시 때문에 멸망을 자초했다면 당나라도, 후량의 태조 주전충이 환관 수백명을 살해하면서 끝장나고 말았다. '환관의 나라'였다는 명나라 역시 비밀경찰 조직까지 휘어잡은 환관의 측근 정치 때문에 멸망이 가속화된 것이다.

그러고 보면 환관들의 운명은 '롤러코스터'였다. 자식이 없었으므로 부와 명예가 세습되기 어려웠다. 황제의 총애가 식거나, 혹은 그토록 총애했던 황제가 쫓겨나가거나 죽기라도 하면 환관의 운명 또한 장담할 수 없었다. 위충현과 유근이 이른바 천참만륙, 몸이 갈기갈기 찢기고 베이는 극형을 받았던 것이 대표적인 예다. 후한 멸망 당시 원소가 궁정에 난입했을 때 환관 2000명이 몰살 당했다니…. 그뿐인가. 당나라 때 나는 새도 떨어뜨릴 정도로 국정을 주물렀던 환관 고력사와 이보국도 결국 일장춘몽의 짧은 전성기를 누렸을 뿐이다.

(이 글은 경향신문에 연재되는 이기환의 흔적의 역사 중 '환관들을 위한 변명의 글'에서 발췌한 것이다.)

* 패현은 산동성 강소성 하남성 안휘성등 4개성이 교차하는 곳으로 강서성 서주 화북 산동성 조장 제령 하남성 상구시등 5개 시와 경제 교역지이며 동림의 미산호가 유명하며 인구는 약 120만 명이다. 패현은 중국의 가장 오래된 현 중

의 하나로 춘추전국 말기에 건립된 현이며 2300년의 역사를 지니고 있으며 한 고조 유방의 고향이며 명 태조 주원장의 조상이 살던 곳이기도 하다. *

 연암의 열하일기 구외이문에 적혀 있는 명나라 간신배 환관들 후 처리에 대한 한 사례를 옮겨 적는다.
 -위충현(魏忠賢)
 〈숭정(崇禎) 초년에 위충현(魏忠賢)을 봉양(鳳陽)에 귀양 보내고, 그 집을 적몰(籍沒)시켰다. 충현이 군졸을 거느려 몸을 옹위하매 황제가 크게 노하여 명령을 내려서 충현을 체포하였다. 충현이 면치 못할 것을 짐작하고 스스로 목매어 죽었다. 그 시신을 하간(河間)에서 찢었으니 충현이 어찌 무덤이 있으리오. 강희 때 강남도 감찰어사(江南道監察御史) 장원(張瑗)이 소장을 올렸으되,
 "황제께옵서 지난해 남으로 거둥하실 제, 명령을 내려 악비(岳飛)의 무덤을 수축하시고, 또 우겸(于謙)의 비(碑)에 글을 쓰셨사오니, 이는 실로 두 신하의 충성이 일월(日月)을 꿰뚫으며, 정의가 산하(山河)보다 장한 까닭으로 이를 표창하여 온 천하 사람에게 선전하심이 아니옵니까. 제가 칙명을 받들어 서성(西城)을 돌보고 앞으로 나아가 서산(西山)의 일대를 거쳐 향산(香山) 벽운사(碧雲寺)에 이르렀답니다. 절 뒤에 높은 집과 둘린 담장이 몇 리나 덮이고, 성한 숲이 뻗쳤으며 단청이 어리었으니, 이는 곧 옛 명(明)의 역신(逆臣) 위충현의 무덤이었습니다. 그 위에 우뚝한 두 개의 높은 비(碑)가 나란히 섰는데, 두 비면(碑面)에는 '흠차총독 동창관기판사 장석신사 내부공용고 상선감인무 사례감병필 총독남해자 제독보화등전 완오 위공충현지묘(欽差總督 東廠官旗辨事 掌惜薪司 內府供用庫 尙膳監印務 司禮監秉筆 總督南海子 提督保和等殿 完吾 魏公忠賢之墓)'라 쓰여 있었사오니, 수도가 가까운 곳에 오히려 이런 더럽고 포악한 자취가 남아 있은즉 장차 어떻게 대악(大惡)을

징계하며, 공법(公法)을 밝히겠사옵니까. 하물며 장차 칙명을 받들어 명사(明史)를 수찬(修纂)하게 되었사온즉, 무릇 명말(明末)의 화를 입은 충량(忠良)한 모든 신하를 위하여 전(傳)을 쓰지 않을 수 없겠사옵니다. 그렇다면 밝은 하늘 햇빛 아래 어찌 간신(奸臣)의 남은 패당이 대담하게도 하늘을 모르고 법을 무시한 일을 용서하겠나이까. 우러러 바라옵건대 폐하(陛下)께서 지방의 유사(有司)에게 칙명을 내리시어 그 비를 엎고 무덤을 깎게 하옵소서. 책명을 내리시면 그 고을 관원들과 함께 그 일을 치르겠습니다."

하였다. 이것으로 따진다면 왕진(王振)도 의당 무덤이 있었으리라 생각되기에 이에 아울러 기록하여서, 이로써 명말(明末)에 법률 숭상이 몹시 엄격하였건만 기강(紀綱)이 이렇게 서지 않았음을 밝혀 둔다.〉

49
임청에 서문경과 반금련

3월 8일 노교역을 지나며 그간 궁금했던 것을 최부는 물었다. 그들은 웬만하면 대당을 입버릇처럼 달고 다녔다. 시대가 언제인데 왜 그러냐는 것이다. 또 하나 더 물었다. 최부를 부를 때 '오야지' 하는 데 요즘 우리는 대뜸 일본말인 것을 대뜸 알아차리지만 당시 최부는 생소했던 모양이다. 이에 대한 부영의 답이다.

〈"이는 다름이 아니라 당 시대부터 전해져 내려온 까닭에 습관적으로 되어버린 까닭입니다"〉
〈"이는 일본인들이 우리 쪽의 대인을 호칭하는 뜻입니다. 이 지방 사람들이 아마 당신들이 일본에서 왔을 것이라고 해서 이렇게 말했을 것

입니다"〉

　부영은 대당이 습성 적으로 밴 말이라고 하는데 이는 아주 의미심장한 말이다. 우리가 일제를 잘 거론하지 않으려 하듯 만약 대당이 치욕스러운 역사라 할 것이면 입에 결코 담으려 하지 않았을 것이다. 그만큼 당나라 때가 살기 좋고 화평하였다는 이야기다. 그도 그럴 수밖에 없었다. 수양제가 하늘에서 통곡할 일인데 그는 운하 때문에 몰매 맞아 죽은 거나 진배없는데 운하를 판 덕을 고스란히 당나라가 누리고 태평 연대를 구가하니. 중국인들은 지금도 '정관의 치'라 하여 그 뜻을 헤아린다.
　'정관(貞觀)'이란 당나라 태종의 연호로, 태평성대를 누린 그의 치세를 높이 평가해 '정관의 치(治)'라 했다. '정관정요'란 '정관의 치'를 가져온 정치의 요체라는 뜻으로 태종의 말을 받들어 오긍이 지었는데 「군도편(君道篇)」 이하 「신종편(愼終篇)」까지 10장 40편으로 이루어져 있으며 후세들은 특히 황제들은 이를 학습서로 썼다고 했다. 예를 들면 이렇다.

　〈정관 10년에 태종이 신하들에게 물었다. "제왕의 사업인 창업과 수성 중 어느 쪽이 더 어려운가?" 상서좌복야(尙書左僕射, 당나라의 3성 6부에서 3성의 하나인 상서성의 차관) 방현령이 말했다. "천하가 혼란스러울 때는 영웅들이 다투어 일어납니다. 통일을 달성하기 위해서는 그런 군웅들을 쳐부수어야 합니다. 그걸 생각하면 창업이 더 어렵다 할 것입니다."
　측근인 위징이 반론을 펼쳤다. "새로운 제왕이 천자의 자리에 오르려면 반드시 전대의 혼란을 고스란히 짊어지고 세상을 평정하고 민심을 이끌어야 합니다. 그래야 백성들이 새로운 제왕을 환영하고, 다투어 그 명령에 복종합니다. 원래 창업이란 하늘이 내려주는 것이지 백성들이 주는 것이 아니므로, 그것을 손에 넣는 것이 그리 어렵다고만은 할 수 없습니다. 그러나 일단 천하를 손에 넣은 뒤에는 교만에 빠져 욕망이 이끄는 대로 내달리고 맙니다. 백성이 평온한 생활을 원해도, 각종 부역은 끝이 없어 백성들은 잠시도 쉴 틈이 없습니다. 백성들은 배가 고파 야단인데 제왕의 사치를 위한 노역이 끊이지 않으니, 국가가 피폐해지는 것도 다 이 때문입니다. 이런 점에서 보자면 창업보다는 수성이 더 어렵다 할 것입니다.

태종이 말했다. "방현령은 예부터 나를 따라 천하를 평정하고 수없는 난관을 겪으며 구사일생으로 오늘날을 맞이했다. 그대 입장에서는 창업이야말로 지난한 일이라 생각하는 것도 무리가 아니야. 한편, 위징은 나와 함께 천하의 안정을 꾀했고, 지금도 혹시나 이 나라가 멸망의 길을 걷지는 않을지 노심초사하고 있으니 수성이 어렵다고 생각하는 것도 당연한 일이야. 생각건대, 창업의 어려움은 벌써 과거의 일이 되고 말았구나. 앞으로는 그대들과 함께 힘껏 수성의 어려움을 극복해 나갈 생각이다."「군도편」〉

이하 좋은 말들이 참 많다.
〈군주는 배와 같고 백성은 물과 같다. 굽은 나무도 먹줄을 따라 자르면 곧아진다. 포상과 징벌은 신중하게 행하라 선한 자는 영원하고, 악한 자는 망한다.〉

명문장을 소개하면
〈林深則鳥棲 水廣則魚遊 / 임심즉조서 수광즉어유
'숲이 깊으면 새들이 깃들고, 물이 넓으면 물고기가 노닌다.'
태종이 측근에게 위정자의 마음가짐을 비유하여 한 말로, '인의를 쌓으면 천하 만물이 귀의한다(仁義積則物自歸之)'라는 말이 뒤를 잇는다.

위정자는 무엇보다 먼저 자신의 자세를 올바르게 해야 하고, 그것만 잘 지키면 백성들은 자연히 따라오게 되어 있다는 뜻이다.

疾風知勁草 板蕩知誠臣 / 질풍지경초 판탕지성신

태종이 신하 소우(蕭瑀)의 충절을 칭찬한 말로, '판탕'은 난세라는 뜻이다. 억센 풀이 세찬 바람(질풍)을 만났을 때 비로소 그 진가를 발휘하듯, 충신은 난세에 처했을 때 비로소 그 진면목을 드러낸다는 뜻이다.〉

3월 9일 제녕주에 도착했다. 그는 그곳 물길에 대해 이렇게 적었다.

〈갑을 지나 제녕주 성에 이르니, 곧 동북쪽의 사하(泗河)는 곡부현 방향으로부터 광하(洸河)는 조래산(徂徠山) 방향에서 흘러와서 노성(魯城) 동쪽에서 합하여 조하(漕河)로 들어가 회수에 도달하여 바다로 들어갑니다. 회수를 넘으면 남경입니다. 서북쪽에는 거호(鉅湖)가 있어 동쪽으로 갈라져 조하로 들어가고 북쪽으로는 임청(臨淸)에서 갈라져 위하(衛河)를 나와 바다에 도달하니 바다를 지나가면 북경입니다. 양경(兩京, 북경과 남경) 사이 거리는 3,000여 리 밖이나 됩니다. 물은 모두 제녕으로부터 갈라지는데 성의 동쪽에는 광하가 서쪽은 제하(濟河)가 있는데 두 하가 성을 둘러싸 흐르고 있고, 성의 남쪽에서 합쳐 흐릅니다.〉

물길 따라 돌지 않고 남경에서 곧장 오르면 북경이라는 것도 정확히 짚어내고 있다. 3천 리길이라고 했다. 수호지의 역사적인 배경이 바로 산둥성이고 태안시 동평현의 동평호, 제녕시 양산현동남부의 수박 양산, 하택시의 수호문화 박물관 등등 수호지의 스토리를 알 수 있는 곳이 널려 있다. 산둥성은 왜 그다지 반란이 끊이지 않은 것인지 나는 그게 늘 의문이다.

3월 10일 문상현 지방에 이르러 용왕 묘를 마주했다. 호송관은 관례대로 용왕묘에서 참배하고 최부에게 절하도록 했다. 최부는 단호히 거절했다. 참배 거부 이유는 예론이다. 조선조 예법은 개인은 주자가례(朱子家禮), 국가는 국조오례의(國朝五禮儀)에 따른다. 제후는 산천에 제사하지만, 보통 사람은 조상에 제사한다. 보통 사람이 산천에 제사하는 것은 월권행위이다. "조선에서 산천참배를 못했는데 어찌 외국의 신을 섬길 수 있겠는가" 당연한 반론이다.

호송관이 다시 참배하면 운하통행이 무사하다고 영험론을 들고 나오자 최부는 미신 배격의 차원에서 "내 이미 수만 리 망망대해에서 풍랑을 겪고 살아 나왔는데 중국의 강물쯤이야 무엇이 두렵겠느냐"라고 거절했다. 조선 선비의 냉철한 합리주의 정신이다. 현대사회에서도 초자연적인 미신이 결코, 사라지지 않았는데 500년 전 최부 같은 추상같은 합리주의자가 있었다는 것은 참으로 놀랄 만한 일이 아닌가. 실로 조선의 유학자답다.

3월 11일 동평주라는 곳을 지나 밤에 안산역에 이르렀다. 그리고 3월 12일 동창부를 지났다. 동창부에서 임청까지를 회동하라 한다. 임청이 가까워진 것이다. 곳에서 최부는 말 잘하는 앵무새를 본다. 눈은 노랗고 등은 푸른색이었으며, 머리와 가슴은 검었다. 사람의 말을 알아듣는데 말소리가 청아하고 둥글림이나 곡절이 분명하였다. 사람들이 말을 하면 그 말에 일일이 대답하고 있었다. 최부가 그 새를 보며 잠시 넋두리를 했다. 집 떠나 제주에서 상을 당하고 또 표류를 해서 생면부지 땅에서 앵무새를 보니 우울했던 모양이다.

〈이 새는 농서(隴西, 감숙성)에서 왔고, 나는 해동인(海東人)이다. 농서와 해동은 서로 수만 리나 떨어져 있는데 오늘 이렇게 만나게 되니 다행한 일이 아닌가? 단지 나와 이 새는 객지 타향에 와 있는 것도 같고, 고국을 그리워하는 마음도 같으며, 행색이 초췌한 것도 마찬가지입니다. 이 새를 보니 더욱 슬퍼지는 것 같습니다."〉

그를 본 앵무새 또한 말을 하였으니, 마치 그렇다고 하는 듯 했다고 최부는 글에 적고 있다. 3월 13일 청양역을 지나 3월 14일 임청주(臨淸州)의 관음사(觀音寺) 앞에 이르렀다. 최부는 임청에 대한 첫 소감을 이렇게 적고 있다.

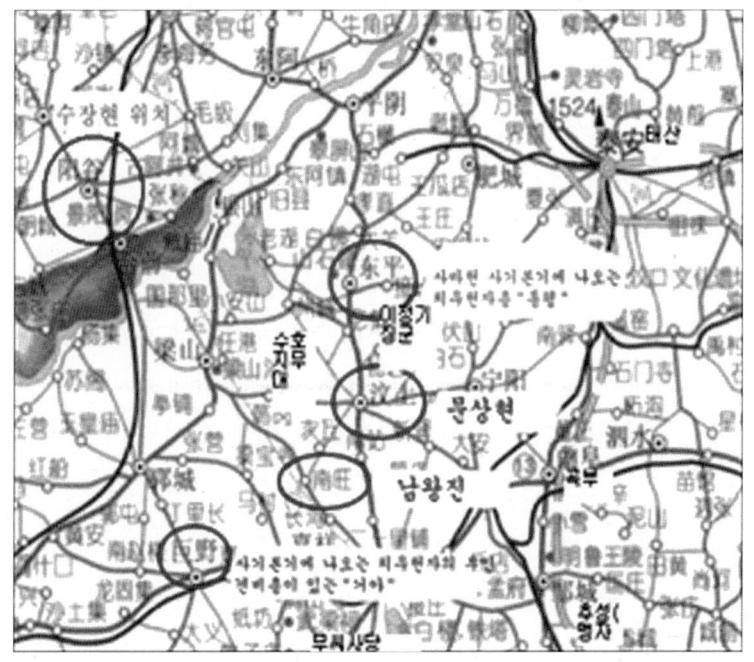

(중국 산동성 가상현(嘉祥縣)에는 전한(前漢)때 만들어진 무씨사당(武氏祠堂)이 있다. 그 석실(石室)의 화상석(華像石) 그림내용은 단군설화(檀君說話)와 흡사하다.)

〈절은 두 강이 만나 돌출된 곳에 있었고, 동서 양쪽에 갑을 네 개 설치하여 물을 모아두었습니다. 절 동쪽에는 배로 부교를 만들어 현과 통하게 하였다. 현성은 하의 동쪽 언덕 반 리쯤에 있었으며, 현치와 임청위치(臨淸衛治)는 모두 성안에 있었는데, 북경과 남경으로 통하는 요충지이며 상여(商旅, 상인)가 모여드는 지역이었습니다. (임청현) 그 성 안과 밖 수십 리 사이에 루대(樓臺)가 밀집하고 시가지가 번성하며, 재화가 풍족하고, 선박이 모여드는 것이 비록 소주·항주에는 미치지 못하지만 또한 산동에서는 으뜸이고, 천하에 명성을 떨쳤습니다.〉

임청은 지금도 큰 도시에 속하지만, 그 시대에는 엄청 큰 도시였다. 최부는 이를 말하고 있다. 지금 중국은 동네마다 옛날 유명세를 탔던 기억을 되살리려 안간힘이다. 제녕(지닝 중국말)은 공자 고향이 가깝고 그들의 후손이 제녕에 모여 산다는 특성을 살리려고 엄청 신경을 쓴다. 제녕은 춘추시대에는 노나라 등의 나라가 번창해 공자, 맹자 등 뛰어난 문인을 배출했다. 또 교통의 요지로서 예부터 중원 물자의 중심 집산지로 문화가 교류되는 지역이었다. 수나라 이후 대운하가 시내 중심을 통과하고, 명, 청 시대에는 산동성에서 가장 경제가 고도로 발전한 도시가 되어, 그 번영은 쑤저우와도 비견할 수 있는 〈강북의 작은 쑤저우〉라고 불렸다. 그런 제녕인데 아주 색다를 홍보 전략을 들고 이번에 나왔다.

공자(孔子)의 후손들이 개발하고 발전시켜온 조리법과 관련 문화를 세계무형문화유산으로 등재하는 사업을 추진하고 있다고 관영 신화통신이 보도했다. 보도에 따르면 공자의 고향인 중국 산동(山東)성 취푸(曲阜)에서 열린 '아시아 음식 연구 콘퍼런스'에서 '공부(孔府) 조리법 표준화를 위한 위원회'가 발족했다는 것이다. 산동성 지닝(濟寧)시에 있는 '공부'(정식명칭은 연성

공부(衍聖公府))는 공자 후손들이 거주하며 공자의 제사를 지내고 있는 곳으로, 이곳 역시 세계문화유산으로 등재돼 있다. '공부' 조리법에 대한 역사적 자료를 찾고 표준화된 음식을 알리기 위한 전문가팀을 꾸릴 것이라며 "등재 신청 준비에는 최소 3년이 걸릴 것"이라고 했다. '공부' 요리와 관련된 연회, 의식 등의 문화는 중국의 역대 황제 등이 공자 고향을 방문하는 과정에서 개발되고 계승돼왔다. 가장 복잡한 연회의 경우 모두 196개의 요리가 등장한다. 공부가주 술을 팔더니 이번에는 음식 조리 196 요리가 등장했다.

그렇다면 임청은 또 어떤가. 혹시 금병매라는 소설을 아는지 모르겠다. 반금련의 금자를 뜨고 "병"은 이병아(李甁兒)를 가리키며, "매"는 방춘매(龐春梅)를 가리켜 일명 금병매라 하는 소설, 글이 에로틱해서인지 저자는 여태 나타나지 않고 있다. 금병매의 저자는 "난릉소소생(蘭陵笑笑生)"이라고 적었다. 그러나 그의 실명이 무엇인지는 아직까지 정설이 없다.

작자가 산둥의 지방에서 벌어진 일과 사람에 대하여 적었고, 저자 이름 중에 "난릉"이라는 글이 있고, 여기에 작품에서 쓴 언어가 기본적으로 북방화라는 점을 고려하여 작자를 산둥 사람으로 보는 것이 다수이다. 다행히 서문경의 직업이 임청에서 운하를 오가는 사람들을 상대해서 약을 파는 게 주였기에 임청은 관광 홍보물로 옳다 싶어 바로 금병매를 들고 나선 것이다. 그런데 여기서도 요리 이야기가 빠질 수 없다. 우리가 잘 먹는 짜장면, 짜장면의 배후에는 루차이(魯菜), 곧 산둥 요리가 버티고 있다.

이 산동(둥) 요리의 기반을 구성하는 기둥으로 일반적으로 둘을 꼽는다. 하나는 옌타이의 푸산(福山) 요리이고, 다른 하나는 앞서 말한 쿵푸차이(孔府菜 – 공자 집안 요리)이다. 그런데 산둥 요리를 받치는 기둥을 하나 더 추가한다면, 나이가 제법 지긋한 50대에게 낯설지 않은 중국의 고전 에로소설 '금병매'(金甁梅)에 나오는 요리이다.

금병매에 등장하는 음식을 정리한 책이 '금병매 음식보(飮食譜)'라는 책인데, 거기 실린 메뉴 가운데 한 가지 예를 들면 이렇다. 고우영 화백이 그린 만화 '금병매'에서 호랑이를 맨손으로 때려잡은 천하장사 무송의 형이면서 사람 좋은 무대가 파는 떡의 이름이 췌이빙(炊餠)인데, 본디 그 떡의 이름은 쩡빙(蒸餠)이었다. 이름이 바뀐 이유는 송나라 인종의 본명이 쩡(楨)으로 그 임금의 이름자와 발음이 같다고 해서 이른바 피휘(避諱 - 임금의 이름에 포함된 한자 혹은 발음이 같은 한자를 피하도록 하는 관례)를 하느라 췌이빙으로 변했다는 것이다.

'금병매 음식보'가 소개하는 음식, 곧 '금병매'에 수록된 메뉴는 100여 종을 넘어 헤아린다. 그 안에는 정식 요리가 40종, 밀가루로 만든 주식 혹은 간식류 32종, 과일류 19종, 술 10종, 차(茶) 7종 등이다. 이들 음식은 당시 주인공 서문경(西門慶) 일가를 중심으로, 그 주변 인물들이 평소 즐긴 메뉴다. '금병매'는 비록 서문경의 호사스럽고 황음한 생활을 그렸다고 해서 천박한 '에로소설'이라는 불명예를 뒤집어쓴 적도 있지만, 소설이 쓰인 명나라 당시 도시 상인의 생활상을 핍진하게 묘사했다고 해서 거꾸로 '리얼리즘의 높은 봉우리'라는 평판도 동시에 얻고 있는 작품이다.

작가인 소소생(笑笑生)이 '금병매'를 세상에 내놓을 무렵인 17세기 초반 무렵의 임청은 인구가 '근 백만'에 가까운, 당시로써는 이른바 메갈로폴리스 수준의 도시였다. 베이징(北京)과 항저우(杭州)를 잇는 거대한 물길인 경항 대운하의 주요한 중간 경유지로, 경항운하에 설치된 다섯 군데의 차오관(鈔少關 - 운송되는 물품의 세금을 걷는 관서) 가운데서 조정에 바치는 조세 수입이 제일 많은 곳이었다. 서문경은 그 운하를 통해 전국 각지의 약재와 비단 등을 거래하는 장사꾼이었고 린칭은 경항운하 최대의 물류 중심지였다.

물류가 모이는 대도회라면 당연히 음식도 그리로 몰려드는 법. 내륙 수로는 각 지방의 메뉴를 그리로 실어 날라 전파하는 경로였다. 임청에 자장면의 뿌리를 이루는 단서가 과연 있는 것인가. 마오쩌뚱(毛澤東)도 혀를 내두른 중국의 괴짜 사상가 량수밍(梁漱溟)이 서(序)를 붙일 정도로 평판이 높은 음식 이야기책인 '노자미'(老滋味 - 옛맛을 찾아서)라는 책 가운데 '린칭과 금병매'라는 짤막한 글 속에서 저자인 저우지엔뚜안(周簡段)은 '금병매'의 여러 판본 가운데 '사화본'(詞話本)이라는 판본에 등장하는 면식(국수와 빵) 종류만도 55종으로, 그중 자장면과 온면이야말로 당시의 임청 사람들이 즐겨 먹던 면식이었다는 구절이 분명히 있다. 실제 그 동네는 '十香面'. '스시앙티미엔'이라는 짜장면 사촌쯤 되는 면이 있다고 전한다.

〈초한지〉〈임꺽정〉〈짱구박사〉〈수호전〉〈가루지기〉〈일지매〉 등 고우영의 주요 만화에 등장한 각종 캐릭터 모음. 1970~1980년대 성인과 청소년, 어린이 등 여러 계층의 독자들에게 사랑받았던 당대 대중문화의 아이콘들이었다.

나는 잘은 몰라도 임청의 음식이 보약일 것이라는 데는 거의 믿는 수준이다. 무송의 호랑이 잡는 힘도 그렇지만 무엇보다도 소문난 난봉꾼인 서문경 때문이다. 나는 젊을 적 고우영의 그림을 아주 재밌게 보았었다. 풍부한 상상력으로 그는 인물의 성격과 주요한 역할을 한눈에 알아차릴 수 있도록 했었다. 무대의 뻐드렁니, 부채로 얼굴을 가린 제갈, 털북숭이 장비. 반금련 앞에서 자꾸 작아지는 무대의 모습이 아주 상징적이었다. '금병매'는 송나라의 부패한 관리 채경(蔡京)이 권력을 휘두르던 시대를 배경으로 하고 있지만, 실제로는 명나라 현실을 비판한 작품이다. 돈과 권력, 섹스에 빠진 지배층의 '노블레스 오블리주'를 촉구하고 있었다.

'언론 탄압'이 우려되어서인지, 저자는 본명을 숨기고 썼다. '소소생(笑笑生)'은 누군지 모를 필명이다. 번역하자면, '웃기는 사람'이다. 냉소적인 필명이었다. 소소생은 주인공 서문경의 종말을 비참하게 마무리했다. 반금련이 준 정력제(?)를 과다하게 복용한 끝에 목숨을 놓도록 하고 있었다. 소소생은 그러면서 덧붙이고 있었다. "꽃다운 여성의 가슴은 하얗고 부드럽지만, 허리 아래에 칼을 차고 어리석은 남성의 머리를 벤다.… 긴 버선을 신은 활처럼 미끈한 다리와 황금 연꽃 같은 3치의 발(전족)은 남성의 무덤을 파는 삽과 곡괭이다." 몸가짐을 함부로 하다가는 자칫 인생을 그르칠 수 있다는 시대 경고였다(이 글은 '인천·산둥 그리고 세계의 자장면'이라는 글로 연세대 중문학과 유중하 교수가 경인일보에 2009년도에 실은 글 중에서 일부 발췌한 것이다).

(임청시 위치)

50
橘化爲枳(귤화위지)라는 사자성어

3월 15일은 내가 최부의 표해록을 읽으며 가장 즐거웠던 날이다. 역사에서 가정이란 있을 수 없지만 그들로부터 그 시대로 되돌아간다면 하는 생각을 했다. 시대를 되돌릴 수 있다면 우리가 선택하는 길은 분명히 달라져야 할 것이다. 그날 뜻하지 않게 요동 사람 진비(陳玭), 왕찬(王鑽), 장경(張景), 장승(張昇), 왕용(王用), 하옥(何玉), 유걸(劉傑) 등이 장사 일로 일찍 이곳에 도착하였는데, 최부 일행이 온 것을 듣고 청주 세 병, 엿 한 쟁반, 두부 한 쟁반, 떡 한 쟁반을 가지고 와서 대접하였다.

조선에 다녀온 인연으로 조선 사람을 보니 반갑다고 찾아오거나 이방인이다 싶으니 신기하다 여겨 온 사람은 있었지만 이렇게 일부러 찾아오는 경우는 없었다. 처음에는 선뜻 이해가 안됐다. 요동 사람이 우리와 어떻기에 먹을 것까지 종자들 몫까지 바리바리 싸가지고 찾아온단 말인가. 지금 생각으로는 상식적으로 잘 납득이 되지 않는다. 분명 현재의 우리와 다른 이심전심으로 통하는 그 무언가가 있다. 피는 어쩔 수 없으며 남다르다는 자연스러운 행보는 아닐까. 형제 같은 우정, 의리. 그것이 아니라면 달리 설명할 방도가 없다. 분명 그들은 고구려인들이다. 그들이 말을 했다.

〈"우리 요동성 지역은 귀국과 이웃하여 의(義)가 한 집과 같다. 오늘 다행히 객지에서 서로 만나게 되어 감히 약소한 물품으로써 예를 표합니다."〉

최부도 당연하다는 듯 말을 한다.

〈"그대들의 땅은 곧 옛 고구려의 옛터였고, 고구려는 지금은 우리 조선의 땅이니 땅의 연혁은 비록 시대에 따라 다르지만, 그 실상은 한 나라와 같습니다. 지금은 숨이 차 거의 죽을 뻔한 끝에 만 리 밖에 표류하여 정박하니 사방을 둘러보아도 서로 아는 사람이 없었는데 그대들을 만나게 되었습니다. 게다가 후한 은혜를 입으니 마치 한집안 일가친척을 본 것과 같습니다."〉

그러자 일행 중 진기(진비)가 말을 했다.

〈"내가 정월에 길을 떠나 2월 초 1일에 이곳에 도착하였는데 4월 초순 쯤에 돌아가게 될 예정이니, 아마 다시는 서로 만나지 못할 듯합니다. 만약 먼저 제 고향을 지난다면 안정문(安定門)에 유학(儒學)에 다니고 있는 진영(陳瀛)이란 사람이 제 아들이니 찾아 저의 소식을 잘 전해 주십시오."〉

1488년 그때만 해도 조선 선비나 요동 사람들 의식은 한결 같았음이 분명하다. 눈 속에서도 의연한 소나무와 전나무 같은 존재라 할까. 피는 못 속인다. 각골난망은 또 왜 아닐까. 시대를 잘못 만났을 뿐 그들의 의기투합은 아주 자연스럽고 또 의리라는 어느 의식이 상호 상통한 것도 같다. 청나라 초대 황제 누르하치는 후금 시절 절대 조선은 형제 나라이니 함부로 하지 말라고 했다. 함부로 한 것은 조선이었다. 그때 인조반정이 없이 광해군이 치세를 계속하였다면 후금과 명나라를 똑같이 취급했을 것이고 우리에게 병자호란이라는 큰 아픔은 생기지 않았을 것이다. 그들은 백두산 밑을 자기들의 조상이 자리한 신성한 터전이라고 청나라 시대 봉금하였고 그 덕분 같은데 그래서 광개토대왕 비가 무사하기도 한 것이다. 바로 그들과 우리는 예맥족으로 같은 핏줄이다. 요즘으로 말하면 실용주의를 택했어야 했다. 비록 말씨가 달라지고 성씨도 달라졌지만, 뿌리에 대한 동질성은 내가 보기에 1488년에는 온전했다. 그가 표해록 글 뒷부분에 써놓은 글이 이를 반증한다. 여진은 바로 고구려인으로 같은 핏줄이다.

〈해주(海州)·요동 등지의 사람들은 반은 중국 사람이고 반은 우리나라 사람이고 반은 여진(女眞) 사람입니다. 석문령 이남에서 압록강까지는 모두 우리나라에서 이주한 사람들이므로 갓과 옷, 말씨와 여자의 머리장식이 우리나라와 같았습니다.〉

3월 16일 무성현을 지나 3월 17일 노를 저어 종각을 지나 저녁에 고성현(故城縣) 앞에서 유숙하였다. 날이 좋은 데 가지 않으니 최부가 달도 밝고 바람도 좋은데 어찌하여 가지 않느냐고 물었다. 그러자 부영이 대답했다.

〈당신은 이 강에서 떠다니던 시체 3구를 보았을 것입니다. 이것은 모두 강도질하고 죽인 것입니다. 이 지방은 계속 흉년이 들어 서로 이끌어서 도적이 된 자가 많습니다. 게다가 당신들이 표류하여 행장이 없어진 것을 알지 못하고 도리어 이방인이므로 반드시 귀중한 물건을 가지고 왔다고 생각하여 모두 취하고자 하는 마음이 있을 때입니다. 또 앞으로 지나갈 길은 인가가 적고 도적이 들끓기 때문에 가지 않는 것입니다."〉

살벌한 강북 사람들이 아닐 수 없다. 부영이 더 아찔한 말을 한다.
〈"대개 중국 사람의 심성은 북방은 곧 힘이 세고 몹시 사납고, 남방은 곧 부드럽고 온순하다. 영파의 도적은 강남 인이므로 혹시 도적이 되었어도 대체로 모두가 빼앗기는 하지만 살인은 하지 않기 때문에 당신이 몸을 보전할 수 있었습니다. 이 북방인은 빼앗고 반드시 살인을 하여 혹은 도랑과 구덩이에 내어버리기도 하고 혹은 강과 바다에 던져버리기도 합니다. 오늘 떠다니는 시체를 본 것으로 알 수 있을 것입니다"〉

3월 18일 덕주를 지났다. 그들은 손님 대접으로 차를 마신다고 했는데 최부는 조선에서 손님 대접은 술이라고 했다. 그날 반 덕주를 지나는데 땅이 넓고 인구가 조밀하여 상인들이 모이는 곳이라고 했다. 이름을 알 수 없는 강 언덕에 도착하여 머물렀는데 대뜸 부영이 한마디 했다.

〈"태상황제(성화제)의 동모(同母) 동생이 어질고 덕이 있어 노(魯)를 봉지(封地)로 봉하고, 노왕으로 불렸는데, 덕주의 경계에서 삼백 여리 떨어진 땅에 있어서 그때의 사람들이 덕왕(德王)이라고 칭하였습니다."〉

말인즉 황제 동생이 도심에서는 반란을 도모할 수 있으니 이 근처 그것도 시골에 틀어박혀 왕의 칭호를 받고 산다는 것이 아닌가. 거기에 덧붙여 "왕의 형제가 북경 안에 있어서 다른 마음을 가지는 것을 두려워하여, 16세 이상이 되면 모두 왕으로 봉하여 밖으로 내보내고 아울러 하는 일은 왕부(王府)와 각사(各司)의 관리가 모든 정사를 맡고, 교수관(教授官)과 호위관(護衛官)이 있어 왕과 더불어 시서(詩書)를 강론하고, 사어(射御, 궁술과 말 타기)를 사열할 뿐 정사를 행하는 것은 왕이 할 수 없고 모든 것이 조정에서 나온다고 했다. 요즘 말로 바지사장을 만드는 격이다.

3월 19일 양점역을 지나고 3월 20일 왕가구포를 지나 3월 21일 창주의 발부창(撥夫廠)에 도착했다. 주성은 강의 동쪽언덕에 임하였는데, 곧 한나라 때의 발해군(渤海郡)이다. 강변에 장대 위에 사람의 머리를 매달아 사람들에게 보이고 있었다. 섬뜩한 순간 부영이 말했다.

〈"저것은 강도의 머리입니다. 한나라 때의 공수(龔遂)가 단기(單騎)로 이 지방에 와서 도적 떼를 평정하니 검을 팔고 소를 샀다는 이야기가 있습니다. 이 지방에는 도적이 많고 사람을 겁탈하고 죽이는 것이 예로부터 그랬습니다.")

　살벌함의 연속이다. 강북이 살기는 꽤 척박한 모양이다. 강남에 심은 귤을 강북에 옮겨 심으면 탱자가 된다는 橘化爲枳(귤화위지)가 새삼 다시 떠오른다. 기후와 풍토가 다르면 그렇게 된다는 것 아닌가. 사람도 주위 환경에 따라 달라진다는 것을 비유한 고사 성어다. 춘추전국시대 제나라에 안영이라는 이름난 재상이 있었다. 그는 세 명의 임금을 섬겼으나 늘 검소한 생활을 했다. 재상의 신분이지만 밥상에는 고기반찬을 올리지 않았으며 아내에게도 비단옷을 입지 못하게 했다. 키는 작달막했지만, 언변과 재치가 뛰어났다. 어느 날 그는 초나라에 사신으로 가게 되었다. 초나라 영왕은 제나라를 우습게 여겼다. 안영이 도착하자 초나라 왕은 그를 위해 거창한 술자리를 베풀었다. 술자리가 한창 무르익었을 때 있었던 일이다. "제나라는 사람이 없소? 하필이면 경과 같은 사람을 사신으로 보낸 이유가 뭐요?" 키가 작은 안영을 비웃기 위해 한 말이었다.
　초나라의 왕은 당시 제나라를 우습게 보았기 때문에 이런 심한 농담을 함부로 한 것이다. 안영은 그런데도 서슴지 않고 태연히 대답했다. "그 까닭은 이렇습니다. 우리나라에서는 사신을 보낼 때 상대방 나라에 맞게 사람을 골라 보내는 관례가 있습니다. 작은 나라에는 작은 사신을 보내고 큰 나라에는 큰 사신을 보냅니다. 臣(신)은 그중에서도 가장 작은 편에 속하기 때문에 초나라로 오게 된 것이옵니다." 영왕은 안영의 능수능란한 말솜씨에 기세가 꺾였다. 그 때문에 은근히 화가 났다. 그때 그의 앞으로 捕吏(포리)가 제나라 사람인 죄인을 끌고 가자 영왕은 안영에게 들으라고 큰소리를 쳤다. 영왕은 죄인의 죄명을 밝힌 다음 이렇게 말했다. "제나라 사람은 도둑질을 잘 하는군" 다시 안영이 대답했다. "제가 듣기로는 귤이 회남에서 나면 귤이 되지만 회북에서 나면 탱자가 된다고 들었습니다. 잎은 비슷하지만, 그 과실의 맛은 다릅니다. 그러한 까닭은 무엇이겠습니까? 물과 땅이 다르기 때문입니다. 지금 백성 중 제나라에서 나고 성장한 자는 도둑질을 하지 않습니다. 그런데 초나라로 들어오면 도둑질을 합니다. 초나라의 물과 땅이 백성들에게 도둑질을 잘하게 하는 것입니다." 왕은 웃으면서 다시 말했다. "聖人(성인)은 농담을 하지 않는다고 하오. 과인이 오히려 부끄럽군요." 제나라의 죄인을 안영에게 보여줌으로써 안영을 명성을 눌러 보려던 초왕의 계획은 결국 실패로 끝나게 되었다.

사람은 환경에 큰 영향을 받는 것은 사실이다. 우리가 잘 아는 맹모삼천지교가 이를 말하지 않는가. 3월 17일 저녁에 고성현에서도 시체를 보았는데 3월 21일 창주에서도 또 강도의 머리를 보았다. 나중 여정에서도 3월 26일 북경에 다가서도 바로 옆 배에서 강도들의 격투 장면을 목격하기도 한다. 그뿐이 아니다. 4월 30일 풍윤현을 지날 때 백발이 성성한 관리를 동료가 마음에 안 든다고 수염을 뽑아버리기도 한다. 강남에서는 전혀 보지 못한 광경을 본 최부는 충격을 받았을 것이다. 그는 그런 정황을 참고하여 표해록 끝부분에 강남과 강북의 차이점에 대해 소상히 써놓았다. 그 글을 읽어보면 사람 사는 데 환경이 꽤 중요하다 싶기도 하고 교육이 또한 큰 역할을 한다는 것을 느끼게도 된다. 그의 글 일부분을 들여다본다.

〈강북은 인심은 매우 사나워서 산둥 이북에 이르기까지 집안이 서로 보호하지 않으니, 싸우는 것이 끊이지 않고 혹은 겁탈하고 도둑질과 살인이 많았습니다. 산해관 동쪽의 사람들의 성품과 행동은 더욱 사나워 오랑캐의 풍습이 많이 남아있었습니다. 강남의 사람들은 책을 읽는 것을 업(業)으로 삼고 있어, 모름지기 어린아이나 뱃사공(津夫), 어부(水夫)들 모두 글을 알았습니다. 신이 그 지방에 이르러 글자를 써서 물어보니, 산천·고적·토지·연혁에 대해 모두 잘 알고 있어 자세하게 일러주었습니다. 강북의 사람은 배우지 않은 자가 많아 물어보고 싶어도 모두가 말하기를 "나는 글자를 알지 못합니다."라고 하였으니, 즉 무식한 사람들입니다.〉

지금 창주(창저우)는 현재 우리와 인연이 깊다. 현대자동차가 세계 최대 자동차 시장인 중국의 신 성장 경제권으로 떠오르는 허베이성(河北省) 창저우시 공장 건설의 첫 삽을 떴다. 현대차는 얼마 전 허베이성 창저우(滄州)시에서 연산 30만 대 규모의 신규 생산 공장 기공식을 열고, 본격적인 착공에 들어갔다. 현대차의 4번째 중국 생산거점으로 창저우공장을 선택한 것이다.

* 절강성 사람을 달리 보는 연암의 눈 *

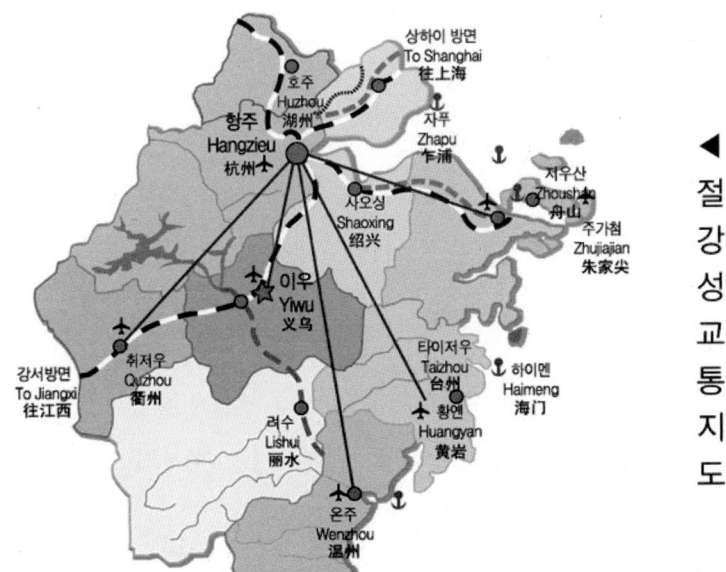

최부가 말한 대로 강남과 강북은 배움의 큰 차이가 있었다. 열하일기에서는 아주 상세하게 이를 기술하고 있다. 단순한 표출이 아니라 속성까지 파고들어 그들의 옹졸한 행태를 낱낱이 설명하고 있다. 배움이 있다고 반듯한 것은 아니라는 것을 연암은 또 말하고 있다. 연암의 열하일기 '피서록'에 나오는 글을 옮겨 싣는다.

〈오중(吳中) 즉 절강지방의 사람들은 예로부터 부박하고 허탄하며, 경솔하고 변덕이 많으나 대체로 문장이 공교롭고 글씨 그림을 잘하기로 이름 높은 선비가 많았다. 그러나 중원(中原)의 인사들은 모두 그들을 미워하여 장사치나 장쾌들을 지목할 때에는, 반드시 항주풍(杭州風)이라고 일컬으니 대체로 오인(吳人)은 교활한 술책이 많았던 까닭이다. 전당(錢塘) 전여성(田汝成)의 《위항총담(委巷叢談)》에,

"항주의 풍속이 부박하고도 허탄하여 남을 자랑함에도 가벼이 하려니와, 구차히 나무라기도 잘하여 한 길에서 들은 말들을 다시 생각하여 보지도 않는다. 예를 들면 아무개가 이상한 물건을 가졌다고 하거나, 또는 아무개의 집에 범상하지 않은 일이 생겼다고 한 사람이 외치면 뭇 사람이 따라서 남의 의심나는 일에는 스스로 증언하되, 마치 자기의 눈으로 환하게 본 듯이 하여 저 바람처럼 일 때에도 머리가 나타나지 않거니와, 지나는 곳에도 그림자가 없어서 그 자취를 찾을 수 없는 까닭으로, 상말에 '항주 바람은 포착하자 없어져 버린다네. 좋은 것이나 나쁜 것이나 모두 한패가 되어 있네.'라고 하였거니와, 또 이르기를, '항주 바람은 한 묶음 파라네. 꽃은 쭝긋쭝긋 속은 다 비었다네.'라고 하였으며, 또 그들의 습속이 거짓을 만들어서 눈앞의 이익을 맞이하되, 신후(身後)의 일을 돌보지 않음도 일쑤이다. 그리하여 술에다 재를 타고 닭에다 모래를 채우고 거위 배때기에 바람을 불어 넣고, 고기나 생선에 물을 집어 넣으며, 천에 기름과 분을 바르는 따위의 일이 벌써 송(宋) 때부터 그러하였다."

라고 하였다. 내 일찍이 기 귀주(奇貴州)에게 육비(陸飛)의 글씨와 그림이 공교함을 이야기하였더니, 기는,

"그쯤이야 아무것도 아닌 벌레입니다."

한다. 이도 역시 항주 풍을 두고 말함이다. 그들 북쪽 사람이 남쪽 선비를 미워함이 대체로 이러하였다.〉

글을 강남지역이 많이 알고 있다는 것은 최부가 말한 그대로 인정하는 데 그 수법이 옹졸하고 기묘해서인지 강북 사람들은 이를 견제하는 심리가 있으며 연암 또한 항주 풍에 대하여 익히 아는 듯 보인다. 이를테면 일찍이 상공업이 발달한 탓인지 돈에 치중하며 가볍고 눈앞에 이익에 급급하고 경솔하다는 인식을 가졌던 것 같다. 얄팍한 사람들 하니 나도 언뜻 생각나는 것이 있다. 절강성 소주 근처 저우장에서 본 뱃사공이 언뜻 생각난다. 가마우지에게 물고기를 잡아 오도록 하는 그는 목에 줄을 칭칭 감아 잡은 물고기가 목구멍을 통과하지 못하게 하였다. 잡은 물고기를 먹으려고 바동거리는 순간 목에서 물고기를 손쉽게 빼내는 그 수법이 참 기묘하다 싶었는데 뱃사공은 아무 때나 그 짓을 하는 것이 아니라 우리가 돈을 50위안을 내면 우리 앞에서 그 행위를 연출했다. 참 기막힌 상술이다. 어느 중국인은 비둘기가 때가 되면 집으로 돌아온다는 속성을 이용해서 집을 져주고 물통도 만들어 놓고는 물통에 양잿물을 풀어 놓아 비둘기가 벌판에서 잔뜩 먹은 콩을 다 쏟게 해서 그 토한 콩으로 말의 먹이로 주었다고 전한다. 얄팍한 인간들이라 하니 잔혹하다 싶고 절강성이 원래 상업이 발달하였다더니 그래서일까, 상술 뛰어난 그런 부류들이 이내 떠오르고 만다.

51
명 9대 황제 홍치제의 서정쇄신

3월 21일 창주에서 죽은 사람 모습을 보고 '장로 체운소'라는 곳에 정박을 할 때였다. 아무래도 미심쩍었다. 회하를 지난 뒤부터 병부, 형부, 이부 각 관사 관원의 배가 계속 이어지고 끊이지 않는 게 분명 무슨 변고가 있는 듯 보였다. 이를 최부가 묻자 부영이 답을 했다.

〈지금 천자께서 영명하시어 조신들 중 지난날의 잘못된 행위나 작은 과오를 범한 자들도 모두 강직하거나 폄출하고 있습니다. 운하에서 석패를 차고 돌아가는 사람은 모두 폄직되어 고향으로 내려가는 조신들입니다. 지난번 소흥부에서 당신이 어디서 왔는지를 심문했던 황종도 폄직되어 돌아갔습니다. 환관 중에도 죽임을 당하고, 좌천된 자가 이루 헤아릴 수 없으나 지금 강에서 경사로 가는 자는 모두 선제(先帝, 헌종 성화제)의 사신으로 파견되어 직무를 마치고 돌아가는데 (관직을) 보존하기 어려울 것입니다. 전에 서로 만났던 태감 나공·섭공은 모두 정해진 날짜에 돌아가지 못하여 좌천되어 봉어(奉御)의 직책을 담당하게 되었습니다.〉

우선 그들의 연락망과 지휘체계에 대해 놀라움을 갖는다. 불과 수일 사이 좌천이 된 것이고 석패를 찬 것인데 이를 배 안에서 모두 알고 있다. 하기야 관료들로서는 인사만큼 중요한 게 어디 있는가. 황제가 바뀌었으니 당연히 서정쇄신은 알고 있었을 것이다. 지금 시대에도 정권이 바뀌면 당연한 순서가 아닌가. 능지처참이 없는 게 그나마 다행으로 알아야 한다. 역사적으로는 황제가 바꾸자 목이 달아난 사람이 한둘이 아니다. 한 예로 열하일기에서 나오는 화신은 청나라 건륭제의 총애를 받으며 무소불위의 권력을 휘두른 인물로 권좌에서 물러날 때 재산이 8억 냥이 넘었던 것으로 알려진 탐관오리다. 당시 이 같은 재산은 청나라 조정의 10년 세수와 맞먹는 규모였다. 이를 지켜보았던 가경제는 즉위하자마자 화신을 직위해제 시키고 가산이 몰수되고 엄청난 죄목이 공표되었으며, 자살이 명해졌다.

황제 찬탈도 꽤 많다. 영락제가 대표적인 위인이다. 그는 "정난지역(靖難之役)"의 기치를 내걸고, 자기의 조카인 건문제 주윤문을 핍박하여 죽여 버렸다. 이어서, 등극 조서의 초안을 부탁했다가, 건문제의 충신인 방효유에게 거절당하였다. 얼마 되지 않아, 새 황후를 책봉하고자 당대의 미녀인 서묘금에게 청혼했으나, 역시 완곡하게 거절당하였다. 이 두 번의 거절로 영락제로 머리끝까지 화가 났다. 방효유는 10족(9족에 제자까지 더해서 10족이 됨)을 멸하였다.

그러나 서묘금에 대하여는 아무리 화가 나도 어찌할 방법이 없었다. 서묘금은 명나라의 개국공신으로 위국공(魏國公)에 오른 서달(徐達)의 셋째 딸이다. 재주와 용모가 아주 뛰어났고, 심지어 그녀의 언니로 영락제의 원래 황후인 인효황후(仁孝皇后)를 능가했다. 바로 그녀의 뛰어난 용모와 재주로 인하여, 인효왕후가 영락 5년에 사망하자, 영락제는 새로운 황후로 다른 사람은 전혀 고려하지 않고, 바로 서묘금을 불러들여 그녀의 언니가 남긴 빈자리를 채우고자 하였다.

아마도 서묘금은 이 간사하고 포악하며, 냉혈한인 영락제를 마음속으로 멸시했을 것이다. 그녀는 글을 올려 영락제의 요청을 완곡하게 거절한다. 그녀는 자신은 양갓집 규수로 태어나 성격이 담백하고 부귀영화를 꿈꾸지 않으며, 한마음으로 불교에 귀의하고 싶어 했으며, 세속으로 돌아올 생각이 없다는 것을 여러 번 강조했다. 그녀는 폭군과 결혼하는 것을 거절하고, 일생을 고독하게 사는 길을 택했다.

황제가 얻으려다 얻지 못한 여자를 다른 어떤 남자도 가질 수는 없다. 만일, 다른 사람이라면 이런 결정을 내리는 것이 어려웠을 것이다. 왜냐하면, 대가가 쉽게 치를 수 있는 것이 아니기 때문이다. "천하의 모든 땅은 왕의 땅이 아닌 것이 없고, 천하의 모든 선비도 왕의 신하가 아닌 자가 없다"는 것이 과거의 봉건적인 인식이다. 그런 상황에서, 약한 여자로서 황제의 요구를 거절하는 것은 정말 쉽지 않다. 생살여탈권을 손아귀에 쥐고 있는 황제의 요구를 거절한다는 것은 하늘을 오르기보다 어렵다. 영락제는 그녀에게 거절당한 후 다시는 새로 황후를 책봉하지 않게 된다. 이는 의외였다.

새 시대를 맞아 군주가 새 술은 새 부대에 담는다고 쇄신은 잘하는 일이라고 최부가 말을 하자 부영이 바로 말을 잇는다.

〈우리 황제께서 멀리하는 자는 소인과 환관이다. 매일 친히 경연을 열고 각로(閣老)·학사(學士)들과 더불어 시서(詩書)를 강론하고 정사를 논하기를 부지런히 힘써 그치지 않았습니다. 지난 3월 9일에는 몸소 국자감에 납시어 선성(先聖, 공자)의 석전례를 거행하였으니, 유교를 숭상하고 도를 중시하는 뜻 역시 지극합니다.〉

이 말에 최부의 짓궂은 질문이 바로 들어간다. 그의 글을 읽어 보면 '신이 희롱하여 말하기를'이라고 쓴 부분은 바로 얄궂거나 짓궂게 질문할 때로 달리 구분을 해놓았다.

〈"천자도 열국의 신하에게 절을 하는가."〉

이에 부영이 답했다.

〈"공자는 만세의 스승인데, 어찌 신하의 예로써 대우하겠습니까? 다만 천자께서도 석전례를 거행할 때 찬례관(贊禮官)이 '국궁배(鞠躬拜, 몸을 굽혀 절하십시오)'라고 하면 천자가 절을 하려고 합니다. (그때) 곁에 또 한 명의 찬례관이 말하기를 '공자는 일찍이 노나라의 사구(司寇)'라고 합니다. 찬례관이 또 소리 높여 '평신(平身, 몸을 펴십시오)'라고 말합니다. 예는 마땅히 절을 해야 하나 사실은 절을 하지 않는 것이니, 이것은 선사(先師)와 천자를 높이는 예이니 양쪽 다 도리에 어긋나는 것은 아닙니다."〉

어찌 들으면 그럴듯하다. 말인즉 공자도 높이고 천자도 높인다는 것인데 어찌 들으면 이것도 아니고 저것도 아닌 셈이다. 이 말을 듣고 유학자 최부가 가만히 있을 리 없다.

〈"공자의 도는 천지보다 크고 일월보다 밝으며 사시보다 정확하고 천하 만대까지 무궁하다. 경대부·사·서인이 그 도를 배워 행실을 바르게 하고, 제후는 그 도를 배움으로써 그 나라를 다스리며, 천자는 그 도를 배워 천하를 태평스럽게 다스려야 합니다. 즉 천자로부터 서인에 이르기까지 모두 마땅히 선성·선사의 예로써 섬겨야 하는데, 또 노나라의 사구라 칭하면서, 마땅히 절을 해야 하는데 어찌 절을 하지 않는 것입니까? 만약 사구란 직책으로써 공자를 칭한다면 즉 공자는 한 소국의 배신인데 또한 어찌 천자의 존엄함을 낮추어서 그에게 제사를 지내겠습니까."〉

뭐 이렇게 따지고 드니 부영으로서는 당연히 말문이 막힌다. 최부의 의도는 의당 공자에게 머리를 숙이는 것이 맞는다는 말을 돌려서 말 한 것이다. 그 날 밤중에 서슬 퍼런 정국 상황을 부영이 또 알린다.

〈"방금 경사에서 온 사람이 말하기를 '상서(尙書)와 한 학사가 서로 서서 말한 것을 의심하여 교위(校尉)가 체포하여 천자께 아뢰니 금의위(錦衣衛)에 명령을 하달하여 옥에 가두어 어떤 말을 하였는지 조사케 하였습니다. 학사는 몸은 궁궐 내에 있어 지존의 대소사를 모두 의논하니 지금 상서와 더불어 상대하여 말한 것이 사사로운 부탁이 있었는지가 염려되어 이를 묻게 한 것입니다."〉

세상이 바뀌면 옷깃을 여미고 관료들은 노심초사하기 마련이다. 황제도 때를 놓쳐서는 안 된다. 원래 국상을 당하면 곧 빈전(殯殿), 국장(國葬), 산릉도감(山陵都監)을 설치하고 장례준비를 하게 된다. 장례 기간은 죽은 뒤 조선의 경우 5개월까지 이어지는데 중국 황제의 경우는 7개월이다. 성화제가 1487년 9월 9일 죽었으니 7개월이라 하면 1488년 윤1월이 껴 있으니 3월 초가 7개월이 된다. 3월 21일 창주에서 서정쇄신에 대한 이야기를 들었으니 예도에 맞는 것도 같다. 그 시대 스마트 폰을 쓰는 것도 아닌데 3월 9일 황제 홍치제가 국자감에 다녀갔다는 소식을 10일 남짓해서 창주에서 들으니 대단한 소식통이고 연락망이다.

황제로서는 집권 원년 초기 강력한 힘을 보여 줄 필요가 있다. 그들이 겁을 먹고 부정부패를 일신하고 그들의 합종연횡도 과감히 척결해야 한다. 세상이 바뀌면 권력 구조가 바뀌는 것은 그때나 지금이나 다른 바가 없다. 황제는 '팽두이숙'을 염두에 두었을 것이다. '팽두이숙'(烹頭耳熟)은 '대가리를 삶으면 귀까지 익는다.'는 뜻으로 '중요한 부분만 처리하면 남은 것은 따라서 저절로 해결됨'을 비유해서 이르는 말이다.

부영이 '우리 황제께서 멀리하는 자는 소인과 환관'이라 했는데 과연 그럴까. 명나라는 앞선 글에서 설명했지만, 환관의 나라라고 해도 과언이 아니다. 환관만 잘 다스려도 반은 성공한 것이다. 그런데 우리와 중국은 환관이 있는데 일본에는 없다. 이는 중국에서 환관이 탄생한 사정과 배경을 생각해보면 알 수 있다. 근본적으로 환관의 기원은 이민족을 정복해 포로로 잡고 그 남성들을 거세해 노예로 쓰기 시작한 데서 유래한다. 하지만 고대부터 중세에 걸쳐 일본은 이민족과 큰 전쟁을 한 일도 없으며, 정복한 일도 없다. 그러한 섬나라의 특성이 있었기 때문에 환관은 생겨나지 않았다고 보면 맞다. 아무튼, 환관이 명나라에서는 막중한 임무를 담당했다.

홍치제는 환관이 몰래 양육을 하였다는 설도 있다. 6세 때야 비로소 부친을 대면할 수 있었으며, 이복형이 요절(夭折)한 관계로 황태자로 책봉될 수 있었다. 그러나 황태자 되어서도 늘 만귀비의 따가운 시선 속에서 힘들게 생활해야 했다. 흉악한 만귀비의 위협으로 인해 극적인 유년기를 보냈음에도 불구하고 홍치제는 슬기롭게 위기를 극복하고, 마침내 황제의 자리에 오를 수 있었다. 이것은 홍치제의 영민한 성품이기도 하지만 교육의 힘이기도 했다.

그런 그는 즉위하고 우연한 기회에 환관 이광의 치부책을 보았다고 한다. 치부책에는 문무 대관들이 준 황미, 백미 각 천백 석을 주었다고 적혀 있었다. 홍치제는 '이광은 어째서 그렇게 쌀을 많이 먹는가?'라고 묻자 한 신하가 '그것은 은어입니다. 황미는 황금, 백미는 백은을 의미합니다.'라고 대답했다는 이야기가 명사(明史)에 실려 있다. 아마 황제는 소스라치게 놀랐을 것이다. 역사서를 보면 왕직이라는 환관이 꽤 설쳤던 모양인데 쫓겨났고 무소불위의 환관들도 어가를 인도하고 경비하는 임무를 담당하는 봉어라는 한직으로 쫓겨났다고 적혀 있다.

효종 홍치제의 시대는 비교적 평온했다. 홍치중흥이라 불릴 만큼 정국이 안정되었다. 이는 환관들을 잘 다스렸다는 이야기다. 중국 역대 황제들의 골치였던 북쪽 기마 민족들과 대외관계에서 우호관계를 유지했다. 북방의 문제가 사라지면서 안정적이고 평온한 시대가 이어졌다. 또 내부적으로는 환관들의 전횡을 건제하고 간신들을 낙향시켰으며, 커다란 토목공사가 없어서 백성들이 비교적 편안한 시기였다고 평가를 한다.

그러니까 최부는 환관들을 견제하고 간신들을 낙향시켰다는 명서 구절에 나온 역사의 현장을 바로 지켜본 셈이다. 홍치제가 이렇게 된 뒤에는 충신이 있었다. 천하궁각노(天下窮閣老: 천하에 둘도 없는 가난한 재상)라 불렸던 왕오는 환관들이 황제를 유흥으로 이끌자, 주 문왕(周 文王)은 일찍이 사냥과 오락을 삼갔으며 이를 따라야 한다고 간곡히 청하였고 홍치제는 이를 따랐다. 열하일기 동란섭필에 따르면 왕오가 쓴 《진택장어(震澤長語)》에,

"조종(祖宗) 때 세용(歲用)은 황납(黃蠟: 밀랍의 일종) 한 가지로만 말하더라도, 국초(國初)에는 일 년에 불과 2천 근이던 것이 경태(景泰)·천순(天順) 사이에는 8만 5천 근이 되었고, 성화(成化) 이후는 12만 근으로 불었으니 그 나머지는 가히 미루어 알 것이다." 하였다고 쓴 것으로 보아 그 무렵은 번창 가도를 달렸던 것 같다.

하지만 충신이 있으면 무엇하겠는가. 군주가 말을 들어야 말이지. 홍치제의 아들 무종 정덕제는 황제가 된 뒤에 미녀를 후궁으로 삼아 쾌락을 즐기는 음탕한 생활에 빠졌을 뿐만 아니라 환관을 사랑하고 라마교를 광신했으며, 유희를 좋아하여 국비를 낭비

하였다. 아마 왕양명(王陽明)이란 이름을 들어본 사람들도 있겠다 싶은데 그는 철학자이자 관리자로서 그의 사상과 철학은 2천년 중국 철학사에 큰 족적을 남겼다. 그때 황제가 바로 정덕제 주후조이다.

주후조는 '8호'라 불리는 여덟 환관에 둘러싸여 향락에 빠진 채 정사를 도외시했다. 35세의 병주부사 왕양명은 격무 중에도 항상 강학을 열어 후진 양성에 주력하면서 계속되는 황제의 기행에 8호를 내쫓아야 한다고 앞장서서 주장한다. 그러나 주후조는 충언을 올리는 대신들을 파직하는 등 군신 간의 소통(疏通)을 스스로 차단했다. 그 상황에서 왕양명은 36세 때 신상에 중대한 사건을 맞는다. 그는 당시 큰 권력을 쥐고 있던 부패한 환관(宦官) 유근(劉瑾)을 탄핵하다가 투옥된 한 검열관을 옹호했다. 이 때문에 자신도 40대의 곤장을 맞고 여러 달 동안 옥에 갇혔다가 귀주성(貴州省) 역승(驛丞)으로 좌천되는 등 질곡(桎梏)의 세월을 보냈다. 문무에 모두 능했던 왕양명은 학문을 연구하는 동시에 지방관으로서도 깔끔히 일을 처리했다. 그는 관청 정문에다 '관청 민정(官淸民靜)'이란 글귀를 붙였다. 관(官) 즉, '공직자는 부정부패가 없이 맑아야 하고, 백성은 고요해야 한다.'라는 경구다. 그는 공직자가 부패할 경우 그 폐해는 백성에게 돌아가는 것이며, 이를 사전에 예방하고 차단하고자 '관청 민정'을 강조하면서 비리를 발본색원(拔本塞源)했다. 역사서대로 최부가 곳에 갔을 때 다행히 나름 열심히 일을 했던 것 같다. 명나라나 조선이나 개국 시기가 별반 차이가 안 되는데 명나라는 싹이 노랗고 쉽사리 무너질 것이란 예감마저 든다.

나는 최부의 표해록을 읽으며 희열에 쌓이곤 한다. 선비의 알차고 당찬 모습은 바로 이런 것이다 했다. 일당백이란 말이 이런 데서 나오는 것이 아닌가. 고구려 때 사람들은 이 말의 의미를 잘 안다. 조선이 어찌거나 6백년 가까이 존립한 데는 바로 이런 의식에서 비롯하지 않은가 싶다. 그 다음 대목을 보면 고개가 바로 끄덕여진다. 3월 22일 홍제현을 지나 3월 23일 정해현을 지날 때였다. 최부는 한 광경을 보자 가던 길을 바로 멈추었다. 그는 부영에게 대뜸 수차를 만드는 방법을 배우고 싶다고 청을 한다. 그는 지난 빈 소흥부를 지날 때 호수 언덕에서 수차를 돌려 힘은 적게 쓰고 물은 많이 퍼 올리는 것을 보고 가뭄에 쓰면 그만이다 싶어 꼭 챙겨보아야겠다고 생각을 했던 것이다. 부영이 자기는 잘 모른다고 말을 하자 또 다시 최부는 간청을 한다. 최부의 말을 들어보자.

〈옛날 송 인종(仁宗) 가우(嘉祐, 1056~63) 연간에 고려에 신속된 탁라도 사람이 돛대가 부러지고 표류하여 해안에 닿아 소주 곤산현(崑山縣)에 이르렀습니다. 지현 한정언(韓正彦)이 술과 음식으로 위로하고, 오래된 돛대를 주목(舟木) 위에 설치하였는데 움직이지 않는 것을 보고 공인(工人)을 시켜 돛대를 수리하고 회전축을 만들게 하여 그것을 눕히고 세우는 법을 가르쳐주니 그 사람들은 기뻐하여 손뼉 치며 빙글빙글 돌았습니다. 탁라는 곧 지금 우리나라의 제주입니다. 우리는 제주에 갔다가 표류하게 되어 이곳에 오니 또한 그 사람들과 처지가 같습니다. 당신 또한 한공과 같은 마음으로 우리에게 수차를 만드는 방법을 가르쳐 주면 우리도 또한 박수치며 좋아할 것입니다"〉

〈"우리나라는 논이 많고 자주 가뭄을 겪습니다. 만약 그 제도를 배워 우리나라 사람을 가르쳐서 농사에 도움을 준다면 당신에게는 한마디의 수고이지만 우리나라 사람들에게는 영원한 이익이 될 것입니다. 그 만드는 방법을 깊이 궁리하기를 바라며 미진한 것이 있으면 곧 여러 수부에게 물어 명확히 나에게 가르쳐 주게 하십시오."〉

그런 최부의 계속된 청을 끝내 못 이기고 부영은 간략하게 기계의 형태와 운영방법을 말해 주었다. 최부는 확실히 알아두고 싶어 또 묻고 묻는다.

〈당신이 본 것은 필시 도차(蹈車, 발로 밟는 수차(水車)인 것 같은데 내가 가르쳐주는 방법은 아주 편리하여 단지 한 사람만으로 운용할 수 있습니다.〉

〈나무는 가벼워서 만들 수 없습니다. 그 기틀은 오로지 상하는 삼나무[杉木]만 쓰고, 그 장골(腸骨)은 느릅나무를 사용합니다. 그 판은 녹나무[樟木]를 사용하며 그 수차의 중심은 죽편을 사용하여 묶고 앞뒤의 네 기둥은 반드시 커야 하며 가운데 기둥은 조금 작아야 하고 그 수레바퀴와 중심부의 판자는 길고 짧음, 넓고 좁음이 같아야 합니다. 만약 삼나무, 느릅나무, 녹나무 등을 사용하지 못하면 나뭇결이 단단하고 질긴 것을 사용해야 비로소 가능합니다."〉

영·정조 시대에나 등장했던 중국을 통한 과학기술의 보급을 최부는 벌써 그때 최초 실현한 것이다. 연암 박지원도 이 수차를 보고 와서 지금의 함양에서 현령으로 재직 시에 사용을 했다는데 최부 역시 돌아와 벼슬하면서 가뭄이 든 충청도에 파견되어 수차 제작법을 가르쳐주어 가뭄을 극복한 큰 공을 세우기에 이른다. 우리 선비들은 어디에서든 마음이 한결같았다. 어쩌면 그리 똑같은 생각을 했을까 싶은데 이것이 바로 이용후생이고 국가를 튼튼히 하는 기본이 아닌가. 애국자, 일당백 이런 생각이 자연스레 느껴지는 마음 뿌듯한 대목이 아닐 수 없다.

3월 24일 천진위 성에 이르렀고 3월 25일 하서역에 닿았는데 이곳에서 부영과 헤어진다. 최부로서는 실로 아쉬운 부영이 아닐 수 없다. 최부와 헤어지는 이유도 상세하고 당부도 아주 친절하다. 그의 말을 그대로 옮겨 싣는다. 미리 말을 하는 것인데 최부와 부영은 4월 2일 다시 만난다. 회동관 문을 나오다가 부영을 만나 옥하교 가에서 서로 이야기를 나누었다고 적고 있다. 그 이후는 만난 적이 없는 것 같은데 아마 그들은 나름 정도 들이 옥하교에서 짧은 인연이지만 석별의 아쉬움을 나누었을 테다. 왕에게 보고하는 글에 차마 눈물을 흘렸다는 둥의 감정 섞인 말을 써 놓을 수는 없으니 짐작하건대 그는 옥하교 가에서 이야기를 나누었다고만 가름했을 테다.

〈원래 당신들은 4월 1일까지가 시한입니다. 내가 표문을 받들고 와서 시한에 맞추지 못할까 하여 이 역에서 역마를 타고 먼저 경사(북경)로 가겠습니다. 훗날에 병부 앞에서 만날 때 읍례를 하여 서로 아는 내색을 해서는 안 되니 이는 새 천자의 법도가 엄숙하기 때문입니다.〉

52
통주에서 조선 문인 이주(李胄)를 생각하며

3월 26일 왕가파도구, 반중구를 지나 소가림리 앞 강가의 건너 편에 정박하였다. 배를 장박 하자 10여 명이 지붕을 얹은 뗏목을 타고 와서는 바로 옆에 대었다. 그런데 도적이 와서 뗏목에 올라 타 겁탈을 하기 시작했고 순식간 싸움이 벌어졌다. 북경이 지척인데 도둑들이라니, 강북은 강남과는 전혀 달랐다. 진훤이 와서 당부의 말을 했다.

〈도적이 멋대로 때리고 빼앗기를 이와 같이 하니 당신의 무리에게 분부하여 각자가 경계하도록 하고 조심스럽게 밤을 지내도록 하십시오.〉

최부는 지금 천진위의 어느 강가에 있다. 그는 3월 24일 천진위를 지날 때 천진의 물길에 대해 자세히 설명했었다. 위하를 타고 북으로 올라왔는데 이는 순류이고 백하는 북에서 남으로 흘러가니 역류를 타고 올라가야 한다. 천진위 성은 두 강이 만나는 점에 있는데 수로를 뚫어 갑문을 설치하여 여닫으니 선박의 편리함이 천하를 통하게 하였다. 정확히는 직고라는 곳으로 그곳에서 통주로 향하는데 통주에서 북경까지는 통혜하라 한다. 바로 원나라 때 곽수경의 작품인 통혜하다. 그가 강가를 둘러보며 말했다.

〈천진위로부터 북쪽은 고르게 깔린 흰 모래가 끝없이 펼쳐져 있습니다. 빈 들판엔 풀이 없고 오곡이 자라지 않았으며 인가가 드물었습니다.〉

아마 이 글을 지금 천진 사람들이 보면 말도 안 된다고 할 것이다. 지금 천진은 베이징(北京)·상하이(上海) 다음 가는 중국 제3의 도시이다. 중앙 톈진(직할시의 도심)은 중앙 베이징의 남동쪽으로 약 96km, 황해의 보하이 만(渤海灣)으로부터 약 56km 내륙에 자리 잡고 있다. 베이징이나 상하이와 마찬가지로 국무원의 직접적인 통제를 받는다. 우리는 얼마 전 톈진 항에서 30초 간격으로 일어난 두 차례의 컨테이너 선적소 폭발 사고로 기억하는 곳이기도 하다. 천진은 1404년까지 "직고(直沽)"로 불리었으나 영락황제에 의해 개명되었다. "천진(天津)"은 글자 뜻 그대로 "하늘의 나루"인데 이는 황제(하늘의 아들)가 이곳으로 들어왔다고 하여 붙여진 것이다.

황제는 실제로 그의 조카로부터 왕좌를 빼앗기 위한 출정 도중에 톈진에 왔었다. 우리가 잘 아는 에로호 사건, 1856년, 홍콩에 등록된 중국인 소유의 배로 영국 깃발을 달고 해적질과 아편 밀수를 하는 배로 의심받은 배를 단속하였다. 중국은 그들 12명을 체포하고 투옥하였다. 1858년 5월 영국과 프랑스는 이에 대응하여 톈진에 함대를 보냈다. 같은 해 6월에 두 번째 아편전쟁으로 인해 톈진조약이 이루어지고, 1860년 황제의 승인으로 톈진은 정식적으로 개항되었다. 영국과 프랑스 군대가 이를 빌미로 천진 루트를 뚫고 북경까지 진격한 '팔리교 전투'가 역사적 상처로 남아 있다.

원나라는 세조 지원 29년에 통주와 대도(북경) 사이의 통혜하를 뚫어 대운하를 완성했다. 명나라 초기에는 천진 부근 직고까지 배로 운반을 했으나 영락제가 보완을 한 후 대운하로만 곡물을 강남에서 강북으로 나르도록 했다. 통주에는 장가만 순검사가 설치되어 있었다. 순검사는 각 부, 현의 요충지에 설치해 도적을 체포하거나 죄를 지은 사람들을 찾았다. 순검사가 옆에 있는데도 3월 26일 밤 도둑질을 하는 것을 최부의 글에서 우리는 보았다.

3월 27일 해 뜰 무렵 혼하구를 지나서 통주 장가 만에 이르니 곧 상인의 배가 모여드는 것이라고 최부는 말했다. 장가만은 대운하의 최북단 마두였다. 통주 시에서 동남쪽으로 5킬로 떨어져 있고 천진으로 이어지는 교통의 요지다. 전해 내려오기를 장 씨 성을 가진 만호가 이곳에 살아 장가만이라는 이름이 부쳐졌다고 한다. 최부로부터 3백년쯤 후인 1780년, 장가만의 모습을 본 박지원은 열하일기에서 다음과 같이 묘사했다.

〈배의 깃발에는 절강이니 산둥이니 하는 배 이름이 크게 씌어 있었으며 통혜하에 연한 100리 사이에 배들이 마치 대밭처럼 빽빽하게 들어섰다. 남으로는 직고의 바다에 통하고 천진위로부터 장가만에 모이게 된다. 천하에서 운반해 온 물품이 모두 통주에 모여들게 되니 만일 노하의 선박들을 구경하지 못하면 황제가 사는 수도의 장관을 알지 못할 것이다.-열하일기 관내 정사 8월 1일-〉

3백년 사이, 통혜하에 연한 100리 사이 배들이 대밭처럼 늘어 섰다니 번창함이 눈에 보이는 듯 삼삼하다. 나도 통주를 가본 적이 있다. 2005년도쯤 인데 그때 지하철 1호선 종점이 바로 통주였다. 패키지여행을 가면 숙소를 대개 한적한 곳에 자리를 잡아 밤에 옴짝달싹 못 하게 하는 경향이 많은데 그때도 그러했다. 하필 이런 곳이냐고 투덜거렸는데 나중 알고 보니 그곳이 바로 통주로 신도시처럼 막 시가지가 꾸며지고 있었다. 아무튼, 명·청조 시대 당시 연행에 가는 선비들이 보아야 할 경이로운 장소 중에는 통주의 만선이 꼭 낀다. 골초로 이름을 날린 장유(張維: 1587~1638) 의 계곡만필(이 글 집에 담배의 멋 이야기가 실려 있다.)에는 역루에 걸려 있는 안남국 사신의 시라 하며 통주를 말한 시가 실려 있다.

노하 강물 흐르는 역루에 서니 / 潞河河上驛樓前
느긋한 해 맑은 바람 가슴이 다 툭 터지네 / 日永風淸思豁然
북쪽을 바라보니 장안도 이젠 지척 / 北望長安纔咫尺
남쪽으론 삼천 리 아득한 형산(衡山) / 南瞻衡岳隔三千
사방 경영할 장부의 뜻 계합(契合)이 되었으나 / 四方孤矢初心契
만 리 저쪽 군친 생각 사무쳐 오네 / 萬里君親一念懸
조만간 연경(燕京)에서 말 머리 돌릴 적에 / 早晚金臺回馬首
봉래산 위에서 뭇 신선들 만나리라 / 蓬萊峯上會群仙

이 시를 꾸역꾸역 올린 것은 우리는 육로로 요동을 거쳐 통주를 지나 팔리교를 지나 연경을 향하지만, 베트남 사신은 바로 최부가 올라온 것처럼 월국을 조상 땅으로 생각하고 필시 강남을 거쳐 바로 이 통주에서 하선하여 북경으로 향했을 것으로 보이기 때문이다. 통주를 말한 우리나라 선비도 있다.

　통주(通州) - 이주(李胄)
　통주는 천하의 훌륭한 곳이라 / 通州天下勝
　누각 혹은 관 형세는 하늘에 빼어났다 / 樓勢出雲霄
　저자에는 금릉의 재물이 벌여 혹은 적 있고 / 市列金陵貨
　강물은 양자의 조수와 통해 있다 / 江通楊子潮
　찬 구름 혹은 한연 은 가을 물가에 떨어지고 / 寒雲秋落渚
　외로운 학은 저물어 요로 돌아가나니 / 獨鶴暮歸遼
　말에 안장 없는 몸은 천 리 밖이라 / 鞍馬身千里
　다락에 올라 보면 고국이 멀다 / 登臨故國遙
* 조선 시대 진도의 한시작품은 『옥주지(沃州誌)』에서 찾아볼 수 있는데, 「고적(古蹟)」편에 나온다고 한다. *

　아마 이주라는 선비가 통주를 다녀간 모양이다. 이 한시는 1791년부터 1794년까지에 걸쳐 간행된 『진도군읍지』에도 실려 있었다는 한시다. 진도라 해서 유명한 선비가 안 나오라는 법은 없지만 왜 하필 진도일까. 그 진도군읍지에는 꽤 많은 한시가 적혀있었다는데 진도에 유람을 온 사람이 개중에는 있었겠지만 대개는 진도에 유배를 온 사람이 남겨준 것을 정리한 것이라고 한다. 통주를 다녀온 것으로 보아 과거를 급제한 사람으로 보이는데 이주는 어느 시대 어떤 사람으로 왜 진도에 유배를 온 것일까. 내가 이 시를 글에 올린 것은 통주와 관련되어서라기보다는 다른 이유가 있어서다.

　최부의 글에 나는 애써 그의 이름을 싣는다. 나는 통주에서 그 둘을 해후시켰다. 그들은 인연이 깊다. 아니 1488년 그때만 해도 서로 모르는 사이인데 그 후 인연이 깊다. 나도 어쩌면 이 글로 그들과 상통하며 인연을 쌓고 있는지도 모른다. 글은 죽어서도 말을 한다는 것을 새삼 느낀다. 이주는 저 한시를 읊을 때만 해도 의기양양했다 싶은데 이후의 행적은 마음 아프기 이를 데 없다. 그가 그렇다는 것은 최부도 그렇다는 말이다. 이주(李胄) 1468(세조 14)~1504(연산군 10)는 조선 중기의 문신이다. 본관은 고성(固城). 자는 주지(胄之), 1488년(성종 19) 별시문과에 을과로 급제하여 검열을 거쳐 정언(正言)을 지냈다.

성품이 어질며 글을 잘하였고, 시에는 성당의 품격이 있었으며, 정언으로 있을 때에는 직언으로 유명하였다. 그는 주로 삼사(三司)에서 활약하였으며 도승지에 추증되었다. 시호는 충원(忠元)이다. 프로필을 보니 최부가 표류해서 북경에서 체류할 때 그는 성균관에서 공부하고 과거에 급제했다. 최부도 그렇지만 그도 아무 하자가 없다. 하지만 그다음이 문제다. 그는 김종직의 문하생이었다. 우리나라 사람이라면 김종직 하면 웬만하면 다 안다. 무오사화 그리고 갑자사화.

무오사화(戊午士禍)는 1498년 음력 7월 유자광과 조선 연산군이 김일손 등의 신진 세력인 사림파를 제거한 사화이다. 이 글 뒷부분에는 유자광도 등장하는데 성종 때까지만 해도 티격태격은 했는지 몰라도 아무 탈 없이 국정을 논하던 신하들이었다. 그런 점에서 군주가 얼마나 중요한지 느껴 볼 대목이기도 하다. 사건이 일어난 1498년이 무오년이기에 무오사화라는 이름이 붙여졌으며, 사초가 원인이 되었다고 하여 '史'(사)자를 넣어 한자로 무오사화(戊午史禍)라고도 표기한다. 연산군(1494~1506)이 즉위하면서 서로 협력하던 훈구파와 사림파의 사정은 달라졌다. 원래 시재(詩才)와 감성이 뛰어난 그의 어머니(성종의 비, 폐비 윤 씨)가 신하들의 충돌로 죽게 된 것을 알고 훈구 대신과 사림을 모두 누름으로써 왕권을 강화하려 하였다.

 학덕 있는 훈구 대신들은 대부분 노쇠하여 사망하고, 사림 세력은 더욱 커져서 그들의 분방한 언론(言論) 활동이 왕의 노여움을 사는 일이 많았다. 이런 분위기를 이용하여 평소 사림의 공격을 받아 수세에 몰려 있던 훈구 대신의 잔류 세력인 이극돈(李克墩)·유자광 등은 1498년(연산군 4년) 김일손이 지은 사초를 문제 삼아 왕을 충동하여 김종직(金宗直)과 관련이 있는 일파를 사형·유배 혹은 파직케 했다. 이 사건으로 말미암아 김종직 문인으로 구성된 영남 사림이 대부분 몰락하고 말았다.

 사실 사림파(士林派)가 중앙에 등용되어 관계에 나오기는 성종 때부터인데 그 중심인물은 김종직(金宗直)이었다. 그는 임금의 신임을 얻어 자기 제자들을 많이 등용하고 주로 3사(三司 : 司諫院·司憲府·弘文館)에서 은연한 세력을 갖게 되었다. 날이 감에 따라 이들은 종래의 벌족(閥族)인 훈구파를 욕심 많은 소인배(小人輩)라 하여 무시하기에 이르렀고, 또 훈구파는 새로 등장한 사림파를 야생귀족(野生貴族)이라 하여 업신여기게 되니, 이 두 파는 주의·사상 및 자부(自負)하는 바가 서로 달라 배격과 반목이 그치지 않았다. 이러한 상태에서 특히 신진의 김종직과 훈구의 유자광은 일찍이 사감이 있었고, 또 김종직의 제자 김일손이 춘추관(春秋館)의 사관(史官)으로서 훈구파 이극돈(李克墩)의 비행(非行)을 낱낱이 사초(史草)에 기록한 일로 해서, 김일손과 이극돈은 서로 김종직 일파를 증오하는 마음이 일치되어, 마침내는 그 보복에 착수하였다.

 때마침 연산군 4년인 1498년, 실록청에서는《성종실록》편찬을 위해 사초를 모아 편집했다. 이때 사림파인 김일손이 스승 김종직의 〈조의제문(弔義帝文)〉을 사초에 삽입한 것을 이극돈이 발견하여 유자광에게 보여주었고, 유자광은 이 글이 조카인 단종을 몰아내고 즉위한 세조를 비난한 것이라고 해석하여 문제 삼았다. 조의제문은 겉으로는 초나라의 회왕(의제)가 꿈에 나타나 이를 조문한다는 내용이었으나, 항우에게 죽은 의제는 실제로는 단종을 가리킨다는 것이었다. 이것을 문제 삼아 훈구파는 유자광과 더불어 선비를 싫어하는 연산군에게 고해바쳤다.

이 사건을 빌미로 사림에 대한 대대적인 탄압이 가해져 김종직의 제자로 조의제문을 실록에 실으려 했던 김일손 등 상당수의 사림 세력이 대거 처형을 당하거나 유배 또는 파면되었다. 연산군은 김일손 등을 심문하고, 우선 이 일파의 죄악은 모두 김종직이 선동한 것이라 하여, 이미 죽은 김종직의 관을 파헤쳐 그 시체의 목을 베는 부관참시형을 집행했다. 또한, 김일손·권오복(權五福)·권경유(權景裕)·이목(李穆)·허반(許盤) 등은 간악한 파당을 이루어 선왕(先王)을 무록(誣錄)하였다는 죄를 씌워 죽이고, 강겸(姜謙)·표연말(表沿沫)·홍한(洪澣)·정여창(鄭汝昌)·강경서·이수공(李守恭)·정희량(鄭希良)·정승조(鄭承祖) 등은 난(亂)을 고하지 않았다는 죄로 귀양을 보냈으며, 이종준(李宗準)·최부(崔溥)·이원·이주(李胄)·김굉필(金宏弼)·박한주(朴漢柱)·임희재(任熙載)·강백진(姜伯珍)·이계맹(李繼孟)·강혼(姜渾) 등은 김종직의 제자로서 붕당을 이루어 『조의제문』 삽입을 방조했다는 죄로 역시 귀양을 보냈다. 한편 어세겸(魚世謙)·이극돈(李克敦)·유순(柳洵)·윤효손(尹孝孫)·김전(金銓) 등은 수사관(修史官)으로서 문제의 사초를 보고도 보고하지 않았다는 죄로 파면되었다.

〈연산 30권, 4년(1498 무오 / 명 홍치(弘治) 11년) 7월 26일(경신) 4번째기사, 윤필상 등이 사초사건 관련자 김일손·권오복·권경유 등의 죄목을 논하여 서계하다…… 이종준(李宗準)·최부(崔溥)·이원(李黿)·강백진(康伯珍)·이주(李胄)·김굉필(金宏弼)·박한주(朴漢柱)·임희재(任熙載)·이계맹(李繼孟)·강혼(姜渾)은 붕당(朋黨)을 지었으니 곤장 80대를 때려 먼 지방으로 부처(付處)하고……〉

연산군 일기를 보면 1498년 7월 26일 최부는 단천으로 유배를 가고 이주는 진도로 유배 령이 떨어지는 내용이 나온다. 그런데 그것으로 끝이 아니었다. 사림을 정계에서 몰아낸 후 연산군은 훈구 대신마저 제거하여 자신의 권력을 강화하려 했다. 그러던 중 연산군을 싸고도는 척신(戚臣)들이 연산군의 생모인 윤 씨(尹氏)의 폐비사사(廢妃賜死) 사건에 윤필상(尹弼商) 등 훈신이 관여했음을 폭로하여 이 사건에 관련된 훈신과 아직 남아 있던 사림까지 몰아냈다. 연산군의 어머니인 폐비 윤 씨는 폐출되었다가 1482년에 사사되었다는 사실을 알아낸 임사홍이 연산군의 처남인 신수근과 의논하여 연산군에게 그 사실을 알리기로 합의하고 임사홍은 폐비 윤 씨와 관련된 사실을 연산군에게 보고했다. 하지만 연산군은 왕위에 오르기 전부터, 어머니의 죽음에 대해서 알고 있었기 때문에 폐비 윤 씨의 죽음이 갑자사화의 계기 및 명분은 될지언정 원인은 아니다.

이를 빌미로 연산군은, 아버지인 성종의 총애를 받았으며, 어머니의 폐위에 영향을 주었던 엄귀인과 정귀인 등을 죽이고, 그들의 소생도 귀양 보냈다가 죽였다. 조모 인수대비는 연산군의 행위를 꾸짖다가 병상에서 연산군에게 맞아 죽었다. 연산군이 윤 씨를 왕비로 추숭(追崇)하여 성종묘(成宗廟)에 배사(配祀)코자 할 때 이에 반하여 응교(應敎) 권달수(權達手)는 처형되었고, 이행(李荇)은 귀양을 갔다.

성종이 윤 씨를 폐출하려 할 때 찬성했던 윤필상, 이극균(李克均), 김굉필, 이세좌(李世佐), 성준(成浚), 권주(權住), 김굉필, 이주(李胄), 최부 등 10여 명을 처형했고, 이미 사망한 남효온, 한명회, 정창손, 정여창, 한치형(韓致亨), 어세겸(魚世謙), 심회(沈澮), 이파(李坡) 등은 부관참시에 처했으며, 그 제자와 가족들도 처벌하였다. 이 참화는 갑자년에 일어났으며, 뒤이어 언문학대(言文虐待)까지 하게 되어 국문학 발달도 침체 상태에 빠지고 말았다.

나로서는 참 안타까운 조선의 선비다. 아니 붕당을 만들었다고 귀양을 보내니 말이다. 이종준(李宗準)·최부(崔溥)·이원·이주(李胄)·김굉필(金宏弼)·박한주(朴漢柱)·임희재(任熙載)·강백진(姜伯珍)·이계맹(李繼孟)·강혼(姜渾), 이들은 정말 조선을 대표할 만한 학식과 충직을 갖춘 선비가 아닌가 말이다. 3월 28일 드디어 북경에 닿았다. 행로의 막바지, 연암은 열하일기에서 이 대목에 이르러 영통교(永通橋)부터 조양문(朝陽門)에 이르는 그 직선의 운하로는 작은 배들이 연락부절이었다고 했으며 높이 솟은 패루와 누런 기와가 파도치는 구중궁궐에 대해 일갈했는데 최부는 어째 별말이 없다. 자칫 풍광을 주저리 읊다가는 역풍을 맞을 수 있는 그의 처지 때문이 아니었을까 싶은데 어디 그의 글을 들여다보자.

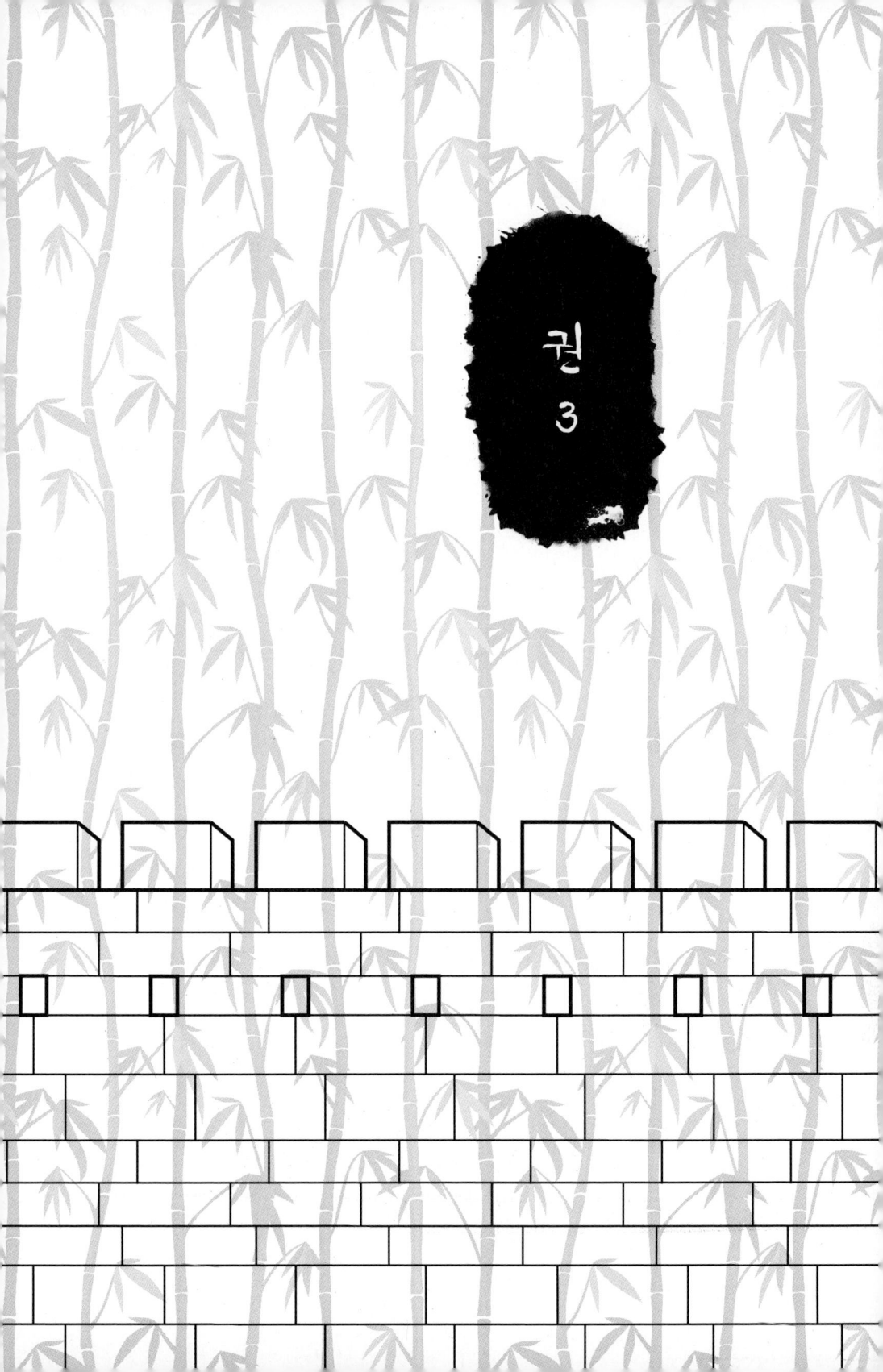

53
빨리 좀 보내주오

연암은 포구 가에 있는 집 편액에 적힌 대로 '만수운집(萬艘雲集)'이나 '성문구천(聲聞九天)'처럼 만 척이나 되는 선박들이 구름처럼 모였고, 선적 소리가 구천까지 사무치는 광경이었다고 말을 하며 입성을 하는데 최부는 별말이 없다. 천하태평인 유람길 하고 쫓기듯 가는 호송 길은 천지 차다. 3월 28일 최부는 장가만에 배를 대고 당나귀를 타고 동악묘를 지나서 통진역이라 하는 노하수마역에 이르러 중문에서 단순히 '환우통구'라 쓴 글자를 보았다고만 했다.

나는 얼마 전까지도 '환우통구(寰宇通衢)란 말의 의미조차 몰랐다. 이를 알게 된 것은 순전히 우연이다. 얼핏 뉴스를 훑다가 "한양대 국문과 이승수 교수는 '민족문화' 최근호에 게재한 '1386년 정몽주의 남경 사행, 노정과 시경'에서 시에 나오는 지명과 위치를 암시하는 단어를 바탕으로 그의 사행로가 1394년 명에서 편찬된 '환우통구(寰宇通衢)'에 나온 역로와 거의 일치한다는 것을 밝혀냈다."는 이런 조문을 발견하게 됐다.

그러니까 환우통구가 역로를 기재한 교통안내서 격이라는 소리다. 그 교수가 짚은 다음 글이 꽤 흥미롭다. '객사의 나그네를 뉘 찾아주리/나지막 읊조리는 밤은 깊어라…' 정몽주가 사신의 내면을 드러낸 시 '객야재구서역(客夜在丘西驛)'이라는 시인데 아마 구서역이 어디쯤인지 알자고 바로 명대의 교통안내서를 찾았던 모양이다. 찾아보니 구서역은 현 산둥(山東)성 칭다오(青島)시 랴오란(蓼蘭) 진에 있었다 한다.

그렇다면 고려 때 주요 경로로 추정되는 예성강에서 등주로 건너왔을 것으로 바로 추정이 된다. 이 교수는 당대 최고 엘리트 관료였던 정몽주는 고려와 신흥 강국 명의 외교 갈등 시기 세 차례나 당시 명의 수도 남경(南京·현 중국 난징시)에 사행(使行)을 다녀왔는데 무려 육·해로로 왕복 8000리가 넘는 노정을 누볐다는 것이다. 이 교수는 정몽주가 사행 중 틈틈이 남긴 60여 수의 시에 착안해 여로를 복원한 연구를 하였다니 이 또한 놀라운 쾌거가 아니겠는가. 이 교수의 말이 실마리가 되어 '환우통구(寰宇通衢)'에 대해 한 발짝 더 다가가 보니 이런 말이 나온다.

〈병부는 역참제도에 군사력을 동원했다. 여행하는 관리들의 편의를 도모하기 위해 "환우통구"라는 책도 출간했다. 1394년 처음 발행된 이 책은 저렴하게 제작된 안내서로, 관리들이 이용할 수 있는 1,706곳의 역참 목록과 함께 전국의 모든 역참 경로를 소개하고 있다. 모든 길은 관리들이 여행하는 전체 날에 따라 계산되었다. 예를 들어, 한 관리가 북경에서 남경까지 배를 타고 여행한다면, 40일 안에 도착해야 했다. 같은 방식으로 북경에서 양주까지 갈 경우 39일, 소주까지 갈 때는 41일로 계산되었다. 40일은 북경에서 하남성 서남쪽에 위치한 남양까지의 거리에 해당했다. 주변부에 위치한 도시들은 좀 더 많이 걸렸다. 북경에서 사천성의 성도인 성도까지는 145일 거리였고, 북경에서 광서성의 남녕까지는 147일 거리였다. 북경에서 가장 먼 거리는 149일 소요되는 지점으로 광동성 연앙에 위치한 조주였다. 이 경우 북경을 떠난 관리는 먼저 113일 만에 광주에 도착하고, 다시 여기서 방향을 동쪽으로 돌려 1,719리(675km)에 달하는 거칠고 느린 지형을 따라 36일을 여행해야 조주에 도착할 수 있었다. 만약 바닷길을 이용했다면 그 여정은 단축될 수 있었겠지만, 이는 허락되지 않았다.〉 최부가 본 환우통구는 그러니까 여행 시작점을 알리는 정표 같은 것이거나 계몽시대 문명의 발달을 알리는 홍보 게시가 아니었나 싶다. 최부 일행은 당나귀를 타고 숭문교에 다다랐다. 거기서부터는 걸어서 황성 동남쪽에 있는 숭문문으로 들어가 회동관에 도착했다. 조선 사신치고 회동관 옥하 남쪽에 있다고 하여 옥하관이라고도 부른 처소를 모르는 사람은 없었다. 숭문문은 지금의 동교민항(東交民巷)길을 말한다. 옥하관 위치를 알자면 청나라 때 곳을 다녀온 홍대용의 연행록이 아주 유효하다. 홍대용의 기록은 다음과 같다.

〈(옥하를 끼고) 북으로 수십 보를 행하매 서로 큰길이 있으니, 이는 정양문으로 통한 길이라. 서로 바라보매 길가의 큰 문이 있고, 그 안에 둥근 탑이 있거늘 물으니, 세 팔이 이르되 이는 옥하관이니 예부터 조선 사신이 드는 곳이려니, 중년에 어르쇠게 앗겼다 하니, 어르쇠는 북방오랑캐니, 코가 별양 크고 극히 흉악한 인물이라.〉

남옥하교에서 북으로 수십 보 거리에 서쪽으로 뚫린 큰길은 지금의 동교민항 서쪽 길을 가리킨다. 러시아는 한자로 아라사(俄羅斯) 또는 악라사(鄂羅斯)로 표기했으나 중국어 발음으로는 둘 다 어러스임을 감안하면 홍대용이 어르쇠라고 한 것은 곧 러시아를 가리킨 것이다. 옥하관을 러시아가 사용하기 시작한 것은 1727년 캬흐타 조약 이후부터로 알려져 있다. '그 안에 둥근 탑이 있다'고 했는데, 거기에는 러시아 정교회가 세워지고 성직자가 상주했음을 짐작할 수 있게 하는 대목이다. 건륭 때의 북경 지도에 그곳은 천주당(天主堂)으로 표기되어있는데, 이는 러시아 정교회의 교당을 가리킨 것이다. 그곳은 지난 세기 중엽까지도 러시아 대사관이 있던 자리다. 1921년에 제작된 북경시 지도에는 그곳이 러시아대사관(俄使署)으로, 중화인민공화국 수립 이듬해인 1950

년에 제작된 북경시 지도에는 소련대사관(蘇聯大使館)으로 표시되어 있다.

* 최고인민법원의 주소는 동성구 동교민항 27호(東城區東郊民巷27號), 북경시 공안국의 주소는 동성구 전문동대가 9호(東城區前門東大街9號)다. 두 곳 다 지하철 2호선 전문역(前門站)에서 가깝다. *

3월 29일 양왕이 최부를 인도하여 옥하관의 문을 나왔다. 동쪽의 거리를 보니 다리가 있었다. 다리 양쪽에 문이 세워져 있었고, 현판에는 '옥하교'라고 쓰여 있었다. 서쪽 거리를 경유하여 걸어서 병부에 이르렀다. 상서 여자준(余子俊)이 청사에 앉아 있었고, 좌시랑(左侍郎) 하(何)와 우시랑(右侍郎) 완(阮)은 한 청사에 마주 앉아 있었으며, 낭중(郎中) 2명과 주사(主事) 4명은 같은 청사에 연이어 앉아 있었다.

그들은 표류하여 온 일을 다시 묻지 않았고 뜰 안의 홰나무 그늘을 가리키며 시제로 삼아 절구를 지으라고 하였고, 또 도해(渡海)로써 시제로 삼아 당율(唐律)을 지으라고 하였다. 그리고 당연 상복을 입고 있으니 주문공가례를 따르냐고 묻는 등 이것저것 묻는 중에 "그대의 국왕은 책을 좋아하오?"하고 물었다. 이에 최부가 답했다.

〈우리 국왕은 하루에 네 번 유신(儒臣)을 접하는 데 학문을 좋아해서 싫증 내지 않고 사람들로부터 기쁘게 학문을 받고 있습니다."〉

당경(唐敬)이 인도하여 옥하관으로 돌아왔는데 저녁에 우리말을 잘 알고 있는 하왕(何旺)이라는 자가 와서 아주 놀라운 사실을 들려주었다.

〈"당신 나라의 하책봉사(賀冊封使)인 재상(宰相) 안처량(安處良) 등 24명이 와서 여기서 40여 일을 머물다가 지난 3월 22일에 돌아갔습니다."〉

최부로서는 안타깝기 그지없었다. 그가 한탄조로 말을 했다.

〈내가 만약 안영공(안처량) 일행을 만나서 같이 고향으로 돌아간다면 귀로의 걱정을 면할 수 있을 것이었는데, 만약 같이 돌아가지 못했더라도 그가 먼저 고국으로 돌아가 나의 소식을 잘 전해 준다면 나의 어머니와 아우의 슬픔은 조금이나마 덜어줄 수 있었는데 하늘이 나를 불쌍하게 여기지 않았나 봅니다. 단지 7일 차이로 본국의 사신을 서로 만나지 못하였으니 어찌 통한의 일이 아니겠습니까?"〉

4월 1일 새벽에 홍려시(외교사절이나 국빈을 담당하는 부서) 주부 이상(李翔)이 와서 돌아가는 상황을 귀띔해준다.

〈오늘 병부가 당신 일을 상주하려고 하니, 당신은 마음을 놓으십시오. 표류에 관한 일은 마땅히 예부에 보고해야 하나, 절강삼사가 직접 병부에 보고하고 예부에는 보고하지 않은 까닭으로 예부가 상주하여 절강삼사를 죄하고 병부 역시 지휘 양왕을 장(杖) 20여 대에 처하였습니다."〉

이런 말을 하기는 그런데 최부를 호송하는 사람들치고 곤장을 안 맞은 사람들이 없고 조서 쓴 사람 중 일부는 좌천되고 또 절강삼사는 벌까지 앞으로 준다고 하지 않는가. 사실 이는 평계일 수 있다. 이미 숙정 대상에 오른 인물들로서 밉게 보인 거기다가 명분을 부쳤다는 생각이 든다. 요지에 있는 출신들은 아무래도 전 조직들과 모두 연계가 되어 있기가 쉽다. 일종의 합종연횡이다. 그런데 희소식이 또 들려온다.

〈"당신 나라 사은사(謝恩使)가 10일 안에 반드시 이곳에 도착할 것이니, 당신은 머물러 기다렸다가 함께 돌아가는 것이 좋겠습니다."〉

아마 속 시원히 이야기를 전달했을 것이다. 최부는 이렇게 적었다. 절강으로부터 이곳에 오기까지 통사(통역관)를 만나지 못했는데, 여기에 와서 처음으로 이 사람을 만나게 되었다. 4월 2일 소위회동관을 책임진다는 부사가 와서는 당신들은 본부에서 파견된 조공사절이 아니니 하루 한 사람에게 묵은쌀 1승(升)을 지급하고 반찬은 없다고 전했다. 국물도 없다는 말이다. 그리고 앞서 말한 바대로 부영을 만나 옥하교 가에서 회포와 석별의 정을 나누었을 테다. 4월 3일 홍려시 주부 이상(李翔)이 와서는 자신이 실은 조선의 통사(통역관)인데 하루 이틀 전에 병부와 내정(궁정)에 일이 있던 까닭으로 당신들의 일을 상주하지 못했는데 오늘 일 추진이 안 되면 내일은 반드시 상주하도록 하겠다고 말했다. 그러자 최부는 아주 간절히 딱한 사정을 또 말했다. 당연히 생사도 모를 테고 상을 당한 사정 등등, 그러자 주부 이상(李翔)이 기막힌 소식을 전해준다.

〈당신의 살아서 온 일은 당신 나라의 재상 안처량이 이미 자세히 알고 돌아갔습니다. 절강진수가 보낸 지휘 양락(楊輅)이 그대에 관한 일을 육로를 통해 주야로 달려와 보고해서 3월 12일에 도착했으므로, 안공이 주본을 베껴 갔으니, 당신의 가족은 마땅히 4, 5월 중에는 반드시 당신이 바다에서 죽지 않았음을 알 것이니 근심할 것 없습니다. 다만 당신의 인정과 도리가 매우 간절하니, 진실로 가련히 여겨 동정할만하오니. 내가 마땅히 병부와 예부에 알릴 것입니다.〉

나름 정보를 주고받는 게 그 시대치고는 아주 빠르다. 이상 말대로라면 4, 5월 중에는 조정은 말할 것도 없고 나주 고향에서도 소식을 들었을지 모른다. 그나저나 며칠 전에 안처량이 다녀갔다는데 사은사가 또 온다니, 조선 시대 연행을 대충 어림잡아 750여회 라고들 말하는데 틀린 말이 아니다 싶다. 1400년도부터 1850년까지 잡고 전쟁 시기를 빼면 대충 년에 최소 세 번은 다녀간 폭이 된다. 더욱이 1488년처럼 명나라 정권이 교체되는 시기는 아무래도 왕래가 빈번할 수밖에는 없었을 것이다. 몇 개월 사이 벌써 두 팀이 오가는 것이 아닌가. 한 번 이 시기의 조선왕조실록을 찾아보는 것이 좋을 것 같다. 다음은 그에 대해 이야기를 할까 한다.

54
성종실록과 최부 표해록 대조필

일부러 빼놓은 이야기가 하나 있다. 3월 22일 홍제현을 지날 때 진훤이 말해준 이야기인데 조선왕조실록에 나오는 이야기와 같이 취급하려고 남겨 두었었다. 홍제현 건녕역 앞에 큰 집이 있었는데 진훤은 그 집이 새 황후 장 씨의 사저라고 했다. 어디 그의 그다음 이야기를 들어 보자.

〈전에 새 황제께서 황태자로 있을 적에 흠천감이 '황후의 별이 황하의 동남방에서 비칩니다.'라 아뢰니 선제께서 황하 동남방의 양가 규수 300여 인을 뽑아 모두 경사에 모이도록 명하였습니다. 선제께서 황태후와 함께 다시 선발한 결과 장씨가 이에 뽑혀 정후가 되었습니다. 황후의 조부는 봉양지부이었고 부친은 관직은 없고 전에 국자감생이었는데 지금은 도독으로 배수되었다고 합니다.〉

여기서 황후 장 씨란 홍치제의 황후인 효강황후를 가리킨다. 장씨는 성화 23년에 태자비가 되었고 황태자가 황제위에 오르자 황후에 책봉되었다. 그 뒤 가정 28년인 1549년에 죽었다. 황후의 부친은 장만이었는데 향공으로 태학에 들어갔다. 홍치제는 외가를 예우해 장인은 홍려시경에 제수되었고 중군도독부 동지로 승진했으며 나중에 창국궁에 임명되었다. 황후의 동생 장학령은 수녕후에 장연령은 건창백에 봉해졌다. 딸 덕에 아버지도 동생들도 모두 영화를 누렸다. 앞서 말했지만 홍치제는 후궁을 두지 않았다. 이 사실을 조선도 물론 알아야만 한다. 한 번 찾아보았다. 역시 황후로 책봉이 되자 이 사실을 조선에 바로 알려온다. 성종실록 성종 18년 정미(1487, 성화 23) 11월 15일(경술)을 보면 '진향사(進香使) 이봉(李封)이 북경(北京)에서 황제(皇帝)가 태황태후(太皇太后)와 황태후(皇太后)·황후(皇后)를 책봉한 조서(詔書)를 등사(謄寫)하여 아뢰었다. 그 조서에 이르기를,' 하며 책봉 내용이 나온다. 앞부분은 너무 거창하니 생략하고 중요사항만 적으면 다음과 같다.

〈~이에 비(妃) 장 씨(張氏)를 책봉하여 황후(皇后)를 삼아 내치(內治)를 돕게 하고 중궁(中宮)을 밝게 바루도록 하였다. 대례(大禮)가 이미 이루어지고 두터운 은혜가 널리 퍼졌으니, 합당한 행사(行事)를 마땅히 뒤에 조목별로 보이어야 하겠다. 아아, 사랑하는 도가 친근한 이에서부터 시작하여 소원한 이에게 미치었으니, 덕교(德敎)가 사해(四海)에 널리 퍼지고, 집안을 바르게 한 것이 도(道)가 있으니, 황조(皇祚)가 오래도록 무성(茂盛)히 뻗을 것이다. 이에 여러 방면에 고(告)하니, 모두 짐(朕)의 뜻을 알라."〉

성화제가 그해 9월 9일 죽었으니 홍치제가 황제로 즉위하여 조선 한양에서 11월 15일 알았으니 그리 늦은 것도 아니다. 그다음

해 3월 22일 진훤이라는 관리가 소상히 알고 있고 이를 또 최부가 바로 알았으니 상당한 정보력 내지는 공권력이란 생각도 든다. 기록에서 보듯 아무튼 중국과 조선은 떼어 낼 수 없는 관계로 살았다. 그러면 하책봉사인 안처량이 40여일 머물다 3월 22일 돌아갔다는 데 그들이 북경에는 왜 왔는지 그것부터 왕조실록을 한 번 찾아보자. 성종 19년 무신(1488, 홍치 1) 1월 21일(병진)을 보면,

〈이조 참판(吏曹參判) 안처량(安處良)을 보내어, 표문(表文)을 받들고 중국 경사(京師:북경)에 가서 중궁(中宮) 책봉(冊封)을 하례(賀禮)하게 하였는데, 임금이 표문에 배례(拜禮)하기를 의식과 같게 하였다. 그리고 통사(通事) 조숭손(趙崇孫)을 차견(差遣)하여, 포로 되었다가 도망해 온 중국사람 강개(康鎧)를 안동[管押]하여 요동(遼東)으로 해송(解送)하게 하였다.〉

그러니까 이조참판 안처량은 중궁 책봉, 즉 황후 장씨를 하례하러 가는 길이었던 모양이다. 그는 11월 중순에 소식을 듣고 그 다음해 1월에 채비하고 경사에 가서 40여 일 머물다 3월 22일 돌아간 것이다. 그렇다면 1987년 황제 등극을 했으니 그때는 더 중요한데 안 갔을 리 만무다. 성종 18년 정미(1487, 성화 23) 10월 16일(임오)을 보면,

〈우의정(右議政) 노사신(盧思愼)·무령군(武靈君) 유자광(柳子光)을 보내어 표문(表文)을 받들고 북경[京師]에 가서 등극(登極)을 하례하게 하였는데, 백관(百官)이 권정례(權停禮)로 표문을 배송(拜送)하였다.〉
라는 글이 나온다.

우의정 정도는 가야 할 자리일 것이다. 그런데 3일 지나서 또

다른 사절단이 나선다. 성종 18년 정미(1487, 성화 23) 10월 19일(을유)를 보면,

〈의정부 우참찬(議政府右參贊) 이숭원(李崇元)을 보내어 북경[京師]에 가서 정조(正朝)를 하례하게 하였는데, 임금이 백관을 거느리고 표문(表文)에 배례(拜禮)하였다. 그리고 통사(通事) 문효안(文效安)을 시켜 잡혀갔다가 도망하여 온 중국 최취지(崔取地) 등 두 명을 압령하여 요동(遼東)에 해송(解送)하게 하였다.〉라는 글이 나온다.

정조 하례, 즉 정기적인 행사는 행사대로 따로 거행을 한다는 이야기가 된다. 잘못을 하고 도망쳐 온 중국 범죄자를 잡아 압령하는 대목이 이색적이다. 수사 공조체제가 그 시대에도 확고했다. 그런데 새 황제를 축하하기 위해 떠난 노사신은 역시 충신이다. 요동에서 황제에 대한 정보를 입수하자 바로 조정에 알린다. 성종 18년 정미(1487, 성화 23) 12월 3일(무진)을 보면,

〈등극사(登極使) 노사신(盧思愼) 등이 치계(馳啓)하기를, "신이 요동(遼東)에 도착하여 들으니, 새 황제(皇帝)의 정령(政令)이 매우 엄격하여, 늙은 환관(宦官)으로서 불법(不法)한 자 7, 8명을 남경(南京)에 옮겨 두고 가산(家産)을 적몰(籍沒)했다 합니다. 대행 황제(大行皇帝)는 장차 12월 초 8일에 산릉(山陵)으로 나아갈 것이라 하니, 사신(使臣)으로 조관(朝官) 2명이 마땅히 나가게 될 것입니다."〉

앞서 말했지만 이번에 등극한 홍치제는 명나라 황제 치고는 괜찮았다. 벌써 말썽 많은 환관 몇 명을 경을 친 것이다. 노사신은 그 내용을 입수하고 조정에 알렸다. 그뿐이 아니다. 홍치제가 어떤 사람인지를 보여주는 대목이 마침 있다. 노사신이 앞서 고한 동일한 날인 18년 정미(1487, 성화 23) 12월 3일(무진)에,

〈성절사(聖節使: 황제 생신기념) 한찬(韓儹)이 치계(馳啓)하기를, "태감(太監) 곡청(谷淸)이 가인(家人) 이해(李檞)를 보내어 신에게 말하기를, '전에 운남(雲南) 사람이 선황제(先皇帝)에게 옥(玉)을 바치고 이로 인하여 은(銀) 약간 냥(兩)을 하사받았었는데, 지금의 황제(皇帝)가 즉위(卽位)하자 그 사람을 가두고서 국문(鞫問)하게 하기를, 「너는 어째서 노리개 같은 물건을 외람되게 선제(先帝)께 바치고서 어용감(御用監)의 은(銀)을 많이 취(取)하였는가?」하였으니, 보물이나 노리개를 좋아하시지 않음이 이와 같습니다.〉하였다.

함부로 선물을 받지 않는다는 이야기다. 뒷이야기는 너무 길어 간략히 요약을 하면 조선도 생일 선물을 태감이 수령하여 그간 받쳤던 모양인데 이번에 가져온 것은 황제가 목록과 같이 확인을 하고 받았는데 앞으로는 가지고 오지 말라고 태감이 말한 내용을 담고 있다. 그런데 하도 많이 사절단을 보내다 보니 이런 일도 있다. 성종 18년 정미(1487, 성화 23) 12월 19일(갑신)을 보면,

〈동지중추부사(同知中樞副使) 이세필(李世弼)을 보내어 북경[北京]에 가서 시책(諡冊)을 올리는 것을 하례(賀禮)하게 하였는데, 임금이 백관(百官)을 거느리고 표문(表文)에 배례(拜禮)하였다. 통사(通事) 김석견(金石堅)을 보내어 잡혔다가 도망해 온 중국사람 나이(那伊) 등 남녀 모두 15명을 안동(管押)하여 요동[遼東]으로 풀어 보내었다.〉라는 대목이 나온다.

그런데 성종 19년 무신(1488, 홍치 1) 윤1월 4일(기사)를 보면,
〈승정원(承政院)에 전교하기를, "이세필(李世弼)이 부경(赴京)하다가 도중에서 죽었으니, 그 서장관(書狀官)을 장차 임명해야 마땅하다. 그러나 예전에 이 같은 변고가 있으면 국가에서 따로 사신을 보내는 전례(前例)가 없었는가?" 하니, 도승지(都承旨) 송영(宋瑛)이 아뢰기를,

"청컨대, 예조(禮曹)와 승문원(承文院)으로 하여금 전례를 상고하게 하소서."〉라는 말이 나온다.

이세필이 북경을 가던 중 요동에서 죽은 것이다. 전례가 있는지 알아보라 했는데 사절단이 자주 또 많이 갔으니 없으란 법이 없다. 그리고 그다음 날, 성종실록 성종 19년 무신(1488, 홍치 1) 윤1월 5일(경오)을 보면,

〈승정원(承政院)에서 아뢰기를, "이세필(李世弼)이 요동(遼東)에 도착하여 죽었으니, 서장관(書狀官) 정치형(鄭致亨)이 홀로 가서 주달(奏達)하는 것이 마땅합니다. 전자에 조득인(趙得仁)은 북경(北京)에 도착하여 죽었고, 이문형(李文亨)은 통주(通州)에 이르러서 죽었는데, 황제가 가엾게 여겨서 예(例)로 표리(表裏)와 의복을 하사한 것뿐이며, 본국에서 부의(賻儀)한 예는 없습니다." 〉라고 보고한 내용이 나온다.

연행 중에 죽은 그들이 언제 죽은 것인지는 찾아보지 않았지만 힘든 여정이라 더러 죽는 사람도 있었던 것은 분명하다. 그런데 이 일을 어찌 처리할까. 성종 19년 무신(1488, 홍치 1) 윤1월 9일(갑술)을 보면,

〈하상존시사(賀上尊諡使)의 서장관(書狀官) 정치형(鄭致亨)이 치계(馳啓)하기를, "도사 대인(都司大人)·총병관(摠兵官)·어사(御史) 등이 이세필(李世弼)의 상사(喪事)에 마음을 다해 포치(布置)하여 호상관(護喪官)을 정하고 부의(賻儀)로 관(棺)과 대·소렴(大小斂)에 쓰는 면포 열 필, 면화(棉花) 한 대(俗)와 숯·초[燭]·상복(喪服) 등의 물건을 주고 각각 사람을 보내어 치제(致祭)하며 밤마다 군사 30명으로 숙직하게 하고, 또 담지군(擔持軍: 상여와 물건을 운반하는 군정) 1백 명을 정하여 호송(護送)하게 하였습니다." 〉라는 말이 나온다.

죽은 이세필을 호송하는데 많은 인력이 동원되고 있음을 알 수

있다. 그런데 요동에서 이세필이 죽자 이를 도와준 요동 대인(遼東大人)이 있었던 모양이다. 조정은 이를 의논했다. 내용이 길어 요약하면 서거정은 사적인 일이니 공문을 보내기는 그렇고 일부러 고맙다고 가기도 그러하니 다음 사은사가 가는 데에 인정을 붙여 보내고 사례하는 뜻을 겸해 전하자고 토의를 한다. 그들은 도사 대인(都司大人)·총병관(摠兵官)·어사(御史) 등에게 보내는 인정 물건(人情物件)을 사은사가 가는 데에 붙여 주기로 결론을 내렸다. 상시책(上諡冊)을 사전서 찾아보니 왕위를 이어받은 임금이 죽은 임금에게 묘호(廟號)를 올리던 일이라고 적혀있다. 그러니까 이세필은 죽은 성화제 묘호때문 나섰다가 그가 스스로 묘호를 받는 상황이 되고 만 것이다.

4월 11일 주부 이상(李翔)이 와서 최부에게 사은사가 왜 안 오는지 모르겠다고 하는 내용이 나오는데 아마도 요동에서 도사 대인(都司大人)·총병관(摠兵官)·어사(御史) 등에게 인정 물건(人情物件)을 주고 고마움을 전하다 보니 자연 지체된 것이 아닌가 싶다. 왕조실록과 표해록을 겸비해서 읽으니 당시 상황이 더 진진하고 밝게 보인다. 얼마 남지 않는 최부의 글 추적이지만 관련되는 역사적 사항이 있으면 틈틈이 짜 맞추어 볼까 싶다.

55
기다림의 나날

연경을 향하는 길, 사행의 구성 인원은 사행의 성격에 따라 달라진다. 매년 음력 11월에 출발하여 이듬해 4월에 귀국하는 이 사행을 흔히 '동지사(冬至使)'라고 하는데, 대표적인 정기 사행이다. 보통 정원은 35명, 이를 '절행(節行)'이라고 한다. 절행은 중국 조정에서 숙식은 물론 상급(賞給)까지 내려야 했으므로 인원이 적을수록 좋으니 늘 숫자를 줄여달라고 요청했다. 반면 조선에서는 한 사행에 여러 임무가 겹쳐지면 그만큼 담당자가 필요했으므로 인원을 추가하는 일이 잦았다.

정기 사행인 동지사(冬至使)의 정원은 반드시 매년 6월 15일에 차출하는 것이 법이었다. 중국으로 가는 차례를 빼앗는 자와 차례가 왔는데도 책임을 피하려는 자는 곤장 100대를 때렸다. 연행을 하면서 얻게 되는 경제적인 이익을 추구하려는 부류와 그런 이득에도 불구하고 반년 동안 객지 생활을 해야 하는 불편함을 피하려는 부류가 늘 있었던 것이다. 자동차, 철도, 비행기 등 교통이 발달한 지금이야 약간 불편하고 번거로운 일에 불과하겠지만, 풍찬노숙해야 하는 그 시대에 사행은 목숨을 걸어야 하는 일이었다. 임시 사행은 동지사보다 사신의 품계를 높여 보내는 것이 관례여서, 정사는 정승 급의 대신(大臣)이나 정1품의 왕족(종실)을 임명했다. 부사는 종2품을 정2품으로, 서장관은 정4품을 종3품으로 결합했다. 사은과 진하처럼 고마움과 축하를 전할 때는 왕실의 인물들이, 주청과 변무처럼 의전(儀典)보다는 실제 성과를 얻어내야 할 때는 명망이 높고 글을 잘 짓는 실무 형 인물들이 차출되었다.

반면 진위사와 진향사(황실에 불행이 있을 때 가는 행차, 진하사는 황실에 경사가 났을 때 가는 행차)는 동지사행보다 한 단계 낮추었다. 진향사와 진위사는 관례상 겸하기 때문에 정사는 진위사가 되고, 부사는 진향사가 되며 서장관은 이를 겸하여 검찰했다. 고부사와 문안사는 부사를 빼고, 정사와 서장관만 보냈다. 사은사에서 문안사까지를 별행(別行)이라고 부르는데, 일이 있을 때마다 차출했다.

사행의 일이 특별하지 않고 정행과 시기적으로 맞아 떨어지면 이를 겸임하는데, 사신의 관품은 사은사의 행차에 따르고 인원의 정원수는 절행에 따랐지만, 마부니 자체군관에 하인들까지 딸린 식솔을 더하면 엄청난 인원수였다. 나중 1645년(인조 23) 동지(冬至)를 경축하는 동지행(冬至行)과 새해 첫날[正朝]을 함께 맞는 정조행(正朝行), 황제의 생일을 축하하는 성절행(聖節行)을 합친 삼절행(三節行)과 세폐(歲幣)를 내는 연공행(年貢行)이 합쳐져 삼절연공행(三節年貢行)으로 통합된다.

청나라 때 연행은 대단했다. 1712년(숙종 33년, 강희 51년) 打角의 자격으로 연행에 참여하여 연행일기를 남긴 金昌業에 의하면 당시 연행의 규모는 사람이 541명이 참여하였고 말이 435필이 동원되었으며, 사행 기간은 146일이었다고 한다. 말의 숫자는 사람이 타는 말과 짐을 싣고 가는 말의 총수이다. 그 정도의 규모는 연행의 역사에서 최대의 규모 중의 하나가 아닌가 싶은데 일반적으로는 그 규모보다는 작게 구성이 된다. 대체로 250여 명의 상하 인원이 사행 단으로 꾸려지고 200여 필의 말이 동원되어 4, 5개월의 시간이 소요되는 것이 일반적인 상례였다. 연행 사신이 한양에서 출발하여 의주에 도착하기까지의 숙식은 연로에 있던 각 고을의 객사(客舍)에서 해결하였다. 한양에서부터 출발하는 사람은 삼사 이하 역관에 이르기까지 사행단의 상층부 중심인물에 속하므로 그 숫자는 그렇게 많지 않았을 것이고, 따라서 숙식에 따르는 문제도 그다지 크지 않았을 것으로 생각된다. 또 국가의 공적 임무를 띠고 사는 사신이므로 각 관청에서 숙식을 제공하는 것은 당연하다. 특히 삼사는 고위 관료 혹은 종실 출신이었기 때문에 연도의 수령들이 홀대할 수 없음은 물론이고, 또 학연이나 인척 관계로 얽혀있기 때문에 정해진 객관이나 기타 특별한 장소에서 융숭한 대접을 받았다. 연도의 수령은 물론, 근처의 다른 수령까지 와서 문안을 하고 여러 가지를 공궤하였다.

앞서 최부가 오자 회동관 총책임자인 부사가 당신들은 정식 사절이 아니니 밥 한 술밖에 없다고 괘씸한 소리를 해댔는데 엄청 몰려들 오니 어느 면 이해가 되는 측면도 있다. 조선도 이미 성종 때 뒤처리 일로 문제가 생겨났다. 성종 18년 정미(1487, 성화 23) 12월 17일(임오) 글에 따르면,

〈"평안도(平安道) 전체는 수재(水災)로 인하여 풍년들지 않았는데, 게다가 황제(皇帝)의 상(喪)으로 북경(北京)에 가는 사신(使臣)이 빈번하여 이처럼 심한 추위에 사람과 말이 얼어 죽으니, 그 폐단이 적지 않습니다. 중국 사신이 오는 것은 그 시기를 확실히 알 수 없으나, 진하사(進賀使)·책봉사(冊封使) 두 사신을 진향사(進香使)·진위사(進慰使) 등의 사신이 돌아온 뒤에 떠나보내더라도 늦지 않습니다. 그렇지 않으면 두 사신이 같은 때에 길을 떠나는 것이 어떻겠습니까?" 하였다.〉

이에 대한 왕의 답은 무엇이었을까. '백성들을 생각하여 당연 그렇게 줄입시다.' 할 줄 알았는데 '이미 준비한 일이니 그대로 하시오.'가 답변이었다. 사행단이 이렇게 많다 보니 마부나 하인 등 중국을 쫓아가는 것이 직업인 사람들로 국경에서 가까운 선천 출신들이 많았다. 열하일기에 등장하는 마부는 거의 선천 출신이었다. 본론으로 돌아와서 최부는 북경에서 기다림의 나날이었다. 4월 4일 하왕이 데리고 가 최부는 식사 대접을 받았고 5일 양왕이 와서 예부에 서류가 있다고 알려주었으며 6일에는 유구 출신들이 찾아와 대접을 했다.

7일 예부의 서리 정춘 이정주 등이 찾아와 병부에서 예부에 보

낸 내용을 가지고 와 보여주었다. 내용 끝머리에는 과거 전례가 어찌했으니 최부도 그렇게 한다는 내용이 실려 있었다. 전례는 어디에서든 아주 중요하다. 연구 논문에서도 종래의 연구라 하는 것이 그것이고 외국의 사례를 들먹이며 법을 만드는 것도 또한 그것이다.

　이를테면 과거 경험을 거울삼아 따르든지 달라지든지 하자는 것인데 어느 면 역사라는 것은 경험의 진토위에 새로운 사실이 곡절을 겪으며 켜켜이 내려앉아 축적된 양분을 섭취하고 발휘하며 꽃을 피우는 시간의 역사라고 볼 수 있다. 인류에게 경험보다 소중한 자산은 없다. 내가 이 책을 독파하는 것 또한 일종의 전례를 보는 것으로 후세에 들어서는 단지 경험만을 얻는 것이 아니라 옛사람들의 생활이나 사고방식, 지혜 등을 통하여 대비하여 보이는 현실을 바로 알고 또 깨닫기도 하는 것이다.

　명나라 사람들이 조사한 전례를 보자면 성화 6년(예종 1년, 1470년) 11월 중에 해당 절강진수 등 관원이 아뢰고 송치해온 조선국의 풍랑 만난 김배회 등 7명을 본부에서 상주하여 허락을 받은 다음 방한복을 적절히 지급하고 각력과 구량을 제공하여 본국으로 돌아가도록 한 바 있다는 내용이었다. 이 내용에 대해서는 조선왕조실록에도 남아 있다. 성종 2년 신묘(1471, 성화 7) 1월 8일(신사) 글에 따르면,

〈승정원(承政院)에서 김배회(金杯廻) 등의 표류(漂流)한 사건의 정상을 심문하고서 아뢰기를, "그 공사(供辭)에서 이르기를, '저희[某等]가 지난해에 제주(濟州)에서 공물(貢物)을 압송(押送)하여 서울[京]에 도착해서 일을 마치고 본주(本州)로 돌아가다가, 해상(海上)에서 대풍(大風)을 만나서 표류(漂流)하게 되었는데, 무릇 13일 만에 중국의 절강(浙江) 지방에 도착하였습니다. (중략) 5, 6인을 시켜서 대관인(大官

人)이 있는 곳에 압송(押送)하였는데, 또한 전과 같았습니다. 한 은대(銀帶)를 띤 관인(官人)이 와서 보고 말하기를, '진짜 고려(高麗) 사람이다.'고 하고, 다음날 사람을 시켜 한 늙은 엄인(閹人: 내시))이 있는 곳으로 압송(押送)하였는데, 저희가 근각(根脚)을 묻고서, 이어서 음식을 먹여 주고, 또 쌀 10두(斗)를 준 다음에, 사람을 시켜 한 대관인(大官人)이 있는 곳에 압송(押送)하였습니다. 사람마다 각각 전모(氈毛: 털모자)·청면포(靑綿布)·철릭[帖裏]·겹군(裌裙)·겹과(裌袴)·신발[鞋]을 지급하고, 8일 동안 머물러 두었는데도, 하루에 세 끼니를 먹여 주었습니다. 한 관인(官人)을 보내어 북경(北京)으로 압송(押送)하여 5일 동안 머물러 두었다가, 성절사(聖節使)에게 붙여서 풀어 보냈습니다.'고 하였습니다."하니, 임금이 명하여 본주(本州)로 돌려보내게 하고 이어서 전라도 관찰사(全羅道觀察使)에게 유시(諭示) 하기를, "제주(濟州) 사람 김배회 등의 표류(漂流)한 것이 경인년 8월이었는데도, 본주(本州)에서는 지금까지 아뢰지 아니하였다. 이로써 보건대 이 앞서 표류한 사람도 숨기고서 아뢰지 않은 자가 반드시 많을 것이다. 그 신고(申告)하지 아니한 이유를 추국(推鞫)하여서 아뢰어라." 하였다.〉

18년 전에도 유사한 사례가 있는데 추우니 방한복도 주고 먹을 것도 주고 하여 성절사 편에 같이 돌려보냈다는 것이고 성종은 실록에서 이런 표류 사실이 있는데도 알리지 않은 것에 대해 화가 났고 이를 추국하겠다는 내용이다. 아무튼, 이런 사례를 보아서 최부에게도 유사한 대우가 정해졌음을 알려주려고 예부의 서리 정춘 이정주 등이 온 것이다. 그런데 그들의 의도는 순수치가 않았다. 알려주었으니 대가라도 받을 심산이었다. 최부는 당황했다. 표류자가 가진 게 있을 턱이 없다. 최부는 (손)효자에게 쌀과 량(糧, 곡식)을 가지고 술로 바꾸어 정춘 등을 대접하게 하였다.

그랬더니 그들이 본색을 드러낸다.

〈"우리 두 사람이 조금의 선물을 요구하는 인간 정리로서의 체면은 혹은 동전이나 혹은 토포, 혹은 (조선의) 여러 가지 산물을 가지고 사용하려는 것일 뿐이오. 뜻이 한 번 취하자고 하는 것이 아니오."〉

최부가 행장을 조사해 보고 만약 한 물건이라도 있다면 즉시 가지고 가라고 하면서 양식을 덜어 전 10문으로 바꿔 주었더니, 이종주(李宗周) 등은 이를 받지 않고 내던지고 정춘과 함께 매우 성을 내고 가버렸다. 참 한심한 중국 관료다. 바로 홍치 제는 저런 관료들을 숙정시켜야 하는데 미처 손이 거기까지는 미치지 못하였나 보다. 뭐 그렇다고 그런 친구들만 있는 것은 아니다. 관직도 없는 손금(孫錦)이라는 사람이 4월 14일 그리고 17일 여름날이 긴데 지내기가 어려울 것이라면서 쌀 1말, 나물 1쟁반, 염(鹽)·장(醬)·초(醋) 각 1그릇씩을 보내왔다. 이 세상에는 선의를 베푸는 이름 모를 사람들도 꽤 많다. 아직 이 세상이 살만하다 하는 것은 예쁘게 피어오르는 이름 모를 꽃이 많기 때문이 아닐까. 풋풋한 정과 믿음 또한 인류의 큰 덕목이 아닐 수 없다.

4월 8일 국자감 생원 양여림(楊汝霖)·왕연(王演)·진도(陳道) 등이 흑두건(黑頭巾)을 쓰고 청색의 둥근 옷깃의 옷을 입고 찾아와 학문에 대한 이야기를 주고받았다. 유학자로서는 위로가 되고 가장 흐뭇한 상황이 아니었을까. 조선 선비들이 그토록 연행 길에 오르기를 바란 것은 다름 아닌 평소 갈고 닦은 자신의 유학을 시험해 보고 싶어서였고 새로운 문물을 받아들이고 터득하기 위해서였다. 연암 박지원은 밤을 새워가며 태학에서 유학자들과 논의를 하였고 북경에 와서는 제일 먼저 찾은 곳이 유리창이란 서점 동네다. 물론 최부 때도 유리창이 있기는 있었겠지만, 그곳이 책방으로 알려진 것은 청나라 건륭제 때다. 건륭제는 사고전서를 편찬하겠다고 자금성 문헌각에서 편집을 하고 전국의 책을 이곳에 다 모았었다.

4월 9일 옥하관 앞에 사는 장원 장개와 환담을 했고 10일에는 이서가 와서 오래 머무르지 않을 것이라고 귀띔을 해주고 갔다. 4월 11일은 주부 이상(李翔)이 와서 사은사가 아직 왜 안 오느냐고 말을 한 날이다. 그날 왕릉이란 자가 찾아왔는데 그는 우리나라 말을 잘 이해했다. 그런 데는 그만한 사유가 있었다. 그의 이야기를 들어보자.

〈"내 조부는 대대로 요동 동팔참(東八站)의 지역에 살아서 의주를 왕래하였습니다. 나 또한 고려인입니다. 내가 13살 때에 아버지가 돌아가시어 어머니를 따라 살았는데 되돌아보니 대략 31년간입니다. 나와 어머니는 모두 올량합(兀良哈)에게 약탈을 당해서 달단(韃靼. 타타르)의 나라에까지 떠돌아다니다가 마침내 살아서 돌아와 이곳에서 살게 되었습니다. 당신 나라의 사신이 오면 아직 서로 만나지 않은 적이 없습니다."〉

먼 타국까지 온 데는 곡절이 없을 리 없다. 그래도 핏줄은 어쩔 수 없다. 우리가 어디를 가든 동포를 만나면 반갑고 지금도 이런 유대의식은 여전하지 않는가. 그리고 그는 동전을 술로 바꾸어 종자들을 위로하였다고 했다. 그러면서 폭풍을 만나고 대해를 건너 왔음에도 한 사람의 죽은 자가 없다는 것을 확인하듯 재차 묻고 무척 기뻐하였다. 12일도 기다리고 13일도 기다리고 14일도 15일도 기다렸다. 그날은 다만 최부의 관직 성명들을 적어갔다. 왜 그랬을까. 무엇을 하려는 지 알 수 없다고 최부는 글에 적었다.

56
조선의 선비는 남다르다

4월 16일 금의위 후소(錦衣衛 後所) 반검사(班劍司) 교위 순웅(孫雄)이라는 사람이 왔는데 느닷없이 예부에서 황제에게 상주하여 상을 내려 주실 것을 청한 후에야 돌아갈 수 있다고 했다. 나 같으면 고생한 보람이 있다 하면서 이게 웬 떡이냐 할지 모른다. 황제가 주는 상이라면 으스댈 만하지 않은가. 하지만 최부는 엄정했다. 좋아하기는커녕 그는 바로 말했다.

〈이곳에 온 것은 나라의 일이 아니고, 구사일생으로 겨우 목숨만을 건지어 돌아가고자 할 뿐입니다. 지금은 얼마 남지 않은 목숨이 건장해지고 타들어 가던 내장(內腸)도 기름져졌으며 다친 다리도 나았고 수척한 골육도 튼튼해졌으니, 모두 황제가 멀리서 온 사람을 보살펴주신 은혜가 아주 커서 내가 조금이라도 대국에 보답할 길이 없습니다. 이와 같은 중대한 은혜를 입었으니 다만 내가 몸 둘 바를 모를 지경인데 어떻게 상을 받을 수 있겠습니까? 내가 바라는 것은 일찍 고향에 돌아가서 노모를 뵙고 돌아가신 아버지를 장사지냄으로써 내가 해야 할 효도를 마치려고 합니다. 이것이 사람의 간절한 정인데 예부가 어떻게 알겠습니까?"〉

아마 순웅(孫雄)이 놀랐을 것이다. 상이 뭐 대수냐 빨리만 돌아가게 해 달라 하는 이야기가 아닌가. 4월 17일 유구국 사람 진선, 채새, 왕충 등이 와서 본국으로 돌아가게 됨을 알리고는 주저하면서 작은 부채(矮扇) 두 개와 답석(踏席) 두 장을 최부에게 주면서 비록 작은 물건이지만 정이 담겨있는 것이라고 했다. 최부도 재물이 아닌 정으로 대한 것이라고 하자 진부란 자가 바로 말을 받았다.

〈"우리나라의 왕이 일찍이 20년 전에 나의 아버지를 선발하여 조선에 사신으로 갔다가 돌아왔습니다. 나의 아버지께서는 돌아와서 그대 나라 사람들에게 많은 사랑을 받게 되어 항상 은정을 생각하고 있었는데, 내가 또 대인(최부)과 서로 친하게 되었으니 다행한 일이 아니겠습니까?"〉

그때만 해도 오키나와 유구국은 일본에 속하지 않고 우리와 친하게 지냈다고 한다. 그 느낌이 드는 내용이다. 4월 18일 최부가 호출을 받고 예부에 닿았다. 주객사(主客司) 낭중인 이괴(李魁), 주사 김복(金福), 왕운봉(王雲鳳) 등이 상서인 주홍모(周洪謨), 좌시랑인 예악(倪岳), 우시랑 장열(張悅)의 명령을 받들어 최부에게 말했다.

〈"내일 아침에 조정에 들어가면 상으로 의복을 받게 될 것이니, 길복(吉服)으로 바꿔 입어야 할 것이오. 일을 마치면 즉시 되돌아올 것이오."〉

최부는 표류할 때 풍랑을 견디지 못하여 짐이 모두 흩어져 상복만을 겨우 입고 왔으므로 다른 길복이 없고 또 내가 상중에 길복을 입는 것은 예절에 합당치 않을까 두렵기도 하고 또 상복 차림으로 조정에 들어가는 것은 의(義)에 또한 옳지 못하니, 예제를 잘 살펴서, 어떻게 해야 할지 알려달라고 말을 했다. 이 말을 들은 예부 사람들은 난감했을 것이다. 한참 상의를 하더니 그들이 방안을 제시했다.

〈"내일 아침상 받을 때는 예를 행하는 절차는 없으니, 당신을 따라온 리(吏)로 하여금 대신 상을 받도록 하고 모레 황제의 은혜에 사례할 때는 당신이 몸소 절을 해야 하니 참가하지 않을 수 없습니다."〉

4월 19일 최부는 옥하관에 머물렀고 예부의 서리 정춘, 왕민, 왕환 등이 정보 등 40여 인이 대궐에 들어가서 상을 받고 왔는데, 최부 것은 흰 모시옷 1벌, 붉은 비단으로 속을 댄 원령 1개, 흑록색 비단으로 만든 습자 1개, 청색 비단으로 만든 답호 1개, 가죽신발 1켤레, 털로 짠 버선 1쌍, 녹면포 1필이고, 정보 이하 42인이 받은 것은 반오(胖襖) 각 1건, 면고 각 1건, 옹혜 각 1쌍이었다. 황제의 하사품이니 나름 구색이 갖추어졌고 화사하다. 그런데 여기서 알아둘 것이 있다. 그때뿐 아니라 황제의 하사품은 여러 경로로 받았는데 책을 받은 기록은 없다. 유학자로서 최고로 치는 것이 책인데 도서는 국가의 기밀이며 반출해서는 안 되는 것으로 인식하였기 때문이다.

　최부로서는 정작 내일이 문제다. 주부 이상(李翔)은 정보에게 황제를 알현하니 최부가 꼭 길복 차림으로 나와야 한다고 했다. 최부는 정보를 시켜 오밤중에 찾아가 친상은 진실로 자기의 정성을 다해야 하는데, 만약 화려한 옷을 입는다면 효가 아니므로 상복을 경솔히 벗고 효가 아닌 명분에 처신할 수는 없다고 재차 알렸다. 그러자 이상은 말도 안 되는 소리 하지 말라는 식으로 다음과 같이 전해 왔다.

〈"오늘 내가 예부상서 대인과 함께 이미 의논했는데, 이 상황에서는 친상은 가볍고 천은(天恩)은 중하니, '숙배(肅拜)'의 예를 그만둘 수 없소. 밤 4경쯤에 동장안문(東長安門) 밖에 상으로 하사한 의복을 입고 오는데 틀림없도록 하십시오."〉

　4월 20일 꼭두새벽부터 난리다. 축시(丑時. 오전 1~3시)에 이상이 찾아 왔다. 그들이 주고받는 대화다.

〈"당신은 지금 관복을 갖추고 입궐하여 황제의 은혜에 사례하여야 하

니 지체 돼서는 안 되오.">

〈"이 상을 당하여 그 비단옷을 입고 사모(紗帽)를 쓴다면 마음이 편안하겠소?"〉

〈"당신이 빈소 곁에 있다면 당신의 아버지가 중하지만, 지금은 이곳에 있으니 황제가 계실 뿐이라는 것을 알아야 하오. 황제의 은혜를 입고, 만약 가서 사례하지 않는다면, 인신(人臣)의 예절을 크게 잃게 되는 것이오. 그런 까닭으로 우리 중국의 예제는 재상이 상을 당할 적에 황제께서 사람을 보내어 부의를 하면 곧 비록 초상 중이라도 반드시 길복(吉服)을 갖추어 입고, 달려가 입궐하여 배사(拜謝)한 연후에 다시 상복을 입소. 대개 황제의 은혜는 사례하지 않을 수 없는데 사례 할 때는 반드시 궐내에서 해야 하나 대궐 안에서는 최복(衰麻)를 입고 들어갈 수 없으니, 이것은 형수가 물에 빠지면 손으로 잡아 꺼내주는 것과 같은 권도(權道)이오. 당신이 지금 길복을 갖춰야 함은 일이 되어 가는 사세(事勢)에 의한 것이오."〉

〈"어제 상을 받을 때 내가 친히 받지 않았는데, 지금 사은(謝恩)할 때도 역시 따라온 리(吏)를 시켜 가서 배례(拜禮)하도록 하는 것이 어떻소."〉

〈"상을 받을 때는 배례하는 절차가 없었으니 대신 받아도 되었지만, 지금은 예부·홍려시가 함께 당신의 사은(謝恩)하는 일을 의논하여 이미 상주하기를 '조선이관 최부(朝鮮夷官 崔溥) 등......'이라고 하였는데, 그대는 반수(班首, 우두머리)로서 어찌 편안히 물러나 앉아 있을 수 있겠소?"〉

이쯤 되니 최부는 할 수 없이 정보 등을 거느리고 주부 이상(李翔)을 따라 걸어서 장안문에 이르렀으나 차마 길복을 입지 못했는데, 급하다 싶은 이상이 최부의 상관(喪冠)을 벗기고 사모(紗帽)를 씌우면서 또 말을 했다.

〈"만약 국가에 일이 발생하면 곧 기복(起復)의 제도가 있소. 그대는 지금 이 문에서 길복을 입고 들어가서 사은하는 예를 행하고 마친 후 다시 이 문으로 나올 때 상복으로 바꿔 입으면 잠깐 동안뿐이니 하나만을 고집하여 융통성이 없어서는 안 되오.〉

이때 황성의 외문이 이미 열려있어 상참조관(常參朝官)이 죽 늘어서 들어갔다. 최부는 일이 되어가는 추세에 밀려 길복을 입고 대궐에 들어가는데, 1층 문과 2층의 두 대문으로 들어가니 또 이 층 대문이 있었는데, 곧 오문(午門)이었다. 군대의 위용이 엄정하고 등불이 휘황찬란하였다. 이상이 최부를 오문 앞에 앉히고 조금 후에 오문의 왼쪽에서 북을 치고 끝나자, 오문의 오른쪽에서 종을 쳤다. 그것이 끝나자 세 개의 홍문이 열렸는데 문마다 각기 두 마리의 큰 코끼리가 지키고 있어 그 형상이 매우 기이하고 훌륭하였다.

날이 밝아 오니 조관(朝官)들이 차례로 문 앞에 늘어섰다. 이상이 최부를 인도하여 조관의 행렬에 나란히 서게 하고, 또 정보 등을 인도하여 별도로 한 줄을 만들어 국자감 생원의 뒤에 서게 하였다. 다섯 번 절하고, 세 번 머리를 조아린 후에 단문(端門)으로 나오고, 또 승천문(承天門)으로 나오니 승천문은 대명문(大明門)의 안에 있었다. 또 동쪽으로 가서 장안좌문(長安左門)으로 나와서, 다시 상복을 입고 장안가(長安街)를 지나 옥하관으로 돌아왔다. 동료들이 모두 놀랐을 것이다. 죽다 살아나 황제 기거하는 자금성에서 상도 받았으니 말이다. 표류할 때 인사고과가 좋았던 사람들은 역시 예도도 밝다. 성실과 신의가 사람에게는 무엇보다 중요하지 싶다. 이에는 예도도 인간의 참된 도리로서 자연스레 뒤따른다. 이효지·허상리·권산 등이 모두 상으로 하사받은 옷을 입고 와서 최부에게 고맙다고 배알을 하였다.

〈"전에 정의 현 사람이 현감 이섬을 따라 역시 표류하여 이곳에 도착하였을 때는 황제로부터 상을 하사받는 은혜가 없었는데, 지금 우리들은 (표류하여 절강에서부터) 여기까지 도달했다가 특별히 이런 뜻밖의 상을 받고 황제의 앞에서 배례(拜禮)하게 되었으니 다행한 일이 아니겠습니까?"〉

하지만 최부는 상보다는 상이 갖는 의미에 초점을 맞췄다. 그의 말을 들어보자.

〈"어찌 우연한 일이겠는가? 상이란 것은 공이 있는 사람에게 주는 것인데 너희들은 대국에 어떠한 공이 있는가? 표류하여 죽을 뻔하다가 다시 살아나서 본국으로 돌아가게 되니 황제의 은혜가 또한 이미 지극하거늘, 하물며 또 너희 비천한 신분으로 대궐에 들어가 이러한 상을 받게 되었으니 너희는 그 뜻을 알고 있는가? 황제께서 우리를 위무하고 우리에게 상을 주시는 것은, 모두 우리 임금께서 하늘을 두려워하고 중국을 섬기기 때문이지 너희들이 스스로 이룬 것이 아니다. 너희들은 우리 임금의 덕을 잊지 말고 황제께서 준 상을 가벼이 여기지 말아서, 이를 손상시키지도 말고, 잃어버리지도 말며 팔아서 타인의 소유가 되지도 말게 하여, 너희 자손 대대로 지켜 영원토록 가보로 삼아라."〉

부모에 대한 효도 그리고 왕에 대한 신의, 그는 그 와중에서도 이를 앞세웠다. 이른바 효충이다. 조선 선비들의 의식은 국가적으로 보아서도 상당히 자주적이고 확고부동하다. 청나라가 조선에 변발을 강요하지 않은 것은 문명이라는 자부심이 그득한 조선을 그대로 놔두는 것이 훨씬 더 유리하다고 판단했기 때문이다. 머리를 자르고 복식을 바꾸면 목숨을 걸고 투쟁할 것이라고 그들은 본 것이다. 힘만 가져도 나라는 지배가 가능하니 조선우대를 하는 양 한 것이다. 조선은 힘에 억눌려 어쩔 수 없지만 늘 자립적인 자세를 견지했다. 그런 의식이 성종 때도 엿보인다. 중국이 조선을 함부로 할 수 없는 또 다른 이유다.

최부는 귀국길에 6월 3일 봉황산에 이르니 동녕위에서 이제 막 군부를 뽑아 성을 쌓고 있는 것을 보고는 바로 글에 적었다. 그러자 동행한 중국인이 이 성은 사신들이 오갈 데 길이 막힐 것을 대비하는 것이라고 했다. 국경 근처이니 보는 눈이 다들 예사롭지 않다. 최부는 조정에 알리고 싶은 마음이 우선했을 것이다. 성종실록에서도 보면 바로 그해 6월 4일, 그러니까 최부가 글에 남긴 날 바로 다음 날이다. 무령군 유자광이 의주에 성 쌓는 일이 중요함을 상언한 내용이 나온다.

〈삼가 보건대, 평안도(平安道) 한 도는 중국(中國)과 경계(境界)를 접하였는데, 압록강(鴨綠江)이 저들과 우리의 분계선(分界線)이 되었습니다. 옛날 거란(契丹)이 소유했을 때에는 압록강이 도리어 우리에게 해(害)가 되었지만, 이제 우리의 소유가 되면서 이른바 우리가 이에 따라 '요처[要]'라 일컬으니, 천지(天地)와 더불어 영구히 잃을 수 없고, 천지와 더불어 영구히 관방(關防)을 엄하게 하지 않을 수 없는데, 어찌 천하(天下)가 무사(無事)함을 믿고 우리의 관방에 유의(留意)하지 않겠습니까?(중략)

지금 〈중국은〉 천하가 부성(富盛)해서 천하(天下)의 땅을 소유하고 있는데도 요양(遼陽)으로부터 장성[長墻]을 쌓고, 이미 애양보(靉陽堡)를 설치하였으며, 또 개주(開州)에 성을 쌓고, 점차 탕참(湯站)에 성을 쌓고, 파사보(婆娑堡)에 성을 쌓았으니, 슬기로운 사람을 기다리지 않고서도 알 수 있으며, 더욱이 요동(遼東) 사람들 또한 모두 그것을 말하는 것이겠습니까? 평안도 한 도는 백성들이 적어 생업(生業)이 잔망(殘亡)하므로, 신은 끝내 동가(東家)의 침략을 면하지 못한 서가(西家)의 후회가 있을 것이 두렵습니다. (중략)

아아, 천하(天下)가 무사하다면 그만이겠지만, 천하에 일이 있다면 반드시 먼저 침략을 받을 것입니다. 지금 천하가 비록 무사하다 하더라도 어찌 천하가 날로 더욱 부성(富盛)해지는데 후세에 이르러 그 자손이 교만해지지 않을 것을 알겠습니까? 이 때문에 신이 경연(經筵)에서 대략 사연을 진소(陳疏)하고, 또 물러나와 글을 써서 죽음을 무릅쓰고 올렸던 것입니다. 삼가 생각하건대, 전하께서는 신의 말을 오활(迂闊)하다 여기지 마시고 곧 대신에게 명하여 의논하도록 하시고, 해사(該司)에 명하여 마감(磨勘)해서 아뢰게 하소서. (이하생략)〉

유자광은 빨리 대비를 하자는 것이다. 중국을 믿지 않고 있음이 확고히 나타난다. 그런데 나는 유자광의 글에서 놀라운 사실을 발견했다.〈건주(建州)의 이만주(李滿住)가 사는 부락(部落)을 보았는데, 풀로 덮은 집이 6, 70집에 지나지 아니하였습니다. 이만주(李滿住)는 건주(建州)를 통솔하는 자인데, 그 부락(部落)이 이와 같다면 다른 부락의 잔폐(殘廢)함을 알 수 있을 것입니다. 만약 건주 야인(建州野人)이 지금 몰래 일어나서 좀도둑이 된다면 그만이겠지만, 모여서 대적(大敵)이 되어 수(隋)나라·당(唐)나라·소손녕(蕭遜寧)·삼별초(三別抄)·유관(劉關)의 군사와 같이 능히 종횡(縱橫)으로 난입(闌入)한다면, 반드시 이러한 의심이 없다고 어떻게 말하겠습니까?〉

유자광의 상소문에는 이만주가 나오고 건주여진이 나온다. 사실 그 무렵 명나라와 여진 그리고 조선은 묘한 관계에 있었다. 여진은 우리도 괴롭혔지만, 명나라도 골칫거리였다. 명나라는 유화책으로 이들에게 군단명(軍團名)인 건주위(建州衛)·야인위(野

人衛)·모련위(毛憐衛) 등을 붙여주고, 그 우두머리에게는 왕의 칭호나 도독(都督)·지휘(指揮)·동지(同知)·천호(千戶)·백호(百戶) 등 명나라의 군인과 똑같은 명칭을 주고 대우했다.

그러나 실제로 이들 여진족의 지역은 명나라 통치권 밖이었다. 15세기에 두만강 유역에 살던 부족 올량합(兀良哈, 우량하이), 올적합(兀狄哈, 우디거), 오도리(斡都里), 건주여진이 자주 북부 국경 지대에 쳐들어오자 조선정부는 1410년과 60년에는 올량합을, 33년·67년·79년에는 건주여진을, 91년에는 올적합을 정벌했다. 이 시기 조선 정부가 4군 6진의 설치 등 북방 지대의 방비를 강화한 것도 여진족을 통제하려는 조처였다.

그런데 건주좌위도독(建州左衛都督) 동산(董山)은 건주위도독(建州衛都督) 이만주(李滿住)의 아들 고납합(古納哈)과 함께 세조(世祖) 4년(1458년)에 귀순을 해 관직을 얻었다. 깜짝 놀란 것은 명나라였다. 조선과 여진의 잠통을 걱정 안 할 수 없는 명나라다. 명나라는 성화 3년(1467년) 건주여진을 공격해 후한을 없앴다. 그런데 16세기 말 건주여진의 추장 누르하치(청나라 태조)를 중심으로 여진족이 다시 통합되어 1616년(광해군 8)에 후금을 세우고, 그 후 세력을 확장해 36년(인조 14)에는 청(淸)이라 국호를 바꾸고 중국 전 지역을 통일할 줄 누가 알았던가. 누르하치가 조선은 형제국이라 한 것은 그들 중 많은 사람이 조선인이 되었기 때문이다. 유자광은 훗날을 예언이라도 하듯 그 무렵 적중한 말을 한 셈이다.

성종 15년(1479, 성종 10 -기해년-)기록을 보면 명나라가 10월에 조선 국왕에게 군사를 출동시켜 건주여직을 공격하도록 명하였다. 이에 조선 국왕은 우찬성(右贊成) 어유소(魚有沼)를 파견하였으나, 군사를 거느리고 만포강(滿浦江)에 다다르자 얼음이 녹은 탓에 뒷날을 기약하였다는 기록이 나오는 데 어딘가 적극적이지 않고 미지근하다. 적당히 하는 척만 한 것도 같다. 반면에 중국의 봉화성 성벽 설치에 대해서는 아주 민감하게 작용했다. 당시 그런 유자광의 상소에 조정은 어찌 대치하였는지 한 발짝 더 들어가 살펴보자.

성종 19년 무신(1488, 홍치 1) 8월 24일(을묘) 글에

〈중국 조정에서 봉황산(鳳凰山)에 성을 쌓는다고 하는데, 만약 우리나라를 위하여 성을 쌓는다면 중국의 높은 처지로 어찌 해외(海外)의 한 나라를 위하여 백성을 수고롭게 부역시키겠는가? 그러나 이 일이 크게 우리에게 불리함이 있을 것이니, 의주(義州)의 백성들이 부역(賦役)을 피하여 몰래 들어가는 자를 장차 이루 금할 수 없을 것이다. 나는 강가를 따라 성을 쌓고 관방(關防)을 만들어서 왕래를 절제하고자 하니, 승정원에서는 축성 순찰사(築城巡察使)를 의망(擬望)하여 아뢰도록 하라."〉라고 적혀 있다.

축성 순찰사를 두어 대처를 하겠다는 것이다. 4일 후 왕이 발 벗고 나섰다. 그 내용은 다음과 같다.

〈의주(義州)는 적(敵)을 받는 초면(初面)이니, 예로부터 큰 도적은 반드시 의주를 거쳐 들어왔다. 또 중국(中國) 조정에서 봉황산(鳳凰山)에 성(城)을 쌓고 이미 1천 호(戶)를 이사시켜 살게 하고 또 장차 4천 호를 이주(移住)시킨다 하니, 중국 조정에서 어찌 우리나라를 위하여 성을 쌓겠는가? 우리 백성들의 저곳으로 투입(投入)하는 자는 사세로 보아 장차 이루 금할 수 없을 것이다. 장성(長城)을 쌓아 관문(關門)을 만들어서 하나는 투입하는 길을 금하고 하나는 요해(要害)의 땅에 의지하게 한다면, 이는 실로 만세(萬世)의 계책이다. 그러나 이 땅은 내가 눈으로 보지 않았고 의논하는 자는 그 계책이 귀일되지 아니하여, 이에 경(卿)

을 보내어 나의 이목(耳目)으로 삼고, 경이 혹 미처 문견(聞見)이 미치지 않는 일이 있을까 염려되어 부사(副使)를 내어 경을 보좌케 한 것이다. 장차 어떻게 설시(設施)하여야 마땅함을 얻겠는가?"(이하생략)〉

그런데 훗날 연암이 열하일기에 써 놓은 대로 봉황성은 눈부신 광채를 드러냈다. 많은 사람이 이주를 해왔고 도시로 발전해 그 번영함에 놀라 연암은 연실 위축되었다. 우리는 그사이 왜란을 겪고 호란을 겪고 당파싸움에 시끄러웠으니 그럴 만도 하다 싶다. 나라가 바로 서고 융성하려면 군주가 어떠해야 하는지 나는 최부의 표해록을 읽으며 새삼 느낀다. 조선은 성종 때까지만 해도 비전이 엿보였다. 최부만 봐도 어떠한가. 세상은 나라가 융성하려면 인재를 제대로 키워야 한다는 말이 단순히 어제오늘만은 아니지 싶다. 연산군에게 무오, 갑자사화만 아니었어도 하는 마음이 굴뚝이다. 개개로 보면 우리처럼 똑똑한 민족이 없다는 말도 맞는 것도 같다. 작지만 옹골찬 기상, 힘으로는 어쩔 수 없었지만 굴하지 않으며 의지로서는 늘 미래를 꿈꿨던 민족, 이는 오늘도 계속된다고 나는 믿는다.

57
어양역에서 사은 사신을 만나다

4월 21일 좌군도독부 소속 총병이라는 백호 장술조라는 자가 요동으로 호송을 책임진다며 찾아왔다. 소매에서 차출의 차부를 꺼내어 보여주었다. 글 내용은 해당도독부에 이첩하여 관원 한 사람으로 호송토록 하고 연도의 군위에서는 군부를 적절히 차출하여 호위토록 하되 요동에 이르러 진수요동태감 위낭과 총병관 구겸 및 연도의 군위 아문에게 이첩하여 그들의 지시를 받아 통역사 인원을 따로 차출하여 조선과의 경계지점까지 보내주어 그들 스스로 돌아가도록 하라는 것이었다. 전에 김배회는 성절사와 더불어 같이 가도록 했는데 기다리던 사은사가 당도하지 않아 호송 관료를 하나 딸려 보낸 것 같다.

그런데 4월 22일 큰일이 발생했다. 최부가 달 초 5일부터 머리 아픈 증세가 나타났는데 17일에는 조금 나았다가 이날에 이르러서는 갑자기 가슴이 아파져 왔다. 배와 가슴 사이가 서로 뒤틀리고 손과 발이 저렸다. 냉기가 온몸으로 퍼지고 천식으로 인하여 위태로움이 경각에 달렸다. 정보·김중·손효자·고이복 등이 (낫기를) 빌었으나 효과가 없었다. 거느리고 왔던 사람들도 어찌할 바를 몰랐고 이정과 막금은 곁에서 소리 내어 슬프게 울었다. 참 묘한 게 최부가 성실하다 여기는 인사고과 우수자들이 곁을 따뜻하게 지키고 있다. 고이복은 곁꾼인데도 남달리 열성적이다. 대침(大針)으로 최부의 열 손가락 끝을 찔렀다. 검은 피가 세차게 솟아오르자 위태롭고도 위태롭다고 하였다.

김중과 정보가 달려가서 예부의 주객사(主客司)에 고하였다. 회동관의 보고가 또 예부에 이르니 곧 태의원(太醫院)의 의사 주민(朱旻)이 차출되어 최부의 병을 고치도록 하였다. 주민은 맥박을 짚어보고 이 증세는 본래 칠정(七情)이 상하고 오한이 겹쳐서 이 병을 얻은 것이니 조심해서 몸조리해야 할 것이라고 하였다. "향화대기탕(香火大氣湯)을 써서 치료할 것이라더니 주민은 태의원으로 달려가서 약을 가지고 왔는데 곧 가감칠기탕(加減七氣湯)이었다. 밤 2경(밤 9시~11시)에 최부는 마셨던 약을 토하였다.

4월 23일 새벽에 아침 주민이 또 와서 맥을 짚어보고는 어제는 살펴보니 삼지이패(三遲二敗)의 맥박이 뛰었는데, 오늘은 맥박이 회생할 기미가 있으니 잘 조리하라고 하였다. 그리고 인삼양위탕(人蔘養胃湯)을 달여서 마시게 하였다. 최부는 약을 먹은 뒤로 몸이 점차 평온해졌다. 인삼의 효능은 그때나 지금이나 변함이 없다. 저녁때 이서와 장술조(張述祖)가 함께 와서 몸이 아프니 떠나는 날을 미루자고 하였다. 하지만 최부는 우겨대 떠날 채비를 했다. 최부는 아픈 중에도 북경 지리를 낱낱이 훑어 적어 놓았다. 그런 그의 글 중에 우리와 관련이 있다 싶은 글 하나를 빼 읽어 본다.

〈옥하는 연원이 옥천산에서 나와 황성의 안쪽을 거쳐 도성의 동남방으로 나와서 대통하가 되고 고려장에 이르러 상건하와 함께 백하로 흘러갑니다.〉

분명 고려장이라고 했다. 북경에 고려장이라는 곳이 일찍이 존재한다는 것을 그는 말하고 있다. 지금도 북경 동북쪽 순의구(順義區)에 고려영(高麗營)이란 곳이 있다. 고려영(高麗營)은 구체적인 유적지는 남아 있지 않지만, 그 이름만으로도 우리의 호기심을 자극한다. '고려영'은 '고려의 군영'이란 뜻이다. 하지만 '고려영'의 정체에 대해서는 의견이 분분하다. 고려영에 대해 처음으로 주목한 이는 단재 신채호였다.

신채호는 '조선상고사'에서, 당태종이 안시성(安市城)에서 막혀 쩔쩔매고 있는 동안, 연개소문(淵蓋蘇文)이 내몽고를 우회하여 지금의 북경지역을 공격했다고 주장했다. 고려영은 이때 세운 군영이라는 것이다. 이는 정사에서는 기록을 찾아볼 수 없는 주장이지만, 재야사학자들 사이에 호소력을 갖고 있다. 이와 관련하여 박지원이 '열하일기'에서 적은 내용이 주목을 끈다. 박지원은 당태종이 고구려를 정벌할 때 일찍이 북경의 동악묘(東岳廟)에서 5리 정도 위치한 황량대(謊糧臺)에 군사를 주둔시키고 거짓으로 곡식 창고를 만들어서 적을 속이려고 했다고 기록하였다. 청나라 때 고조우(顧祖禹)의 '독사방여기요(讀史方輿紀要)'라는 지리서에도 비슷한 기록이 있다.

문제는 왜 당태종이 북경 일대에 고구려를 속이기 위한 군사 시설을 만들었냐는 점이다. 우리가 알고 있는 당나라와 고구려의 국경선은 요하(遼河) 부근이다. 북경에서 심양까지 700km가 넘는 점을 생각하면, 당태종이 왜 고구려를 속이기 위한 위장 시설을 국경에서 한참 먼 곳에 만들었는지가 의문이다. 그래서 고구려의 군대가 북경 부근까지 쳐들어왔기 때문이라는 추정이 가능하다. 국내의 한 방송사도 이런 추론을 근거로 프로그램을 만든 적이 있다. 이와 달리 중국인들은 당나라 때 고구려 사신들이 거쳐 가던 역참에 사신들의 시중을 들기 위해 일부 고구려 사람들이 거주하여 고려영이 만들어졌다고 주장한다.

역참이란 말을 갈아타거나 잠자리를 제공하기 위해 국가에서 만든 교통망이다. 그런데 외국 사람들을 불러다 역참을 관리하도록 했다는 것은 좀 이상하다. 게다가 고려영의 위치는 고구려 사신들이 당나라로 가는 교통로라고 보기 어려운 곳에 있다. 중국 쪽의 주장도 신빙성은 떨어진다. 연암은 '열하일기'에서 북경의 동북쪽 군현에 고려장(高麗莊)이란 지명이 많다고 기록했다. 또 '독사방여기요'에도 현재의 북경시 동쪽에 위치한 통현(通縣) 서쪽 12리에 고려장이란 지명이 있었다는 기록이 나온다.

북경 동쪽의 영평부(永平府)의 풍윤현(豊潤縣)에서 서쪽으로 10리 떨어진 곳에 고려보(高麗堡)가 있다. 이곳에는 병자호란 다음 해인 1637년 포로로 잡혀 온 사람들이 논농사를 지으며 우리의 풍습을 유지한 채 사는 곳으로 열하일기에 나오는 대목이다. 그렇다면 '고려영'은 혹시 몽골인들이 세운 원나라에 끌려갔거나 자발적으로 건너갔던 고려인들이 거주했던 곳이거나, 조선 시대에 끌려갔던 사람들이 살았던 곳은 아니었을까? 하지만 이에 대해 현재까지 아무도 아는 사람은 없다. 아무튼, 북경 근처에 우리의 역사가 파고 들어갔음은 분명하다. 최부는 북경을 떠나며 북경에 대한 총평을 했다.

〈지금 명나라가 옛날 오랑캐의 풍속을 씻고 왼쪽으로 옷을 여미던(오랑캐의 복식) 지역을 의관의 풍속(한족의 풍속)으로 바뀌게 하였으니 조정 문물의 성대함이 가히 볼만하였습니다. 그러나 그 여염 사이에서는 도교와 불교를 숭상하고 유학은 숭상하지 않고 상고(商賈)는 업으로 삼고 농사는 업으로 삼지 않았습니다. 의복은 짧고 좁아 남녀의 제도가 같았으며 음식은 누린내가 나고 더러우며 귀한 자와 천한 자가 한 그릇을 사용하는 등 아직도 오랑캐의 풍속이 전부 없어지지 않았으니 이것이 안타까웠습니다. 또 그 산에는 초목이 없고 그 냇물은 더럽고 그 땅은 모래흙이 날려 일어나 먼지가 하늘에 가득하여 오곡이 풍성하지 않았습니다. 그 사이에 인물과 물화의 많음과 누대의 웅장함과 시사의 부유함이 아마도 소주와 항주에 미치지 못하였습니다. 그 성안의 수요 되는 물품은 모두 남경과 소주·항주로부터 왔습니다.〉

얼핏 북경의 황사현상을 말하는 것 같기도 하다. 매년 이맘때면 황사현상이 심해 큰 문제인데 벌써 그 시대 그런 조짐이 보였던 것이 아닐까. 내몽고의 사막화 현상과도 밀접하다고 하지만 황하의 범람 그리고 잦은 물줄기의 이탈이 이런 변고를 야기 시킨 또 하나의 원인이 아닐까 생각도 해본다. 물론 지금부터 여정은 조선 사신들이라면 누구나 잘 아는지라 강남 운하 길처럼 갈래갈래 적을 필요 없기도 하여서 그렇지만 다음 글부터 속사정도 모르고 짧게 글을 쓸 수밖에 없는 저간의 사정을 말했다.

〈조정에서는 우리를 표류해 온 외국인으로 대우하고, 파문관부(把門館夫) 유현(劉顯) 등을 시켜 우리를 시중들게 하였으나 상사의 명문품첩(明文稟帖, 허가서)를 가지고 불러내는 것이 아니면 마음대로 객관에서 나가지 못하게 하였습니다. 아행(牙行, 매매중개인)과 무뢰배들이 객관에 왕래하는 것을 허락하지 않았던 까닭으로 유현은 엄하게 통제하였습니다. 게다가 통사가 없었으므로 곧 앞 못 보고 듣지 못하는 자와 똑같았습니다. 그런 까닭으로 무릇 조정에 일이 있어도 들어서 알 수가 없었습니다.〉

4월 25일 북경 주변의 지리적 특성을 최부는 짧게 적었다.

〈넓은 들을 지나는 동안에 민둥산이 길의 북쪽 10리밖에 있었는데 그 모습을 바라보니 마치 흙 언덕 같았습니다. 산 위에 있는 호천탑(昊天塔)은 바로 통주의 고산(孤山)입니다. 통주는 평야지대에 위치하여 높은 산이 없으나 다만 이 산뿐입니다.〉

4월 26일 연둔포를 지나 공락역에 이르렀고 4월 27일 이날은 흐리고 밤에 큰비가 왔었는데 어양역(漁陽驛)에 이르러 최부 일행이 출발하려고 할 때 한 사람이 급히 달려와 조선국의 사신이 오고 있다고 급히 알려줬다. 최부는 급히 장술조에게 청을 했다.

〈"우리나라의 사신이 조금 있으면 도착할 것이니 만약 노상에서 서로 만나면 단지 인사만 하고 지나치게 될 것인데 잠시 기다렸다가 그들을 만나서 본국과 집안의 소식을 알고 싶습니다."〉

해 질 녘에 사은사 지중추(知中樞) 성건(成健), 서장관(書狀官) 윤장(尹璋), 최자준(崔自俊)·우웅(禹雄)·성중온(成仲溫)·김맹경

(金孟敬)·장우기(張佑奇)·한충상(韓忠常)·한근(韓謹)·오근위(吳近位)·김경희(金敬熙)·권희지(權熙止)·성후생(成後生)·이의산(李義山)·박선(朴琔)·정흥조(鄭興祖) 등이 와서 역에서 머물렀다. 최부와 사신들은 역의 뜰에서 만나는데 사신들도 계단을 내려와 역시 부복하며 말을 했다.

〈"성상께서는 평안하시고, 나라는 무사하며 당신의 고향 역시 무고합니다. 성상께서는 당신이 바다에 표류되어 어디에 있는지 모른다는 말을 들으시고 예조에 계문(啓文)을 내려 각도 관찰사에게 통고하여 각 연해의 각 관이 수색하는 것을 소홀히 하지 말고 재빨리 보고하도록 하였습니다. 또한, 대마도와 일본 여러 섬에 대해서도 사람을 보내어서, 서계(書契)를 회답할 때에 위의 사연을 함께 써서 통고하도록 하였소. 우승지 경준(慶俊)이 담당하도록 하니, 성상께서 윤허하셨습니다. 어찌 성상의 은혜를 헤아릴 수 있겠습니까?"〉

최부는 절하고 엎드렸다가 객관으로 물러 나와 김중 등에게 말을 했다.

〈"우리는 일개 백성으로 마치 미물들처럼 생사가 천지간에 있어, 살아도 천지에 이익이 되지 못하고, 죽어도 천지의 손실이 되지 않는데, 어찌 성상의 염려함이 일개 백성에게 미치는 것을 생각했겠습니까? 성상의 염려 덕분으로 우리가 매번 죽을 뻔한 상황에서 간신히 구사일생으로 살아날 수 있었습니다."〉

그러자 김중 등이 감격하여서 모두 울었다. 잠시 후에 서장관이 최자준과 함께 최부가 머물고 있는 곳에 와서, 고국에서 일어난 일들을 상세하게 이야기하고 표류에 대한 극적인 상황이 믿기지 않는 듯 다시 그 상황을 되풀이해 말을 했다.

〈"처음에 표류하여 죽었다는 보고를 듣고 사람들은 모두 그대가 죽었다고 하여서 탄식하였는데 성희안(成希安) 만이 혼자 큰소리로 말하기를 '내 생각에는 최부가 바다에서 죽지 않고 가까운 장래에 반드시 살아서 돌아올 것이다'라고 하였습니다. 지금 서로 만나니 그 말이 과연 맞았습니다."〉

저녁에 사신이 최부를 청하여 같이 자리하고, 최부에게 저녁을 대접하고 배리들에게도 보내었다. 최부가 감사의 말을 했다.

〈"소인의 죄가 매우 막중한데도 스스로 죽지 못하고 그 화는 선인(先人)에게 미쳤습니다. 아직 빈소에 가서 통곡조차 하지 못한 채 도리어 폭풍(구풍, 颶風)에 떠밀려, 오장이 뒤틀리는 듯하여 다시 살아나기를 바랄 수 없었습니다. 다행히 민동(閩東, 복건의 동쪽)에 도착 6천여 리를 걸어서 지나왔는데, 사방을 둘러보아도 의지할 곳이 없었으며 말소리를 알아듣지 못하니 비참하고 고생한 일은 호소하려고 한들 누구에게 하겠습니까? 지금 영공(令公)을 만나니 부모를 보는 것과 같습니다."〉

그러자 사신이 말을 받았다.

〈"나는 처음에 동팔참(東八岾)에서 안영공(안처량)의 행차를 만나 그대가 살아서 절강 등지에 도착했다는 말을 듣고 매우 기뻤는데 오늘 이렇게 만나게 되니 정말 다행한 일이 아닙니까. 나의 이번 행로에 말을 관리하던 사람이 중도에 쓰러져 죽었습니다. 만 리 길을 다니는데 모두가 살기는 실로 어려운데 당신이 데리고 온 사람 중에 죽은 사람은 없습니까?"〉

아마도 알면서 믿기지 않아 다시 묻는 말만 같다. 우리도 기쁘면 다 알면서도 재차 확인하듯 이를 반추하여 기쁨을 더하지 않는가. 최부의 말을 다시 듣고도 싶고 또한 바로 이 말을 하고 싶어 사신은 그렇게 되물었을 것이다.

〈"하늘이 실로 살린 것이오. 하늘이 실로 살린 것이오. 그냥 살아난 것이 아니라 실로 임금의 덕 때문이니 이야말로 기쁜 일이오."〉

사신은 최부의 간략히 표류하여 일시 머무른 사유와 지나온 창해의 험한 물결과 산천의 경승(景勝)과 풍속의 차이를 말하였다. 그러자 사신은 나는 여러 지방을 지나면서 장관이라고 생각하는데 그대가 본 바에는 도저히 미치지 못하겠다고 했다. 아마 그럴 것이다. 연행 길도 예사로운 길이 아닌데 강남을 다녀오다니, 원래 유학자들은 춘추시대를 말하는 강남을 가보는 것이 꿈이다. 박지원도 열하일기에서 일이 잘 안 풀려 귀양을 갈 판국이라고 하니까 속으로는 잘됐다 하면서 꿈꾸던 곳이 강남과 귀주였다. 아마 연암은 술꾼이니 귀주 마호타이 술이 탐이 나 그런지는 모르겠으나 당나라 송나라의 문인의 풍성함은 앞에서 살펴본 대로 모두 강남에 있었다.

58
최부가 天使(황제가 파견한 사신)를 만난 날

앞글에서 성희안은 최부가 절대 안 죽고 반드시 살아올 것이라고 말했다고 사신이 전했다. 둘은 과거급제 시기가 1, 2년 차로 잘 아는 사이임에 틀림이 없다. 성희안도 김종직의 제자이지만 무오사화 때는 단순가담으로 보았는지 면좌만 당했다. 그가 최부의 성품을 잘 알았을 것이라고 내가 말하는 데는 최부의 꼿꼿하고 바른 행적에 그대로 나타나기 때문이다. 알다시피 조선 건국의 설계자 정도전은 임금에게 간언하는 '사간원'을 아예 정부 조직화 했다. 이 사간원은 1401(태종 1)년에 설치되었는데 연산군이 없앴다가 중종 때 다시 설치되었다. 연산군이 왜 없앴는지는 굳이 설명이 필요 없을 듯싶다. 조선 시대에는 직언한 선비들이 많았다. 그 중 꼽는다 하면 최부와 조식 그리고 윤선도가 최고 귀감이 아닐까 싶다. 최부는 연산군에게 간하다가 참수당했고, 명종 때 조식은 평생 처사로 살았으며, 광해군 때 진사 윤선도는 귀양을 갔다.

최부(1454~1504)는 숨김없는 간관이었다. 훈구대신과 임금의 종실과 외척 그리고 후궁과 환관들의 타락을 신랄하게 공박하였고 심지어 임금의 잘못까지도 낱낱이 거론하였다. 1497년 2월 최부는 연산군에게 '학문을 게을리하고 오락을 즐기며 국왕이 바로 서 있지 않다'고 상소하였다. 연산군은 최부가 거슬렸다. 보름 후에 최부가 중국에 사신으로 갈 때 연산군은 사간의 직첩을 회수해 버렸다. 전례가 없던 일이었다. 그리고 1498년에 무오사화가 일어났다. 최부는 함경도 단천으로 유배를 갔다. 1504년에 갑자사화가 일어나자 최부는 다시 끌려왔다. 거제도에서 천민으로 사는 형벌을 받았지만, 연산군은 그를 살려 두지 않았다. 참형(斬刑)을 명한 것이다. 이때 썼으리라는 시가 전해진다.

북풍이 다시 세차게 부는데
남녘 길은 어찌 이렇게 멀까.
매화는 차갑게 잔설을 이고
말라버린 연꽃 가지 작은 못 속에 있네.

참형 된 날, 최부가 어찌 죽었냐고 연산군이 물었다고 한다. 최부는 숙명인 양 아무 말 없이 죽었다. 최부가 표해를 하다 구사일생으로 살아나서 앞으로는 어떤 일이 있어도 아무 말을 하지 않겠다고 하였더니 정말 그는 아무 말도 하지 않고 죽었다. '연산군일기'에는 그에 대한 졸기(卒記)가 이렇게 적혀 있다.

〈'최부는 공정하고 청렴하며 정직하였으며 경서(經書)와 역사에 능통하여 문사(文詞)가 풍부했고, 간관(諫官)이 되어서는 아는 바를 말하지 아니함이 없고 회피하는 바가 없었다.' (연산군일기 1504년 10월 25일)〉

이와 같은 최부 인데 동료인 성희안이 최부의 성품을 평소 모를리 없다. 성희안은 또 어떤가. 최부를 죽음으로 몰고 간 연산군을 그는 끝내 가만두지 않았다. "성희안(1461~1513)의 본관은 창녕이고, 자는 우옹, 호는 인재이다. 성희안은 20세에 생원시에 합격하고 성종 16년(1485) 21세 되던 해에 문과에 급제하여 예문관 검열이 되었다. 2년 뒤에 아버지의 상을 당하여 3년 동안 시묘하면서 동생 희옹과 같이 산속에서 마를 캐어 아침, 저녁의 제물로 드렸다. 그러던 어느 날, 마침 피곤해서 동생과 함께 바위 위에서 졸고 있었는데, 꿈에 그의 아버지가 나타나 도적이 온다고 소리치므로 깜짝 놀라 깨어 보니 큰 호랑이 한 마리가 앞으로 다가오고 있었다. 희안이 즉시 손을 휘두르며 돌을 던져 호랑이를 쫓았는데, 사람들이 모두 그들의 효성에 감동되어 위험에서 벗어났다고 하였다. 이 소문을 들은 성종이 그를 불러다 위로하고 새매를 내려 주었다.

〈"너에게 늙은 어머니가 있지만 맛있는 음식을 제공할 수 없을 것 같기에 이를 특별히 내려 주니 사냥하는 도구로 삼으라."〉

최부와 성희안은 닮은 구석이 많지 않은가. 연산군이 양화도의 망원정에서 놀이할 때에 희안이 이조 참판으로 그 행차에 수행하였다. 연산군이 여러 신하에게 시를 짓도록 명령하자 희안이 이렇게 지었다.

성상의 마음은 원래 맑은 물이 흐르는
강가의 경치를 좋아하지 않는다.

연산군이 자신을 은근히 비난하며 풍자하는 내용이라고 하여 몹시 화를 내며 그의 벼슬을 파면하고 기용하지 않았다. 연산군의 음탕하고 포악함이 날로 더 심해져 종묘와 사직이 위태롭게 되자 희안이 매우 분개하며 어지러운 정국을 안정시켜 질서가 있는 세상으로 되돌리려는 뜻이 있기는 하였지만, 함께 일을 계획할 만한 사람이 없었다. 그러던 차에 박원종이 무사들의 추앙을 받고 있다는 소문을 듣고 그와 같이 도모하고 싶었으나 만에 하나 뜻이 같은 사이가 아니면 어쩌나 하고 그에게 말을 꺼내기가 무척 어려웠다. 박원종은 성종의 친형으로 연산군에게 큰아버지인 월산대군의 부인 박 씨의 오빠가 된다. 그런데 부인 박 씨를 연산군이 겁탈한 것이다. 박 씨는 이 일로 자결했고, 그녀의 오빠인 도총관 박원종이 이때부터 연산군에게 앙심을 품고 있었다. 그런데 우연히 같은 동리에 사는 신윤무란 사람이 박원종과 매우 가까운 사이임을 알았다. 희안이 그 사람을 시켜 은밀한 뜻을 시험하게 하였더니 박원종이 옷깃을 떨치고 일어나며 말했다.
⟨"내가 울분을 쌓아온 지 오래이다."⟩
희안이 그제야 밤낮으로 원종의 집에 가서 통곡하며 말했다.
⟨"남자가 죽고 사는 것은 하늘에 달려 있는데 종묘와 사직이 위태롭게 된 꼴을 어찌 보기만 하고 염려하지 않을 수 있겠소?"⟩

그들은 마침내 반정할 결심을 하였다. 이조 판서인 유순정이 당시에 인망이 있었고 그도 반정 거사에 참여할 뜻이 있음을 알았다. 이로써 지략의 성희안, 군사력의 박원종, 덕망의 유순정이 손을 잡았고, 자순대비 윤 씨의 소생인 진성대군을 추대하기로 결의했다. 거사 일은 연산군 12년이자 중종 원년 9월 연산군이 유람 가는 날로 잡았다. 그리고 모의 내용을 은밀히 세 정승에게 통보했다. 영의정 유순, 우의정 김수동은 흔쾌히 찬성했으나 좌의정 신수근은 유보했다. 신수근은 연산군의 처남이면서 진성대군의 장인이었다. 그의 입장에서 매부가 왕으로 있으나, 사위가 왕이 되거나 별 차이가 없는데 굳이 큰일을 벌이고 싶지 않았을 것이다.

반정 무리는 신수군의 회답을 받고 자칫 누설될 수도 있다는 걱정에 서둘러 거사를 결행했다. 야음을 틈타 미리 약조해둔 각 영문의 장졸들이 훈련원에 집결해, 창덕궁 안으로 쳐들어갔다. 먼저 연산군의 최측근인 임사홍과 신수근 등을 제거하고, 성종의 계비이며 진성대군의 어머니 자순대비를 찾아가 아뢰었다. 자순대비가 이들의 청을 받아들였다. 연산군은 왕자로 강등되어 강화도 교동으로 귀양 가고 진성대군이 엉겁결에 왕관을 쓰게 되었다. 그가 곧 조선조 11대 임금 중종이다. 그 뒤 국가를 안정시킨 1등 공신으로 공훈명부에 기록되고 창산부원군에 봉하여졌다. 박원종, 유순정 등과 나라의 어지러움을 평정시킨 뒤에 서로 번갈아가며 임금을 보필하였으니 세상에서 일컫는 반정삼대신이다.

성희안은 중종 2년에 정승에 임명되어 영의정에 이르렀으며, 53세에 죽었다. 시호는 충정이고 중종 묘정에 배향되었다. 아마도 최부와 성희안은 죽어서 기분 좋게 해후하였을 것이다. 그리고 그들은 하늘에서도 나라를 걱정하고 바른 눈으로 우리를 또 지켜보고 있을 것이다. 그런데 앞서 최부가 만난 사은사 성건이 어인 일로 북경을 가는지에 대해서는 실록을 뒤져도 나오지 않는다. 가는 것으로는 기재되어 있고(성종 19년 2월 12일) 돌아온 것도 왔다는 사항은 기재되어 있는데 전혀 내용이 없다(성종 19년 7월 18일). 아마 그 시대는 비일비재한 여정이라 적을 가치가 떨어진다 싶어 제목만 부쳐 놓은 것 같다.

4월 28일 사신들이 아침 식사를 접대하고 이어서 구량 10되, 입모(笠帽) 2개, 부채 10자루, 이중환(理中丸) 20알과 여러 가지 반찬을 선물로 주었다. 또 호송하는 백호(장술조)를 불러서 감사의 뜻으로 입모와 부채 등의 물건을 선물하였으며, 또 모자와 부채를 배리들에게도 나누어 주었고, 서장관 역시 최부에게 여름옷 한 벌과 베 버선 한 쌍을 주었다. 최자준과 우웅도 역시 각각 부채 두 자루로써 전별하였다. 사신은 또 최부의 종자들에게 술과 고기를 각각 차등 있게 주어 위로하고는 말하였다.

〈"날이 점점 더워지고 길은 오히려 험하고 머니 조금이라도 (몸을) 보호하지 않는다면 병들 것이니 조심하고, 식사를 잘하여서 몸을 소중히 여겨 본국으로 잘 돌아가 어머니께 효도하시오."〉

이때 이정이 술에 취해 사신의 접대에 감격하여, 갑자기 앞으로 나아가, 바다에 표류하면서 고생했던 일을 생생하게 늘어놓았다. 나는 그 기분을 안다. 사선을 넘어 살아난 환생의 기쁨. 그 경이로움을 무엇으로 표현하리. 마음에 담아두기에는 너무도 벅찬 감정이다. 하지만 표현한다 하여도 이를 같이 느끼지 못한다 하면 이는 정녕 후련하지 못할 것이다. 같은 말을 쓰고 같은 감정을 공유한다는 것은 그러기에 축복이고 따스한 고마움이기도 하다. 여행을 다녀오면 누구든 희열에 찬 감정들을 말한다. 나도 그렇지만 누가 열심히 자기감정을 말할 때는 부지런히 들어주어야 한다. 이는 마음의 해갈이며 소통이며 막힌 정서의 일탈로서 해방구다. 최부 일행은 곧 하직 인사를 하고 떠났다.

4월 29일 이날은 맑았다. 구유포(扣諭鋪)를 지나서 채정교(采亭橋)에 이르니, 채정교는 남수하(藍水河)에 걸쳐 있었다. 달려서 옥전현에 이르러 남전문(藍田門)을 거쳐서 성에 들러서 남전체운소(藍田遞運所)에 이르렀다. 최부는 이 지방은 곧 한(漢) 나라 우북평(右北平)의 땅이라 하니, 이광(李廣)이 범을 쏘아서 화살촉이 박혔던 돌이 어느 지방에 있느냐고 물었다. 이에 장술조가 답을 했다.

〈"이곳에서 동북으로 30리 떨어진 지점에 무종산(無終山)이 있고, 무종산 아래에 무종국(無終國)의 옛터와 북평성(北平城)의 유지(遺址)가 있으니, 북평성은 곧 이광이 사냥하러 나가서 돌을 만났던 곳이며, 산 위에는 또 연소왕(燕昭王)의 무덤이 있습니다.〉

연행을 하는 조선 사신들은 이 지점에서 꼭 물어보는 것이 바로 '이광의 돌'이다. 연암도 그러했고 홍대용도 그러했으며 아마 수백 명은 이를 인식하고 이 길을 밟았을 것이다. 춘추시대 사기열전의 효과가 어느 정도인지 나는 이광에 대한 관심을 보고 가늠한다. 옥전현 성의 동문을 나와 한 가장을 두어 마장 지났을 때 관원 두 사람이 가마를 타고 오는데 절월과 납패를 가진 길잡이가 있어 말에서 내리라고 꾸짖었다. 최부는 즉시 말에서 내렸다. 누구냐고 묻는데 장중영이 재빨리 나타나 일을 상세히 전술하였다. 상관인은 귀국 사람들도 벌써 당신이 살아서 중국에 닿아 있는 줄을 알고 있다고 말해 주었다. 최부는 그에게 인사하고 물러나서 그 관원들이 누구인가 물으니, 앞에 가는 사람은 한림학사 동월이고 뒷사람은 급사 중 왕창인데 지난달에 중국 황제의 칙명을 받아 사절로 갔다가 지금 돌아오는 길이라고 장중영은 대답하였다. 앞서 설명했지만, 명나라 효종의 스승인 동월(董越)은 보고 들은 조선의 모든 정보를 기록해 '조선부(朝鮮府)'라는 개인 관광 수필집을 출간한다. 이후 명나라 사신들의 조선 사행 전문 필독서가 돼 정치 목적 이용에 힘을 싣는 도구로 사용됐다. 성종실록에서 보면 성종 19년 무신(1488, 홍치1) 윤1월 15일(경진)을 보면 〈등극사(登極使) 우의정(右議政) 노사신(盧思愼), 부사(副使) 무령군(武靈君) 유자광(柳子光), 정조사(正朝使) 연원군(延原君) 이숭원(李崇元) 등이 돌아오다가 요동(遼東)에 이르러 치계(馳啓)하기를, "신 등이 북경(北京)에 있을 적인 정월 19일에 통사(通事) 박효순(朴孝順)이 예부(禮部)에 이르자, 마침 한림 원외랑(翰林院外郞) 마태(馬泰)를 보았는데, 말하기를, '나는 시독관(侍讀官) 동월(董越)의 배리(陪吏)입니다. 〈동월은〉이제 반조 정사(頒詔正使)로 차임되어 그대 나라에 가게 되었는데, 그대 나라 사람을 만나 도로의 멀고 가까움을 자세히 묻고자 하니, 그대는 마땅히 가서 만나보아야 할 것입니다.'라고 한다 하기에, 이튿날 신 등이 박효순으로 하여금 가서 보고 말하게 하기를, '본국 재상(宰相)은 등극(登極)을 하례하는 일로써 입조(入朝)하여 내일은 마땅히 돌아가야 할 것인데, 대인(大人)이 조서(詔書)를 받들고 본국에 사신으로 온다는 것을 들었으니, 길을 떠나는 시일을 감히 묻겠습니다.' 하니, 동월(董越)이 대답하기를, '윤정월(閏正月) 11일이나 19일 중에 길을 떠날 것이나, 다만 요새(遼塞)의 추위가 심하여 날씨가 따뜻해지기를 기다려서 길을 떠나려고 합니다.'〉라는 글이 나온다.

유자광과 노사신은 황제 등극을 축하하러 갔다가 오기 바로 전 동월이 올 것을 미리 알았고 이를 요동에서 미리 조정에 알려 준 것이다. 이에 대한 조선의 준비는 철저했다. 실록에 준비하는 과정이 나오는데 동월은 황제의 3년 상이라고 하며 음주 가무를 삼갔고 조선은 태자가 나가서 마중을 해야 하는 데 나이가 어려 어찌 대처를 할지 그런 것까지도 협의에 협의를 했다. 바로 그 태자가 연산군이다. 결국, 아프다는 핑계를 대고 대면을 안 시켰다.

　최부는 이후로는 북경에 가 본 적이 없는 것일까. 그렇지 않다. 중국에서 돌아온 이듬해 모친상까지 당한 최부가 4년 만에 비로소 탈상을 하자, 성종은 최부에게 사헌부 지평의 관직을 제수하였다. 그러나 사간원은 최부가 조선으로 돌아와 상중에 상복을 벗고『표해록』를 지은 것이 부끄러운 일이라면서 서경을 내어주지 않았다. 성종은 사간원의 처사를 꾸짖었지만, 사간원은 물러서지 않았고 결국 성종은 최부를 일단 해임한 다음 불러다가 옷 한 벌을 하사하며 위로하고 명나라에 파견하는 사절의 서장관으로 임명하였다.

　최부는 명나라에서 귀환한 지 4년(성종 23년, 1492)여 만에 사신의 일행으로 다시 북경에 가게 되었는데 안타깝게도 이때의 기록은 남기지 않았다. 성종도 대단하지만, 감히 맞서는 사간원도 대단하다 싶다. 정도전이 이를 내세울 때 태종이나 태조가 반대 표명한 것이 짐작하고도 남는다. 어쩌면 지금의 삼권 분립 같은 견제를 정도전은 꿈꾸었던 것이 아닐까. 성종은 이를 수용하였고 사간원은 소임을 다했다. 성군은 함부로 휘두르지 않으며 법을 따르며 할 도리를 다한다. 이것이 바로 조상들의 슬기로움이다.

59
산해관을 지나며

　4월 30일 날은 흐렸는데 아침 일찍 떠나 경수(更水)에 이르렀다. 이 물의 하류는 양하로 들어간다. 이를 환향하(還鄕河)라고도

하는데 전설에 당 태종이 대군을 이끌고 요동으로 출정하다가 돌아올 때 지은 이름이라 한다. 이제 돌아왔다는 안도감에 비로소 지은 이름 같은 느낌이 든다. 얼마나 고구려가 겁이 났으면 북경에 다 와 강을 건너서 이 이름을 지었을까. 우리도 병자호란 때 나온 환향녀라는 가슴 아픈 사연이 담긴 말이 있다. 동관 채운소에서 전능이라는 관원이 최부 일행을 대접하려고 하자 채운소 창고의 서무를 담당하는 정문종이라는 자가 전능의 수염을 뽑아버렸다. 강남에서는 본 적이 없는 참 볼썽사나운 강북의 풍경이다. 그들은 또 등운문을 지나 풍윤현 성에 이르렀다. 또 임성포를 지나 의풍역에 도착하였다.

5월 1일 새벽에 난주(欒州)에 이르렀는데 여기가 옛날 고죽국이었다고 한다. 중국에서는 난주를 상나라의 고죽국이라고 하고 우리나라 이첨은 해주를 고죽국이라 한다고 최부가 글에 적어 놓았다. 전설상의 이름, 고죽국 (孤竹國).

중국 수(隋)나라 《배구전(裵矩傳)》에 "고구려는 본래 고죽국이다"라고 했는데, 이첨(李詹)이 "고죽국은 지금의 해주"라고 하였다. 그런데 《대명일통지(大明一統志)》에 "영평부(永平府) 서쪽 15리 지점에 고죽군(孤竹君)의 봉지(封地)가 있고, 그 서북쪽에 고죽삼군총(孤竹三君塚)이 있으며, 백이(伯夷)·숙제(叔齊)의 무덤도 있다"고 하였으므로 고죽국이 분명한데, 배구(裵矩)는 백이·숙제를 동이(東夷)의 사람으로 보았는지 알 수 없고 이첨이 해주가 고죽국의 땅이라고 한 것도 어떤 근거에 의해서인지 알 수가 없다. 이 기사(記事)는 《동국여지승람》에 실려 있다.

지금도 이에 대해서는 말들이 많다. 해주가 우리나라 해주가 아니고 중국에 해주라는 말도 있고 고죽국을 동이족이라고 보는 견해가 재야 사학자 사이에는 팽배하다. 그렇다면 춘추에 나오는 강태공 이하 많은 현자들이 모두 동이족이라는 말이 된다. 공자, 맹자가 동이족이라는 소리가 연결하면 이에 이른다. 역사는 자기 나라에 유리한 대로 끌어 붙여서 그야말로 난맥상이다.

지금도 고구려 땅은 수천 리가 왔다 갔다 하는 판국이다. 그들이 대당 대당(당나라) 하면서 '정관의 치' 번영을 말하면서도 고구려의 기상에 대해 자꾸 묻는 것은 이 또한 기겁을 한 오랜 습성이라고 나는 본다. 최부가 다니던 길에서 고구려 명성은 여전하지 않았던가. 고려인이라는 말은 실제 고구려 사람을 말한다. 고구려 원래 이름은 고리였다. 앞서 나온 중국의 한림학사 동월이 조선을 찾을 때의 이야기를 실록을 통하여 알아보면 내 말이 어느 정도 실감이 날 것이다.

동월이 온다고 하자 조선은 많은 대비를 한다. 대우에 대해서라기 보다는 다른 목적 때문이었다. 황제의 은사이니 엄청난 위력을 지닌 사람이다. 학문에서도 그렇고 그가 쓴 글도 높이 추앙을 받을 수밖에 없다. 조선은 이를 간과하지 않은 것이다. 2월 14일 문사가 능한 선비를 뽑아 대비를 하자는 조정의 회의가 있었다. 그때 사간 김신이 지방에 나간 김종직을 추천한다. 아마도 사림파 우두머리 격인 김종직은 그때 문장으로 꽤 알아주었던 모양이다. 이를테면 결코 조선이 문화적으로는 뒤처지지 않는다는 것을 보여주고 싶어서였을 것이다. 2월 21일 세자가 사신을 접대할 것인지를 논의한다. 어려서 실수를 하면 안 된다고 성종은 말렸다. 나는 또 다른 측면으로 이를 보고 있다. 동월이 연산군에게 네 엄마는? 하고 물으면 난감해진다.

1479년 6월 13일 성종은 윤 씨를 왕비 자리에서 퇴출시키는 파격적인 결정을 하고 이를 종묘에 고했다. 폐출된 왕비 윤 씨는 성종의 계비였다. 성종의 첫 번째 왕비는 한명회의 딸인 공혜왕후한 씨로, 성종은 장인의 후광으로 형님인 월산대군을 제치고 왕위에 오를 수 있었다. 공혜왕후는 1467년 12세의 나이에 세자빈으로 책봉되고, 1469년 성종이 왕위에 오르자 왕비가 됐지만 1474년(성종 5년)에 사망했다. 이때 빈자리를 메운 사람이 후궁으로 들어왔던 제헌왕후 윤 씨(~1482년)였다.

1474년 8월 9일 왕비의 자리에 오른 윤 씨는 11월에 원자 연산군을 낳음으로써 가치가 절정에 이른다. 윤 씨의 출생연도는 정확히 알려져 있지 않지만 성종보다는 연상이었던 것으로 추정된다. 또한 실록 기록을 보면 그녀는 성격이 매우 강했던 것으로 나타난다. 여러 측면에서 윤 씨는 왕인 성종에게도 만만치 않은 존재였다. 더구나 어린 성종은 누나뻘인 왕비보다는 후궁들을 좋아했다. 폐비 윤 씨가 사약을 받을 무렵인 1482년, 당시 연산군은 7세밖에 되지 않은 왕자였지만 1488년은 13살에 이른다.

원접사 허종이 동월을 만나 평양에서 단군 이야기를 하고 묘소 참배도 하게 한다는 내용이 3월 3일에 적혀 있고 이후 그들의 행동거지에 대해 수시로 성종에게 보고를 한다. 3월 13일 성종이 그들을 맞이하고 3월 15일 성균관을 들르고 3월 16일 인정전에서 연회를 베풀고 3월 18일 전별연을 열어준다. 마침내 동월은 선제실록에 조선의 미풍양속을 기재할 것을 약조하고 길을 떠난다. 당시 허종이 동월에게 한 말들을 보면 왜 조선이 그렇게 신경을 썼는지를 짐작할 수 있다.

〈원접사(遠接使) 허종(許琮)이 중국 사신의 행동거지를 치계(馳啓)하고, 또 말하기를,

"중국 사신이 박천강(博川江)을 건넜을 때에 신(臣)이 종용(從容)히 담화(談話)하고 인하여 말하기를, '내가 《대명일통지(大明一統志)》에

쓰여 있는 우리나라의 풍속을 보았더니, 혹은 부자(父子)가 같은 내 [同川]에서 목욕한다고 하였고, 혹은 남녀(男女)가 서로 좋아하며 혼인(婚姻)한다고 하였으니, 이는 모두 고사(古史)의 말이고, 지금 우리나라에 이런 풍속은 없습니다. 《일통지(一統志)》를 고사(古史)에 의하여 쓰는 것은 불가(不可)하지 않겠습니까?' 하니, 부사(副使)가 말하기를, '동선생(董先生)이 선제(先帝)의 실록(實錄)을 수찬하게 될 것인데 그와 같은 일을 고침에 무엇이 어렵겠습니까?' 하고, 정사(正使)는 말하기를, '본국(本國)의 금시 풍속(今時風俗)을 씀이 마땅하고, 그대로 고사(古史)의 말을 등재함은 옳지 못하니, 본국의 미풍(美風)을 다 기록하여 나를 주시면 실록을 수찬할 때에 마땅히 주달(奏達)하여 신도록 하겠습니다.'고 하였습니다."〉

〈성종 19년 3월 3(정묘)일 원접사 허종이 중국 사신에게 베푼 위로연에서의 일을 치계하다.

(중국 사신이) 단군묘(檀君廟)를 가리키며 말하기를, '이는 무슨 사당입니까?' 하므로 말하기를, '단군묘(檀君廟)입니다.' 하니, 말하기를, '단군(檀君)이란 누구입니까?' 하기에 '동국(東國)에 세전(世傳)하기를, 「당요(唐堯)가 즉위(卽位)한 해인 갑진세(甲辰歲)에 신인(神人)이 있어 단목(檀木) 아래에 내려오니, 중인(衆人)이 추대하여 임금으로 삼았는데 그 뒤 아사달산(阿斯達山)에 들어가 죽은 곳을 알지 못한다.」고 합니다.' 하니, 말하기를, '내 알고 있습니다.' 하고, 드디어 걸어서 사당에 이르러 배례(拜禮)를 행하였습니다. 사당 안에 들어가 동명왕(東明王)의 신주(神主)를 보고 이르기를, '이 분은 또 누구입니까?'고 하기에, 말하기를, '이 분은 고구려 시조(高句麗始祖) 고주몽(高朱蒙)입니다.'고 하니, 이르기를, '단군(檀君) 뒤에 어떤 사람이 대(代)를 이어 섰습니까?' 하기에, 말하기를, '단군의 뒤는 바로 기자(箕子)인데, 전(傳)하여 기준(箕準)에 이르러 한(漢)나라 때를 당하여 연인(燕人) 위만(衛滿)이 준

(準)을 쫓아내고 대신 섰으며, 기준(箕準)은 도망하여 마한(馬韓) 땅에 들어가 다시 나라를 세웠는데 도읍(都邑)하던 터가 지금도 남아 있습니다. 단군(檀君)·기자(箕子)·위만(衛滿)을 삼조선(三朝鮮)이라고 이릅니다.' 하니, 동월이 이르기를, '위만(衛滿)의 후(後)는 한(漢) 무제(武帝)가 장수를 보내어 멸망시킨 것이 한사(漢史)에 있습니다.' 하고, 즉시 태평관(太平館)으로 돌아왔습니다." 하였다.〉

성종은 허종의 노고를 치하했다. 바로 역사 바로 세우기를 열심히 했으니 칭찬받을 만하다. 글에서 보면 동월도 만만하지 않다. 위만을 멸망시킨 것이 한 무제가 아니냐 하며 태평관으로 돌아왔다고 하지 않는가. 역사에 대해 아전인수식으로 해석하는 것은 어제오늘일이 아니고 그 바람에 역사가 굴절되고 왜곡되어 진실은 점점 요원해지고 있다. 더욱이 우리는 반도사관이라는 일제의 강압으로 조선조에 가졌던 의식마저 스스로 놓아버린 격이 되고 말았다. 이제는 달라져야 한다. 조선상고사의 신채호를 보라. 열하일기에서 고구려를 논파한 연암 박지원을 보라. 최부의 글에서 면면히 흐르는 나라 사랑을 소홀히 생각해서는 안 된다. 이성계의 위화도 회군은 바로 고토 수복으로서 요동 땅 정벌이 아니었던가.

5월 2일 사하(沙河)를 지나 난하(灤河)에 이르렀다. 난하의 근원은 만리장성 이북, 개평(開平)에서 와서 북방 여러 산의 물과 합쳐져 하나로 되었고 또 하류에 가서는 정류하(定流河)가 되어 바다로 들어간다. 최부는 배로 이 물을 건너 7~8리를 가서 또 칠하(漆河)를 건넜는데 이 칠하는 비여하(肥如河)와 합쳐져 영평부성 서남쪽을 감돌아 난하로 흘러 들어가므로 호성하(護城河)라고도 한다. 백이숙제의 사당이 이 하천의 언덕 위에 있다. 백이숙제 또한 조선 사신들이 늘 거쳐 가며 고사리까지 먹으며 한 마디씩 하는 역사적인 장소다.

5월 3일 난하역에 머물 때 장술조가 그의 아들 중영을 돌아가게 했는데 중영이 잘못하여 병부에서 광녕태감에게 주라는 관문을 가지고 가버렸다. 다시 가서 찾아오는 통에 난하역에서 하루 더 묵게 된다. 이를테면 여권을 가져가 버린 것이다. 우스운 이야기지만 공항에 여권을 가져오지 않아 출국을 못 하는 사람을 나는 본 적이 있다. 바로 그 상황이 연출될 수 있는 상황이다. 5월 4일 여러 곳을 지나 무녕현 성안에 들어가서 무녕위에서 묵었다. 5월 5일 청운득로 문을 지나 성 동문을 나가서 홍산포, 배시포 등을 지나서 유관점(楡關店)에 이르렀다.

5월 6일 산해관 앞에까지 이른다. 최부는 간략히 산해관은 그 가운데에 있는데 북으로 각산을 등지고 남으로는 바다를 두르고 있으며 십여 리 정도 떨어져 있는데 오랑캐와 중국 모두의 요충지라 했다. 진(BC249~BC207)의 장수 몽염(蒙恬)이 쌓았던 장성이 각산의 능선을 타고 넘어서 꾸불꾸불하게 이어서 산해위의 동쪽 성을 이루고 바다에까지 도달하였고 동문(東門) 체운소가 성안에 있다고 적었다.

〈5월 7일 동북제일관(東北第一關)에 이르니, 이곳이 바로 산해관입니다. 산해관의 동쪽에는 진동공관(鎭東公館)이 있는데 병부주사관(兵部主事官) 1명이 군리를 거느리고 항시 그 공관에 앉아서 동서로 다니는 행인 모두의 옳고 그름을 조사해서 출입하게 하였습니다. 비록 물을 긷는 부인이나 나무하는 동자일지라도 또한 모두 패(牌)를 주어서 증거로 삼았습니다. 장술조가 최부의 성명을 열거해 써서 주사관에게 알리니, 주사관은 일일이 성명을 불러서 점검한 후에 나가게 하였습니다. 산해관 동쪽 성문으로부터 나오니 문 위에는 동관루(東關樓)가 있고, 문 밖에는 동관교(東關橋)가 해자(海子)에 걸쳐 있었습니다. 산해관 밖에는 망향대(望鄕臺)와 망부대(望夫臺)가 있는데 세상에 전해지기를 '진나라가 장성을 쌓을 때 맹미녀(孟姜女)가 남편을 찾았던 곳이다' (맹강녀석, 孟姜女石)라고 하였습니다.〉

나는 최부의 글에서 특이한 사항을 하나 발견했다. 이곳을 지나면 천하제일관(天下第一關)을 보게 되는데 그 관의 이름과 맹강녀 이야기가 연행록이라면 어디서든 으레 나오는데 최부는 이에 대해 전혀 말이 없다. 현판이 있다면 2미터가 넘는다는데 그렇게 큰 글자를 못 보았을 리 없다. 그 관을 세운 것이 명나라 홍무 10년(서기 1381년)에 세워진 것으로 알려져 있다.

그렇다면 그 당시에는 天下第一關이란 글자가 쓰여 있지 않았던가. 누구는 그 글자가 1472년 소현이라는 사람이 썼다고 했는데 들어맞지 않는다. 최부는 이 관을 동북제일관이라고 단순히 일컬었다. 조선왕조실록 자료를 찾아보았다. 1488년은 최부의 동북제일관(東北第一關), 1574년 허웅의 조천기에는 천하웅관(天下雄關), 1669년 숙종 무렵의 이의현 기록에는 '천하제일웅관(天下第一雄關)'인데 1712년 김창업까지도 그 이름을 쓰다가 1765년 홍대용의 을병연행록에서 천하제일관이라는 이름이 나오고 이후 1780년 박지원의 열하일기에서도 이를 지속해서 지칭하는 것으로 보아 시대 따라 그곳 이름도 바뀐 것 같다.

실제 제대로 그 모습을 갖춘 것은 최부가 다녀간 그 후의 일이다. 산해관 지역의 지형은 독특하다. 베이징 북쪽은 줄곧 산악지역인데 이 산들이 농경 지역과 유목 지역을 가르고 있다. 산맥은 각산이라는 곳을 마지막으로 보해만(渤海灣) 가까이에 와서 뚝 끊긴다. 그리고 너비 10km 정도의 평지가 있다. 동몽골이나 만주에서 베이징으로 들어오기 위해서는 이곳을 지나칠 수밖에 없다. 명나라 때 산이 바다와 만나는 가장 좁은 지역에 성벽을 쌓아 만리장성을 최종 완성했다. 산해관이라는 명칭은 '각산(角山)'과 '발해(渤海)'에서 한 글자씩 딴 것이다.

산해관이 제대로 구축된 것은 명나라 중기인 16세기. 명나라 이전에도 이곳에 성벽과 관문이 있었겠지만 별로 중요하게 여겨지지는 않았던 모양이다. 그러니까 최부는 제대로 된 위엄 있는 '천하제일문'이라는 글자를 보지 못했다. 그들이 애당초 산해관을 지은 이유는 무엇 때문일까. 이는 당연히 전략적인 고려 때문이다. 중국인들이 장성을 쌓으면서 역점을 둔 것은 당연히 자신들의 영토방어다. 특히 수도가 가장 중요해질 수밖에 없다. 진나라가 기원전 3세기께 지금의 뤄양(洛陽) 인근인 셴양(咸陽)에 자신들의 수도를 세웠고 한나라·당나라는 수도를 각각 뤄양과 장안(시안·西安)에 둬 중국 서부지방이 역대 왕조의 중심이었다. 그렇기 때문에 만리장성도 이들 수도의 북방에서 강화될 수밖에 없었다.

시대가 지나면서 수도가 동쪽으로 조금씩 이동했는데 10세기 송나라의 수도는 카이펑(開封)이었다. 통일왕조의 수도가 베이징에 건설된 것은 13세기 몽골족 원나라 때가 처음으로 몽골족을 북쪽으로 밀어낸 명나라도 역시 베이징에 수도를 뒀다. 유목민족의 중심세력도 동몽골로 이동했다. 후에 청나라가 되는 여진족이 일어나면서 만주도 위협적인 지역이 됐다. 수도 베이징의 방어가 최우선 쟁점이 된 것이다. 명나라는 만리장성을 보해만까지 확장하고 산해관 건설과 함께 주변을 요새화했다. 산해관 구역은 크게 세 부분으로 나뉜다. 서쪽 산악지형은 각산산성, 가운데는 산해관, 그리고 동쪽에는 라오룽터우(老龍頭)를 포함하는 령해성(寧海城) 구역이다.

산해관이 명나라 백여 년의 피와 땀의 결정체이기는 하지만 아이러니하게도 실제 이곳에서 전투가 벌어진 적은 없다. 명나라는 청나라의 건국과 함께 만주를 빼앗기지만 산해관 밖에서 잘 막아냈었다. 청과 대치한 명나라는 내부반란으로 붕괴한다. 이른바 '이자성의 난'으로 베이징이 함락되고 마지막 황제 숭정제가 자살하면서 당시 산해관을 지키던 명나라 장수 오삼계는 청군에 항복한다. 청나라 군대는 이 오삼계의 명나라 군대를 앞세우고 뻥 뚫린 산해관을 그대로 통과해 이자성군을 몰아내고 베이징을 함락시킨 후 결국 중국 전체를 정복하게 된다.

산해관이 그나마 다른 장성 부분과 달리 청나라 전 시기에 걸쳐 온전했던 것은 동북아시아 교류의 핵심 통로로 기능했기 때문이다. 중국에서 동몽골과 만주·한반도로 이동하기 위해서는 산해관을 반드시 통과해야 했다. 한편으로는 통행을 규제하는 용도로 사용됐기 때문이다. 청나라는 자신들의 고향인 만주로의 중국인(한족) 농민들의 이주를 금지하면서 산해관을 철저히 통제했다. 1780년 중국을 방문한 연암 박지원은 '열하일기'에서 "서달이 이 관(산하이관)을 쌓아 오랑캐를 막고자 했으나 오삼계는 관문을 열고 적을 맞아들였지. 천하가 평온할 때 부질없이 지나는 상인과 나그네들의 비웃음만 사고 있을 뿐이네"라며 산해관 수비대의 지나친 검색과 단속을 비판했는데 최부 또한 삼엄한 통과 절차를 적고 있다.

60
성절사신 채수 이야기

5월 8일 고령역을 지나는 데 그곳의 사람들은 매우 완악하고 포악하였다. 최부의 군인 문회가 당나귀를 재촉할 때에 그 역인이 몽둥이로 문회의 머리를 때려 피가 솟아 나왔다. 장술조와 최부일행은 함께 전둔위에 이르러 전둔위의 관군(管軍)도지휘 성명(盛銘)에게 호소하여 즉시 사람을 시켜 그 역인을 잡아 왔다. 5월9일 전둔위의 천호소를 지나 십자하를 건넜다. 5월 10일 조장역성에 이르고 5월 11일 영원위 객관에 이르러 잠시 쉬고 성당 온천이라는 곳에 들러 욕실을 만들어 놓은 것을 보았다.

5월 12일 행산역에 이르고 5월 13일 중좌위 증좌천호소성에 닿았다. 5월 14일 소릉하를 건너 좌둔위를 지나 대릉하를 건너 십삼산역에 이를 때인데 한 관인이 역마를 타고 왔는데 행호(行壺, 행장을 넣는 작은 자루) 속에 크기가 바가지만 한 물건이 있었다. 그 속에 술이 있었는데 쪼갠 뒤에 마실 수 있었다. 장술조가 최부에게 자랑을 했다.

〈"이 과실은 야자주(椰子酒)이다. 영남(嶺南)지방에서 많이 나는데 사람이 혹 이를 마시고 아이를 낳기도 합니다. 이것은 광동(廣東)포정사가 황제께 헌상한 것을 황제께서 다시 광녕태감에게 상으로 준 것입니다."〉

5월 15일 산후포, 유림포 등을 지나 여양역(閭陽驛)에 이르렀는데 일찍이 들은 바로는 유관에서 나와 동쪽으로 가면 남쪽은 바다이고 북쪽은 큰 산이 막혔는데 모두 땅이 나빠 곡식이 되지 않으며, 주산은 허공에 높이 빼어나다고 했는데, '의무려산'을 두고 말한 것이라고 최부는 말했다. 이 의무려산은 역사적으로 참 중요하다. 광개토대왕비에 따르면 한참을 달려 부산을 넘고 넘었다는 구절이 나오는데 비로 그곳을 재야사학자들은 이 산을 의무려 산이라고 보고 있다. 광개토대왕비는 조선 시대에는 알지 못하였던 비석이다. '의산문답(醫山問答)'은 18세기 동아시아 사상

계를 빛낸 뛰어난 학자이자 북학파 실학자였던 담헌(湛軒) 홍대용(洪大容)의 대표작으로, 중국과 조선의 경계에 놓인 의무려산(醫巫閭山)을 배경으로 가상 인물인 '허자'와 '실옹'이 토론을 펼치는 대담 형식의 글이다. 그가 의무려산을 경계로 한 데는 산해관 안쪽은 화하지만, 그 밖은 중국이 아니라는 것을 말하는 것이기도 하다.

최근의 핫 이슈이며 학설을 소개하면 고구려의 강역이 지금까지 알려진 것보다 더 넓었다는 사료 연구 결과가 나왔다. 국제학술회의에서 동북아역사재단 이성제 박사는 "고구려는 520년대부터 611년까지 요서 동부지역을 석권해 북위(北魏) 동위(東魏) 등 북조(北朝) 국가와 요서를 분점했다."고 주장했다. 기존 정설은 고구려가 5세기 초 요동을 차지한 이래 요하 서쪽으로의 진출을 자제했다는 것이다. 요서는 대릉하 하류와 의무려산을 기준으로 다시 동서로 나눌 수 있다. 이 박사는 '고구려와 북조의 경계'라는 발표문에서 "고구려는 북위에 내란이 발생한 틈을 타 요서 동부에 진출했다"라고 말했다.

수나라 사람인 한기(韓기)의 묘지(墓誌)에는 북위 내란 중에 한상(韓詳)이라는 인물이 고구려의 침입을 받아 요동으로 끌려갔다는 내용이 나온다. 또 비슷한 시기 강과(江果)라는 인물이 영주(營州·현재의 차오양시) 서쪽의 안주성민(安州城民)을 이끌고 고구려로 들어왔다는 기록도 있다. 이 박사는 "이는 고구려가 대릉하 하류까지 진출했고, 영주 일대까지 영토로 삼을 기회가 있었지만, 더 이상의 세력 확대를 자제했다는 것을 보여준다."고 말했다. 그에 따르면 고구려가 요서 동부를 잃은 것은 수양제의 침공 직전이다. 수서(隋書)에는 611년 수의 장수 이경(李景)이 "고구려 무려성을 공격해 깨뜨렸다(攻高麗武城破之)"는 기록이 나온다. 이 박사는 "무려성은 현재 베이전(北鎭) 시 남쪽 다량자춘(大亮甲村)에 있었을 것으로 보인다."며 "이 역시 고구려의 서쪽 경계가 요하가 아니라 서쪽으로 한참 나아가 의무려산 동쪽 기슭까지 이르렀음을 알 수 있다"고 말했다.

5월 16일 광녕역에 이르니 아주 반가운 성절사신이 있었다. 중국을 향하는 사신을 그 짧은 기간 내 두 번을 만나고 한 팀은 최부가 오기 며칠 전 북경을 떠나 만나지 못했다. 어디 그들의 대화 속으로 들어가 보자.

〈접관정(接官亭)을 거쳐서 광녕위의 성에 이르렀다. 성 서쪽 영은문을 통해 들어가 진사방을 지나 광녕역에 이르렀다. 성절사 참판 채수(蔡壽), 질정관(質正官) 김학기(金學起), 서장관 정이득(鄭而得)과 민림(閔琳)·채년(蔡年)·박명선(朴明善)·유사달(庾思達)·오성문(吳誠文)·장량(張良)·이욱(李郁)·이숙(李塾)·이형량(李亨良)·홍효성(洪孝誠)·정은(鄭殷)·신계손(申繼孫)·신자강(辛自剛)·윤중연(尹仲連)·김종손(金從孫)·김춘(金春) 등이 재촉하여 광녕역에 도착하였습니다. 서장관과 질정관이 먼저 신의 임시거처(숙소)로 와서 고향 소식을 대강 이야기했습니다. 신이 사신에게 가서 절하니, 사신이 나를 상석으로 이끌고 말하기를

"뜻하지 않게 오늘 여기서 만나게 되었구려! 그대를 바다에 표류시킨 것도 또 당신을 살린 것도 실은 하늘이 한 일인데, 중국의 경계에 도착해 정박하였으니 이로 인해 살 수 있었던 것이오." 하고는, 신에게 지나온 산천의 형승과 사람과 물품이 매우 많은 정도를 묻기에 간략하게 말하였습니다. 사신이 또 절강 이남의 강산과 지방을 이전에 지나온 곳처럼 이야기하고는 나에게 이르기를

"우리나라 사람으로서는 대강(양자강)이남을 친히 본 사람이 근래에

없었는데, 그대만이 두루 보았으니 어찌 다행한 일이 아니겠소?"라고 하였습니다. 나는 하직하고 물러 나왔습니다.〉

저녁에 사신이 또 최부를 불러 말했다. 그들의 대화가 정겹기 그지없다.

〈"그대는 표류하여 타국에 의지하고 있으니, 행장에 가진 양식과 반찬이 필시 모자랄 것이오. 모자란 것이 무엇인지 말해주면 내가 그것을 보충해 주겠소."〉하였다.

이에 최부는 말했다.

〈"나는 거듭 황제의 후한 은혜를 입고, 살아서 이곳에 도착했습니다. 이곳을 지난 후 며칠이 지나지 않아 본국에 도착할 것입니다. 영공(슈公)의 행차는 필시 7월이 지나야만 돌아오게 될 것이고), 객지에 나가면 지니고 있는 물건은 제한되어 있습니다. 가벼이 남에게 주어서는 안 되는 것이니, 감히 사양하겠습니다."〉

하지만 그렇다고 그만둘 정리가 아니다. 우리 사람들은 예나 지금이나 다르지 않다. 서로 음식값을 내려 하고 배려하고 정을 말하는 것이 어제오늘의 일이 아닌 것이다. 이런 정감이 쌓여 외국인들이 우리에게 참 정이 많은 사람이라고 하지 않는가. 사신은 최부의 종자를 불러서 쌀 2말과 미역 2속을 주면서 말을 했다.

〈"그대는 상중에 객이 되어 먹을 만한 음식물이 없을 것 같아서 보내는 것이오."〉

그날 밤 달밤에 사신이 뜰 가운데 자리를 하고 최부를 맞이해서 술자리를 베풀어 위로하였다. 물론 최부는 술을 하지는 않았을 것이다. 마음의 정으로 그들과 회포를 풀며 마치 고국에 돌아간 듯 꿈결 같은 시간을 보냈을 테다.

5월 17일 그리고 그들은 한참 동안 푸근한 덕담을 나눈 후 작별했다. 드디어 인수인계를 할 때가 왔다. 저녁에 진수태감 위랑(韋朗), 도어사 서관(徐鑵), 도사대인 호충(胡忠), 총병관 구겸(緱鎌), 참장(參將) 최승(崔勝)이 함께 논의하여, 우리가 표류하여 죽을 뻔하다가 살아났으니 그 뜻을 불쌍히 여긴다고 그야말로 진수성찬을 차려 역관인 백호 류원(柳源)을 시켜 통돼지 1마리·황주 4동이·맵쌀 1말·속미(좁쌀) 2곡을 가져와 위로하였다. 덕분에 배리와 군인 등이 먹고 마시며 포식을 했다.

나는 이쯤 최부가 만난 성절사 참판 채수(蔡壽)에 대해 이야기 해볼까 한다. 채수는 1449(세종 31)~1515(중종 10)사이의 사람이며, 조선 초기의 문신이다. 성종 대부터 중종 대까지 요직을 두루 역임했으며, 경북 상주 함창 출신으로 머리가 비상하고 문장에 특출했다고 한다. 그는 1469년(예종 1) 약관 20세에 추장문과(秋場文科)의 초시(初試)·복시(覆試)·전시(殿試)에 모두 장원함으로써 이석형(李石亨)과 함께 조선 개국 이래 삼장(三場)에 연이어 장원한 두 사람 중 한 사람이 되었다. 같은 해 부수찬으로 춘추관기사관(春秋館記事官)이 되어 세조실록·예종실록의 편찬에 참가했다.

1475년(성종 6) 이조정랑으로 음악에 조예가 깊어 장악원(掌樂院)의 관직을 겸했으며, 1476년 문과 중시(重試)에 급제했고, 사가독서(賜暇讀書)했다. 1478년 응교로 있을 때 도승지 임사홍(任士洪)의 비행을 탄핵하여 외직으로 좌천되기도 하였고 1479년 정현왕후(貞顯王后) 윤 씨의 폐위에 반대했다가 파직되었으나 1481년 직첩이 환급되었다. 그 후 제학·충청도관찰사·한성부좌윤·대사성·호조참판 등을 지냈다. 아마 그 무렵 채수는 북경을 향하였을 것이다.

그는 술을 워낙 좋아해 두주불사였던 모양이다. 그는 석빙고 때문 새 세상을 볼 수 있었다는 일화가 있다. 석빙고에 넣어둔 얼음은 양력 3월 말인 춘분(春分)일에 개빙제(開氷祭)를 열어 출하하여 10월 상강(霜降)에 그해의 공급을 막았다. '경국대전'의 '반빙(半氷) 제도' 조에는 얼음의 공급 및 사용처와 관련하여 아래와 같이 규정하고 있다. 해마다 여름철 끝 달(음력 6월)에 여러 관사와 종친 및 문무관 중의 당상관(정3품 이상 관리), 내시부의 당상관, 70세 이상의 퇴직 당상관에게 얼음을 나누어 준다. 또한, 활인서(活人署)의 병자들과 의금부, 전옥서의 죄수들에게도 지급하도록 했다.

채수는 한 여름에도 술을 마다하지 않았던 모양이다. 갈증이 심해 찬 소주를 많이 마시더니만 그만 기절을 하였다고 한다. 집안사람들이 죽은 줄 알고 통곡하자, 순식간에 그가 죽었다고 소문이 났다. 그런데 그의 부인이 얼음을 깨어서 입에 넣자 날이 저문 후 '채수'가 부스스 깨어났다는 일화가 있다. 그런데 이것은 약과다. 그 역시 역사적인 현장과 꽤 유관하다. 홍문관 말단에 있으면서 임사홍의 간교함을 사초에 적어 올리자 이를 근거로 사림세력이 훈구파를 공격하였을 때, 격렬히 그 중심에 섰고 그로 물을 먹고 좌천된 사람이다.

지조와 명분이 아니면 타협하지 않는 대쪽 같은 성격으로 폐비 윤 씨를 두둔하다 성종에게 미움받았는데, 연산군 시대에도 엄청난 핍박을 받았다. 연산군마저 그 재주를 시기하여 장난삼아 패대기쳐대었지만 악법도 법이고 혼주도 군주라는 입장을 견지하였다. 당연히 중종반정에 찬성하지 않을 것이라고 하여 그의 사위가 술을 잔뜩 먹여 집으로 모시는 것처럼 하여 역사의 현장에 모시고 나왔다고 한다. 거사현장에서 술이 깨어 이것은 잘못이라고 하였으나 이미 일은 성사되었고 그는 그로 공신이 되었다. 그러나 그는 부귀영화를 버리고 함창(咸昌)에 은거하여 촌로로 여생을 보내며 중종반정의 잘못을 우회적으로 나무라는 소설 설공찬전(薛公贊傳-薛公贊返魂傳))을 지었는데 금서(禁書)가 되어 자취를 감추었던 것이 최근 고서 내면에서 발견되었다고 한다.

61
요동은 우리 땅이다

사실 채수의 진면목은 다른 데 있다. 나는 성조실록에서 그의 성절사 귀국보고를 보고 놀랐다. 어디 그의 귀국 보고를 읽어보자. 성종 19년 무신(1488, 홍치 1)8월 24일(을묘)을 보면,

〈임금이 말하기를, "듣건대, 황제가 중이나 도사(道士)들의 관직을 가진 자는 모두 파직시켜 버리려고 하였는데, 태황후(太皇后)의 전교로 정지되었다 하니, 그러하던가?" 하니, 채수가 말하기를, "신(臣)은 듣지 못했습니다. 지난번 동월(董越)·왕창(王敞)이 중국 조정으로 돌아와 전하(殿下)께서 현주(賢主)이심을 크게 칭송하였사오며, 또 허종(許琮)을 어진 재상이라고 칭도하였습니다."(중략)1. 신(臣)이 옥하관(玉河館)에 있을 때에 운남(雲南) 향공 진사(鄕貢進士) 최헌(崔瀗)과 서로 통어(通語)하였는데, 하루는 경사(經史)를 담론하다가 최헌이 신에게 이르기를, '새 천자(天子)는 심히 엄명(嚴明)하여 온 천하가 모두 심복(心腹)하고 있으며, 또 기순(祁順)·동월(董越) 등의 사신들이 돌아와서 모두 그대의 전하(殿下)는 현명하다고 하고 칭송하여 중국(中國)에서도 다 알고 있습니다. (중략)

신이 대답하기를 '순(舜)임금은 동이(東夷)의 사람이고, 문왕(文王)은 서이(西夷)의 사람입니다. 현인(賢人)·성인(聖人)이 나는 바를 어

찌 화이(華夷)로 구분하겠습니까? 공자(孔子)도 또한 필부(匹夫)이면서 성인이시거늘, 어찌 우리 전하께서 해외(海外)에 거(居)한다 해서 성인이 되지 못한단 말입니까?' 하니, 최헌이 말하기를, '그대의 말이 정말 옳습니다.'라고 하였습니다. (중략)

1. 우리나라 사람이 한어(漢語)와 이문(吏文)을 해득하지 못하기 때문에 행차 때마다 질정관(質正官)을 보고 의심하는 것을 질의하게 하였는데, 질정관 등이 옥하관(玉河館)에만 틀어박혀 있어 서로 담화(談話)를 나누는 자는 모두 시정(市井)의 사람이라 질문할 바가 없어 한갓 왕래만 번잡할 뿐입니다. 세종조(世宗朝)에는 요동(遼東)에 한 대유(大儒)가 있어서 행차 때마다 신숙주(申叔舟)·성삼문(成三問) 등을 보내어 질문하여 심히 유익함이 있었습니다.

지금 요동(遼東)에 소규(邵奎)라는 사람이 있는데 진사(進士) 출신으로 일찍이 진정 지현(眞定知縣)이 되었다가 벼슬을 버리고 한가롭게 살고 있사온데, 재주와 덕망이 매우 높아서 요동의 대인(大人)들이 모두 존경합니다. 신이 들어갈 때에 백탑사(白塔寺)에 가보니 벽 뒤에 소규의 시(詩)가 있음을 보고 차운(次韻)하였고, 돌아올 때에 미쳐서는 신이 율시(律詩) 6수(首)를 지어 주었더니 다음날 소규(邵奎)는 그 시(詩)를 차운하여 주과(酒果)를 가지고 와 위로해 주었습니다. 담화를 해보니 통하지 않는 것이 없었습니다. 신의 생각으로는 질정관(質正官)을 중국 조정에 보내지 말고 신숙주(申叔舟)의 예(例)에 의하여 소규에게 배우게 하는 것이 좋겠습니다." 하였다.〉

성종도 황제가 도사(道士)들의 관직을 가진 자는 모두 파직시켜 버리려는 것도 잘 알고 있다. 일국의 왕으로서는 당연히 알아야 할 사항일 것이다. 황제가 시원치 않다면 대응 또한 달라지기 마련이다. 앞서 살펴본 대로 치밀하게 계획하고 접대를 잘하였더니 동월(董越)·왕창(王敞)이 중국 조정으로 돌아와 전하(殿下)께서 현주(賢主)임을 크게 칭송하였고 또 허종(許琮)을 어진 재상이라고 칭도하였다는 말이 바로 직보로 들어온다.

그런데 그의 말 중에 중국 사신에게 하였다는 말 '순(舜)임금은 동이(東夷)의 사람이고, 문왕(文王)은 서이(西夷)의 사람입니다.'라는 말이 가슴속에 깊이 박힌다. 이 말이 정설이 되면 역사가 바뀐다. 내친김에 채수는 공자도 동이족이라고 했어야 했다. 그리고 그는 질정관의 자질을 높이기 위해 신숙주와 성삼문의 예를 들며 실전연습장소로 요동을 추천했다. 아주 현명한 해법이다. 나중 연행 사절단들은 앞사람이 한 것을 베껴 내곤 했다는데 적어도 그 시대에는 유능한 인재가 쏟아져 나왔다. 5월 18일 진수태감에게 최부 일행을 인도하였으니 장술조는 소임을 다한 것이다. 그 사이 정이 들었는지 작별의 말이 애틋하기까지 하다.

〈"천여 리 길을 같이 오다 보니, 진실로 연모하는 마음이 있습니다. 내 나이 이미 이순(耳順, 60세)이고 다리의 힘도 또한 쇠약해졌으니 어찌 당신을 다시 만나 볼 수 있겠습니까? 다만 생각하건대, 당신이 만약 본국에서 뜻을 이루어 후일 반드시 천자를 알현하고 조공할 때가 있을 것입니다. 내 집은 순성문(順城門) 안 석부마(石駙馬)의 집과 문을 마주하고 있으니, 오늘의 정을 기억한다면 한번 방문해 주시지 않겠습니까?"〉

최부가 또다시 북경을 간 적이 있는데 혹시 찾아가 만나 보지 않았을까. 그때는 지금과는 사정이 다르다. 찾아갔기를 나는 은근히 바란다. 아니 나는 최부 같은 인물이라면 당연히 조우했을 것이라고 믿고 있다. 연암 박지원의 열하일기 여정중 동행을 한 하인 장복이의 후손을 찾아 연암의 손자 박규수가 일부러 찾아 갈

이 연행 길에 오르자고 했듯이 애틋한 연은 긴 여운을 남긴다. 그는 이내 속옷을 벗어서 오산에게 주었는데, 생각해보니 장술조가 오는 동안에 일찍부터 오산을 수족으로 삼았기 때문이었다. 참장 최승은 김옥(金玉)에게 최부 일행을 맞이하게 했는데, 김옥은 요동사람으로서 우리나라 말을 잘 이해하였다. 최부는 정보 등에게 김옥을 따라다니게 했는데, 최승은 술과 음식을 많이 차려서 매우 성대하게 대접해 주었다.

 5월 19일 광녕역에서 계속 머무는데 태감 총병관 도어사, 도사, 참장 등이 의복, 모자, 가죽신 등을 가지고 와 나누어 주었고 통돼지 1마리, 술 2동이를 주어 위로 해주었다. 이에 감복한 나머지 정보 등 40여 인이 최부의 앞에 쭉 꿇어앉아서 고맙다고 일제히 말을 했다. 그들이 말하는 고마운 첫 번째 행운은 여러 번 환란을 겪었으나 죽은 자가 없다는 것이고 두 번째가 한 사람도 구금당해 고생한 적이 없고 오히려 환대를 받아 밥을 배불리 먹었다는 것이고 황제의 상도 받고 선물도 받는 것이 세 번째 행운이라고 했다.

 5월 20일 광녕역을 떠났다. 5월 21일 요참포를 지나 고평역을 거쳐 사령역에 도착하였다. 5월 22일 고돈포를 지나 신관문(新關門)에 이르니 긴 토성을 쌓아 북으로 만리장성에 붙어 남쪽으로 뻗었다. 관문은 그 중간에 나 있다. 이는 명나라 성화(1467~1487) 연간에 새로 쌓은 것이라 한다. 또 대대, 삼관묘, 하만포 등을 지나 三叉河에 이르렀다. 삼차하는 요하(遼河)로서 근원은 개원 동북인데 철령을 지나 여기까지 와서는 혼하(渾河) 또는 태자하(太子河)와 합류하여 하나로 되었기 때문에 삼차(三叉)라는 이름을 얻게 되었다.

 요동 지방은 바다에 가까우면서도 지면이 높기 때문에 지류들이 다 역류하므로 태자하, 혼하 등도 다 동쪽에서 서쪽으로 흐른다. 또 이 지역 밖의 지류들은 다 북쪽에서 남쪽으로 굽이굽이 흘러 모두 여기에 모인다. 백두산의 영향을 받아 동고서저 현상이 나타나고 최부가 말한 이 지형의 특성이 고대역사에서는 아주 중요한 단서가 되기도 한다. 광개토대왕 비문에 나온 고구려 위치 비정에 큰 역할을 했다. 5월 23일 요양역(遼陽驛)에 이르니 역이 요동성 서쪽에 있었다. 5월 24일 한 계면(戒勉)이라는 중이 있었는데 우리말에 능통하였다. 그가 최부에게 말했다.

〈"소승은 본래 조선인계통인데 소승의 조부가 이곳으로 도망해 온 지 이미 3대가 되었습니다. 이 지방은 조선의 경계와 가까운 까닭으로 이곳에 와서 거주하는 사람이 매우 많습니다. 중국인은 겁이 많고 용기가 없어서 만약 도적을 만나면 모두 창을 버리고 도망하여 숨어버립니다. 게다가 활을 잘 쏘는 사람이 없어서 반드시 조선 사람 중 귀화한 사람을 뽑아서 정병이나 선봉으로 삼으니, 우리나라(조선) 사람은 한사람이 중국사람 열 명·백 명을 당할 수 있습니다. 이 지방은 옛날의 고구려의 도읍으로, 중국에 빼앗겨 소속된 지 천년이 되었습니다. 우리 고구려의 풍속이 아직도 남아 있어 고려사(高麗祠)를 세워 근본으로 삼고, 제례(祭禮)를 올리는 것을 게을리하지 않으니, 근본을 잊지 않기 때문입니다. 일찍이 들건대 '새는 날아서 고향으로 돌아가고, 여우는 죽어서 머리를 고향으로 한다.'고 하였으니, 우리도 또한 고향(조선)으로 돌아가 살고 싶습니다. 다만 두려워하는 것은 본국에서 우리는 중국인으로 여기고 조사한 뒤, 중국으로 돌려보낸다면, 우리는 반드시 도망한 죄명으로 처분을 받아 죽게 될 것입니다. 그렇기 때문에 마음은 가고 싶어도 발이 머뭇거립니다."〉

그의 말을 빌리자면 명나라 때 이미 요동지역으로 수많은 이민이 이뤄졌으며, 이들은 조선으로 건너가고 싶어도 본국에서 다시 요동으로 환송될 것을 두려워해 가지 못했음을 알 수 있다. '조선왕조실록'에도 비슷한 기록이 보인다. 세조 14년(1468년)에는, 〈건주위(여진) 땅에 포로 또는 도망한 한족과 조선인들이 조선과 명나라의 국경 사이에 집을 짓고 땅을 개간하고 있다며, "동녕위(東寧衛, 현재의 요양시 태자하)의 고려인은 명나라 홍무제(1368~1398) 때는 3만 명, 영락제(1403~1424년) 때는 4만여 명이었다. 요동인구 중 고려인이 30%를 차지하며 서쪽은 요양, 동쪽은 개주, 남은 해주에 집중되었다.〉고 기록하고 있다.

세조실록의 요동인구 30%가 고려인이었다는 이 기록은 최부의 글과 아귀가 맞는다. 이후에도 조선에서 요동으로의 '이주'는 끊이지 않았다. 나중에 청나라가 된 후금과 명나라가 싸울 때 명의 요청으로 출병한 강홍립이 이끄는 1만 3천 명의 조선군은 청에 항복한 후 귀환되지 못했다. 인조반정으로 광해군이 폐위되면서 청은 두 차례에 걸쳐 조선을 공격해 척화파 대신과 그 가속들 및 수만 명의 포로를 데리고 요동으로 돌아갔으며, 조선에서 1만 2천 500여 명을 청군으로 징병하기도 했다.

'심양장계(沈陽狀啓)'라는 문헌에는 "만주 8기 중 고려 백성 42개 성씨가 있었는데 선조는 모두 조선의 역주, 평양 등지의 사람으로 청나라 초기에 포로가 된 이들"이라고 했다. 그들이 그 시대에도 그토록 이 만주 땅을 찾은 연유는 무엇일까. 바로 그 이전부터 조상이 산 땅이기 때문에 전해지고 전해져 풍토와 지리를 잘 알고 있었기 때문이 아닐까. 바로 고구려다. 최부는 불교에 반감이 있는 학자다. 그가 당신은 청정(淸淨)의 무리로 속세를 떠나 있는 자로 마땅히 산중에 있어야 하는데, 어찌 승관(僧冠)을 쓰고 속인의 행동을 하면서 여염(閭閻) 속을 출입하느냐고 물었다. 그러자 계면이 대답했다.

〈"소승이 산으로 들어간 지 오래되었는데 지금 관리가 불러서 왔습니다. 대행황제(성화제)가 불법을 존경하고 숭배하니 큰 사찰이 천하의 반이고 방포(方袍, 승려)가 편호(編戶, 일반 민호)보다 많았습니다. 승려들은 편안하게 누워 음식을 먹고 석가의 가르침을 닦았습니다. 신황제(홍치제)가 동궁(황태자)이었을 때부터 평소 승려를 싫어하여서 황제로 즉위하자마자 제거하려고 하는 뜻이 있었습니다. 지금 조칙(詔勅)을 천하에 내려 무릇 새로이 사찰이나 암자를 지은 것은 모두 철거하도록 하고, 도첩(度牒, 승려 자격증)이 없는 승려는 조사하여 환속하게 하는 令이 성화보다 급하였습니다. 그런 까닭으로 삼당의 대인이 관리를 시켜 소승을 불러 오늘부터는 절을 부숴버리고 머리를 기르게 하였으니, 승려들은 돌이켜보니 어느 곳에서 한 몸을 쉴 수 있겠습니까?"〉

앞부분에 성종이 새 황제가 중이나 도사 등을 파직한다는 소문을 채수에게 묻는 내용이 나오는데 바로 그 실체가 맞는다는 게 바로 증명이 된다. 최부는 불교를 숭상하지 않으니 보란 듯이 말을 했다.

〈"이것은 곧 사찰을 철거하여 민가로 만들고, 동불을 헐어 그릇을 만들고 머리 깎은 이들을 점차 군오(軍伍)에 충당하려 하니, 홍치제의 행함이 대단히 훌륭한 데서부터 나온 것 (심상, 尋常)임을 알 수 있다. 그대들이 일찍이 축원하기를 '황제폐하 만만세'라고 하였으니, 그대의 축원이 이와 같고, 대행황제(성화제)의 불교 숭상이 이와 같았고, 사찰과 승려의 번성함이 이와 같았습니다. 대행황제의 수명이 중년도 안 되어 갑자기 붕어(崩御)하니, 그대들이 힘써 축원한 것이 어디에 존재합니까?"〉

최부가 이렇게 말하니 말이 아직 끝나지도 않았는데 계면은 사직하고 물러갔다. 당연히 그럴 수밖에. 그런데 아이러니하다. 채수는 봉황성으로 조선인들이 나갈까 봐 걱정을 하는데 나는 정반대 생각을 하고 있다. 분명 계면이란 중 말대로 요동은 고구려 땅이고 옛 풍속이 그대로 이어지고 있으며 그가 말하는 대로 고구려를 기리기 위해 고려사를 지었다고 하지 않는가. 바로 고구려는 고려다. 중국인들이 말하는 고려인은 고려를 말하는 것이다. 나는 지난해 열하일기 자취를 찾아 요동 심양 일대를 찾았었다. 그리고 글 집을 냈는데 거기에 쓴 대로 심양이나 요동은 당연히 우리 고토다. 중국이 아무리 동북공정 운운해도 예맥족의 터전은 옮겨지거나 변하지 않는다. 우리는 이를 잊어서는 안 될 것이다.

62
드디어 압록강이다

5월 25일 통사인 왕헌과 백호 오새가 최부를 만나러 왔다. 오새는 정보, 김중 등을 이끌고 삼당 대인 앞에 나가 표류되어 온 전말을 고하게 하였다. 삼당 대인은 도지휘사 등옥, 분수총병관 한빈, 포정사 부사 오옥, 순안 감찰어사 진림 등을 말한다. 그들 또한 술과 통돼지 1마리 등을 가지고 와 위로를 했다.

5월 26일 왕헌이 와서 조선과 해서(海西), 모란(毛隣), 건주(建州)를 오가는 길이 다 여기를 지나게 되니 조선 사신을 접대하는 일을 자신과 오새 두 사람이 보아 왔는데 날이 너무 더워 이번에는 오새가 알아서 할 것이라 하며 양해를 구했다. 그러면서 그는 긴 여정에 몸 관리를 잘못해서 사신 중에 한찬과 이세필 같은 이가 잇달아 길에서 죽었으니 조심하라고 하고 하지만 운이 좋아 험한 파도를 이겨내고 돌아가게 되니 하늘이 살펴주시는 것이니 그렇게 걱정할 필요도 없다고 말을 했다.

앞서 이세필의 죽음에 대해서는 성종실록을 살펴보며 이미 설명을 한 바 있다. 그런데 한찬은 몰랐었다. 자료를 다시 뒤져보았다. 그런데 성종 18년 정미(1487, 성화 23) 12월 3일(무진) 기록을 보면 성절사 한찬이 별헌과 은·상아를 바친 경유를 보고하는 내용이 나온다. 그렇다면 이는 그가 착각을 하고 잘못 말한 것이다. 그런데 자료를 찾다가 우연히 오새에 대한 기록을 보았다. 성종 23년 임자(1492, 홍치 5) 5월 16일(을유) 기록을 보면,

〈"봉황성 진무(鳳凰城鎭撫) 오새(吳璽)가 글을 보내 이르기를, '중국 사신 병부 낭중(兵部郎中) 애박(艾璞)의 행인(行人) 고윤선(高胤先)이 이번 5월 초 9일에 광녕(廣寧)에 이르고, 12일에 요동(遼東)에 이른다.'고 하였습니다."〉라는 기록이 나온다.

오새는 4년 사이 출세를 한 셈이다. 아무튼, 최부는 5월 27일도 집으로 향한다. 오새가 타는 말 43필과 짐 싣는 말 15필을 준비했다. 5월 28일 비가 내렸다. 하루를 늦추면 어떻겠냐고 오새가 말했지만 최부는 응하지 않았다. 동국통감을 쓴 최부 답게 술술 요동에 대해 말했다.

〈요동은 곧 옛날 우리 고구려의 도읍이었는데, 당 고종(650~683)에게 멸망을 하여 중원(중국)에 소속되었다가 오대 시대(907~960)에는 발해(渤澥. 渤海) 대씨(大祚榮)의 소유가 되었더니, 후에는 또 요·금·호원(胡元, 원나라)에 병합되었습니다. 성안에 도사·찰원·포정사·태복분사(太僕分司)·열마사(閱馬司)가 있고, 또 좌위·우위·중위·전위·후위가 있습니다. 성 서쪽의 승평교(昇平橋)로부터 숙청문(肅淸門)·영은문·

징청문(澄淸門)·양무문(揚武門)·위진문(威振門)·사로문(四路門) 등과 진사문의 팔좌(八座)로부터 고려시(高麗市) 사이에 이르기까지 민가가 번성하다고 할 수 있으니, 강남(江南)에 비한다면 가흥부와 서로 견줄 만하다 할 것입니다.〉

5월 29일 성(城 역성과 요동성) 사이에 관왕묘(關王廟)가 있었다. 가다가 올량합관(兀良哈館)·태화문(泰和門)·안정문(安定門)을 지나서 조선관(朝鮮館)에 이르니, 조선관 앞에 푯말을 세워 '외천보국(畏天保國)'이란 네 글자를 써 놓았다. 여기서 외천보국이란 하늘을 두려워하며 나라를 지킨다는 의미인데 명나라를 말한다. 결국, 명조에 충실하게 사대를 잘하라는 암시가 들어간 말이다. 현득채리(顯得寨里)에 이르러 쉬었다. 마을에는 서너 가옥이 있었는데, 어둠을 틈타 마을 사람이 나의 모갑(帽匣, 모자를 담는 상자)을 훔쳐 갔다. 상자 속에는 사모(紗帽)·낭패(囊佩)와 강남 사람으로부터 받은 시고(詩藁)가 있었다. 정보가 오새에게 알려서, 마을 사람을 심문하여 이를 찾으려고 했으나 찾지 못하였다. 오새가 말했다.

〈"소홀히 지키는 것은 도적에게 도적질을 가르치는 것과 같으니 (만장회도, 慢藏誨盜), 누구의 허물이겠습니까?"〉

주역(周易)에 나오는 만장회도란 말. 곳간 문의 단속을 잘못해 도둑을 맞은 것은, 마치 도둑에게 도둑질하라고 가르친 것과 같다는 말이다. 만(慢) 자의 의미가 게으르다는 뜻과 함께 오만하다, 허술하다, 경솔하다 등의 의미가 있다. 강도가 강탈해 간 것이야 어쩔 수 없다고 하지만 스스로 간수를 잘 해 틈을 보이지 않아야 한다는 뜻이다. 6월 1일 태자하를 지나서 연산관으로 향했다.

일행의 규모가 제법 됐다. 백호 30인, 군인 200여 인, 관부 10인. 여진이 있을 수 있고 국경 지역이라 규모를 갖추고 이동을 한 것 같다. 열하일기에서는 태자하 위로 더 올라가 심양으로 향하는데 최부는 그러하지 않았다. 알다시피 청나라가 생기기 전이니 심양 땅, 훗날 후금의 수도가 성경이라고도 하는 곳은 의미도 없고 당시는 궁궐이 존재하지도 않았을 것이다. 하지만 우리가 잘 아는 병자호란으로 조선인이 50만 명이 끌려갔다는 곳이 바로 심양이 아닌가.

6월 2일 이해둔(李海屯)을 지나는데 마을 사람이 말하였다.

〈"어젯밤에 천호 마총(馬摠)이 거느리는 호송 군인이 먼저 이곳에 도착했는데, 호랑이가 타고 온 말을 잡아채서 상처를 입혔습니다. 예로부터 이런 재난이 없었던 까닭에 이곳을 지나는 사람들은 모두 산길을 가다가 들에서 자기도 했었는데, 지금 마침 이런 일이 있으니, 역시 두려운 일입니다."〉

호랑이가 출몰해서 말을 잡아채 상처를 입혔다는 말, 이는 백두산이 다가왔음을 말한다. 우리는 그 누구도 산에서 호랑이를 직접 보지 못했지만, 백두산에는 호랑이가 살 것이라는 생각을 한다. 이는 그냥 나온 소리가 아니다. 늘 그곳 길목에는 백두산 호랑이가 어슬렁거리며 다녔기 때문에 전해지고 전해진 정설이다. 올해 초도 중국 동북 지방 야산에 설치된 멸종위기 동물 모니터링 카메라에 진짜 백두산 호랑이의 생생한 모습이 포착됐었다. 나는 그 장면을 TV로 생생하게 보았다. 육중한 체구의 호랑이 한 마리가 어슬렁어슬렁 눈앞으로 걸어왔다. 노란빛 털 위로 선명한 검은 줄무늬, 날카로운 눈매가 매섭기는 한데 무섭다기보다는 너무 반가웠다.

먹이사슬을 유지하고 자연 상태로 산다는 것 그 하나로서도 고마운 일이 아닐 수 없다. 동북 최고의 산인 깊고 푸른 백두산쯤은 되어야 호랑이도 서식하지 싶다. 최부가 지나친 이해둔이라는 곳은 아마도 그 시대 호랑이로 꽤 유명한 지역이지 싶다. 1780년 연암 박지원도 이 동네를 지나며 호랑이 퇴치법을 적고 있다. 아름드리 거목을 벤 것으로 화톳불을 지피고 군뢰들이 나서서 호각을 한 번씩 불면 사행단 일행들이 일제히 소리를 지른다고 그렇게 적혀 있다. 깊은 밤 호각에 맞춰 쩌렁쩌렁 울리는 소리, 왠지 나는 그 대목에서 웃음이 났다. 지금 세상이니 호랑이 무서운 줄 모르고 까부는 행태란 생각도 든다. 하기야 이에는 곶감이 큰 역할을 하기는 했다. 정말 그 시대는 호랑이가 두려움의 대상이었던 모양이다.

사초둔하(斜哨屯河)를 지나니, 때마침 물이 급류로 변해 사납게 흘러갔다. 군인 고복이 발을 헛디뎌 넘어져서 떠내려갔는데, 오새가 마침 목욕하다가 그가 빠진 것을 보고 구하였다. 다 와서 큰 일 날 뻔한 상황이다.

6월 3일 사초대령을 넘어 팔도하에 이르렀다. 그 물을 여덟 번이나 건네게 되므로 팔도하라 한다는데 혹은 반도하라고도 하니 반도(半途)란 뜻은 우리나라 서울에서 중국 북경까지 노정의 꼭 절반 되는 곳에 이 강이 있다는 것이다. 또 장령아, 설리참, 백언령, 노가독노가하아, 노가령, 간하아 등을 지나 봉황산에 이르니 동녕위에서 요즘 군인들을 동원하여 성을 쌓고 있었다.

〈'이 성은 귀국 사신이 우리나라에 오갈 때 사고가 나는 것을 방지하려고 쌓는 것입니다.'〉

라고 오새는 말하였지만 믿을 수 없는 말이다. 개주성을 지나 관득락곡에 와서 한뎃잠을 잤다. 이 골짜기 동쪽에는 해청산이 있는데 송골산이라고도 한다.

6월 4일 드디어 압록강이다. 맑은 이른 새벽에 탕산참(湯山站), 이름을 기록하지 않은 두 작은 강을 지나 구련성(九連城)에 이르렀다. 성은 허물어지고 단지 토성으로 된 옛터만 남았다. 또 파사보(婆娑堡)라고 하는 것이 있었는데, 보 앞에 강이 있었다. 즉 풍포(楓浦)였다. 또 배로 오야강(吾夜江)을 건넜는데 두 강(풍포와 오야강)의 수원은 같으나 갈라졌다 다시 합하여서 하나가 된다. 이를 적강(狄江)이라고 한다.

배로 압록강을 건넜다. 목사가 군관 윤천선(尹遷善)을 파견하여 최부를 강변에서 위로해 주었다. 석양이 질 무렵 또 배로 난자강(難子江)을 건넜다. 두 강(압록강과 난자강)도 역시 하나가 되었다가 갈라져 흘러내려 재차 합류한다. 밤 3경(11시~1시)에 재촉하여 의주성(義州城)에 들어갔다. 성은 바로 명나라 사람과 야인들이 왕래하는 요충지에 자리 잡고 있었다. 성은 협소하고 무너져 내렸으며, 성중의 마을도 쇠퇴하니 심히 애석하다 하였다. 이상이 그가 다녀온 여정을 날자 별로 기록한 내용이다. 그는 글 끝에 총평같이 지나온 노정, 지나온 길의 천연지세, 살림살이와 옷차림새 등을 열거하였는데 지금으로서는 의미가 적은 꽤 긴 문장이라 본 글에서는 생략하였다.

63
성종실록에 나오는 최부의 역사적 사실 모음

최부가 살았다는 것을 조선 조정이 안 것은 4월 15일 안처량으로 부터다. 최부가 북경에 도착하여 며칠 전 떠난 것을 안타까워했는데 안처량은 최부가 살았다는 소식을 듣고 출발을 했고 그는 요동에서 먼저 조정에 이 사실을 알렸다. 성종실록 성종 19년 무신(1488, 홍치 1) 4월 15일(무신)기록을 보면.

〈하책봉사(賀冊封使) 안처량(安處良)이 돌아오다가 요동(遼東)에 이르렀는데, 먼저 통사(通事)를 보내어 치계(馳啓)하기를, "신(臣)이 북경(北京)에 있으면서 지난 3월 16일에 상마연(上馬宴)을 한 뒤 20일에 통사(通事) 탁현손(卓賢孫)으로 하여금 예부(禮部)에 사연을 적은 단자(單子)를 정납(呈納)하게 하였는데, 주객사 원외랑(主客司員外郞)이 탁현손에게 말하기를, '그대 나라 사람 최부(崔溥) 등이 표류(漂流)하다가 절강(浙江) 지방에 도착하였는데, 절강 총병관(浙江摠兵官) 등의 주본(奏本)을 본부(本部)에 내렸습니다. 최부가 틀림없이 그대의 나라 사람입니까?' 하므로, 탁현손이 주본(奏本)을 청하여 보니, 곧 제주 경차관(濟州敬差官) 최부(崔溥)가 같은 배에 탄 43명과 더불어 표류해서 절강(浙江)에 도착하여 머문 일이었습니다. 원외랑(員外郞)이 말하기를, '최부의 출송(出送)하는 절차는, 최부가 북경에 도착하기를 기다렸다가 마땅히 주달(奏達)하고서 의논해 시행해야 할 것이니, 그대들은 먼저 가는 것이 좋겠습니다.' 하므로, 탁현손(卓賢孫)이 인하여 주본을 등사(謄寫)하기를 청해서 가지고 왔기에 지금 동봉(同封)해서 아룁니다."〉

드디어 6월 14일 최부는 돌아왔다. 그 내용을 실록으로 본다.
〈교리(校理) 최부(崔溥)가 북경[京師]으로부터 돌아와서 청파역(靑坡驛)에 묵으니, 명하여 일기(日記)를 찬진(撰進)하도록 하고, 전교하기를, "이섬(李暹)이 표류(漂流)했다가 생환(生還)하였으므로, 특별히 초자(超資) 하도록 명하였었다. 최부는 쓸 만한 사람인데, 이제 또 만리(萬里)를 표박(漂泊) 하였다가 아무 탈 없이 생환(生還)하였으니, 그를 서용(敍用) 하는 명은 마땅히 상(喪)을 마친 후에 할 것이고, 우선 쌀·콩 약간과 부물(賻物)을 내려 주도록 하라."하였다. 사신(史臣)은 논평하기를, "최부가 만약 이때 사례(謝禮)하고, 상(喪)을 당하여 어미를 보고 난 후에 일기(日記)를 찬집(撰集)하겠다고 하였다면, 임금이 반드시 따르셨을 것이고 사람들도 끼어들어 말하지 못하였을 것인데, 지금 그렇게 하지 않았으므로 훗날의 의논을 초래한 것이다. 그러나 이로써 자신에게 누가 되게 한 것은 지나친 것이다." 하였다.〉

최부는 도착하자마자 어명에 따라 표해한 내용을 적는다. 그리고 단 9일 만에 글을 써서 올린다.

〈전 교리(校理) 최부(崔溥)가 중국 조정에서 보고 들은 일기(日記)를 찬진(撰進)하였는데, 승정원(承政院)에서 여럿이 아뢰기를, "최부(崔溥)가 지금 일기(日記) 찬집(撰集)을 마치고 아비의 상(喪)에 분상(奔喪)하고자 하니, 청컨대, 말을 주어 보내게 하소서." 하니, 전교하기를, "그렇게 하라. 또 내가 일기(日記)를 보니, 애통한 생각이 든다. 그에게 부의(賻儀)로 베[布] 50필을 내려 주도록 하라." 하였다. 사신(史臣)이 논평하기를, "최부(崔溥)가 돌아오니, 임금이 그 간초(艱楚)했던 것을 불쌍히 여겨 일기(日記)를 찬진(撰進)하도록 명하였다. 최부(崔溥)가 청파역(靑坡驛)에서 여러 날을 머물렀기 때문에, 옛 친구로서 조문(弔問)하는 자가 있었다. 최부(崔溥)가 응당 초상(初喪)이라 하여 조문을 받지 않았어야 하는데 이따금 만나서 이야기하며 자신이 표박(漂泊)하여 고생스러웠던 상황을 서술하니, 이로써 비방(誹謗)을 받았다." 하였다.〉

전례보다는 못하다 싶은데 최부와 42인에게 6월 25일 음식을 내리고 허상리 등 18인에게 면포·정포 2필씩을 주었다.

〈전라도 관찰사(全羅道觀察使) 이집(李諿)에게 하서(下書)하기를, "최부(崔溥)와 같은 때에 표류(漂流)했다가 돌아온 광산 기관(光山記官) 정보(程保) 등 42인을 한군데 모이게 하여 후하게 공궤(供饋)하고, 그때 공이 있던 허상리(許尙理) 등 18인에게 각각 면포(綿布) 2필과 정포(正布) 2필씩 주도록 하라." 하였다.〉

7월 1일 명나라에 최부를 잘 해주어서 고맙다는 것을 전해주라는 전교를 내린다.
〈동지중추부사(同知中樞府事) 성현(成俔)을 보내어 표문(表文)을 받들고 경사(京師)에 가서 사은(謝恩)하게 하였다. 임금이 백관(百官)을 거느리고 표문에 배례하였는데, 표류(漂流)한 사람 최부(崔溥) 등 43명을 돌아오게 하였기 때문이다. 그리고 통사(通事) 손중근(孫重根)을 보내어 사로잡혔다가 도망해 온 중국인[唐人] 김복로(金福老) 등 네 명을 안동[管押]하고 요동(遼東)에 가서 풀어주게 하였다.〉

6월 24일 전라도 관찰사(全羅道觀察使) 이집(李諿)에게 최부의 지휘를 받아 제작을 하도록 명했다. 그리고 최부는 자기가 본 것을 바탕으로 19-08-04[04] 전 사직 최부가 수차를 만들어 바쳤다. 돌아온 지 얼마 되었다고 글을 써서 바치고 수차까지 만들었다. 돌아온 지 2달도 안 되어서다.
〈전(前) 사직(司直) 최부(崔溥)가 수차(水車)를 만들어 바쳤다. 그 제도는 농사를 짓는 데 쓸 경우 물을 올리려면 한 사람이 수차바퀴 머리에 윗부분에 다가서서 두 손으로 운전하게 하고, 배에다 설치하여 물을 긁어낼 때는 한 사람이 바퀴 곁에 앉아서 한 손으로 운전하며, 물을 운반하는 데 쓰려면 산(山)이나 언덕에서는 수레를 만들어 약간의 복판(腹板)을 모름지기 길고 넓게 하되, 비록 4, 5장(丈)이 되어도 무방하다. 윤

판(輪板)은 길어야 하고 장골(腸骨)은 많아야 하는데, 이는 복판을 보아 알맞게 만들어야 한다. 물가로부터 물을 굴려 올리는 데 있어 그 물이 떨어지는 곳에 못을 만들어 모아 두고 다른 수차로 차차로 올리도록 하는데, 대개 그 기계의 형태와 장단(長短)은 그 지세(地勢)의 높고 낮음에 따르며, 복판(腹板)이 넓고 좁음은 취하는 물의 다소(多少)에 따르게 하였다.(이하 생략)〉

의주에서 서울까지 10일 동안 하루 100여 리의 행보로 서울에 도착, 남대문 밖 청파역에 머물렀다. 도착 당일 성종은 전격적으로 표류일기 즉 표해록을 제출하라고 명했다. 5년 전 1483년 제주에서 표류해 명나라 양주에서 베이징을 거쳐 귀국한 제주 정의 현감 이섬의 표류기를 홍문관 직제학 김종직(金宗直)에게 작성케 한 전례가 있었다. 성종은 기적적으로 살아 돌아온 파란만장한 표류담과 함께 중국의 실상을 알고 싶었을 것이다. 당시 예법에 따르면 최부는 즉시 전라도 나주 본가로 돌아가 복상(服喪)해야 했다. 그러나 국왕의 특명으로 이례적으로 서울에 머물면서 5만 4천 여자에 달하는 표해록 전 3권을 집필, 앞서 본 바대로 불과 9일 만인 6월 22일 제출했다. 상식으로는 불가능한 이러한 작업이 가능한 데는 이유가 있었다.

최부는 제주를 떠나면서 표류를 시작하게 되자 기록을 시작했다. 어쩌면 산산이 흔적도 없이 바다 속으로 사라질 종이뭉치지만 그래도 그는 기록을 포기하지 않았다. 투철한 공인의식과 역사의식이 불세출의 기행문학인 표해록을 낳은 것이다. 그러나 단기간에 그 방대한 기록을 최부 혼자 완벽하게 정리한다는 것은 도저히 불가능한 일이었다. 그래서 배리(陪吏)인 정보 김중 이정 손효자 등과 함께 분담해 집필했다. 최부는 일찍이 동국통감 동국여지승람 등 국가 편찬 사업에 참여한 경험을 살려 효율적인 팀 작업을 한 것이다.

만약 이때 최부가 상제가 아니었다면 엄청난 포상과 승진이 있었을 것이다. 5년 전의 이섬은 선략장군(宣略將軍·종4품)에서 어회장군(禦悔將軍·정3품 당하관)으로 특진했다. 최부의 경우라면 그 이상의 특진이 가능했을 것으로 추정된다. 그러나 최부는 제수용으로 쌀과 무명 50필을 하사받고 6월 22일 나주로 떠났다.

최부가 서울을 떠난 지 이틀 후인 6월 24일 성종은 전라감사에게 최부의 지도에 따라 수차(水車)를 만들어 보내라고 긴급명령을 내렸다. 최부가 수차를 처음 본 것은 저장성. 그 뒤 산동성 징하이(靜海)현을 지나면서 수차를 도입해야겠다고 생각해 호송군관 부영(傳榮)에게 제작법을 물었었다. 최부는 복상의 관례를 깨고 국가를 위해 표해록을 집필하고 또 수차 제조까지 해낸 것이다.

앞서 기술했지만 최부는 귀국 다음 해인 1489년 또 모친상을 당해 1491년 말에야 겨우 탈상했으나 성종의 총애와 비호에도 불구하고 관계 재진출은 순탄하지 않았다. 1491년 11월에 사헌부 지평(持平)에 임명됐으나 대간들의 맹렬한 반대로 다음 해 1월 결국 사임하고 말았다. 국왕과 육조와 홍문관은 비호하고 양사(사간원과 사헌부)는 탄핵했다. 탄핵 이유는 상제의 몸으로 중국에서 시를 지은 것, 귀국 후 즉시 분상하지 않고 서울에서 머물며 표해록을 저술한 것 등이다.

나무를 보되 숲을 보지 못하고 표해록을 읽고 감동할 줄 모르는 형식주의 관료들의 한심한 작태에 희생된 것이다. 최부는 거친 관계의 바다에서 또다시 표류할 뻔했다. 벼슬은 세자시강원문학(世子侍講院文學·정5품) 홍문관 부응교(副應敎·종4품), 사간원 사간 등 조금씩 올라갔으나 사랑하는 사람을 많이 잃었다. 아버지에 이어 어머니, 스승 김종직, 그리고 성종대왕, 김굉필 등과 차례로 사별했다. 알다시피 최부의 만년은 더욱 비참했다.

역사적으로 살펴볼 때 처음부터 최부의 표해록이 아니다. 최초 보고서인 '중조견문일기(中朝見聞日記)'는 승문원(承文院)에 소장되었다가 최부 사후 30여 년이 지나 중종(中宗:제위 1506~1544)의 명에 의해 표해록(漂海錄)으로 간행 이후 여러 판본(板本)으로 간행되었다. 특히 1569년(선조 2)과 1573년(선조 6)에 최부의 외손인 미암 유희춘(柳希春)의 적극적인 노력으로 표해록이 지방 관청에서도 인쇄되었다. 1769년(영조 45)에는 일본에서도 표해록이 당토행정기(唐土行程記)라는 제목으로 번역 출간되었고, 다시 통속표해록(通俗漂海錄)이라는 이름으로 다시 출간되기도 하였다.

알다시피 표해록에는 15세기 말 중국 명나라의 역사와 풍속, 대운하와 이동수단, 역참(驛站)과 도시 풍경, 의·식·주, 강남과 강북의 문화적 차이 등이 자세히 기록되어 있으며, 조선의 역사, 지리, 과거, 의례에 관한 내용도 담겨 있다. 우리는 [표해록]을 통해 확고한 신념과 굳센 의지로 힘든 역경을 이겨내는 한 조선 선비의 모습과 함께 한 일행을 끝까지 책임지는 헌신적인 지도자상을 엿볼 수 있다.

또 만리 여정의 순간을 놓치지 않았던 조선의 기록 문화를 느낄 수 있다. 특히 15세기 말의 강남 기록은 당시 지역사와 운하사(運河史) 연구에 귀중한 자료이며 중국에서도 최고의 가치가 인정되고 있다. 마르코폴로의 동방견문록(東方見聞錄)9세기 일본 승려 엔닌의 입당구법순례기(入唐求法巡禮記)와 더불어 중국 3대 여행기로 평가받고 있는데, 최부의 표해록은 뜻하지 않은 결과를 기록한 보고서 성격의 기행문이라는 점에서 차이가 있다.

『표해록』은 우리말로 번역한 최부의 후예, 고 최기홍(崔基泓)의 집념으로 세상에 꽤 알려져 있다. 1994년에는 최부 후예를 중심으로 국내의 표해록 연구학자들과 함께 최부 일행의 경로지를 답사하며 표해록에 기재된 제 사실과 대조를 하며 그 기술(記述)의 정확성을 입증하였으며, 1995년에는 북경의 사회과학원에서 이제까지의 표해록을 연구한 국내는 물론 세계의 모든 학자를 초청하여「표해록 국제학술 좌담회」를 열어 표해록의 가치를 재조명 하였다.

숙원 사업이었던 최부 표해록 기념비 건립은 애초 최부가 표착한 후, 심문을 받았던 장소인 임해현, 도저진에 있는 도저고성(桃渚古城) 내에 기념비를 세우려 하였으나, 무산되고 대안으로 여러 곳을 답사한 끝에 2002년 7월 11일에「최부 표류 사적비(崔溥漂流事迹碑)」를 최부 일행이 등륙(登陸)했던 장소, 절강 영해현 월계향 월계촌(浙江寧海縣越溪鄉越溪村)에 있는 월계향희망소학교(越溪鄉希望小學校) 구내에 세웠다.

그곳에「최부 표해록 장학금위원회」를 설립하고 최부 후예의 정성으로 장학금을 전달하기도 하였다. 그 후 많은 답사팀이 최부 일행의 경로지를 답사하면서 현지인들과 학술 교류는 물론, 우의를 다져나갔다. 2006년 2월 15일, 최부의 고향인 나주시의 재정지원을 받아, 최부 표해록 기념 사업회(가칭)의 주관으로 숙원사업이었던 최부 표해록 기념비와 비각을 도저진(桃渚鎭)에 소재한 중국의 국가 문화재인 도저고성에 건립하였다.

64
최부를 닮은 외손자 나덕헌과 유희춘

우리 역사 속에서 가장 유명한 책벌레 아홉 명의 이야기를 모았다는 글 집을 보았다. 그들이 누구일 것이라고 대충 짐작은 했지만 그래도 궁금해 서점에 쪼그리고 앉아 그들을 만났다. 그래도 나는 5명은 맞췄다. 다들 상상들 해보시라. 책 병이 나도 손에서 책을 놓지 않았던 세자에서 한글을 발명한 세종대왕, '여자애가 책은 읽어서 뭐해?'라는 편견을 딛고 일어선 예술가이자 현명한 어머니였던 신사임당, 조선 시대 한양 최고의 책 사냥꾼으로 불렸던 책 애호가 유희춘, 소설과 사랑에 빠진 소년 허균, 동네 바보에서 최고의 시인으로 거듭난 김득신, 서얼 출신이지만 책 전문가로 벼슬길에 올랐던 이덕무, 조선에서 가장 유명했던 책장수 조신선, 아들들을 위해 유배지에서도 글을 썼던 정약용, 감옥에서도 죄수들을 가르치며 독립운동을 했던 김구.

4명까지는 다들 손가락이 꼽히는데 그다음부터 어렵다. 나는 유희춘으로 해서 5명을 안 것이다. 그들 모두는 지극히 성실하며 효를 마음에 담은 것이 최부와 별다르지 않다. 박학다식 말고도 굳센 절의, 밝은 예절, 높은 인격도 또한 모두 책에서 얻는 귀중한 자산이 아닌가 싶다. 그런데 그들을 손으로 꼽다 보니 묘한 심리에 봉착하고 만다. 물론 우연일 테지만 9명 중에 적어도 3명은 최부와 인연이 있다. 시대도 틀리고 같은 집안도 아닌데 어찌 그러한지 전혀 뜻밖이고 나도 참 그게 이상하다.

책 바보들과 최부. 우연은 우연으로 끝나지 않으며 책과 배움을 매체로 필연으로 이어지는 것만 같다. 결코, 일부러 짜 맞춘 것이 아니다. 최부는 슬하에 세 딸을 두었는데, 표해록과 최부를 세상에 드러내게 한 후손이 첫째 딸의 둘째 아들 유희춘이다. 그리고 둘째 딸은 나질과 결혼했는데 이들의 손자 중에 나덕헌이 있다. 집안의 피는 속일 수 없듯, 최부의 강직한 성정을 후손대에서도 물려받았는지 유희춘과 나덕헌의 사례를 통해서도 최부의 성품의 일단을 그대로 엿볼 수 있다.

나덕헌부터 이야기를 해 보자. 나덕헌은 1603년(선조 36년) 무과에 급제하고 선전관을 거쳐 1624년(인조 2년) 이괄의 난 때 도원수 장만의 휘하에서 종군했다. 안현 전투에서 큰 공을 세워 진무원종공신에 봉해졌다. 또한 외교적 수완이 능해 여러 차례 심양에 사신으로 다녀왔다. 이후 길주 목사를 거쳐 1635년 창성부사, 의주 부윤을 역임하고, 1636년 춘신사로 다시 심양에 갔다. 때마침 동지 이확이 심양에 도착했다. 이때 후금의 태종은 국호를 청(淸)이라 고치고 황제를 칭하며 즉위식을 거행했다.

청나라는 조선의 사신인 나덕헌과 이확에게도 경축 반열에 참석하라고 했으나, 하례를 완강히 거부하다가 옷이 찢어지고 갓이 부서질 만큼 구타를 당했다. 태종이 구타와 회유를 거듭해도 이들이 참석을 거부하자 죽이려고 했다. 그러자 청나라 대신이 만류했다. "우리는 사신을 죽였다는 말을 듣게 되고, 저들은 인을 행했다는 이름을 얻게 됩니다." 청나라가 볼모를 요구하는 국서를 주어 돌려보내기로 하자, 내용을 알기 전에는 받을 수 없다며 받지 않았다.

청나라는 100여 명의 기병으로 이들을 통원보(通院堡)까지 호송했는데, 기병의 호위가 풀리자 통원보의 호인(胡人)에게 국서를 맡기고 귀국했다. 이 사실을 알게 된 삼사(三司)와 조복양(趙復陽)을 중심으로 한 관학 유생들은 황제참칭(皇帝僭稱)의 국서를 받았다고 이들을 논핵했다. 영의정 김류까지 가세한 조정의 거센 척화론으로 나덕헌은 위기에 몰렸으나, 이조판서 김상헌의 적절한 변호로 극형은 면하고 백마산성(白馬山城)으로 유배되었다. 이후 유배에서 풀려나 삼도통어사로 특진 되었지만, 1639년에 벼슬에서 물러났다. 그러나 어쩐 일인지 이러한 사실이 기록에 남지 않고 그에 대해서는 역적이라는 비난이 만만치가 않았다. 참 억울하고 분통이 터졌을 나덕헌이다.

이쯤 이덕무가 나선다. 이덕무는 서자 출신으로 정조 대왕 때 서자도 등용을 해 관직을 갖게 된 사람으로 북학파라 하는 박제가, 성대중, 오정근, 유득공, 홍대용 등과 교유하게 되었다. 박제가, 성대중, 오정근은 모두 서자들이었다. 이덕무는 16세에 동지중추부사 백사굉의 딸과 혼례를 올렸다. 이덕무의 부인은 무인으로 유명한 야뇌 백동수의 누이다. 우리는 한때 TV에서 정조의 보디가드 격으로 무사 백동수라는 프로를 시청한 바 있다. 아무튼 이덕무는 책벌레로 유명하지만 중국 청나라에서 글로도 이름을 떨친 사람이다. 그는 또한 연암 박지원을 스승 같이 떠받들고 같이 어울렸다. 그런 그는 청나라에 연행 사절단으로 가서도 책을 열심히 뒤졌던 모양이다.

그런 그는 건륭제(乾隆帝)가 지은 전운시(全韻詩)를 보게 되었다. 건륭 황제의 시는 4언과 5언, 7언의 고체시(古體詩)로, 청나라 역대 황제의 창업과 수성(守成)의 자취를 서술한 것이었다. 장백산(長白山) 천녀(天女)가 붉은 과일을 삼키고 이인(異人)을 낳은 것을 선두로 하여 옹정 황제에서 끝을 맺고 있었다. 옹정 황제는 건륭 황제의 부황이었다. '장백산 천녀가 붉은 과일을 먹고 여진의 시조를 낳았다면, 우리와 한민족이 아닌가?' 그 가운데 태종문황제(太宗文皇帝)를 칭송한 시의 주석이 있어서, 이덕무는 건륭 황제의 시를 관심 있게 읽다가 태종 편에 눈길을 돌렸다. "조선은 예의를 구실로 명나라를 섬겨서, 그 나라의 사신인 이확과 나덕헌이 태종에게 절하지 않았다." 건륭 황제의 시에는 이확과 나덕헌에 대한 기록이 있었다.

이덕무는 채제공과 심영조, 박제가에게 이 일을 알렸다. 이덕무는 나덕헌의 후손들에게 이 사실을 알리기 위해 그 후손을 찾았다. 이때 나덕헌의 후손인 나벽천이 나주에서 한양으로 올라와 나덕헌이 절개를 지킨 이야기를 자세하게 듣고 감격했다. 나벽천은 이덕무에게 절을 하고 대신들을 찾아다니면서 정조에게 보고해 달라고 청했다. 마침내 정조에게 그와 같은 일이 알려졌고, 충렬(忠烈)이라는 시호가 내려졌다. 지금 나덕헌을 충렬이라 하는 것은 바로 이덕무의 덕이다. 이덕무는 책이 좋아 일부러 규장각을 자청한 책 바보였다.

그런데 연암 박지원도 한 건 올린다. 미곶(압록강 지역) 지방의 첨사를 지낸 장초의 일기에 "오 학사(吳學士) 달제(達濟)와 윤 학사(尹學士) 집(集)이 정축년(1637년) 4월 19일에 피살되었다." 한 것을 갖고 양가(兩家)가 일기에 따라 19일에 제사를 올리었다. 정축은 곧 명(明)의 숭정(崇禎) 10년이었으며, 두 학사가 살해를 당한 때는 청인(淸人)들이 심양(瀋陽)에 있을 때였다. 그리고 홍 학사(洪學士) 익한(翼漢)에 대한 일은 그 일기(日記) 중에 실리지 않았으니, 그 성인(成仁)한 날이 명확히 어느 때인지 알 수 없으므로 역시 두 학사와 같이 19일에 제사를 올리었다. 그런데 연암은 청인이 엮은 청 태종 문황제(淸太宗文皇帝)의 사적을 뒤졌다. 그랬더니 내용이 나왔다.

〈"숭덕(崇德) 2년(1637년) 3월 갑진(甲辰)에 조선(朝鮮)의 신하 홍익한(洪翼漢) 등을 죽여서 두 나라의 맹세를 깨뜨리고, 군사를 일으켰으며 물의를 빚어내어 명나라를 우단(右袒)한 죄를 밝혔다."〉

숭덕은 곧 청 태종의 연호(年號)였으며 3월 갑진은 일간(日干)을 따져 보면 초엿새에 해당되고, 그 중의 등(等)이란 글자가 있음을 보아서 오(吳)·윤(尹) 두 학사의 죽음도 역시 그와 마찬가지인 3월 초엿새라고 파악된다고 연암은 구외이문에 적어 놓았다.

유희춘은 외할아버지인 최부를 끔찍이 사랑했다. 사실 그에 대해 모르는 사람은 많아도 미암 박물관하면 아는 사람들이 오히려 더 많다. 그런 그의 집안은 조선 4대 사화에 모두 관련이 되는 비극적인 집안이기도 하다. 아마 조선에 4대 사화가 다 관련된 이런 집안도 없을 것이다. 미암의 아버지 성은공 유계린(柳桂麟)은 금남 최부의 맏사위로 적자 손도 없는 금남 최부의 제향(祭享) 사자(嗣子)였으나, 무오사화와 갑자사화에서 금남 최부가, 또 갑자사화에서 유계린, 을묘사화에서 장자 유성춘, 을사사화에서 차자 유희춘이 연이어 사화를 맞아 탐진가와 함께 유계린의 선산가도 풍비박산이 되었다.

유희춘만 해도 1546년 문정황후의 수렴청정을 비난하다가 양제역의 벽서 사건으로 저 멀리 두만강 종성에서 19년간의 유배생활을 했었다. 임진왜란으로 인해 조선 건국 이후 2세기 동안 축적되었던 전적(典籍) 문화는 회복할 수 없을 정도로 타격을 입었다. 경복궁이 불타면서 고려로부터 전해 내려온 전적과 조선 건국 이후 2세기 동안 생산된 방대한 문헌들이 하루 만에 잿더미가 됐고, 전국 각 지방 관아에서 축적하고 있던 엄청난 양의 목판들도 남김없이 재가 돼 사라졌다. 실록의 기초 자료가 되는 사초(史草) 역시 한 줌의 쓸쓸한 먼지가 되었음은 물론이다.

자, 이제 무엇으로 실록을 쓸 것인가. '미암일기(眉巖日記)'란 책이 있다. 미암(眉巖) 유희춘(柳希春, 1513~1577)이 1567년부터 1577년까지 11년 동안 쓴 일기다. 개인의 일기지만, 이 일기는 매우 치밀하고 방대해 마침내 선조실록의 뼈대로 채택된다. 개인의 성실한 하루하루의 기록은 이렇듯 한 시대를 증언하는 자료가 된 것이다

　아울러 미암 일기는 금남 최부와 관련한 혈족 관계, 금남 집과 표해록의 발간과정, 금남 최부의 제향, 탐진 최씨가의 분묘관리 등의 각종 기사가 편린(片鱗)으로 남아있어 선산 유 씨 가와 탐진 최 씨 가의 밀접한 관계를 소상하게 알 수 있다.

　금남 최부의 문집인『금남집』과 기행문인『표해록』에는 찬간자(撰刊者)로서 그의 발문(跋文)이 붙어있다. 다른 것은 놔두고 최부에 대한 그의 집념과도 같은 열정에 대해서만 미암 집을 근거로 밝혀둔다. 그가 어느 정도 독서나 책에 대해 열정적인지도 자연히 알 수 있다. 집안에 이런 사람만 하나 있어도 대들보가 바로 선다. 유배에서 돌아오자 선대의 신주와 함께 각종 문적을 간수하여 왔던 둘째 누님 오매에게서 전달받아 수년간에 걸쳐 그는 이를 정리하였다. 둘째 누나 오매가 지켜 왔던 금남의 문적외에 각 관아(官衙)의 시정문이나 다른 집안에서 전승하여 왔던 상량문과 비문, 표문 등을 광범위하게 수집하였으며, 이족 형인 나중부, 나사선과 함께 교정하였다. 원고가 만들어진 금남집의 발간에 엄청난 비용이 들어가기 때문에 1568년 9월 중앙대관의 동의하에 전라감사로 가 있는 이준민에게 판각을 부탁을 했다.

　그러나 판각이 용이하지 않아 지체되다가 1571년 미암이 전라관찰사로 부임하자 48판을 전라도 18읍에 판각을 할당하여 동년 10월에 판각이 끝나 15벌을 인출하여 중앙의 대관들에게 배포하게 된다. 금남집 발간과 함께 금남의 행장을 다듬어 금남집 서두에 첨부한 것이 그렇게 지금에 전하고 있는 것이다. 표해록의 발간에 대하여는 미암일기에서 그 과정을 소상하게 파악할 수 있

다. 재사환 후 미암은 표해록의 원고를 정리 교정하면서 1569년 8월에 발문을 뽑아 적고 여러 차례 수정하였다. 표해록의 발간을 위하여 평안도에서 각종 서책을 중점적으로 판각하는 정주 목사 윤대용에게 판각을 의뢰하였다. 윤대용은 척족(戚族)인 해남 윤씨였다. 1570년 5월 판각이 끝나자 이를 인출할 종이와 먹을 확보하여 보내고 있다. 그러나 미암이 이듬해 전라 관찰사로 내려와 있기 때문에 평안도 정주에서 판각한 표해록의 목판을 해남으로 가져오는 문제가 대두되었다.

평안감사와 황해감사에게 편지를 내어 정주에서 목판을 한강으로 수송하고 이를 다시 나주의 조운선(漕運船)을 이용하여 해남으로 실어오려는 것이다. 그러나 평안감사가 관내의 판목을 타도로 반출할 수 없다는 통지에 따라 목판은 못 오고 대신 종이에 인쇄된 15벌을 보내고 있다. 그리하여 1571년 말 대사헌을 임명받고 서울로 간 미암은 후임 전라감사 이양원에게 표해록을 나주에서 간행하여 달라고 부탁했다. 그러나 나주에서의 표해록 판각도 지지부진하여 몇 년을 넘기고 말았다. 1573년 10월 미암은 새 전라감사 이중호에게 부탁하여 남원에서 판각을 해 주도록 부탁했다. 1개월 후 판각이 완료되어 이후 수차례에 걸쳐 몇 부씩 인출하여 배포하였다. 1576년 6월 보존용으로 고급지질의 종이로 정하게 인쇄하고 정하게 수장하였다는 기록이 나온다. 이렇게 표해록의 편집에서 발간배포까지는 근 8년가량 걸린 것이다.

그의 집념 대단하지 않은가. 그는 책을 모으는데도 열정적인데 이는 그의 박물관에 가서 직접 알아보는 것이 좋겠다. 유희춘은 아내인 송덕봉 여사와의 사랑 이야기도 큰 일화인데 이 또한 다른 데서 알아보기 바라며 한 가지만 말을 하자면 유희춘은 아마도 미암집을 누가 들여다볼 것이라고 생각을 안 했는지 부인과의 성관계에 대해서도 아낌없이 글을 남겼다. 그런 그가 어디서 접대를 잘 못 받아 임질에 걸렸었는데 당연히 아내에게도 전염이 되도록 한 것이다. 당사자인 유희춘은 얼마나 놀랐겠는가. 그가 바로 찾은 사람이 동의보감으로 유명한 허준이다. 글에 허준이 유희춘의 부인을 치료했다는 것이 바로 그것이다. 유희춘은 허준을 조종에 추천한 적이 있고 허준의 외삼촌이 유희춘의 스승이기도 했다. 우리가 잘 아는 영창대군과 허균, 그런 유희춘은 허균 집안과 관련이 있다. 허균의 부친 허엽은 호가 초당(草堂)으로, 오늘날 유명한 강릉 초당두부의 그 초당이다. 허엽이 초당을 호로 한 것은 그의 처가와 관련된다. 즉 허엽의 두 번째 부인인 강릉김씨 김광철의 딸의 집이 강릉에 있던 데서 유래한 것이다. 허균의 이복형 허성은 이조와 병조판서를 역임하였고, 동복형인 허봉은 바로 유희춘의 문인이며 허균을 가르칠 정도로 학문이 상당히 수준급에 달했던 인물이다.

또한, 허균과 동복형제로는 우리에게 여류문인으로 알려진 허난설헌이 있다. 선조는 유희춘이 없으면 허전하여 늘 곁에 두려고 하였다는데 그의 서글서글한 인물됨이 그러하여서인지 그가 앞장서 집안을 한 묶음으로 모은 덕으로 지금도 나주 나씨 집안 탐진 최씨 집안은 변함없이 정을 돈독히 하고 있다고 한다. 말한 대로 독서 광중 둘은 바로 유희춘과 관련이 있고 나덕헌 외손자는 이덕무와 관련이 있으니 조선 독서광 9명 중 4명이 모두 최부와 관련된 사람들이 아닌가. 거기에 연암 박지원과도 연관이 되는 책장수 조신선도 두세 다리 걸치면 다 연결이 된다. 그러니 조선 팔도 알고 보면 꽤 좁고 다 형제 같은 이웃이며 피를 나눈 형제들이다. 결국, 물어물어 찾으면 맨 위에 단군이 나오지 않겠는가. 그런 식으로 가자면 당연히 저 만주땅 사람들은 고구려 사람들이고 다 우리와 같은 동이족에 예맥족으로 앞으로 우리가 큰 뜻으로 품을 사람들이고 땅덩어리다.

65
글에서 많이 나오는 그래서 알고 싶었던 것에 대하여

최부의 여정은 태반이 운하를 타고 오는 길이다. 그런데 한 겨울이라면 물이 얼 것인데 어찌 운하를 이용할까. 그 답은 엉뚱하게도 연암의 열하일기 동란섭필에서 나온다. 그것도 우리가 아닌 유구국의 사신이 청나라 예부에 돌아가기를 청하는 대목에서 말을 하여 자연스레 알게 된다.

〈유구는 땅이 해외에 속하여 왕래할 때는 오로지 바람만 믿고 있으니, 이때에 돌아간다고 하는 것은 귀국할 시기에 알맞기 때문입니다. 숭유 등이 북경에 올 때는 바로 한겨울이라, 강물이 얼어서 부득이 왕가영(王家營)을 거쳐 바로 육로로 왔습니다. 지금 돌아간다면 때가 바로 중춘(仲春)이라, 바람은 화창하고 땅은 따뜻하여 기정(起程)하기에 알맞습니다. 정성을 다해서 간절히 청하오니, 대인(大人)은 황상의 지극한 뜻을 받들고 멀리서 온 자의 사정을 보살펴, 전례에 비추어 육로로 제령(濟寧 산동성에 있다)까지 가서 배를 타고 돌아가도록 허가해 주시기 바랍니다.〉

최부의 글에서 많이 나오는 그래서 알고 싶었던 것이 많지만 본문에서 나오는 글 중 가장 뿌듯한 대목은 중국 사람들이 최부 일행을 보고 누구라 할 것 없이 동방에서 온 예의 바른 사람들이라 하는 말이 나올 때였다. 그런데 그들은 그 말을 할 때 오래 전부터 전해 오는 이란 단서를 꼭 붙이곤 했다. 그것으로 보아 실로 조선과도 아주 먼 고릿적이었던 것 같은데 이를 또 어찌 시골 촌구석도 다들 알고 있는 것인지 기이하기도 하고 내심 그 출처가 어딘지 감사하기도 하고 그래서 이는 우리가 꼭 갖고 다니듯 챙겨두어야겠다 싶었다.

후한서 동이열전에는 서두에서 "동이가 천성이 유순하고 도리로 다스리기 쉬워 군자불사지국(君子不死之國)이라 일컬어졌으며, 그래서 공자가 구이에서 살고 싶다고 한 것이다."라고 하였고, 또 논왈(論曰) 부분에는 "옛적 기자(箕子)가 조선으로 갔다. 그것이 그 나라 풍속의 시작이며 그 이전에는 들은 바가 없다. 기자가 8조의 규약을 시행, 사람들로 하여금 금할 바를 알게 하니 마침내 음란함과 도둑질이 없어졌다. 그 법이 수백 천년 동안 이어진 고로 동이가 통하여 유순하고 삼가는 것이 풍속이 되었으며 서융, 남만, 북적의 3방과는 달랐다. 진실로 정치하는 바가 펼쳐진 즉 도의가 있었다. 그래서 공자가 분함을 품고 구이에 가서 거하고자 하였다."라고 명기되어 있다. 이에 반해, 약 2300년 전에 공빈이 썼다는 동이열전에는 단군과 자부선인 그리고 동이 사람인 순(舜)이 중국 백성들에게 윤리와 도덕을 가르쳤음 등을 언급하며, "이 나라야말로 동쪽에 있는 예의 바른 군자의 나라(東方禮義之國)가 아니겠는가? 이런 까닭으로 나의 할아버지 공자께서 그 나라에 가서 살고 싶다고 하시면서 누추하지 않다고 말씀하셨다."고 하였다.

이렇듯 둘은 내용이 다르며 기원 면에서 서로 충돌을 일으켜 문제가 된다. 그렇다면 이러한 충돌을 해결할 방도는 없을까? 있다. 과연 공자가 기자로 인해 동이로 가고 싶어 했는지 아니면 단군과 자부선인, 순임금으로 인해 동이로 가고 싶어 했는지는 공자와 관련된 문헌들을 조사해 보면 그 정황증거를 찾을 수 있을 것이다. 위에서 공자가 "그 나라에 가서 살고 싶다. 누추하지 않다."
고 말했다는 부분의 출전은 논어 자한(子罕) 편이다. 공자가 구이
에 살려고 하니 혹자가 "그곳은 누추한데 어찌하시렵니까?"라고
하였다. 이에 공자는 "군자가 거주한다면 무슨 누추함이 있겠는
가?"라고 답했다.

 그런데 논어에는 공자가 단군이나 자부선인을 언급한 대목이
전혀 없다. 그리고 단기고사에서와 같은 방식으로 순임금을 묘사
한 적도 없다. 이는 다른 공자 서적들에서도 마찬가지다. 그에 비
해 기자에 대해서는 논어에서 분명히 "공자왈, 은유삼인(殷有三
仁)"이라 하며 인자라 칭하였고, 또 주역 명이괘(明夷卦)에서는
기자를 군자라 하였다. 정조의 시문집인 홍재전서에서는 "우리
동방이 예의지국으로 천하에 알려진 것은 기성(箕聖)의 교화때
문"이라 하였고, 최부가 앞서 글에서 보았듯 "우리나라 교화 예의
는 기자로부터 시작되었다"라고 하였고 중국 관료가 묻자 또 그
렇게 답하기도 했다. 또 당나라의 시인 유종원(柳宗元: 773~819)
은 기자비에서 "은나라에 어진 이가 있으니 기자… 그런고로
공자가 그에게 특히 정성스러웠다."라고 명기하였다. 따라서 여
러 증거자료와 정황으로 볼 때 중국이 우리나라를 본래 예의지국
이라 일컬은 기원은 기자에 있음이 더 확실하고 추정 가능하다
싶다.

 그리고 최부의 글에 수없이 나오는 강(江)과 하(河). 그런데 우
리나라에는 河가 없고 오직 강만이 있다. 압록강 낙동강부터 금
호강, 형산강까지. 작든 크든 모조리 강이다. 그런데 중국은 강과
하와 수가 있다. 水는 작은 강을 지칭한다고 쳐도 강과 하는 크기
로 구분이 안 된다. 양자강이 있고 황하가 있기 때문이다. 중국에
는 황화(黃河)와 양자강(楊子江), 커다란 두 강물이 서쪽에서 동

쪽으로 흐르고 있다. 똑같이 큰 강이요 똑같이 동류(東流)하고 있는데, 왜 하나는 '하(河)'라 하고 다른 하나는 '강(江)'이라 하여 각기 다른 이름으로 불릴까. 자료를 찾아보았다. 1986년도에 이규태 선생님이 조선일보 만평코너에서 하신 말을 이참에 옮겨 적는다.

그는 하와 강의 어원을 따져 해석했다. 곧 같은 물 수(水)변에 붙은 가(可)와 공(工)의 차이다. 가(可)에는 굽는다, 굴절한다는 뜻이 있다. 하(何)는 사람이 짐을 지고 허리를 굽힌 형상이요, 가(柯)는 굽은 나뭇가지이며, 가(歌)는 굴곡이 있는 목소리를, 기(奇)는 반듯하지 못하고 굽어 있어 이상(異狀)적인 상태를, 아는 몸이 완곡하게 굽어 요염한 여인을 뜻한다. 이에 비해 공(工)은 곧고 반듯하다는 뜻이다.

항(項)은 반듯하게 곧은 목을 뜻하고, 공(貢)은 백성이 군주에게 곧바로 바치는 것을, 공(攻)은 곧바로 쳐들어간다는 뜻이며, 공(功)은 일에 임해서 곧바르게 힘쓰는 것을 뜻한다. 곧 하(河)는 '곡(曲)'이요 강(江)은 '직(直)'이다. 그렇게 알고서 중국 지도를 보면 화북(華北)의 황하는 뱀처럼 구불구불 굴곡이 심한 곡강(曲江)임을 알 수 있다. 곧 같은 강물인데 하가 되고 강이 되는 이유가 바로 이에 있다. 옛날 중국에서는 나라와 백성을 다스리는 정승판서나 수령방백(守令方伯)들의 인품을 가늠할 때 사심(私心)이 많아 곡절이 많으면 황하 같다 하고, 공심(公心)이 많아 곧으면 양자강 같다고 했다.

더욱이 "백년하청(百年河淸)을 기다린다"는 말도 있듯이 황하는 탁하기 이를 데 없어 물속을 들여다볼 수 없고 상대적으로 양자강은 맑아 물속을 들여다볼 수 있어 황하형(黃河型) 정치가와 양자강형(楊子江型) 정치가를 질적으로 구분하는 기준이 되기도 했다. 하지만 연암은 동란섭필에서 이를 달리 풀이했다.

〈강과 하(河)는 맑고 흐린 것으로 구별한 것이니, 내가 압록강을 건널 때 강 너비는 한강(漢江)보다 넓은 것이 없으나, 물이 맑기는 한강에 비할 만했다. 북경에 이르기까지 무려 물을 10여 차나 건너면서, 때로는 배로 건너고 때로는 발로 건넜다. 물이름은 혼하(混河)·요하(遼河)·난하(灤河)·태자하(太子河)·백하(白河) 등인데, 어디나 누른 흙탕물이다. 대체로 들에 흐르는 물은 탁하고, 산골물은 맑다. 압록강의 발원지는 장백산으로서, 국경의 여러 산속을 흘러내리므로 언제든지 물이 맑다. 동팔참(東八站)의 여러 물은 모두 맑으니, 이것도 이유는 같은 것이다. 나는 비록 장강(長江)을 보지는 못했지만, 그 근원이 민아산(岷峨山) 같은 첩첩한 산중에서 발원하여 삼협(三峽)을 뚫고 내려올 것이고 보니, 물이 맑은 것을 짐작할 수 있다. 소위 남조(南條)의 물들이 하(河)라고 이름 붙인 것이 없는 것은, 초(楚)의 남쪽은 산도 많고 돌도 많으므로 물이 모두 맑은 까닭이다. 그러니 만조(蠻詔)의 대도하(大渡河)도 필시 평양에서 발원하여 물이 탁하므로 하수라 불렀을 것이다.〉

우리나라는 동고서저 현상이 심하여 웬만하면 모든 하천은 바로 바다로 향하여 버리고 중국같이 땅이 넓지 않기 때문 굽이굽이 돌아서 갈 이유도 없다. 그런 고로 대개가 강으로서 이름을 다한다 싶다.

에필로그

애국 애족

　최부의 표해록을 읽고 이를 가다듬어 글 집을 만들겠다고 생각한 데는 글 전체적으로 그의 빼어난 관찰력과 박학다식함으로 그가 사용한 낱말 하나하나에 한 치 오차도 없이 많은 정보를 제공하여 당대뿐 아니라 현세에서도 생각해 볼 많은 자료와 읽을 가치를 전하기 때문이다. 그러기에 중국학자들도 이를 연구 대상으로도 삼아 논문으로 드러내기도 하였지만 나는 꼭 이 글은 글 집이 아니더라도 의미만은 남겨두어야겠다고 생각을 했다.
　결론부터 말하자면 그들로 나는 인간의 존엄을 믿는다. 더 확실히 말하여 누구든 나는 그가 인간이라는 사실로써 존엄하다고 믿는다. 적어도 그 시대는 그러했다. 신분의 차별이 있고 배움의 차가 지금보다도 훨씬 더 심하게 존립함에도 그들은 존엄의 의미로서 지극히 인간적이었다. 아니 남달랐다. 표류로 애초 탓을 하던 사람들이 곤경에 빠져들수록 오히려 혼연일체가 되어 사선을 넘는 것은 단지 리더만의 노력으로 이룩되는 것은 아니다. 극단적인 상황에 파국을 치달으면서 오히려 그들은 질서를 지키고 자연에 순응하고 삶에 순종했다.
　이는 누가 시켜서가 아니다. 뱃사람이라는 무지하고 무식한 기존 의식으로서 사고에 이은 또 다른 변고를 나름 염려하였는데 그들은 인간이라는 존재의 삶에 충실했다. 전쟁 북새통이지만 길 하나에 한편은 국군의 행렬이 또 다른 편에 피난민이 연이어 걷는 6·25동란의 어느 삽화를 다시 보는 양 나는 그들의 질서 정연한 성실함에 탄복했다. 그것이 바로 인간답다는 진정한 인간애가 아닐까.

이 세상에는 시대 상관없는 극악무도한 인간들은 늘 존재한다. 내가 극악무도를 연상하는 데는 인간은 존엄하다는 어느 명제를 묵시적으로 헤아려서 하는 말이다. 그렇다 하여 도덕적인 인간을 염두에 둔 것은 아니다. 도덕적인 인간이란 세상이라는 험난한 세파 속에 실제 지극히 소수에 불과할까. 도덕적인 가능성이 있는 이를테면 인간적인 가치를 잃지 않으려 노력하는 참을 마음속 깊이 지닌 정도로서가 상황적으로 얼추 들어맞지 싶다.

최부의 배에 승선한 모든 이들은 따지고 보면 이 한마디로 대변된다. 그들은 모두 성실했다. 혼돈과 혼탁은 잠시였으며 그들은 질서정연했다. 중용에서 성실은 '하늘의 도'라 했다. 성실성을 가진다는 것은 인간이 인간답게 되기 위해서 갖추어야 할 기본적인 조건을 의미한다. 이는 높은 지위나 권력이나 명예와 무관하게 보편타당한 누구나 따라 얻을 수 있는 인간의 수수한 자질이다.

나는 그들로부터 성실의 도는 결코 지체와 무관하며 인간애로서 생각하고 절제하며 행동하는 가운데 성실도 제대로 존립하는 것이라는 확신이 드는 노릇이었다. 도라는 것은 결국 내 마음의 양식으로서 일상 속에 산재하여 애써 숨죽여 우리 스스로 참된 삶을 이루도록 우리를 누누이 지켜보고 기다리고 있는 것은 또 아닐까. 그런 점에서 사람의 본분을 말하는 유교가 심은 뜻은 현세에서는 많은 방해가 되기도 하지만 실로 심대하다 여겨지기도 한다.

　오늘 나는 다시금 맹자가 말한 인의예지신을 꺼내 본다. 인은 측은지심으로 불쌍한 것을 가엾게 여겨 정을 나누는 마음이고, 의는 수오지심으로 불의를 부끄러워하고 악한 것을 미워하는 마음이고 예는 사양지심으로 겸손하여 남을 위해 사양하고 배려하는 마음이고 지는 시비지심으로 옳고 그름을 가릴 줄 아는 마음이고 신은 광명지심으로 중심을 잡고 가운데 바르게 서 밝은 빛을 냄으로 믿음을 주는 마음이라 하였다. 이 글에는 바로 맹자의 인의예지신이 뭉뚱그려 녹아 있다.

　최부의 여정을 훑어보자면 조선은 아니 우리의 대한민국은 여실히 작은 땅덩어리라는 엄연한 사실을 새삼 실감하게 된다. 어쩌면 금수강산에 기름지고 비옥한 옥답이란 말은 순전히 자조적인 말일지 모른다. 그렇지만 그는 대륙을 가로지르며 전혀 위축되지 않고 늘 당당했으며 대찬 의식으로 역경을 헤쳐 나갔다. 국가와 조국, 그의 글에서 유독 이 생각을 많이 하였다. 부모가 물려준 나라 그리고 충성할 나라. 그의 글은 간단히 말하자면 처음부터 끝까지 효충의 의미이다.

　인간의 삶, 그 저변에는 먹고사는 문제가 늘 도사리고 있다. 솔직히 인간은 어디에 살든 어디에 속하든 등 따뜻하고 편하면 그만이 아닌가. 인간이 인간답기 위한 최소의 속성은 거기에서 부터 연유한다. 국가의 의미는 어쩌면 백성의 입장에서는 그리 소중하지 않다. 어느 때부터인지 불명확하지만 지배 신분으로서 국가가 등장했을 것인데 바로 국가는 권력으로서 곧 힘을 말한다. 그 무렵 제압을 당한 백성이란 단지 그 국가를 위해 세금과 부역을 바치는 존재에 불과했을 테다. 해준 게 없는데 왜 내가 부역을 바쳐야 하는가. 그 위태로운 지경에서 공자가 등장한 것이 아닐까.

공자는 가부장적이고 수직적인 구조이기는 하지만 처음으로 지배자인 군주와 피지배자인 백성 사이의 유기적 관계에 대해 설파 했고 군주를 훈육시켰다. 군주는 백성을 보살피고 지키며, 백성은 그런 군주를 온 마음으로 따라야 한다. 하지만 여전히 백성이란 나약한 대상이고 객체일 뿐 늘 폭군들은 백성을 효과적으로 착취하기 위한 수단으로만 여겨왔다. 역사가 이를 말한다. 이 세상에 폭군들은 너무 많았다. 그 이래로 민심이 곧 천심이라는 명분으로서 국가는 볼모 잡힌 백성들을 위해 열심히 하지 않으면 안 되었다.

난관을 뚫고 문제를 해결하기 위해 이웃과 교류하고 이동하다가, 수틀리면 전쟁까지 서슴지 않았다. 생존은 필연으로 곧 국가의 운명을 말하며 교류와 이동은 공동체 간의 관계 문제로 발전해 영역을 넓혀 나갔다. 그런 측면에서 많은 국가가 존멸을 거듭했다. 고구려가 망하고 발해가 망하고 조선이 약해지자 먹고살기 위해 두만강을 건너고 그 복잡다단한 논쟁의 한복판에는 바로 국가라는 운명체가 있다.

국가가 절대적 존재감으로 고착화 된 것은 언제부터일까. 공자 시대만 해도 살기 싫으면 살던 나라를 이탈하여 다른 나라에 재상이 되는 게 빈번했다. 하지만 이제는 제도화된 국가관에서 지구인이라면 누구도 국가란 의미를 벗어나기 어렵다. 패스포트라는 국가적인 신분이 없으면 마음대로 갈 수도 올 수도 없는 처지들이다. 어쩔 수 없이 우리는 부모가 선택 사양이 아니었듯 국가 또한 불가분의 똑같은 아이덴티티(identity)를 갖는 천부적인 명에로서 짐을 져야 한다. 국가가 없는 설움은 말도 못 한다는 것을 우리는 또 뼈저리게 겪기도 했다. 이제 국가와 국민은 하나로서 공동운명체다. 물론 현세에 들어서는 의식구조가 바뀌었다.

국가를 대표하는 지배자는 곧 국가와 같으며, 따라서 지배자의 요구는 국민의 요구일 수밖에 없다는 과거와 달리 국민의 국민에 의한 국민을 위한 국가가 존재한다. 바로 공자가 이상형으로서 지향하던 바일 것이다. 비로소 국가와 국민은 수평적으로 수직적으로 하나가 되었다. 국가가 건실하여야 광대한 꿈도 가능하고 애족도 변함없으며 그 의미도 날로 용이 승천하듯 번성하고 발전한다.

최부의 표해를 읽으며 다시금 생각해 보는 국가관이고 충효의 본질이다. 그들은 대국을 상대하여 국가를 위해 최선을 다했다. 국경을 넘나들며 이국의 정서와 음모 술책 등을 간파하고 뜻을 통합하여 대적을 하고 맞설 궁리를 하는 등등 비록 1488년의 봄에 펼쳐진 어느 시대 한 단면에 불과한 기록이지만 미루어 짐작할 만했다. 그로 떠오르는 조선 선비의 기상, 나는 그동안 가졌던 조선 선비에 대해 일단의 오해를 이 글에서 풀기로 했다. 중국에 달라붙어 사대주의로 연명하던 사람들로만 일갈한 나의 소견은 정말 소견이었다.

그들은 힘든 상황에서도 늘 의연했다. 우리가 우리인 것은 그들의 의식과 정신에 깃든 의식에 함유된 것이었다. 최부는 그야말로 전형적인 조선의 선비다. 꼿꼿한 지조와 목에 칼이 들어와도 두려워 않던 강인한 기개, 옳은 일을 위해서는 사약과 귀양도 불사하던 불요불굴의 정신력, 항상 깨어 있는 청정한 마음가짐을 갖는…

최부는 선비로서 일관주의(一貫主義) 한 단면을 여실히 보여주었다. 유학에서 강조되는 '일이관지(一以貫之)'의 이념은 일관된 가치 지향과 행동 규범으로 선비의 앎과 행동을 규정하였다. 자신과 타인에게 똑같은 기준을 적용하였을 뿐만 아니라 때에 따라서는 자신에게는 엄격하고 박하되 남에게는 후하게 대하는 박기후인(薄己厚人)의 생활 태도를 유감없이 제대로 보여 주었다.

청빈을 미덕으로 삼아 검약(儉約)을 실천하는 청빈검약(淸貧儉約)의 생활 철학, 아마도 그의 생이 또한 그러했을 테다. 선비에게 있어서 호화와 사치는 금기 사항이며, 그 청빈은 남의 눈을 의식하거나 억지로 하는 것이 아니라 가난을 편안하게 여기며 그 속에서 도(道·진리)를 즐기는 경지에까지 이른 것이리라.

선비가 지향한 가치에서 무엇보다 주목되는 사항은 학문과 행동을 일치시키려는 학행일치(學行一致)의 방향성이다. 배운 것을 실천에 옮길 때에 비로소 그 배움이 의미를 갖게 된다. 실천에서 가장 중요시되는 것이 의리(義理)와 명분(名分)이다. 여러분들은 최부의 글에서 이를 제대로 공감하지 않았는가.

최부의 박학다식함은 종래에 이르러 학예일치(學藝一致) 정신으로 이어지지 않을까. 선비는 시(詩), 서(書), 화(畵)를 교양 필수로 하였기에 생활의 멋을 시나 그림, 글씨로 표현하며 운치 있는 삶을 꾸렸다. 시 속에 그림이 있고 그림 속에 시가 있다고 생각하여 시를 음미하며 그림을 그리고, 그림을 보고 시를 쓰기도 하였다. 하지만 그들은 국가적 위기를 당했을 때 '처변삼사(處變三事)'를 선택한다. 은둔, 망명, 자결을 말한다. 그러다 어느 것도 맞는 선택이 아니라고 판단될 때는 '거의소청(擧義掃淸)'을 택했다. 의를 일으켜 세워 적을 쓸어버리겠다는 이 마지막 결정은 국가가 존망의 갈림길에 서 있을 때 행하는 극단적 방법이기도 했다.

최부가 사색당파(연산군 무오/갑자사화) 에서 죽음을 무릎쓰고 왜 자신을 굽히지 않았는지를 이 글에서 바로 알 수 있다. 선비의 일관성이다. 나는 '선비의 도'를 설명하는 어느 학습서보다도 이 글이 실증적인 아주 고귀한 가치의 글이라고 생각한다. 마침 1488년은 명나라 정권 교체기로 이에 대하는 조선의 행적 또한 바로 알 수 있는 시기였다. 거기에 요동을 통한 조선으로 돌아오는 그의 행적과 연암 박지원의 열하일기의 여정은 많은 역사적 상황을 투과 없이 낱낱이 보여준다. 바로 명나라와 청나라 그리고 조선의 1488년과 1780년의 판도를 이 책은 대비하여 고스란히 산증인처럼 말하고 있다. 나는 최부의 글을 읽으며 한 핏줄이 추구하는 DNA를 현세에 고스란히 물려받았다는 생각을 한다. 애국과 애족, 굳이 누가 강요해서 얻는 산실은 아니지 않은가. 독자 여러분도 스스로 생각해보기 바란다. 더불어 우리의 미래 그리고 애국애족이 무엇인지를. 그리고 선비정신이 오늘에 우리에게 주는 의미가 무엇인지를.

참고문헌

『열하일기』/박지원 지음/돌베개/김혈조 옮김

『최부 표해록』/고려대학교 출판부/박원호

『을병연행록』/도서출판 경진/홍대용 지음 정훈식 옮김

『고구려 9백년의 자취소리』/해드림/조성원 지음

『한국고전번역원 db』/미암집, 조선왕조실록, 고전 산책 코너

『조선일보 이덕일칼럼』일부 글 인용

『신라천년의 자취소리』/해드림/조성원 지음

『하멜표류기』/서해문집/헨드릭하멜, 김태진 옮김

『명대의 운하길을 걷다』/한길사/서인범

『한국콘텐츠진흥원』/문화콘텐츠닷컴/표해록코너

『이기환의 흔적의 역사 중 환관들을 위한 변명』/경향신문/이기환 편집위원

『한국국학진흥원 스토리테마파크』/웹진 담론/신춘호

『조선일보 이규태 만물상 코너』/강(江)과 하(河)의 차이/이규태

『중국한시진보』/서예문인화/김홍광 지음

『인터넷 교양사회(goodsociety.pe.kr)』/교양사회/표해록이란 코너

『우리 고전을 찾아서』/한길사/임형택 지음

『길재 야은의 삼은론』/서문문화사/박성봉 지음

『동방견문록』/사계절펴냄/마르코폴로 지음, 김호동 옮김

『백범일지』/돌베개/도진순 주해